阴山文化研究书系

阴山文化研究

YINSHAN WENHUA YANJIU

《阴山学刊》编辑部　编

内蒙古出版集团
远　方　出　版　社

图书在版编目(CIP)数据

阴山文化研究/《阴山学刊》编辑部编. —呼和浩特:远方出版社,2015.12

ISBN 978-7-5555-0616-4

Ⅰ. ①阴… Ⅱ. ①阴… Ⅲ. ①文化史-内蒙古-文集Ⅳ. ①K292.6-53

中国版本图书馆 CIP 数据核字(2015)第 317104 号

阴山文化研究

编　　者	《阴山学刊》编辑部
主　　编	张　伟
执行主编	王　宇
责任编辑	刘洪洋
封面设计	王红川
出版发行	内蒙古出版集团　远方出版社
社　　址	呼和浩特市乌兰察布东路 666 号　邮编:010010
电　　话	(0471)2236471 总编室　2236460 发行部
经　　销	新华书店
印　　刷	包钢(集团)万开公司印刷厂
开　　本	710mm×1000mm　1/16
字　　数	360 千
印　　张	17
版　　次	2015 年 12 月第 1 版
印　　次	2016 年 6 月第 1 次印刷
印　　数	1—2000 册
标准书号	ISBN 978-7-5555-0616-4
定　　价	35.00 元

内蒙古自治区高等学校学术期刊“名栏建设”项目资助(NJMZ006)
包头师范学院阴山文化研究中心资助出版

《阴山文化研究书系》序

双　山

中国历史悠久，幅员辽阔，中国文化在数千年的历史演进中，因为时代的变迁与区域的差异，形成了丰富多彩的地域文化。其中，位于内蒙古自治区中西部地区的阴山地区，是我国北方一个重要的且独具特色的文化区域，形成了具有远古性、草原性、民族性、融合性特征的阴山文化，是阴山山脉沿线地理生态、生产方式、人文历史、民俗心理的综合体。

阴山地区是我国北部一个很特殊的文化区域，历史上，诸多民族在这里繁衍生息。阴山这一地名在2 000多年前的西汉著名历史学家司马迁的《史记》中多次被提及。

历史上阴山山脉是农耕文化和游牧文化天然分界线。作为阴山文化的重要发源地，包头及其周边地区富含阴山文化研究资源。这里有大量的古人类文化遗迹，是北方游牧民族生息繁衍的地方。自古以来，中原文化与北方民族文化、农耕文化与游牧文化、黄河文化与草原文化在这里交融、交错、交流，形成了丰富多彩、独具特色的区域文化。

包头是一座典型的移民城市，从古至今经历了数次大规模人口迁徙，从而造就了特色鲜明的移民文化。

包头及其周边地区丰富的宗教、历史以及民族民间文化资源，在当地经济社会发展方面，具有重要的开发利用价值。

包头师范学院坐落在包头，于1958年建校，是内蒙古自治区直属高校。地处阴山核心区域、有着近60年办学历史的包头师范学院，在阴山文化研究领域则有着较为深厚的文化积淀和学术基础。由我校主办的《阴山学刊》，是全国唯一一家设有阴山文化研究专栏的学术期刊。

以人文学科为例，我校有历史文化学院、文学院、音乐学院和美术学院。这说明我们在人文学科研究领域有条件和基础。

包头及其周边地区丰富的文化遗产可以成为我校人文学科科研资源。

我校于2014年5月27日成立了阴山文化研究中心，中心主任由我兼任。这是一个整合全校资源和社会上相关科研力量的跨学科、跨专业、跨学院研究阴山区域历史文化的研究机构，是一个院校与地方合作模式运行的开放型研究机构。中心近两年立项研究项目有“阴山文化研究文献资料整理”（预期成果《阴山文化研究文献资料摘编》《阴山文化研究论著索引》）、“包头历史研究”（预期成果《包头史》）、“阴山文化研究成果的整理”（预期成果《阴山文化研究文集》）。

阴山文化研究中心的成立，对学校跨学院整合资源、拓展特色科研领域、发掘地域文化、提升科研服务地方经济社会发展的能力具有重要意义。

这部《阴山文化研究书系》，作为阴山文化研究中心系列研究成果之第一种，即将出版面世。该系列成果的出版，不仅为阴山文化研究中心后续研究成果的推出提供了很好的范本，也推进了阴山文化研究的进程，对于开创阴山文化研究新局面，有着重要的学术价值和现实意义。

栏目生非异也，编辑善假于物也（代序）

——《阴山文化研究》专栏建设的思考

王　宇

一

近年来，特别是教育部“名栏”工程启动后，创立特色栏目成为众多学报摆脱平庸、求得自身生存和发展的手段。然而特色不等于出色，特色栏目的设立应是学报编辑对本校所在的地域文化、所拥有的校内学科专家、所依托的专业学会等资源的主动认知，经过反复推敲提炼而成。

罗曼菲副研究员、王国莉副主编总结出目前我国高校社科学报创办特色专栏的六种模式，即展现学校特色、突出地域历史文化、追踪学术前沿、借助专家学者、依托专业学会、于“无特色”中创特色。[1](P93-95)陈正慧副研究馆员进一步对地域文化特色栏目进行细化，归纳出以民族文化研究为特色，以古地名、古国名、古朝代名称为特色，以区域文化为特色，以历史、政治、文化名人为特色创设栏目，[2](P111-114)比较全面地涵盖了目前地域文化栏目的四种类型。

作为较早着眼于创办区域文化特色专栏——《阴山文化研究》的学报，可以说《阴山学刊》走在了学术期刊同仁们的前列，栏目创设之初，编辑们就匠心独具地将目光锁定在区域文化的闪亮点——阴山文化上。

从地域上讲，阴山文化是阴山区域形成的文化。阴山山脉横亘于内蒙古自治区中部，东段进入河北省西北部，连绵1 200多公里，是黄河流域的北部界线。这里曾是草原民族活动、建立政权的重要地区（如头曼单于城、赵王城），是统治者防备、抵御外患的军事重地（如秦长城、赵长城、北魏的安北六镇），同时也是古代草原丝绸之路进行商贸的重要通道。这里不仅有阴山岩画、五当召、美岱召等文物古迹，还产生了诸如赵武灵王、吕布、三娘子等众多历史人物。阴山丰富的资源孕育了阴山文化，它是阴山地理生态、生产方式、人文历史、民俗心理的综合。因此，对阴山文化应有一个全面、深入、系统、历史的认识，在阴山区域形成与延续的岩画文化、长城文化、边塞文化、军旅文化、六镇文化、商贸文化、草原丝绸之路文化、移民文化、西口文化、二人台文化、晋商文化，它们的发展与历史文化价值，都是值得我们研究的。

许多人可能不熟悉包头，却能背出唐代诗人王昌龄“但使龙城飞将在，不教胡马度阴山”的名句;海外的华人可能不知道包头,却有许多人知道北朝民歌《敕勒川》。包头师范学院地处“天苍苍,野茫茫,风吹草低见牛羊”的阴山脚下,丰富的阴山文化以及得天独厚的区域优势,为阴山文化研究创造了便利条件。这是天造地设,我有人无之处。我们以“阴山文化研究”设置专栏,就是要借助它悠久而深厚的文化内涵,借助它的影响力,塑造《阴山学刊》的自身形象。正如《阴山文化研究》专栏创始人张福勋先生谈道:“画龙必须点睛,传神还在阿堵之中。一份学报的特色是否鲜明,在很大程度上是从它所设置的专栏上显示出来的。……专栏不能贪大求全,人云亦云;要精,要有创意,要体现自己刊物的特色。尽量做到人无我有,人有我精。”“学报同仁都要充分利用和发挥自己独占的地域优势,积极开展地域文化的研究。”缘于此,《阴山学刊》于1990年正式推出《阴山文化研究》专栏。20世纪80年代,学刊曾以《包头文物研究》专栏形式陆续发表了一些阴山文化研究的文章。至2008年第3期,共推出《阴山文化研究》专栏44期,比较有代表性的文章90余篇。总体说来,栏目的建构经历了模糊概念到认知定名,直至不间断发展的过程。

荀子言:“假舆马者,非利足也,而致千里;假舟楫者,非能水也,而绝江河。君子生非异也,善假于物也。”(《荀子·劝学》)《阴山学刊》的编辑们正是“善假于物”,驾驭地域条件这个“外物”,创办了别是一家的地域文化研究专栏。

二

特色专栏既是客观条件所促成又是主观谋求的结果,一方面客观条件能促使特色形成并日趋鲜明;另一方面,特色的发展、壮大又不完全取决于客观条件而在于编辑的主观能动性。《阴山文化研究》专栏之所以能走过18个春秋,获得多项殊荣,与编辑们的努力是分不开的。

(一)坚持专栏的持续性

《阴山学刊》十分重视所设专栏的持续性,主编张伟教授反复强调,每年至少有两期应上《阴山文化研究》,以保证栏目的稳定性。

为此,编辑部在栏目的设置上不断推出多样的学科种类和丰富的研究题材,以免使栏目走入越来越狭小的研究空间而失去活力。诸如文学(《权力·文化传统·外乡人——历史长篇小说〈阴山殇〉的文化解读》)、语言(《包头方言与普通话语音的比较研究》)、政治(《政治文明——中国古代北方草原文化的重要内涵》)、经济(《北方草原重要古文化区氏族的经济形态》)、伦理(《敕勒族及其建立的“高车国”的宗法统治》)、地理(《关于“阴山”、“敕勒川”的地望》)、民族关系(《三娘子四嫁顺义王与明末蒙汉关系》)等。

在题材方面诸如岩画文化(《卓子山岩画考》)、长城文化(《包头与阴山赵秦汉长城的关系初探》)、边塞文化(《秦代直道的和平功能与昭君出塞的旅游价值》)、移民文化(《论清代“走西口”对内蒙古西部社会发展的贡献》)、西口文化(《略谈“西口文化”的基本特征》)、二人台文化(《内蒙古二人台唱腔音乐的旋律形态》)等。

编辑部在追求学术视野多元化的同时,也注意渐成体系的深度研究。近期编辑部每栏刊出的文章基本围绕一个研究专题展开,摆脱了以往文章零散、大杂拼的旧貌,如2004年第2期、2006年第3期推出的文章均系西口专题研究,2006年第6期为宗教问题研究。文章对问题的探讨也由大而泛的研究到小而具体的研究,由初探变为辨析,并从以草原文化的原生文化为主干、以草原民族在交往融合中实现的文化变异与创新为次生文化、以各个民族在这块土地上创造的丰富多彩的文化为共生文化的三种文化共同组成的复合文化视野下进行考察。

(二)坚持作者队伍的广泛性

栏目的持续性、稳定性主要是源于充足的稿源,尤其是充足的优质稿源。《滨州学院学报》编辑曾言“‘孙子研究’栏目设立于2000年,期间时断时续”,究其原因,主要是稿源不足。[3](P13)因此,除靠作者自由投稿外,《阴山学刊》编辑十分注重培养和造就一批在栏目涉及领域具内有较高学术造诣且较为稳定的作者队伍。

1. 主动向区内外专家、学者约稿

编辑通过阅读已出版发表的书籍、文章、书评和图书目录,参加学术讨论会,审读自然来稿,依靠作者推荐、介绍等渠道收集和积累专家、学者信息,并采用信函、电话、登门拜访等方式向他们约稿。国务院发展研究中心上海发展研究所研究员、内蒙古经济发展与研究促进会副会长郝诚之教授,内蒙古社会科学院历史研究所副所长何天明研究员,包头市社会科学院院长李瑛编审,包头史专家张贵教授等都先后赐稿我刊。

2. 培养校内作者队伍

在校内,发挥学报在教学、科研和培养人才中的能动作用,积极扶持、鼓励教师参与阴山文化研究,诸如举办校内“阴山杯”论文大赛,对优秀稿件进行奖励(颁发证书和奖金,辟专栏给予优先发表)。挖掘本校教师资源,逐渐形成校内阴山文化研究队伍,使这一专栏有了比较稳定的、有一定研究水平的作者群。例如本校王炜民教授、刘春玲教授、吕喜林副教授等。

3. 通过与文化团体合作,挖掘新人

与文化团体合作,拓展稿源,挖掘出新人新作,扩大《阴山文化研究》专栏的知名度,吸引更多的作者投稿。2005年8月,《阴山学刊》编辑部与包头市文联主办首届阴山文化论坛,此次论坛是“中国·内蒙古第二届国际草原文化节”的重要组成部分。来自区内外的70多位专家、学者济济一堂,相互交流对阴山文化起源、发展的相关研究。会后,《阴山学刊》择取有价值的研究成果以专栏形式发表。这次论坛的成功举办,使编辑受到很大的启发,因此,2008年《阴山学刊》编辑部再度与包头市文联合作，积极筹备第二届阴山文化论坛。

作者队伍组织起来了，编辑并没有放手不管，而是经常与作者保持联系，如节日和平日的电话或 E－mail 问候，赠送每期刊物，从而加强编者和作者的联系，建立作者对编辑部的信任和友谊。

（三）坚持审稿、用稿的科学性

在评审、刊发特色稿件方面，许多高校编辑主张给予优先待遇。所谓的优先待遇，在我看来，并不意味着不严把审稿关，而是在处理稿件时予以优先处理、优先评审、优先刊发。优先处理、评审可以使作者对及时发现论文中的不足进行修改，保证栏目的高质量运行；优先刊发则是及时刊登有价值的文章，激发作者投稿的积极性。《阴山学刊》编辑部在给予稿件优先待遇的同时，对稿件的政治观点、学术水平、文字表达等做全面把关，并实行双向匿名评审制，保证审稿的科学性和公正性。在日常工作中，善待作者的每篇来稿，对较差的文章，只要有可取之处，哪怕是一点，编辑部也本着扶稿助人的态度让其修改，直至达到或接近发表的水平；对不刊用的稿件，把专家的审稿意见转达给作者。编辑部坚持来稿必复，在作者当中有较好反响。有不少作者这样回复："非常感谢您对拙作认真负责的评审态度与中肯的审稿意见。""收到贵刊的反馈意见后，我强烈地感受到贵刊对投稿人负责、对稿件认真处理的工作精神。这是十分可贵的。"对作者的尊重，就会得到他们的信任与支持，使特色栏目能团结和吸引一大批专家和后学，形成自己高水准的作者群。

三

2006 年，中国人文社科学报学会开展第三届全国社科学报评优活动，评选出"全国社科学报优秀栏目"110 家。地方高校学报占 77 家，其中依托地域文化建构的特色栏目有 57 家，比例高达 74%。[4]评选结果和 18 年的办栏经历启示我们，研究地域文化栏目等论题，不仅具有理论意义，还具有实践意义。

（一）填补某一专业领域研究的空白

《北京大学学报》主编程郁缀认为："在那个偏远的地区、在那个一般的高校里，他们那个一般的学报……在地方特色的研究方面，起到了不少名刊大刊所无法起到的作用，是他们在填补人文社科一些研究空白。"[5](P2)像《阴山文化研究》专栏的设置，无疑填补了国内外这方面的空白，为世界民族研究做出了有益的补充。

（二）促进本校的学科建设

作为我校的特色学科和重点建设学科，专门史（其研究方向之一为阴山文化研究）是学校 2006 年首批成功申报的硕士点之一。相应的，历史文化学院设立了阴山文化研究所，音乐学院设有阴山音乐文化研究所。可以说，学报特色栏目的设置为学校地域文化学科的规划提供了参照，为学者的科研活动提供了探讨的平台；而反过来，学校地域文化学科建设则为学报开办的前沿性、可持续性的地域文化特色栏目提供丰富的学术成果，如2007年王炜民教授主持的国家社科基金西部项目《阴山文化研究》等。学报发展与学科建设正形成良性互动。

（三）提高学报的知名度

学报通过专栏不但可以展示我校教师的研究成果，更为重要的是可以进行学术交流，提升学报品位，扩大学报影响。在出版界，学报同仁所撰的编辑学论文中多次提到《阴山学刊》。如刘雁翔副编审在《地域文化：地方高校社科学报构建特色栏目的基石》中谈到"《阴山学刊》的阴山文化研究"；桂林教育学院学报编辑所撰《浅论21世纪高校学报的生存与发展》一文中提到"生存于某一方的学术常有其得天独厚的优势，这为创办地方特色栏目提供了绝好的条件。如……《阴山学刊》的阴山文化研究，……这些独具个性和特色的研究，引起了中国学术界及海外的广泛关注"。

（四）挖掘、保留史料，服务于当地文化建设

在当今学界探讨如何发掘和弘扬阴山文化、将阴山文化作为包头文化品牌之时，《阴山学刊》率先推出了《阴山文化研究》专栏，这对于时下方兴未艾的阴山文化研究确有抛砖引玉之功。正如包头市社会科学院院长李瑛所说："包头师范学院的文科学报《阴山学刊》已创办多年，在国内外享有很高声誉，期刊学术界早已认同了包头可以代表阴山。"[6](P62) 近几年《包头日报》《阴山副刊》的开辟、《鹿鸣》杂志《阴山之见》的创设，都是受到《阴山文化研究》专栏的带动与启发。《阴山文化研究》专栏所发学术成果为包头市西口文化研究会编辑出版的《西口文化研究》论文集提供了多篇优秀论文。

张积玉先生曾在2001年《中国人文社科学报学会通讯》上指出："形成名牌栏目的不多，达不到研究某一问题必看某一刊物的境地。"时过七载，名牌栏目及优秀栏目的建设正是朝着"研究某一问题必看某一刊物的境地"努力，《阴山文化研究》专栏亦不例外。

参考文献：

[1]罗曼菲，王国莉. 高校社科学报特色专栏模式述评[J]. 广东行政学院学报，2006(3).
[2]陈正慧. 学报特色栏目的功能和作用：兼谈大学学报的开发利用[J]. 三峡大学学报，2005(3).
[3]中国人文社会科学学报学会. 将学报特色集中放大，把孙子品牌叫响磨亮：《滨州学院学报》"孙子研究"特色栏目建设纪实[J]. 中国人文社科学报学会通讯，2007(8).
[4]中国人文社会科学学报学会. 中国人文社会科学学报第三届评优活动的结果[J]. 中国人文社科学报学会通讯，2006(5).
[5]程郁缀. 我观高校学报[J]. 中国人文社科学报学会通讯，2007(8).
[6]李瑛. 阴山文化对当代包头的影响[J]. 阴山学刊，2006(3).

（原载于2008年第5期）

目　录

东周以前内蒙古地区的民族和文化考察

杨东晨

内蒙古高原的北部，由北向西为呼伦贝尔高原、锡林郭勒高原、昭乌达高原、乌兰察布高原、巴彦淖尔高原及阿拉善高原，起伏和缓，东部草原宽广，西部戈壁、沙漠面积较大，局部地区有流沙、风蚀残丘分布。地表多宽浅盆地，当地称为“塔拉”。内蒙古高原的东部边缘是大兴安岭山地，山脉为东北—西南走向，南部由狼山、大青山组成，山间有盆地。阴山以南的西部为后套平原，东部为土默川平原（又称前套平原或呼和浩特平原），是农业区；境内被黄河围绕的鄂尔多斯高原，多沙漠[1]。内蒙古地区的古人类就活动在阴山以南的地区，是山西西侯度人的裔支。“其年代较早的是在呼和浩特市东郊大窑村南山发现的旧石器文化遗存”[2]，出土有打制的砍砸器、刮削器、尖状器、石核、石片等45件，其年代稍早于山西丁村人的旧石器中期文化而隶于旧石器时代早期；“而旧石器文化遗存比较丰富的，则是年代较晚的‘河套人文化’遗存”[2]，“是1956年在内蒙古伊克昭盟乌审旗滴哨沟发现的一块顶骨和一段股骨，属于晚期‘古人’范畴。而后又在该地区发现多处此类遗存。”[3] 1976年至1983年在“河套人”遗存范围内的二道沟、四道沟进行了多次发掘，出土有蒙古黄鼠、达斡尔鼠兔、灰仓鼠、拟布氏田鼠、三趾跳鼠、五趾跳鼠、鸵鸟蛋、犀牛、马及肿角鹿化石及刮削器、砍砸器、尖状器、手斧及石球等打制石器。大窑村旧石器时代石器制造场的年代为距今35万年前[3]。这些都说明阴山以南地区在很早就有猿人和古人类活动、生息和繁衍，而河套人是内蒙古地区有名称的最早者。

一、新石器时代

新石器时代遗址的分布范围更广，与旧石器时代遗存有着一定的联系。其氏族名称，《史记·五帝本纪》云：“黄帝北逐荤粥。”《集解》引《匈奴传》曰：“唐虞以上有山戎、猃狁、荤粥居于北蛮。”这些是同一族在不同阶段的称谓，似乎是“荤粥”之称较早，在炎帝、黄帝时就有了。华夏族始称后，称北方氏族部落集团曰北狄（或翟），尧舜时称山戎。其人种为蒙古利亚人，与我国古代的其他地区人种一样。其族源有华夏说、突厥族说及东胡突厥之混合种说等。我们认为内蒙古地区在猿人、古人之后当为土著的现代人。新石器时代有西戎、华夏及东夷族的徙入，土著氏族部落的成分复杂起来，“山戎”显然是西戎族迁入并与之结合后的称呼。

1. 西部地区

内蒙古西部新石器时代早期的遗址比东部的要晚，所发现的遗址已是相当于中原仰韶文化早期的遗存。它是在自然地理条件较好的河套地区发现的。清水河县白泥窑子、岔河口和包头市阿善遗址下层等遗存是其代表。“它同中原仰韶文化有密切关系。它的细石器、长方形石刀、石磨盘和石磨棒等有磁山、裴李岗文化和仰韶文化早期的因素。它的多为泥质红陶和夹砂红陶系，以及它的罐、盆、钵、碗、杯、瓮的形制与仰韶文化半坡类型相似。它的双唇小口尖底瓶，以及圆点钩叶和弧线三角形组成的彩绘图案彩陶又有仰韶文化庙底沟类型风格，而且在白泥窑子遗址所见的方形房基和瓢形灶又与半坡类型相似。尽管有那么多仰韶文化因素，由于它有较多的细石器和一些地方特色，我们还是不能把它看作一般仰韶文化遗存为好，起码应考虑它是否是一个属于仰韶文化范畴的地方类型。”[2] 这个意见是正确的。因为这一地区的荤粥土著族非中原氏族。但是，其文化中有那么多仰韶文化因素，只说受了相邻的南部诸省文化影响是不够的，而是有着中原氏族的迁入。如，炎帝后裔土人、延人、吕人、申人等都有迁入河套地区；居于今陕北的柏皇氏族部落也有部分人迁入河套地区，西戎族也是如此。正因为他们的融入，土著荤粥族才在考古文化上形成既有自身的地方特点，又有那么多的仰韶文化因素。其氏族部落成分与考古资料基本一致。到了仰韶文化中期，他们又有了定居的房屋，如白泥窑子的 4 处房屋遗迹，“均为方形浅地穴式，斜坡形门道居中向阳，门前为开阔地带，室内灶炕较深，位于中心线近门旁，居住面均用泥抹并经火烤。在室外发现 5 座灶址，有圆形、椭圆形、长方形三种，都用石板作灶壁，多设灶门，用红泥浆砌并套抹火膛。出土遗物中，打制石器有石球、敲砸器、盘状器、砍伐器、刮削器、凿等。磨制石器有磨盘、磨棒、长方形石刀、砺石、弹丸等。细石器有链、刮削器和石叶等，另有长方形陶刀、陶纺轮、陶饼、陶环和蚌饰等。陶器以泥质陶和夹砂陶最多，砂质陶很少。陶色以红陶最多，褐陶次之，灰陶最少”，“均为泥条盘制”，“有慢轮修整痕迹”，“彩陶以黑彩为主，褐彩很少，未见红彩”。“这里发现的宽带纹黑彩陶钵，器形和纹饰均为仰韶文化半坡类型所流行；重唇小口尖底瓶和曲腹钵与仰韶文化庙底沟类型相近；曲沿罐、盘、钵、盆和重唇小口尖底瓶等又都与大地湾仰韶中期相近。”[3] 渭水流域是炎帝部族的集中分布地区，对河套地区影响很深，从住房、生产工具、粮食加工工具、纺轮及生活用陶器看，这一地区的氏族部落是融合了不少炎帝后裔的定居农耕部族。

内蒙古仰韶文化中期比中原要晚，约相当于中原龙山文化的早期，已到了黄帝时代。这时除原有迁入的中原之族外，又迁入了一些氏族。如黄帝后裔漆姓部族的一支北迁于古漆泽。顾实《穆天子传西征讲疏》云，漆泽，在“今归化城（今内蒙古呼和浩特市)南之图尔根河,亦名大黑河。流迳萨拉齐之南境,又西南而汇为泽,曰山黛湖者,即漆泽也”。漆泽周围寒冷,不产漆树,当为漆人迁居此而得名。还有一些不知名的华夏族迁入。土著山戎(北狄)居于前、后河套和适于农耕地区的氏族部落在不断地发展,故仰韶文化晚期(距今5 100至4 500年左右,此时中原已是龙山文化的中期)遗址,在内蒙古地区的分布范围仍多见于西半部的南区,与早、中期遗存有一定承袭关系。内蒙古地区仰韶文化晚期遗址有3种类型。第一种类型分布在黄河由西向南折流地带,即包头市、托克托县、清水河县和准格尔旗黄河沿岸,处于原始农耕区。氏族部落的居屋为半地穴式,多呈正方形,门向西南。室内中心设一圆形平底灶炕,有的在灶炕后加一道坎的方形地面灶。居住面用褐色土抹成并经火烤,坚硬平整,有龟裂纹。房子附近的窖穴多呈方形圆角直壁状,壁与底不甚平整。比此较晚的遗址居屋,分地穴式和有槽沟结构的地面建筑两种,平面呈进深大于间宽的长方形,门向南略偏西,门道为内宽外窄的斜坡状。方形地面灶设于中心线近门处。居住面用黄绿色草拌泥抹成后略加烧烤,有龟裂纹。墙壁涂抹一层黄绿色草拌泥。房子附近的窖穴多方形圆角,呈斜坡覆斗状,壁、底均平整[3]。后者(阿善遗存三期)比前者(阿善遗存二期)的居屋建筑要进步得多。阿善二期的石器、陶器也比不上三期的,经测定距今约5 100至4 500年左右。阿善三期的石器制作规整精致,除二期的磨光石斧、石铸、石铲、盘状器、敲砸器、长方形或弧背形石刀外,又出现了断面矩形石斧、断面呈棱形的打制石斧、有孔长方形石刀、单孔石铲等。细石器除二期的链、刮削器、钻刻器等外,又出现了细长柳叶形链等。陶器与二期相比,泥质灰色篮纹陶及磨光陶最有特色,彩陶有红、白、蓝几种颜色的纺饰,经测定,距今约4 400至4 200年,相当于中原的夏代之前。这个氏族部落也当是仰韶文化早期的定居农耕部落。第二种类型遗址分布在第一种类型遗址的南边,即伊克昭盟东南部伊金霍洛旗的朱开沟,出现了半地穴和地面石筑房屋,灶炕为地面灶,彩陶丰富,纹饰多样,有了几何图案。这应是炎帝后裔后土的一支和北狄族结合的土氏族部落(定居农耕)之文化遗存。第三种类型的文化遗存发现于高原湖泊黄旗海和岱海周围山地,已发掘的有察右前旗的庙子沟和大坝沟两处。氏族部落居址的四周已有人工挖的防御沟。庙子沟的房子南北成排,从西向东,均为圆角长方形浅地穴式建筑,上部有木构泥墙,地面和四壁用黄白色草拌泥抹裹,坚硬平整,灶口在正中央近门处,灶底铺石板,门道分斜坡与台阶两种,室内四角有葬儿童的窖穴。房子周围有墓葬区,侧身屈肢,葬品有石、陶器、石纺轮。从侧身屈肢葬式和葬品看,当为半耕半牧的戎与北狄结合的部族。炎帝后裔延人的一支,由今陕西延水北迁至今内蒙古察右前旗和兴和县(汉在此置延陵县)。“这一部分延人仍以游牧为生。以蚰蜒为图腾,他们由于与阿尔泰—乌拉尔语族诸部落相融合,语音发生变化,成为连缀语系。故延人后来成为‘居延’、‘呼延’。”[4]呼延戎又融合了部分北狄族,从游牧逐渐转为半耕半牧。其地望与这类遗存正相合。呼延戎后又有一部分迁于居延海(今额济纳旗北)和巴丹吉林沙漠。

相当于中原地区仰韶文化的遗址,在内蒙古西部重点发掘的还有准格尔旗的二里半和寨子塔、包头市的西园(阿善已述)、凉城县的老虎山和园子沟遗址等。它们都在阴山以南的地带,除凉城遗址分布在岱海周围山地、察哈尔右前旗的庙子沟和大坝沟遗址分布于黄旗海周围山地外,余皆在黄河流域。林耀华先生对这些新石器遗址论曰:“有的遗址以狩猎和畜牧业为主要经济来源,有的有了原始农业,还有的以农业为主。”“细石器延续时间很长。细石器并不代表一种文化,它是同打制石器、磨制石器共存的。发现细石器的遗址包含渔猎、畜牧和农业各种不同的经济形态,而且各地区的社会发展也是很不平衡的。”[5]即在相当于中原仰韶文化时期的内蒙古西部,尤其是西南部定居农耕或半耕半牧的氏族部落是比较多的,沙漠及偏僻山区的氏族处于狩猎阶段。

内蒙古西部地区相当于中原龙山文化阶段的遗存,是从相当于中原的仰韶文化发展而来,文化的主人也基本一样。其绝对年代比龙山文化要晚,文化面貌变化不很明显。如相当于龙山文化早期的凉城县老虎山遗址,经碳-14测定,距今3 870±70年[3],在中原则已是夏王朝的早期了。这个遗址位于北高南低的一座山坡上,东、西两边是沟壑,周围依山势修筑石墙,上窄下宽,自然石块间有黄土。石墙西北至东南长380米,东北至西南宽310米。墙内的台地上有成排的房子,两三座为一组。房屋建筑形制、石器、陶器等与仰韶时期大同小异。其变化的地方,是室内地面和四壁增加了一层白灰面,陶器中出现了斝式鬲、带纽罐、甑和甗等。“这一阶段的文化遗存显示了与关中、晋南和冀北等地区文化的联系,特别是这里出现的尖底斝→圜底斝→斝式鬲的发展序列,对于探讨鬲的起源提供了珍贵标本。”[3]这个遗址已具有“石城”的性质,是一个不知名的、包含有华夏族成分的北狄定居农耕部落。相当于龙山文化中期的遗址,仅在准格尔旗大庙圪旦清理了一个灰坑,陶器中的矮领鬲与河北蔚县筛子绫罗出土的鬲造型一致[3]。朱开沟第一段相当于龙山文化晚期遗存,房子内壁、地面有白灰面,圆角半地穴式。墓葬为长方形竖穴土坑,仰身直肢,头向北、面朝南。陶器中的三足器尤为发达,“还出土长方形有孔石刀、石凿、骨链、骨针和卜骨等。这里出土的单把鬲与三里桥和东下冯出土的相同,因而时代可以断定为龙山文化晚期。”[3]山西东下冯文化一般认为是夏早期文化,说明北狄中的土部落之文化是比较进步的。

2. 东部地区

内蒙古东部有额尔古纳河、激流河、甘河、诺敏河、伊敏河、海拉尔河、乌尔逊河、淖尔河、洮儿河、乌拉盖尔河、西拉木伦河、西辽河、老哈河及闪电河等，是古代氏族部落的生产、生活及居住地。这一地区的新石器时代遗址，以西辽河流域较为密集，重点发掘的是兴隆洼文化、赵宝沟文化和红山文化。

兴隆洼文化最早发现于内蒙古东南部敖汉旗宝国乡的兴隆洼村南坡上，位于西辽河上游地区。遗址的分布范围较广，北至克什克腾旗富顺永，西至赤峰市红山区大五十家子，东至奈曼旗盛泉，先后发现遗址数十处，距今约7 300年左右[3]，相当于中原仰韶文化的晚期，它是“内蒙古以至东北地区发现的新石器时代最早阶段的遗存，与裴李岗、老官台、磁山、大地湾等文化的年代大致相当，处于相同的历史阶段，说明西辽河上游一带是我国原始文化较早发展起来的一大地区。”[3]兴隆洼遗址是一个母系氏族聚落，四周有人工挖的围沟，“遗址内房址大体呈东南向西南的走向排列，共12排，每排有10座房屋，分平面呈圆角方形或略作长方形两种，均为半地穴式，与西安半坡氏族大聚落遗址相仿。陶器均为手制，夹砂陶有灰褐、黄褐色两种，纹饰以压印纹和附加堆纹为主。打制石器以有肩石锄为代表，还有少量石铲及盘状器、敲砸器等。压削成的细石器也同时存在。”[3]这个事实说明西辽河上游敖汉旗地区土著氏族在距今七八千年前就和中原的有熊氏族有着一定的联系，很可能是其支族的迁入。因陕西华县老官台、河南郑州裴李岗、河北武安县磁山等“前仰韶”文化都是有熊、有蟜及古华胥氏等氏族部落的文化遗存。“磁山遗址距今七千二百年，发现的石器有斧、铲、镰、凿、铸、敲砸器、磨盘、磨棒等，多数磨制较光，少数打制而磨光刃部。陶器都是手制，陶质粗糙，造型比较简单，没有彩陶。有骨镞、鱼镖等渔猎工具，以及猪、狗、羊等家畜骨骼。”“裴李岗出土遗物与磁山相类似，年代与磁山相近。大量谷物加工工具和家畜骨骼的出土，说明当时人们已从事原始农业并驯养家畜，开始进入发达的母系氏族社会了。”[5]从而可知靠近今河北地区的兴隆洼遗址的氏族部落也已进入了母系氏族的发展阶段了。东北（含今内蒙古东部）“各民族，都几乎是几千年来陆续由黄河流域逐渐迁徙而去的，他们大多是华胥氏的支系，他们利用自然，创造出桦树文化，形成了‘东北桦木文化圈’。”[4]因此，我们认为内蒙古东南部地区的母系氏族部落当是以中原氏族为主要成分并结合有荤粥土著的部族。敖汉旗政府所在地新惠镇东北约50里的赵宝沟遗址，位于山坡上，距今约6 200年，相当于中原的仰韶文化阶段。它与兴隆洼文化有一定承传关系，居屋也基本相同，灶炕有所改进，高于屋地面。磨制石器中增加了斧、耜，石耜以锄形和鞋底形最具特色，说明其时原始农业生产经兴隆洼遗存时期有了较大的发展。细石器仍存。陶器与兴隆洼遗址的器物大同小异，增加了几何纹与压印纹，以尊形器上印出精致的动物纹饰最有特色，还出现了陶塑人头[3]。此文化遗存的主人很可能是兴隆洼氏族部落的一个氏族，且是以中原地区氏族先民为主要成分的。仰韶文化时期,内蒙古北部大兴安岭一带比东南部地区落后,"以渔猎经济为主","农业不发达","畜牧经济处于原始阶段"[5]。其民族主要是土著的荤粥氏族,亦有黄河流域氏族部落人的迁入,他们后成为匈奴的族源之一。炎帝后裔柱,以善于农耕和立木柱造屋著名。他的后裔有部分人迁于今内蒙古东北边境的兴安岭一带,后与土著氏族融合而形成新的鄂温克族,成为鄂伦春和鄂温克族的祖族之源。"直到近代,兴安岭山脉的鄂伦春和鄂温克族,为了适应游牧生活,他们创造了一种非常简陋的住房——'仙人柱',成为一字形或弧形排列在稍陡的山坡下面靠近河流的地方。这种住房用三十多根木杆搭成形同半张开的雨伞架子,夏天在上面覆盖桦皮围子,冬天覆盖狍皮围子,即算建成。一切都就地取材,可以随时搭好,也可以随时拆卸。移动时,只取下桦皮围子或狍皮围子,用驯鹿驮走,'仙人柱'的架子则仍留在原地。一般在'仙人柱'中间升起一堆篝火,人们即围着火堆熟食、睡觉。所谓仙人柱,鄂伦春人叫'撮罗子',即中间一根大木柱直伸出屋顶上叫'仙人柱',其余木柱则只撑住屋顶,分布在周围。这根'仙人柱'往往被尊为神柱,任何人不能乱动。这种风俗和六七千年前炎帝柱所处的柱居时代相似。"[4]这也可间接说明炎帝柱之后裔族系此二族的祖先。达斡尔、满族的先族也有这种习俗,说明他们的远祖与柱的裔族也有一定的关系。"仙人柱"后又演变为上刻人头、动物或植物图案的"神柱",类似图腾或宗教崇祀之物。内蒙古东部地区仰韶文化晚期遗址是红山文化,距今5 000年。这个年代在中原已是龙山文化范畴了。红山文化遗址分布在辽宁、内蒙古、吉林三省区的交界地,其遗址内大型石器与细石器共存,以"掘土工具石粗(或称石犁)、弧背双边石刀较有特色。大型掘土工具耜和磨制精制的收割工具石刀的发现,表明农业生产"的进步。陶器以夹砂或泥质的红褐陶为主,泥质红陶上出现了彩绘,纹饰、器种增多。"红山文化的陶器群中,高颈双耳壶、红颈双耳壶、红顶碗、圆口广肩小底瓮以及亚腰器座等与中原仰韶文化比较接近,学术界不少学者认为它受中原仰韶文化的影响,但如果认为它是中原仰韶文化的一支或者是从中原直接输入的观点则欠妥。"[2]这种说法是对的,因内蒙古东南地区从大的方面说还是土著北狄或后称东胡祖先支族分布地,虽在某一地可能迁入较多的中原之族,毕竟还是代替不了土著氏族部落,必须具体地点具体分析。红山文化的主人中,有土著氏族与中原迁入之族则是可以肯定的。何光岳先生云:"后有一支华胥氏向东北迁徙,带去了红山文化,也把使用桦木的技术传授给东北古代各民族。"[4]就红山文化的内蒙古赤峰市西水泉和蜘蛛山、翁牛特旗三星他拉村等遗址看,居屋均为半地穴式的圆角长方形或近似方形,灶炕多为椭圆形或瓢形,有了墓葬。它既有仰韶文化因素,又有地方特点。同时在三星他拉村、赤峰市境内、辽西地区及内蒙古巴林右旗那斯台等遗址中还发现了红山文化玉器百余件，质料大都为软玉，多呈淡黄绿色，少量为当地特产的巴林石。有蚕、鸟、鱼形玉雕，以及勾云形佩、三联璧形饰、钩形饰、串珠、纺轮和斧等。[3]其中，“有些玉器如勾云形玉佩、玉蚕、玉鸟等与商代玉器相似，反映出西辽河上游地区的原始文化与黄河流域古代文明之间的渊源关系。”[3]华胥后裔及太昊伏羲氏的裔族均以鸟为图腾，中原的氏族部落多以龙为图腾，殷之先族也是以鸟为图腾，内蒙古及其相邻的东北地区之土著族也多属鸟夷，故“玉龙、玉鸟”的出现以及从事农业生产等，均与这些较多成分的氏族部落有着相当大的关系。内蒙古考古资料未列相当于中原龙山文化阶段的遗址，而从其所列西部地区相当于龙山文化至夏初阶段文化遗存，亦可知东部氏族部落的概况。夏代以前他们还处于母系氏族社会向父系氏族社会过渡或已经进入父系氏族社会阶段。北狄系游牧部落阶段，是以后才逐渐形成的。

二、夏商周时期

北狄在三代时期，名称不一。全面分析，简而言之，炎帝、黄帝时，北方的氏族称山戎或荤粥，尧舜时称荤粥或北狄，夏代始有南蛮、东夷、西戎、北狄的记载，商代时称獯粥或鬼方，周代称猃狁（又写作猃狁）或戎狄（指犬戎）。他们处于父系氏族部落阶段，少数比较进步的氏族部落已过渡到奴隶制方国阶段，如殷周的土方国等。“相当于中原地区夏、商、周代的文化遗存，在内蒙古东部和西部分属不同的区系，以在西辽河上游和黄河流域发现的较多，可以明显看出是从新石器时代的晚期遗存直接发展来的。”[3]

1. 西部地区

相当于三代时期的文化遗存，西部地区是以今内蒙古伊金霍洛旗朱开沟遗址为代表的。“朱开沟遗址可分为五段，第一段相当于龙山晚期，第二至五段相当于夏代早、中、晚期，大体上前后衔接，各种遗存发展序列清楚。从房址看，第二段平面以圆形占多数，铺白灰面的明显减少，以铺黄黏土硬地面为主；第三段以后平面均以长方形为主，地面一律铺黄黏土。生产工具中，第二段的石斧横断面均呈方形或长方形；第三段以后横断面均呈椭圆形。第二段的石刀以长方形有孔的为主，并出现长方形有孔两面刃石刀；第三段以长方形有孔两面刃石刀为主，出现了梯形石刀；第四段以梯形石刀为主。”“陶鬲均为夹砂灰陶质。”“带领圆腹罐从第三段起显著增加。”第四段的三足瓮附有的三足“出现乳状实足，纹饰由篮纹变为篮纹和绳纹并存再变为绳纹或绳纹加弦纹，口外磨光部分逐渐缩小直至消失，蛇纹两砂质薄胎，多呈灰褐或黄褐色，外表普遍饰中、细绳纹，在绳纹上有弯曲状的附加堆纹，从第三段始见，第三段以后普遍流行，口沿由外侈变为直口，领部由高领变为矮领，纹饰由直行口绳纹变为清晰细绳纹再变为密点状纹。”[3]这四段系夏代时期内蒙古西部文化遗存。第三段开始出现铜器。第五段的石器、陶器比前四段稍有进步,且出现了“商代型式的铜戈、陶簋、陶豆等,有鄂尔多斯式青铜短剑、刀、錾和圆牌等共存。”[3]它已是相当于中原的商代文化。朱开沟文化“分布广泛,在晋中以北、陕北、张家口以西、贺兰山以东都有发现”,说明西戎、北狄在夏文化影响或在夏族人直接参加下创造的文化是比较广泛的。

根据文献记载的近现代学者的研究,三代时迁入今内蒙古地区的夏、商、周人及早已迁入的中原部族再迁的有居于察哈尔右翼前旗黄旗海地区、兴和县的呼衍(呼延)人,在夏商时又西迁于居延海(今额济纳旗北),又结合了部分土著北狄人。《山海经·海内东经》云:“国在流沙外者,大夏、竖沙、居繇、月支之国。”何光岳先生释:“居与诸音同,居繇即诸绵。流沙之外,即今内蒙古西额济纳旗北有嘎顺诺尔及索果诺尔两泊,诺尔又作淖尔、脑儿,即蒙古语湖泊之意。淖亦为古汉语湖泊,是汉、蒙语音同,有其同源关系。居繇即汉代的居延海。”[4]海名以居延人迁住于此而名。《三国志·乌丸鲜卑东夷传》裴松之注引鱼豢《魏略·西戎传》云:“流沙西有大夏国、竖沙国、属繇国、月氏国,四国西皆有黑水。”是以居繇作繇,居、属一音之转。流沙即今内蒙古西部巴丹吉林沙漠。黑水即《书·禹贡》的弱水,其上游仍称黑水,发源于祁连山南麓,北注入居延海。地望正与《山海经》和《三国志》所载相符。可证居繇、属繇即居延,居延海即因居延人迁此而得名。居延又写作朐衍、呼延,住在居延海北,成为后来匈奴族中的大姓呼延氏。帝舜后裔义均的一支北迁后和戎人结合合称义渠,西周末有部分人迁于今内蒙古河套一带,和其祖族渠搜相依存。渠搜即舜父瞽叟的一支,在商末周初迁于今内蒙古河套地区,其支族有巨蒐,活动在今呼和浩特北35里的翁公山一带。周穆王西巡时,曾受到巨蒐氏的欢迎,在焚留山(今翁公山)宴请周穆王,献马300匹,牛羊5 000头,秋麦1 000车,膜稷30车。穆王回赠巨蒐氏贝带及桂姜等物。殷人的一支在商代迁于今内蒙古伊克昭盟一带;炎帝后裔基方人的一支在西周末年北迁于箕陵(今内蒙古呼和浩特的黄河东岸);炎帝后裔同人的一支于夏商迁入今内蒙古乌拉特前旗一带;东夷苦人的一支于商末迁入今内蒙古固阳县一带;东夷寒人的一支迁入内蒙古南部,被狄人尊称为可寒,久而久之,成为后世匈奴首领的称号“可汗”;东夷莫人的一支于夏商迁入今内蒙古乌拉特前旗等地,形成后来的“沙漠”之名。《史记·匈奴列传》云:“匈奴,其先夏后氏之苗裔也,曰淳维。”《索隐》:“张晏曰:‘淳维以殷时奔北边。’又乐彦《括地谱》云:‘夏桀无道,汤放之鸣条,三年而死。其子獯粥妻桀众妾,避居北野,随畜牧徙,中国谓之匈奴。’其言夏后苗裔,或当然也。故应劭《风俗通》云:‘殷时曰獯粥,改曰匈奴。’又服虔云:‘尧曰荤粥,周曰猃狁,秦曰匈奴。’韦昭云:‘汉曰匈奴,荤粥其别名。’则淳维是其始祖,盖与獯粥是一也。”炎黄时,北方已有荤粥,或称山戎,说荤粥系桀子獯粥,自然是不可信的,又说獯粥是匈奴的祖先,更是不妥,因前后者相差近千年。"夏朝统治者被商人战败后,有些人跑到北方民族地区是完全可能的。他们跑到北方后,也就融合于北方民族了。"[6]淳维(獯粥)系桀王之子,和族人带去了中原的先进生产技术和文化,与荤粥融合后,被推为部落首领、尊为祖先之一也是可信的。但匈奴族决非来自夏族。原始社会居地伊金霍洛旗的土著族部落约于夏晚期大部分向南迁入今陕北及晋西北地区,因此,这里夏代及商初的文化遗存应是土人及淳维与荤粥人的文化。东夷归姓支族河伯与鄘人,在西周中叶迁入今内蒙古呼和浩特市及河套一带。据《穆天子传》记载及顾实《穆天子传西征讲疏》考证,河宗柏夭之国在今内蒙古乌拉特旗河套北岸。周穆王又在黄子山(今内蒙古鄂尔多斯右翼西北套外之阿尔坦山)大会诸侯。穆王赏给河宗族长柏夭璧1件,柏夭将璧沉入黄河,又投入牛马猪羊以祭河伯神。这是周王与内蒙古交往的一件盛事。

2. 东部地区

三代时内蒙古东部地区除新石器时代的荤粥土著族及外来族外,东夷有虞氏饶人的一支于夏代迁入今内蒙古赤峰市一带;殷人的一支于商代迁入克什克腾的天宝同地区;夏末居于西部伊金霍洛旗一带的土部落古国南迁时,部分土人则东迁入东南部的古土河(又称涂河,即今老哈河)(古"涂河"之称系夏人的亲族涂山氏的一支于商初迁此而得名);东夷虞幕氏的一支莫人于夏商迁入克什克腾旗一带等。这些奴隶制国家的余民迁入内蒙古东部,尤其是经济开发较早的东南地区后,和原有的中原迁入之族及土著北狄族相结合,推动了阶级社会出现的进程。同时,由于民族的多种,所以也就形成了这些地区文化面貌的多种因素。

近年来,"在西辽河上游的敖汉旗、赤峰市和哲里木盟内都发现大量夏家店下层文化遗址。在敖汉旗境内发现的夏家店下层文化遗址多达2 200多处,密集地分布在河谷及河旁丘陵之上,依山势或河流分为若干群体,每个群体多由几十处遗址组成。位于河谷旁台地上的遗址规模略大,往往有土筑围墙,围墙内的聚落由若干圆形建筑组成。其中大甸子遗址范围最大,周长超过500米,土筑墙的门址有石块垒砌遗迹。位于丘陵遗址的往往以石块垒砌围墙,也有土筑的,规模都不大,围墙内的建筑不多,似为防御和祭祀设施"。在宁城县三座店还发现几处"石砌和土筑双层墙的圆形大房子"。其四周有防御性的围墙是这些聚落遗址的特色,已类似"石城"。房子面积大者有50平方米,小者为10平方米,悬殊较大。"这种住房面积大小和房内遗物多少,应反映居民的财力大小和贫富分化现象",而夏家店下层文化的年代,早者为距今3 965 ±90年,晚者为距今约3 500年,"就是说晚于河南龙山文化,所以说它先后受到中原地区河南龙山文化、二里头文化甚至商文化的影响。”[3]居民财力大小和贫富分化现象还反映在墓葬方面及青铜器的出现等方面。考古工作者近几年经过调查，“在敖汉旗范仗子墓地，共发掘墓葬88座，墓葬自然分布成三大区，分属早、中、晚期。这群墓葬都是长方形竖穴坑墓，个别墓的侧壁掘有仅穴卧尸的土洞；也有用石板砌的儿童墓葬。少数墓用薄石板砌成棺形，但未铺底板；也有用木板拼作棺形，但未钉合成棺。墓内脚下方一般挖有壁龛，放置随葬品，无龛的将随葬品置于脚旁。从氏族聚落遗址和墓葬形制看，这一地区的民族成分是比较复杂的，有荤粥、华夏族、东夷族及戎族等。葬品中有陶鬲、罐、壶、鼎、碗等，鬲、罐上有红、白两色彩绘，图案以云纹为主，并有动物的眼、面或羽毛纹饰，形制与纹饰均与商代铜鬲、罐相仿，还有石斧、石锥、骨链、骨匕、卜骨、骨笄、贝、蚌壳、绿松石串珠、骨珠、玛瑙环和陶纺轮等。”[3]这些显然是有华夏民族成分较多的部落文化。而葬品中有去掉四肢的猪、狗及猪蹄之俗，又有北狄和东夷人的习俗。翁牛特旗解放营子乡头牌子村敖包山前还“出土了青铜甗、饕餮纹鼎和弦文鼎各1件，铸造工艺原始，铜上铸有两个代表族名的文字，所饰云纹、饕餮纹与夏家店下层文化彩绘陶器上的同类纹饰相似，因而可能是当地铸造的早期青铜器。”尽管铜器的出现要比中原晚，但铜器的铸造毕竟还是标志着这一地区青铜朝代的到来。同时，有的墓葬随葬品比较丰富，有贝、玉器和铜器等贵重品，多数墓葬品较少，只有几件陶器、骨器和石器，“两者对照社会成员间的财富多寡悬殊，而不是氏族社会那种所有成员祸福与共一律平等的时代了，应是早期奴隶社会现实的反映。”[2]这些情况正与内蒙古东南部的民族分布状况大体相符合。赤峰市的夏商文化遗存当与饶人有直接关系，其他就难以确指了；夏家店上层文化系商、周文化，在宁城县南山根与甸子乡小黑石沟、敖汉旗周家地等都有发现，并进行了发掘，约近70座。其中小黑石沟墓13座，墓中的1号墓规模最大，“出土遗物多达700余件，属于北方民族文化的遗物有饰蹲踞动物纹的金饰牌及青铜曲刃短剑、刀、斧、盔、动物纹饰牌与饰件等；属于中原地区西周文化的遗物有铜鼎、簋、匜等礼器，也有铜戈、剑、链等兵器，礼器上有铭文，证实是中原地区的产品”；“敖汉旗周家地发掘的墓地属于夏家店上层文化晚期，发掘的54座墓全部为土坑竖穴墓，排列有序。大多数墓穴中残存木质葬具，葬式大多是仰身直肢，个别为侧身葬，有二次葬和合葬。殉葬动物有狗、牛、马的头及马蹄等”，葬品较多，有陶、石、铜及骨器，男性腿部多放置骨链或铜链，女性则多葬纺轮。[3]这是北狄和中原诸族结合的奴隶制农业和畜牧业并重的民族。敖汉旗墓葬中的西周铜器当是周人孤竹国国民由今河北迁入时带进的。孤竹国的祖先系炎帝，周代时迁入今内蒙古喀喇沁旗一带，都城在营州。《通典》云：“营州柳城郡，古孤竹国也。”《清一统志》云：“土默特二旗，本孤竹国。”营州，即今辽宁朝阳市。土默特二旗包括今辽宁北票县和内蒙古敖汉旗南部、锡伯河以东地区。此外，颛顼帝后裔舟人的一支于商代迁到了敖汉旗白斯朗营子村。其他的北狄族、东夷族等难一一考证出名称。北部大兴安岭地区在三代时的氏族大都还处于父系氏族部落阶段。分散的北狄支族有的南侵，有的游牧在内蒙古地区。鬼方、土方已移入殷的北方，猃狁、犬戎已徙入周的泾水北部，不断地发生战争和交往。

翁独健先生说："当华夏族建立夏朝、进入阶级社会之后，北方游牧民族仍处于原始时代。商朝的建立和发展，使华夏族的奴隶社会发展到了一个新的阶段。这时的北方民族仍处于分散的部落状态，不过，它们之中也开始形成了一些比较强大的部落组织，如土方、贡方、鬼方，等等。西周时期，北方民族虽然仍是分散的，却出现了像犬戎这样的比较强大和比较稳定的政治中心或政治力量。这种强大和稳定的政治力量，虽然还不能说它已形成阶级社会和形成国家，但至少是阶级社会和国家正在形成的过程。"[6]就北狄族而言，这种论断是符合实际的。同时，从上述可知，从原始社会至东周以前，内蒙古南部地区的政治、经济、文化是高于其他地区的，社会发展也是不平衡的。

参考文献：

[1]中国地图册[CM]. 北京：中国地图出版社，1994.
[2]李绍连. 华夏文明之族[M]. 开封：河南人民出版社，1992.
[3]内蒙古文物考古研究所. 内蒙古文物考古工作的新进展[G]//文物考古工作十年（1979—1989）. 北京：文物出版社，1991.
[4]何光岳. 炎黄源流史[M]. 南昌：江西教育出版社，1992.
[5]林耀华. 原始社会史[M]. 北京：中华书局，1984.
[6]翁独健. 中国民族关系史纲要[M]. 北京：中国社会科学出版社，1990.

（原载于 1997 年第 3 期）

从胡文化"汉化"看
生态环境的迁移对文化转型的影响

王永杰

自秦统一后,华夏文明即作为大一统文化与周边其他文化相对,在北方则主要与胡文化相分。在秦至魏晋南北朝的这段时期内,胡汉两种文化虽然经历了数百年的交流与碰撞,但文化中各自的特质却从未因此而发生改变。然而,到了魏晋至唐这段时期,情况便大为改观,出现了极具历史性影响的大规模的胡文化"汉化"和汉文化"胡化"的发展过程。究其根由,除受当时的政治经济因素的制约外,对原有生态环境的脱离,则是其中的一个至关重要的方面。这种由民族迁移而引发的文化转型,也并非属胡文化"汉化"过程所仅有,而是一种具有普遍意义的历史现象。这种普遍性也不仅只属于过去,在未来文化发展中它也一定体现出其应有的影响。

一、不同生态中的文化特质

文化的产生是自然与社会双重作用的结果。生态环境作为自然条件中的重要因素之一,对文化产生所起的作用,就在于它为不同文化类型的形成提供了最为直接、真实和持久的影响。这也就是在不同的地域上会呈现不同的文化的原因所在。相反,由于社会能动性的作用,使处于相同生态中的民族会出现不同特色文化的原因也得到了合理的解释。在二者的联系中,自然为文化的产生提供了种种可能,它是文化得以产生的基础,而社会则在选择把哪一种可能变成现实上起着关键的作用。这其中,社会的作用固然很大,但它的可选择范围,也只能是在自然提供的种种可能性之内,或是以与自然密切相关的生产方式为中介来实现自己的意愿的。

胡文化作为一种独特的历史传统,并非仅指北方哪一个少数民族的文化,而是对几近一致的北方各少数民族共同拥有的游牧文化的统称。在其中,尽管不同民族的文化也各具特色,但与汉文化相比,则由于他们在生存方式上的一致性,在文化共性上的趋同,因而也就形成了以"胡"为谓称的一体文化。

任何文化的产生都是特定的历史条件和生态环境作用的结果。从地域上看,长城并非仅属胡汉两个民族疆域的分界,同时也是两种生产方式的分野。胡人大都生存在长城以北,那里的年降雨量最高仅为400毫米,而大部分地区则在100毫米至200毫米之间。即便是在濒临黄河的河套地区,也仅为200毫米。在这被汉代称为“不食之地”的生态中，在这降雨量极少而缺乏内陆河的广阔的荒漠和草原上，用手工方式进行大规模的农业生产显然是不可能的，相反，以游牧为生存之本则应是生存在那里的人的必然选择。在汉代，《史记·匈奴传》曾对这一时期匈奴人的生产方式做过这样的概述：第一，无城郭、耕地，迁徙无定，以游牧为生；第二，尚处于文明社会门槛之外，无文字、不知礼仪；第三，全民善战，勇猛剽悍；第四，畜牧、狩猎和从事掠夺战争，是其生活方式中互为补充的两个方面，并且二者可随时转化。这些概述从针对性上虽然只是对匈奴人生存方式的总结，但实际上却代表了北方各游牧民族在经济和文化方面的共同特征。当然，相对于其时其地的胡人来说，以游牧的生存方式为基础所形成的文化也必然是十分合理和难能可贵的。

相反，汉人大多处于长城以南。那里是有特定的日照、水分和温度的潮湿地带，这就使利用植物的再生产来获得物质资料成为可能。这样，随农业的发展和主体地位的确立，以农耕为特点的文化也就成了汉文化固有的特质。由此比较中我们可以推出不同文化的形成的确与其生态环境密切相关，如果受生态环境影响的生存方式不变的话，文化中固有的特质就一定会按传统方式不断地延续下去。相反，如果该文化一旦脱离了适应自己生长的生态环境，其在特质上的改变也就是必然的。

从历史上看，在战国至魏晋南北朝这几个世纪中，胡汉两种文化的交往也是相当频繁的。从赵武灵王的“胡服骑射”开始，经由呼韩邪单于自愿归附汉朝的统辖，昭君出塞，张骞、班超几度出使西域，直到“丝绸之路”的开通，均属这种交往的具体表现。但是，由于双方仍固守在原有的生态中，且生产方式也未发生变化，因此这种交流所产生的影响只能体现在相互吸取的表层，而双方固有的以游牧或农耕为基础的文化特质却依然如旧。

二、区域迁移后的双重心态

魏晋南北朝当属中国文化发展中的又一高峰。此期，在政权频繁更替和少数民族大规模入侵的双重作用下，文化的发展呈现出一种多元激荡。而胡汉两种文化体系由长期对峙走向融合，则属于多元激荡中的一个重要方面。

随着东汉王朝的瓦解和三国鼎立的形成，原有统一的强大帝国已不复存在。此时的北方少数民族则利用这一难得的历史机遇，从高原上席卷而下，使中国民族关系的历史从此进入一个极其复杂和异常动荡的特殊时期。在此阶段，匈奴、鲜卑、羯、氐、羌等先后入主中原，形成了五胡十六国的政治割据。从文化上看，由于这些民族是带着固有的传统，打破农耕与游牧之间的地域界线进入到汉文化生长的环境，因此在文化的适应性上就自然而然地要处于势能上的劣势。而此时处于胡人统治下的汉族地区，虽然在政治上受制于胡人政权而在文化的适应性上却理所当然地要处于优势。初始的胡人政权,为了改变这种不利的态势,曾在这些方面做过一些努力,但由于地域性这种无法抗拒因素的制约,最终也无法反转胡文化在异地上的劣势。

由此,初入中原地区的游牧民族在与汉文化的交往中就一直持有双重心态。在对待汉文化的问题上,既感到其博大精深又感到陌生和不理解,但因政治所需又必须用吸取汉文化的方法来加强自己的统治,这就势必会产生出一种心理上的卑怯。对于本民族文化来说,出于维护传统的需要,在强化本民族文化根基的同时,也必须采用一定的方式来淡化汉文化的影响,由此而形成一种心理上对汉文化的拒斥。由于受双重心态的驱使,拒斥与融合并存就成为这一时期文化发展的主要特点。

入主中原之前,北方各少数民族对汉文化的接触也曾有过几百年的历史,但这种了解也只限于表面。而当他作为统治者去直接地面对汉文化的影响时,才真正地体味到这种距离感的实际存在。公元359年,北魏曾"破慕容宝于中山,获晋乐器,不知采用,皆委弃之。"(《隋书·音乐志》)北朝乐府名句"我是虏家儿,不解汉儿歌"(《折杨柳歌》)体现出对汉文化的陌生。而苻坚在登龙门,赞叹"美哉,山河之固",又"尝之太学,召涉翼健问曰:'中国以学养性,而人寿考,漠北啖牛羊而人不寿,何也?'"(《晋书·苻坚载记》)在对汉文化表现出不理解的同时,慕诸夏之风也随之溢于言表。因此,当胡人君临汉族地区后,为了消除两种文化间的"巨差",曾试图用大量吸取汉儒为己所用的方式来改变自己在文化上的劣势。这实际上也就是最初的汉文化"胡化"。

与此同时,作为异族的统治者,在吸取汉文化为己所用的过程中,为了维护自身文化的民族性,对扑面而来的汉文化也表现出较强的拒斥。如拓跋焘杀贺狄干,是因为"见其言语衣服类中国,以为慕而习之,故忿焉,既而杀之。"(《北魏·贺狄干传》)北魏元丕"雅爱本风不达新式。至于变俗迁洛,改官服制,禁绝旧言,皆所不愿。"(《魏书·元宏传》)就在北魏孝文帝大力推行"用夏变夷"之时,东、西魏却大肆复旧。而迁居到内地居住的普通胡人也表现出不同程度的"抑汉扬胡"的倾向。这一切均属拒斥心理的具体表现。

两种心态的共存,在一定时期内是极为正常的。它既体现出胡人政权对汉文化的需要,又反映出在融合中对民族固有传统的维护。相反,如果没有大规模的民族迁移,则绝不会有势能上的优劣之分,更不会出现急切的吸取与强烈的拒斥并存。因为从一般的意义上看,任何外来文化通常只能作为一个异己的因素,随过程的推移逐渐被消融在本民族的文化之中,而无需有担忧自己的文化根基被动摇的必要。但由于此期的胡文化是处于异地上的文化,其处境也就无法与一般情况相类比了。

三、无法抗拒的融合

尽管胡人在一定时期内对汉文化的拒斥是较为强烈的，但在浓重的汉文化氛围中，在文化与生态环境间适应机制的作用下，与马背相脱离的胡文化最终也无法摆脱与汉文化相融的历史命运。胡文化的“汉化”是通过两个渠道进行的，一是政治的制约，二是杂居的影响。在政治上，出于统治的需要，就必须用强力来推进胡文化的质变。在这方面，少数民族中的一些杰出人物对此曾做过一定的努力，但最为突出的当属公元5世纪初统一北方的鲜卑拓拔魏。还在魏道武帝年间，拓跋氏便大量招聘汉儒和士大夫为其服务。到了孝文帝时，他以南征为名，把都城从游牧氛围较重的山西迁置到属于汉文化中心的洛阳，使文化的转型从地域上成为不可逆转的趋势。不仅如此，孝文帝还以政治、经济改革为手段，完成了从形式到内容全方位向汉体制转换的过程，形成了以汉文化为正统的新型政权。至此，从风俗礼制到语言服饰等与原有文化的联系已全然割断，胡文化向汉文化转型的政治过程也已完成。这种文化转型由于不是以本民族自身的经济文化发展为动力，而是在汉文化所属的生态环境的规范下进行的。因此，以政治需要为动力，也就成为草原游牧文化与农耕文化在整合中的一条普遍适用的原则。这一原则在后来的元代、清代也无一例外地都得到了具体的体现。

胡文化“汉化”的第二个途径，是通过民族间的杂居进行的。随政权的迁移，大量胡人涌入内地，迫于适应生存的需要，也必然要在各个方面向汉文化靠拢。随着时间的推移和交流的增多，汉人的文化观点和传统道德也就逐渐成了胡人的生活准则。例如，匈奴人“父死，妻其后母”的习俗，则是在汉文化的影响下改变的。而《魏书》《北史》中所记述的贞女，也有不少是出自于胡人家庭。这说明胡文化的“汉化”在民间也在悄然地进行。当然，民间的这种变化在短时期内是无法同政权上的“汉化”趋势相比，但在心理影响上，则要比汉化政策来得更为巨大和深远。

从对胡文化“汉化”过程的分析，我们既可看到生态环境对某种特定的文化形成所起的重要作用，又可看到生态环境的变迁对文化转型所产生的重要影响。对此，荀子曾有过这样一段精彩的议论：“居楚而楚，居越而越，居夏而夏，是非天性也，积靡使然也。”(《荀子·儒效》)当然，胡文化的“汉化”过程，也并非仅是汉文化对胡文化的影响，而是一种在新的基础上的相互融合。实际上，也正是由于胡文化所带来的那种充满活力的生机，才为当时汉文化的发展带进了一缕新鲜的空气，进而为中华文化的发展注入了新的活力。其后受世人瞩目的盛唐文化，在一定意义上也就是这种作用的结果。

(原载于2000年第4期)

秦代直道的和平功能
与昭君出塞的旅游价值

郝诚之

一、新闻炒作正形成误导

2005 年上半年,从网上到电视,秦直道以"被遗忘的奇迹""两千年前的高速公路"等为题,炒得沸沸扬扬,吸引了亿万人的目光。

网上说,这条直道由陕西北部的定边县进入"内蒙古鄂尔多斯高原,经今乌审旗北、东胜市西南,在今达拉特旗昭君坟附近跨过黄河,到达包头市西南秦九原郡治所。这条直道穿越整个鄂尔多斯地区,从而把京卫和边防连接起来。一旦边事告急,军队就可从京都咸阳直达塞外国境。"

网上说,凭借这一通道,秦始皇的铁甲骑兵,"从淳化林光宫屯兵地出发,粮食和军辎源源不断地北运,三天三夜就可抵达阴山脚下,摧城拔地所向披靡,从此匈奴'人不敢南下牧马,士不敢张弓报怨',远遁大漠戈壁深处,数十年不敢露头。"

电视说:"在中国陕西省北部的大山之中,传说在那山脊之上,有一条历史久远的古老道路,并排能跑十辆马车,纵穿陕北黄土高原,像一支笔直的利箭,直达北方大漠,铁甲骑兵仅用 3 天时间就能从秦的都城咸阳赶到北方的阴山脚下。"

电视说:"在子午岭上的山脊线上,摄制组发现三四十米宽的平台。如果这里当年真的是'秦直道'的路面,那么秦始皇为什么要把一条道路修筑在山上呢? 史学家认为路修在岭上有一个最大的优点,岭上不积水。军事家们认为,如果道路建筑在山谷,很容易被来去如风的匈奴骑兵伏击。因此秦始皇才执意要在四周有树木遮蔽的子午岭山脊之上修一条道路,而且道路要修得足够宽,足够直,这样才能实现强大而快速的运输能力。"

结论是什么呢? "可见,当年修筑'秦直道'的主要原因还是行军和运输军用物资,从这个意义上说,'秦直道'是一条名副其实的军事高速公路。"[1]

媒体给各族观众、读者的印象有意无意地强化了民族对立,给人一种杀气腾腾的感觉。历史事实真是这样吗? 否!

二、"欲游天下"乃真实目的

没有调查就没有发言权。亲历过秦直道的历史学家只有一人,最早记载秦直道的大文学家也只有一人，那就是西汉的太史公司马迁。陕西的考古学家贺青海先生说得对："司马迁留下的文字不多，但他是最权威的，我们无法在事实上跨越他。我们必须尊重他！"

司马迁笔下记载的秦直道内容有：《史记·秦始皇本纪》载："三十五年，除道，道九原，抵云阳，山堙谷，直通之。"《史记·蒙恬列传》载："始皇欲游天下，道九原，直抵甘泉，乃使蒙恬通道，自九原抵甘泉，堑山堙谷，千八百里，道未就。"《史记·秦始皇本纪》载："三十七年十月癸丑，始皇出游。""七月丙寅，始皇崩于沙丘平台。""棺载辒凉车中。行，遂从井陉抵九原。会暑，上辒车臭，乃诏从官令车载一石鲍鱼，以乱其臭"。"行从直道至咸阳，发丧。"《史记·蒙恬列传》载："太史公曰：吾适北边，自直道归，行观蒙恬所为秦筑长城亭障，堑山堙谷，通直道，固轻百姓力矣。"

直道的起止、长度、难度、完工情况及曾有凉车经过和司马迁的看法都说得很清楚。修直道的目的只有六个字："始皇欲游天下"。

起关键作用的"游"字该做何解释？秦始皇统一六国后已实现了由大乱到大治。作为开国皇帝，"千古一帝"，他的首要任务是安天下、治天下、统一天下、巩固天下。因此，秦直道的真正价值是统一的标志，堪称"统一之道"。在认真研究《史记》后，笔者认为司马迁的"游"，内涵应包括"巡行""临察""游观""宣示"等意。主要意思可以分解为：其一，诚如二世胡亥所说："先帝巡行郡县，以示强，威服海内。"(《史记·秦始皇本纪》)其二，如李斯所言："治驰道，兴游观，以见主之得意。"(《史记·李斯列传》)秦始皇自己也在泰山石刻上留言："初并天下，罔不宾服，亲巡远方黎民。""皇帝躬圣，既平天下，不懈于治。"在琅琊石刻上则强调："皇帝之明，临察四方"，"皇帝之德，存定四极"，"黔首(秦代称百姓为黔首)安宁，不用兵革"，"人迹所至，无不臣者"。在碣石门上刻辞："地势既定，黎庶无徭，天下咸抚"。他同意李斯的观点："天下无异意，则安宁之术也。"认为"匡饬异俗，陵水经地，忧恤黔首，朝夕不懈"，才是"皇帝之功"。为此，他标榜自己"功盖五帝，泽及牛马"，扬言"朕为始皇帝，后世以计数，二世三世至于万世，传之无穷。"(《史记·秦始皇本纪》)

秦始皇许多定国安邦的大计，初衷都与长治久安有关。如第一件："海内为郡县，法令为一统。"其所设 36 郡，就有"九州""四方"，囊括天下的含义。"收天下兵，聚之咸阳，铄以为钟，金人十二，重各千石，置廷宫中"，"销其兵刃，示不复用"(《史记·李斯列传》)，便认为天下太平了。第二件：统一文字，统一道宽，统一度量衡，以巩固统治。"一法度衡石丈尺。车同轨。书同文字"，"布之天下，以树秦之名"。第三件：修直道，连北疆，从"九原抵云阳，堑山堙谷，直通之"，令行禁止，无不通达。他认为三件事搞定，便可使"东至海暨朝鲜，西至临洮、羌中，南至北向户，北据河为塞，并阴山至辽东"，"莫不受德，各安其宇"。

秦始皇13岁当诸侯，一生的最后10年，多数时间奔波在视察巡游的道路上。史书上记载："二十七年，始皇巡陇西、北地，出鸡头山，过回中。……自极庙道通骊山，作甘泉前殿。筑甬道，自咸阳属之。是岁，赐爵一级。治驰道。""二十八年，始皇东行郡县，上邹峄山。……刻石颂秦德，议封禅望祭山川之事。""二十九年，始皇东游。""维二十九年，皇帝春游，览省远方，逮于海隅。""三十一年十二月……始皇微行咸阳。""三十二年，始皇之碣石……刻碣石门。""三十七年十月癸丑，始皇出游。……上会稽，祭大禹，望于南海，而立石刻颂秦德。亲巡天下，周览远方。"

有的记者引证古文，说秦始皇修直道后，使"胡人不敢南下而牧马，士不敢弯弓而报怨"，实际是张冠李戴了。虽然此段话是司马迁在《秦始皇本纪》中说过的，但他是引用贾谊《过秦论》中的一段。原话是"乃使蒙恬北筑长城而守藩篱，却匈奴七百余里，胡人不敢南下而牧马，士不敢弯弓而报怨。……天下已定，秦王之心，自以为关中之固，金城千里，子孙帝王万世之业也。"[2](P140-142)请注意，文中所说阻挡匈奴南下的军事设施是长城，而不是直道。

司马迁用字准确，惜墨如金，他没有突出直道的军事用途是忠于历史的，也是符合实际的。"始皇欲游天下"而修直道，既不是以武力"征"天下，也不是以战争"服"天下。司马迁在《史记·太史公自序》中评价："始皇既立，并兼六国；销锋铸鐻，维偃干革。"即销毁兵器是想让战争停息。陕西省榆林市交通考古专家贺清海先生与笔者交换意见时，同意笔者观点。他分析说："秦始皇内并六国，外抚四夷，并没有对外奉行战争政策，必打个你死我活不可。他搞'车同轨'，以驰道连通六国旧都。史料记载，那些通山东、河北的驰道宽度都是50步，为什么秦直道要改为道广36步，秦始皇是取'九州'、'四方'，放眼天下之意，就是'欲游天下'嘛！他一生五次巡游，第五次从山东到河北，计划也是抵九原，经直道，返回国都。虽中途驾崩于河北沙丘（今邢台），随从人员李斯、赵高、胡亥等还是怕外界怀疑，坚持按原计划让凉车从直道回咸阳，都体现了为游历而修路，不是为打仗而修路。"秦直道是公元前212年至前210年秦始皇命大将蒙恬监修的一条世界上最早的高速公路，纵穿鄂尔多斯草原，北为内蒙古段，南为陕北段。从内蒙古包头市（古代九原郡）到陕西咸阳附近淳化县（古代云阳郡）。据《历史文化名城延安》一书披露："秦直道纵穿陕北黄土高原，多构筑于海拔1 800米的子午岭东侧，跨越延安境内的黄陵、富县、甘泉、志丹、安塞五县。路面最宽处约60米，一般亦有20米，历经两千年风雨，大部分路面仍保存完好。"据《古长城与秦直道》一文介绍："在秦直道所发现的19个秦汉遗迹中，均有大板瓦、筒瓦、空心大砖、云纹瓦当等用于宫殿建筑的材料，说明在原来的秦直道上有宫殿建筑物存在，这些宫殿遗址每隔30公里就有一个，由此推算，在整个秦直道上应该有26座宫殿。"笔者走访《延安文物志》总撰稿姬乃军先生,他说秦直道沿途每隔40~50公里建有一座行宫,有的行宫面积很大,十分豪华。如陕西志丹县境内任窑子行宫遗址占地28万平方米,安塞县红花园行宫遗址占地10万平方米,遗迹周围地表存有绳纹筒瓦、葵纹瓦当、四纹铺地砖、陶管道、陶进圈和大型础石等建筑材料。[3](P107-108)这只能解释为是用于巡行、避暑、游观的高规格建筑,根本不是细柳营那样的兵营一类军事设施。陕北老百姓至今把秦直道叫"圣人条",即皇帝走的路,可见其神圣和高贵。

三、文化交流须深入挖掘

据内蒙古自治区呼和浩特昭君文化研究会的各族专家多年考证,两千年前,王昭君出塞和亲走的就是秦直道。在秦直道的起点包头市麻池一带,考古学家们1954年在发掘的汉墓回填土中就发现了篆字刻写的"单于和亲""千秋万岁""长乐未央"等文字和筒形瓦当。著名历史学家翦伯赞先生1961年2月5日发表在《光明日报》上的《从西汉的和亲政策说到昭君出塞》一文中说:"据考古工作者判断,这些瓦当是属于西汉末年的。在呼和浩特市发现了类似的单于和亲砖,上面也印有'单于和亲千秋万岁长乐未央'等文字(见邵适庐《专门名家》第二集《广仓砖录》,原物的一部分存历史博物馆)。这些单于和亲砖虽然没有制作年代,但和瓦当上的文字几乎完全相同,很可能是属于同一时代的。"2005年8月18日,笔者就此请教内蒙古著名考古学家陆思贤先生时,他说:"1984年陪同靳之林先生考察过秦直道,根据地下文物和王昭君、呼韩邪单于的身份判断,王昭君肯定走秦直道到塞外。"翦伯赞先生说:"如果这些遗物的年代判断不错,那么,这些印有'单于和亲'的砖瓦,只能认为是为了纪念昭君出塞而制作的,因为在西汉末只有这一次和亲,而王昭君则是最后出塞的一个姑娘。"

据著名北方历史学家、内蒙古大学林干教授考订,昭君与呼韩邪单于一行,从汉都长安出发,先过左冯翊(在长安东北),然后经北地(今甘肃庆阳县)、上郡(今陕西榆林县)、西河(今内蒙古鄂尔多斯市东胜区)、朔方(今鄂尔多斯市杭锦旗),而至五原(今内蒙古包头市)。昭君出塞的"这条路线基本上是秦朝开筑的直道。"[4]

另据夏日主编,包俊臣、马玉明副主编的《可爱的鄂尔多斯》(续篇)披露,经内蒙古鄂尔多斯市的专家杨勇、王立庄、李和平考证,早在呼韩邪单于和亲前,于公元前51年要求归汉觐见汉帝时,就受到汉朝的高度重视。为了表示对他的欢迎,特派车骑都尉韩昌为专使,先至五原郡迎接他,并于五原、朔方、西河、上郡、北地、冯翊等郡直至长安,沿途发兵阵列道上以为宠。[5](P18-19)呼韩邪单于沿着纵贯鄂尔多斯的秦直道来到长安,汉朝待以客礼,使他"位在诸侯上",颁给黄金质的"匈奴单于玺"及绶(音丽,绿色也),承认他是匈奴族的最高首领,也表示汉天子对臣下的册封。(《汉书·匈奴传》)汉朝赠给他大量的珍贵礼物,如冠带、衣裳、玉具剑、佩刀、弓矢、戟、车马、黄金、钱币、绵绣、杂帛、缯絮等等。北归之时，呼韩邪单于自请："愿留居光禄塞（今包头市西南）下，有急，保受降城。"汉朝接受了他的请求，复遣高昌侯董忠和车骑都尉韩昌等领兵，照原路护送出朔方鸡鹿塞（今内蒙古巴彦淖尔市杭锦后旗西），并命韩昌等驻军塞外，"留卫单于，助诛不服"。汉朝还因匈奴由"五单于分立"等带来社会凋敝，人民乏食，前后调拨谷米糒三万四千斛，以资救济。[6](P74)笔者认为汉朝高规格厚待呼韩邪单于臣服汉朝，是因为自武帝以来虽对匈奴战争甚多，但只能打败他，却不能臣服他，呼韩邪单于归汉揭开了历史的新一页，让匈奴首领走直道是一种荣耀。

昭君出塞过去被艺术家们描绘成是一件很悲苦、很屈辱的事，实际这是一个亟待澄清的认识误区。不管王昭君自己是否意识到落到她身上的政治使命是如何重大，在一个多民族国家的历史中，两个兄弟民族和解，不能不说是一个具有重大意义的历史事件，而王昭君在这个事件中扮演的角色，不能不说是一个重要角色。著名历史学家翦伯赞先生在《从西汉的和亲政策说到昭君出塞》一文中指出，根据历史记载，从汉武帝元光二年（公元前 133 年）到汉元帝竟宁元年（公元前 33 年）昭君出塞之年，其间整整 100 年，汉王朝与匈奴部落联盟统治集团之间，长期处于战争状态之中，而这种由双方统治阶级发动的相互掠夺的战争，不论谁胜谁负，对于两族人民来说，都是灾难。昭君出塞之年，正是匈奴拒绝和亲 100 年，昭君很明白寄托在她身上的政治使命是恢复中断了 100 年的汉与匈奴之间的友好关系。昭君不负众望，成了和平使者。她出塞以后，汉与匈奴之间有 50 年左右没有战争。边疆地区出现了"三世无犬吠之警，黎庶无干戈之役，人民炽盛，牛马布野"的和平景象。50 年的和平，在历史上不是小事，而这 50 年的和平是与昭君出塞有密切关系的。翦伯赞先生为此感叹道："王昭君在过去的史学家眼中是个渺小的人物，在现在的史学家眼中还是个渺小的人物，然而在这个渺小人物的身上，却反映出西汉末中国历史的一个重要侧面，民族关系的这个侧面。从她的身上，我们可以看出公元前 1 世纪下半期汉与匈奴之间的关系的全部历史。"翦伯赞先生在 1961 年一针见血地指出："现在还有人反对昭君出塞，认为昭君出塞是民族国家的屈辱。我不同意这样的看法。因为在封建时代要建立民族之间的友好关系，不能像我们今天一样，通过各族人民之间的共同阶级利益、经济基础和意识形态，主要是依靠统治阶级之间的和解，而统治阶级之间的和解又主要是决定于双方力量的对比，以及由此产生的封建关系的改善。和亲就是改善封建关系的一种方式。当然，和亲也是在不同的历史条件下出现的，有些和亲是被迫的，但有些也不是被迫的，昭君出塞就没有任何被迫的情况存在。如果不分青红皂白，只要是和亲就一律加以反对，那么在封建时代还有什么更好的方法可以取得民族之间的和解呢？在我看来，和亲政

策比战争政策总要好得多。”[7](P11)

现在考证，两千多年前的汉代，就有与王昭君同时期的诗人焦延寿写诗赞成和亲，他的原诗是：“长城既立，四夷宾服，交和结好，昭君受福。”(《四部备要·子部》)认为昭君和亲的作用是形成比长城更好的“交和结好”的纽带，乃各族之福。至于1961年原国家副主席董必武写诗批判班固“和亲无益论”，那更是符合时代走向、人心走向的历史结论：“昭君自有千秋在，胡汉和亲识见高。词客各抒胸臆懑，舞文弄墨总徒劳。”昭君出塞，以天下为一定；自愿和亲，使天下为一家。昭君文化现象所揭示的“华夏一统，胡汉一家，合则两利，分则两伤”，就是中华民族凝聚力形成的深层原因。

如果说，历史是探索“根”，那么，文化就是探索“象”，哲学就是探索“理”，即规律。综合研究除要注重历史事件的考证外，还要非常注重对历史事件、历史主体做出价值的判断。在构建和谐社会的今天，对昭君文化所代表的民族团结文化的研究，就是要从“发现民众真情”“发现历史真相”到“发现人类规律”，以全球意识观照下的文化多元眼光，来“究天人之际，通古今之变，汇东西之学”。从苍茫和冷艳中，从热烈和凄楚中，从磨合和扬弃中，从渴盼和祈祷中，彻悟人生，彻悟历史。从而明白什么是历史和人性的双重，黄土和绿草的双重，高山和大江的双重，丽日和明月的双重。时代的走向就是人心的走向，从关注民族题材到关注民族团结题材，从关注民族人物到关注民族团结的人物，从崇拜“力”的征服到崇拜“和”的力量，绝对是一种进步。挽留远去的美好和挽留远去的文明一样，都是人类的福音！

四、构建和谐是时代主题

许多人知道西安、咸阳是周、秦、汉、唐的首都所在，但很少有人知道西安、咸阳也曾经是前赵、前秦、后秦、西魏、北周的首都，而这几个朝代是游牧或者是半农半牧的少数民族建立的。不仅西安，就全国而言，游牧民族统治中国全部或北部千余年，基本上和农耕民族平分秋色。一般来说，游牧民族不喜定居、不善文字，因此二十四史基本是由定居的农耕民族书写的，视角也只能是农耕文明的视角。这样的历史只能是半部历史，中国的另外半部历史，写在青青的草原上，是无字的。

《中国国家地理》卷首语撰稿人单之蔷先生说得深刻：“唐诗宋词对我们的历史观影响很大。‘月黑雁飞高，单于夜遁逃’，‘壮志饥餐胡虏肉，笑谈渴饮匈奴血’，我们就是读这些唐诗宋词长大的。当我们慷慨激昂地背诵岳飞的《满江红》时，殊不知我们的血管里就流着匈奴的血。由于我国的北方经历过无数次的民族大融合，就像历史学家陈寅恪对魏晋南北朝的总结：既是‘汉化’也是‘胡化’的双向过程。匈奴的消失，其实是不断地与汉族通婚，消失在汉族当中，从《晋书》一篇《北狄传》就可以得出这个结论。我们的意识和历史观是农耕的汉民族的，但我们的基因、肉体却是农耕和游牧融合的。谈起中国的历史时,我们总是用思想鞭挞肉体。”[8](P14)唐太宗李世民说:“狄亦人耳,其情与中夏不殊。”(《资治通鉴·唐纪十三》)何况,匈奴本来就是夏的后裔,司马迁就说过,“其先祖夏后氏之苗裔也,曰淳维。”(《史记·匈奴列传》)所以,丑化匈奴、仇视匈奴的历史观、民族观是不正确、不科学的,也是经不起历史考验的。

对秦直道的考察正在日益深入,新的成果告诉我们,它不仅是民族和亲之路,而且是民族团结、商贸发展、文化交流之路。现代画家靳之林先生两次徒步考察秦直道,在沿线发现了许多汉、北魏、西魏及唐、宋、金、元时期的石窟、石雕及宋瓷等文物古迹,认为秦直道曾系古代丝绸之路的一条重要支线。清代嘉庆年间文献记载:“若夫南及临潼,北通庆阳,车马络绎,冠盖驰驱……”表明秦直道的荒废仅是近几百年的事。[9](P83-84)贺清海先生对笔者说,他徒步考察秦直道,在延安富县发现了隋炀帝、唐太宗走过秦直道的勒石为证的碑。隋炀帝经直道抵鄂尔多斯草原后,曾与突厥首领启民可汗在大帐中联欢宴饮,通宵达旦。[5](P26-27)据《隋书》卷五十四、列传第四十九记载,大业三年(公元607年)四月,隋炀帝北巡古榆林(今鄂尔多斯市准格尔旗十二连城),启民可汗与其妻义成公主(隋文帝宗女)到炀帝行宫朝见,前后献马3 000匹,并上表请求“服饰法用,一同华夏”。炀帝以“旃裘卉服,各尚所宜,其道弘矣”而不允。诏启民可汗赞拜不名,位在诸侯王上。会见后炀帝亲巡启民可汗在鄂尔多斯的所居之地,登单于台。高兴之余,亲自赋诗曰:“鹿塞鸿旗驻,龙庭翠辇回。毡帐望风举,穹庐向日开。呼韩顿颡至,屠耆接踵来。索辫擎膻肉,韦鞲献酒杯。何如汉天子,空上单于台。”[10](P2865)由上可见,在和平时期,秦直道沟通南北,促进了草原文化与游牧文化的融合。

如果综合陕西、内蒙古、北京、湖北等地的文史旅游考察,我们就会有足够的理由认为,秦直道是一条我国最早以高质量公路连通的南北大动脉,是一条“千古帝王之道”“民族团结之道”“经济发展之道”“萨拉乌素流域草原文化与黄河文化融汇交流之道”和“红色旅游之道”。不但秦始皇的生命之旅最后一程曾经过这里,汉武帝、隋炀帝、唐太宗曾经过这里,而且“一代天骄”成吉思汗的陵寝坐落在这里,无产阶级革命家毛泽东保卫延安活动发生在这里。汉代的王昭君和匈奴首领呼韩邪单于自愿和亲出塞北上时,从长安经过这里来到包头,绕过高阙,过了长城,到了漠北。

据内蒙古和陕西、湖北等省的旅游专家讲,秦直道很可能是一条国内不多见的跨省区、跨民族、跨文化甚至跨国的黄金旅游线路,它与“草原丝绸之路”重合,延伸至贝加尔湖,乃至与亚欧第一大陆桥相接,构成21世纪的新型“茶叶之路”。

如果说,南方南宁—贵阳—昆明开放带的民族旅游以多彩、多元令人眼花缭乱,美不胜收;那么北方湖北—陕西—内蒙古的主题旅游则以集成、合成令人刮目相看。一条由两千年秦直道延伸的、汉代王昭君走过的茶叶之路的跨国旅游,正在引起中国国际旅行社和俄罗斯国家旅游总局对外联络部的共同关注。

其实昭君出塞,只是王昭君成长史中成名时的一段。她生长于长江三峡的香溪,长江文化孕育了她;熏陶于长安帝都的皇宫,黄河文化浇灌了她;献身于阴山大漠,草原文化成就了她。她既是长江女儿,又是草原母亲,还是和平使者。长江文化、黄河文化、草原文化是中华文明的三大源头,三源聚流载于一身,使昭君文化有了无可比拟的深刻性、多元性、开阔性、开放性、包容性、英雄性和传奇性。[11]昭君的生命轨迹和两千年前的秦直道、“丝绸之路”、“茶叶之路”的出现,为跨省、跨国的“昭君出塞黄金线路”的开辟、开拓,创造了前所未有的条件,成了横跨蒙古高原“草原丝绸之路”上的一道新的异常亮丽的风景线。

从我国现今历史文化区域的研究成果看,长江中下游流域、黄河中下游流域、蒙古高原三区正是中国秦汉时期的三大文化板块,都是东亚中华文化区。从东亚区域文化的层面看,王昭君一生经历的巴蜀文化区—西汉文化中心区—草原匈奴文化区,使她有幸体会水乡文明、农耕文明与游牧文明的交锋与磨合、交流与相融,成为沟通中国三大文化板块,进而串联世界东西方文明的特殊载体。经过秦直道的昭君旅游线路也因此成为研究这些文化的一个难能可贵的切入点。

古往今来两千年,反映昭君的文学艺术作品近千篇,属于中国民族团结史上的重大事件和传统佳话。你说昭君文化应不应该是世界文化遗产范畴的人类文化精华?无数国内外研究证明,王昭君这个历史名人,不但活在中国台湾海峡两岸人民心里,而且活在日本、朝鲜、越南、英国、法国、美国人民心中。1986 年,法国汉学女博士邓庆欢用法文写出的专著《王昭君研究》由法兰西学院汉学研究所出版。曹禺先生的话剧《王昭君》在香港上演后,德国汉学家布海歌女士在《文汇报》上连续发表评论文章予以赞扬。日本把近代著名画家菱田春草创作的绘画作品《王昭君蓝图》定为国家级重要文化珍品,即国宝。(详见 1982 年 6 月 5 日日本文部大臣小川平二颁布的指定书。)2000 年日本当代女作家藤水名子创作的长篇历史小说《王昭君》反响更强烈,日本读者看法入木三分。他们说王昭君的贡献是“架起了游牧民族与农耕民族之间的桥梁”,“在圣域之地编织了自己爱与梦的一生”(刘颖《王昭君在日本》打印稿)。美国拉斯维加斯市长马斯·泰德先生接受记者采访自称“愿做一个王昭君式的和平使者”[12](P298-299)。

综上所述,从历史上单一依仗强权和经济的硬实力开疆扩土,到现在千方百计打造包括文化力、外交力在内的软实力而和平共处,标志着当代人开始由对抗性思维向顺应性思维转变,由“你死我活”向“和平共处”转变,奉行的哲学已倾向于和解、和睦、和平、和谐,展现出一幅令人向往的“天人合一”、“大同世界”的美好前景。“懂和谐者得人心,得人心者得天下”,这恐怕就是历史的结论!

参考文献:

[1]王炼.两千年前的高速公路[N].中国电视报,2005-07-11.
[2]冯其庸.历代文选:上册[M].北京:中国青年出版社,1962.
[3]姬乃军.延安文物志[M].西安:陕西旅游出版社,2004.
[4]林斡.试论王昭君艺术形象的塑造[J].内蒙古大学学报,1986(3).
[5]夏日.可爱的鄂尔多斯[M].呼和浩特:内蒙古人民出版社,1987.
[6]中国科学院考古研究所.居延汉简甲编[M].北京:科学出版社,1959.
[7]班澜.呼和浩特散文[M].呼和浩特:内蒙古人民出版社,1997.
[8]单之蔷.理解游牧[J].中国国家地理,2005(5).
[9]霍志宏.历史文化名城:延安[M].西安:陕西旅游出版社,2002.
[10]二十四史:第三卷[M].天津:天津古籍出版社,1999.
[11]王宗.昭君文化是承载中华民族三大文化的标志性载体[N].北方新报,2004-08-14.
[12]马冀.昭君文化研究[M].呼和浩特:内蒙古人民出版社,2004.

(原载于2006年第1期)

试析土默特文化对北方民族多元文化传承的历史作用

王泽民

土默特，因其特殊的地理环境，形成了特殊的历史文化系统。土默特文化，是以土默特部文化为基础并融入了汉、藏、满、回等民族文化而形成的一种地域文化。研究土默特文化，对于探讨中国北方民族文化的历史渊源和内涵有着极其深远的意义。土默特文化具有丰富的包容性，它不仅具有一般文化的社会属性，而且还具有鲜明的民族个性，它是历经北方各民族的艰辛开拓、传承积蓄和不断创造而形成的特色鲜明、富有活力的地域性文化。开展土默特文化研究，推动土默特文化发展，是我们应该担当的历史重任。

近几年，土默特文化已经受到国内外学界的关注，也取得了一系列开创性的丰硕研究成果，把土默特文化作为整体研究对象，比较系统地提出了土默特文化的内涵、类型、特征和基本精神，挖掘了土默特文化的起源、形成和发展过程，揭示了土默特文化在北方民族文化发展史上的重要地位和作用，阐述了土默特文化是北方民族文化建设厚重的文化积淀和精神资源，这对于土默特地区经济社会发展有着重要的价值和意义。

一

在古代历史上，曾经有许多游牧民族在土默特地区成长壮大，他们与生活在这里的其他民族共同创造了辉煌的历史。尽管这些游牧民族由于种种原因相互嬗递比较频繁，有的民族在漫长的历史发展中已经与其他民族互融，但他们各具特色的历史足迹却深深地镶嵌在这块神奇的土地上。

春秋战国时期前后，活动在北方地区的游牧民族一般被称为“胡”，史书中有代表性的是林胡和楼烦。他们活动比较频繁的地区是今天的土默特地区以及内蒙古鄂尔多斯市准格尔旗等地。赵国在武灵王统治时期，势力范围达到今呼和浩特一带。赵武灵王在原阳设置“骑邑”，学习林胡、楼烦的骑射技术，增强了军队的实战能力。史学界以“胡服骑射”来赞誉赵武灵王向林胡、楼烦学习的进步举措。骑射提高了军队的战斗能力，使赵国在云中一带的统治日益巩固，林胡、楼烦被迫西迁。

进入秦汉时期,匈奴人成为活动在今天土默特地区的一个强大的民族,河套、阴山一带是其发祥地。战国时代的燕、赵、秦政权的边界都与匈奴人活动的地区相邻。秦灭六国以后,曾派大将蒙恬与匈奴大战于北边,“悉收河南地”,修筑了几十座城池并派兵戍守;又修九原至云阳的直道,加强对匈奴的防备。

匈奴人频繁地、大规模地出入和进驻今天的土默特地区也是不容忽视的历史内容。一般来讲,成百上千甚至几千骑进入云中(今托克托县)、定襄(今和林格尔县)、雁门(今右玉县)的情况甚多,较大规模的可达3万骑左右。所以,在匈奴与中原的关系中,这一地区显得十分重要。直到公元前33年的“昭君出塞”,即呼韩邪单于与汉朝的和亲,则表明了相当一部分匈奴人强烈的和平愿望,50年间,双方基本处于无战事状态,友好交往成为主流。民族关系的融洽是各族人民共同努力的结果。其最明显的作用之一就是促进了社会的稳定。在此基础上,各民族在经济、文化诸领域相互交流的机会增多,历史呈现多元化发展也就成为必然。

东汉后期,北方各地战乱不已。南匈奴的许多人口被迁入今山西省境内,对今天土默特地区古代历史的影响减弱。随着曹魏政权对云中、定襄、雁门等郡的乔迁以及南匈奴的内徙,鲜卑人取代匈奴人成为在这一地区历史上又一个影响重大的北方游牧民族。5世纪,敕勒人居此,人称敕勒川。蒙古土默特部勃兴,此间又以土默川著称于世。16世纪土默特部的领地,以土默川为中心,西至乌拉山前后,东达宣化以北一带。鼎盛时期,其领地甚至扩展到青海一带。17世纪中叶以后直至1949年,土默特两翼辖境为通常所谓的归绥、萨拉齐、托克托、和林格尔、清水河、武川、包头七县及归绥地区。

土默特地区向称富庶。先前畜牧业发达,马驼牛羊繁殖每以数十万计,后来,牧场垦为农田,农产品又为大宗。自然资源丰富,地下蕴藏极富开发前景,地上动植物及水利、气候资源亦颇为可观。全境山水掩映,景观甚佳。

14世纪以前,汉、回等族曾在土默特地区生息。到16世纪中叶,内地汉族农民相继徙来,人数达5万至10万,土默川出现了规模可观的农业和手工业。入清以来,随着清朝对土默特牧场的开垦,汉族人大批迁来,同时也有部分回族人定居于此,本地区遂形成蒙古、汉、回、满等各民族杂居局面。与土默特地区相邻的杀虎口自古以来就是北方民族同中原民族进行文化交流的通道,尤其是土默特地区的历代各民族正是通过这一地带南下中原,这个地区又是他们的重要基地和后方,这不但推动了北方文化的发展,也给当时的中国社会带来剧烈变化,在中国古代文明史上产生了深远的影响,促使南北民族间在政治、军事、经济乃至社会习俗、观念形态、宗教信仰等各个领域的全面交往与交流,从而使这个地区得以成为中国多民族活动的大舞台,多民族文化的大熔炉。也就是说,在民族大融合、社会大转轨的时期,北方草原民族不仅带来了极富生气、极其活跃的文化品格,为中华民族注入了活力与生命,还带来了欧亚大陆草原民族文化和各种信息,在中国古文明缔造史上更有其特殊重要的地位和作用。

拓跋鲜卑改革旧俗,倡导汉文化,积极仿制和推行中原的政治制度和经济政策;土默特首领俺答汗在隆庆年间被明王朝册封为顺义王,其妾三娘子被明廷封为忠顺夫人,先后为黄台吉、扯力克收继,历事三王,左右土默特政局达 40 年。《明史》卷 327《鞑靼传》称,三娘子佐历代顺义王主贡时,"自宣大至甘肃不用兵者二十年",三娘子为蒙汉友好和民族团结做出了突出贡献。

明隆庆年间,杀虎口便是通贡互市之要地。"大同方面,后来增设守口堡马市,以待原与黄台吉同在新平堡互市的兀慎、摆腰诸部。又在助马堡、保安堡、宁虏堡、杀胡堡、云石堡、迎恩堡、灭胡堡等处设小市场。"(王士琦《三云筹俎考》卷 3《险隘考》、杨时宁《三镇图说》,玄览堂丛书本)[1](P332)清代时,杀虎口又成为朝贡、商贸、移民、税关之要道。随着清政府对内蒙古地区移民政策的转变,那些长期饱受灾荒、重税之苦的山西人,尤其是晋西北地区的流民,开始纷纷涌向边关险塞,徙居口外长城以北土默特地区,从事农耕和行商活动,这种特殊的人口迁移现象,从清朝前期开始,一直延续到民国时期,近 3 个世纪。杀虎口作为"直北之要冲"自然成为移民运动的重要口岸,山西移民,尤其是晋西北的移民主力军便穿越此口,浩浩荡荡地奔赴土地肥沃的土默特地区,也有人把这一社会现象称为"走西口"。在"走西口"移民运动中,晋蒙两地在文化上出现的大碰撞、大交流,发生了明显的吸收融合与共铸新质现象。以《走西口》为代表的民歌圈的生成和二人台戏曲的出现,就是这种融合共铸的重要成果。

从杀虎口"吉盛堂"发展成为称雄塞外的巨商"大盛魁",200 余年频繁往来草原与内地之间,杀虎口作为连接草原和内地的纽带,自然成为晋商旅蒙的主要渠道。有清一代长达 300 年之久,土默特地区游牧民族与中原农耕民族之间,经过长期互通有无的贸易往来,带动了游牧地区经济、文化、交通等诸方面的发展和变化。

二

文化作为民族凝聚力、创造力的重要源泉,作为综合国力的重要因素,作为国家软实力的重要性已经越来越被人们所认识。生活在土默特地区的各民族从不自我封闭、固步不前,而是在游牧和农耕生产实践的基础上,从经济、文化交流等方面,铸就了该地区民族开放的心态、豪放的性格和进取的精神。他们以开放、豁达的心态互相弥补各自不同的经济文化类型,各民族之间不断进行全面的、多领域的、大规模的联系与交往。而且这种联系和交往在特点、方式、机遇等方面具有非常明显的指向性和内聚性。这种多民族、多文化的格局从客观上决定了中国北方民族文化是多元一体的格局。

由于游牧地区缺少对自身经济产品转化的机制，维系自身生命的某些产品必须从中原农耕地区获得，这就演化为对外产品的交换、军事的对抗甚至文化的碰撞是游牧地区人民繁衍发展的必然。明王朝在隆庆五年（1571 年）与俺答汗达成和议，恢复通贡关系，并在大同得胜堡和大同右卫杀胡（虎）堡开设边贸互市场所。边贸互市场所使蒙汉人民的生活、生产有了相应的改善和提高，尤其是通过相互交往增进了民族间的友谊。明朝正德以来在一段时间内，明朝统治者同蒙古封建主的关系日趋紧张，统治阶级彼此敌视、封禁、攻掠，在一定程度上影响了民族关系，致使民族矛盾一度激化。在这种情况下，蒙汉劳动人民仍然相互友好往来，说明蒙汉人民之间的友谊以及彼此间的历时久远的经济联系，绝不是封建统治者的意志所能转移的。墩哨军丁为避免摩擦“全不坐哨”，民族间的摩擦少了，和平与友好往来必然就成为当时民族关系的主要方面。同样，蒙古族进入长城，也渐渐由攻掠转向“与我买卖”，寻求以贸易的途径来解决他们的实际需要。在边贸市场的影响下，边镇一些高级军官“希求苟安”，遂以布缎等物“买和”[2]（《禁通虏酌边哨以惩夙玩疏》），甚至结交蒙古族的首领。如隆庆四年（1570 年）大同参将杨缙就以红布、梭布 600 匹及水獭皮等物送俺答求和，同时以梭布 200 匹赎回十余名被掳人口。[3]（《俺答列传中》）就是向以敢战著称的周尚文也不能逆转这种希望和平的趋势，他在嘉靖中期任大同总兵时，也不免“私使其部与虏市”[3]（《俺答列传上》），在明廷屡次拒绝俺答求贡，俺答每次兴兵南下的情况下，他借此同俺答保持了一段时间的和平。俺答封贡后宣、大等七镇皆开马市。这次马市除官市外，还增设民市、小市，听任商民军兵与牧民交易，私市贸易终于得到官方的正式承认。从隆庆五年起，民间贸易一直没有间断，持续了几十年之久，这是明代蒙汉民族关系史上的一个重大进步。

通过私市贸易，蒙汉人民间已建立起深厚的友谊，故当沿边人民的反抗遭到失败后，他们便纷纷逃往塞外，“北走俺答诸部”[4]（《俺答封贡》）。此外，由于生活无着或不堪压榨而零星逃出边塞的农民为数更多。对于这些逃来塞外求生的汉族，蒙古族尽可能地予以救助，依照当时蒙古社会实行的一种赡养法，即“有穷夷来投，别夷来降，此部中人必给以牛羊牧之，至于孳生已广，其人已富，则还其所给”[5]（《牧养》）。据有关资料记载，来自内地的一些汉族人沿大小黑河，“开良田数千顷”，并建造了许多村庄。因汉人自称百姓，蒙古人也以此称呼他们，译写谐音作“板升”。汉族聚居的村庄，也随之被称为板升。在蒙汉人民共同努力下，土默川的农业迅速发展，呈现出一派生机勃勃的繁荣景象，促使蒙古封建主进一步改变他们的政策。原来在蒙古封建主同明朝的战争中，从内地俘获了许多汉人。这些人多数沦为牧奴，“男子放牧、挑水、打柴，妇女揉皮、挤奶”[2]（王崇古《核功实更赏格以开归民向化疏》）。

当土默川的开发具有一定规模,蒙汉关系有了改善时,俺答便适时地采取一些措施,把一部分被掠被俘而沦为牧奴的汉人,从家庭奴隶的地位中解脱出来,让他们参加到农业生产中去。嘉靖三十四年(1555 年),俺答开始从汉人牧奴中择选儒生,给以自由民身份,使他们参加垦殖。以后,俺答又进一步从被俘为奴的汉人中,将"有智勇艺能之人"解脱出来,"令之管事"[5](《听讼》)。至于有些"艺能"的人,还被封作打儿汉,如丰州川著名的三十二板升的首领中,就有"东打儿汉""打儿汉"等。从畜牧业家庭奴隶地位中解脱出来的汉人为数不少,因此,在一定程度上缓和了阶级矛盾,提高了人们的劳动热情,对蒙汉人民共同建设家园起了积极作用。

随着农业大规模的发展,这个地区手工业也有了可喜的进步。在逃亡草地的汉人中,有一些工匠是极其宝贵的手工艺人,蒙古族对他们颇为器重。随同丘富来到草地的丘仝,是位"习梓人艺"的木匠。他一来便施展了才干,为俺答"造起楼房三区",又造船,还制作了不少农耕器具,因而被俺答倚为亲信。随同吕老祖(即吕鹤)来的弓匠贺彦英,一次就为俺答"治弓数十张"[3](《俺答列传中》),受到青睐。

在板升首领中,也有许多名噪一时的工匠,如"王绣匠""杨木匠""土骨赤"(即铁匠)等等。这些工匠,在土默川"造室力农""筑城建墩"中大显身手,发挥了重大作用。由于他们将汉族先进的手工业技术带进草地,所以蒙古族的手工业水平也有了相应的提高。嘉靖二十五年(1546 年)俺答求贡时送给明朝的贡品中,手工艺品就有"金银锅各一口",至隆庆四年俺答封贡时,贡品中则有镀银鞍辔、镀金撒袋(即箭囊)。

在农业手工业得到发展的基础上,营造规模较大的城池的条件日臻成熟。嘉靖四十四年(1565 年),板升汉人在赵全等带领下,于今包头市土默特右旗美岱召村附近,建造了范围约十里的"大板升城"。第二年,他们"采大木十围以上",又在城内建了七重宫殿和三重仓房,修建五重城楼。该城的修建,标志着土默川的开发和经济发展水平又有了显著的提高。

农业的发展和生产力水平的提高,在一定程度上必然要促进畜牧经济的发展。嘉靖初,当俺答驻牧开平一带时,他们尚处于"最贫"的境地,拥有的牲畜数量很少。而到嘉靖末,俺答部已拥有"马四十万,驼牛羊百万"[3](《俺答列传上》)。这个巨大的变化,除畜牧经济本身的发展外,应主要归结于对土默川的全面开发和建设,尤其是农业经济的发展对畜牧业所起的促进作用。俺答封贡时,王崇古曾说过:"今板升农业,亦虏中食物所资。"[6](王崇古《散逆党说》)这里数万汉人所生产的谷物,除自己食用外,基本上也能满足数万蒙古牧民的需要。这个地区所存在的严重食物不足的社会问题,至此基本得到了解决。这对畜牧业经济的发展提供了有力的支援。另外,板升汉人在发展农业的同时,还普遍经营畜牧业,饲养了大量牲畜,如赵全的板升就拥有数万马牛，对发展土默川畜牧业做出了积极贡献。

在蒙汉人民共同开发与建设土默川的过程中，蒙汉人民在文化、语言乃至生活习俗上日益接近，民族文化相互影响已经越来越大。在土默特地区汉人中，使用蒙古族语言的人非常普遍，有些还会书写蒙古文字，如李自馨、周元和王孟秋等人就不仅会说蒙语，还会写蒙文。在汉族文化影响下，一些牧民也由游牧转向定居，逐渐学会从事农业生产，在土默川板升中就有“夷二千余人”。[3]（《俺答列传下》）

在板升的汉人中，起蒙古名字的也不足为奇，如汉族人赵龙在塞外生了几个小孩，起了蒙古名字火泥计、窝兔等。到了万历年间，板升地方的汉族人也被明朝官员统称作“夷人”，与蒙古族不加区别了。万历十一年（1583 年），兵科给事中陈亮条陈说：“板升夷人，众至十万，宜令通事及亲识者密谕得意，许其率所部来降，照宣抚宣慰事例授以世官。”[7]（卷一四一）由于长期居住在板升的很多汉族人语言和生活习惯均与蒙古人相同，所以也就成了“夷人”。因为板升的汉族人已经渐渐融合于蒙古族，他们也一扫“思乡归正”，①反变成了明廷宣抚宣慰的对象。蒙古民族恳切期望同中原地区友好相处，通过俺答一再向明朝请求通贡，这种恳切的心情已经强烈地表现出来。自嘉靖十三年（1534 年）俺答向明朝提出入贡以来，在 17 年中俺答又十余次提出类似的要求。嘉靖二十年（1541 年），俺答遣石天爵等通贡，申明“北部素通中国，进贡不绝，后因小失乖异。今愿入贡献马驼，贡道通则两不猜忌，中国可出二边垦田，北部自于碛外畜牧，请饮血为盟”[8]（卷一）。嘉靖二十六年（1547 年），俺答进一步提出“请为外臣，朝请瓯脱，给耕具食力”[9]（冯时可《俺答前志》）的要求。为顺利实现上述要求，俺答曾告诫诸部：“若等过塞上，敢犯塞上秋毫者，听若等夺其穹庐及马牛羊。”[3]（《俺答列传上》）严禁属部攻扰明边。嘉靖期间，俺答为缓和双方的紧张关系，是做过积极努力的。他的通贡主张和行动，不仅代表着蒙古族人民的切身利益，而且对中原汉族人民来说也利害攸关，故广大边民深表赞同。

蒙汉人民共同对土默川的开发与建设，虽然在一定程度上改变了这里的贫困面貌，但生活中所需的布缎、铁器及农耕器具，仍是塞外无法解决的。长期以来塞外的困难，正如俺答在贡表中所说：“各边不许开市，衣用全无，毡裘不奈夏热，缎布难得。每次因奸人赵全等诱引，入边作歹，虽尝抢掠些须，人马常被杀伤。近年各边时常调兵出捣，杀虏家口，赶夺马匹，边外野草尽烧，冬春人畜难过。”[10]

隆庆年间，方逢时、王崇古先后调任大同巡抚和宣大总督。他们一到任所，就尽量撤去大边的墩军，严饬诸将不得擅自出兵，要求各边要遍插红旗招纳降者，这一变化为蒙汉民族友好开创了广阔的前景。无论俺答还是明朝，都在伺机行事。

① 郑洛《慎招纳》曰：“议款之初，华人被虏，家有父母妻子，思乡归正者其人固多”。

隆庆四年(1570年)九月,俺答的爱孙把汉那吉偕妻子及奶公阿力哥等投奔大同败胡堡这一事件立即成为双方改善关系的契机。

把汉那吉是因内讧出走的。他所以投奔明朝,也是受了招降的影响。把汉那吉一行受到边关官员的热情接待,方逢时对他们厚加宴赏,并妥善安置在大同城馆驿内。方逢时想趁此时机与俺答和好,开放马市。方逢时在九月底给王崇古的信说:“两据平边中路探报,俺答走了此孙,刻期聚兵来抢左右卫地方,索要孙儿,其言甚真。而刘廷玉所报要甚么即与甚么之说不虚。则弟昨所言与之为市之计,似有可行,惟在公主张,选择得人行之。”[11](《与王军门论降夷书》)明朝以诚相待,使俺答深受感动。明朝于隆庆五年(1571年)三月封俺答为顺义王,受到明廷封授的俺答所部大小酋长共63名,都颁给敕书。五月二十一日,在大同得胜堡外,蒙汉聚集一堂举行了隆重的封授典礼。至此,明朝与俺答间的封贡关系顺利实现。

由于政治上的统一,俺答、三娘子和历代顺义王,同历任宣大总督王崇古、方逢时、吴兑、郑洛等,都保持了十分友好的情谊。三娘子深明大义,先后辅佐3代顺义王与明朝友好相处。她30余年致力维护民族间的友好关系,因此深受蒙汉人民的爱戴。

三

土默特文化是蒙汉民族长期在严酷的自然环境里生存而创造出来的一种特殊地域文化。正如著名诗人巴·布林贝赫写道:“来自大自然的民族是纯朴的粗犷的。清新的空气,明丽的阳光,晶莹的露水,给了他们单纯的心灵;苍茫的原野,狂暴的风雪,严峻的天空,给了他们粗犷的性格。”[12](P85)土默特文化内容丰富多彩,无论是物质方面的文化、精神方面的文化还是行为方面的文化,既有多样性又有活跃性;无论是在生产中的交通用具还是日常生活里的饮食习俗,既有浪漫色调又有实用价值;无论是文学力作还是艺术精品,既有对美好生活的憧憬和追求,又有对英雄人物的赞美和讴歌。诸如流行于晋、蒙、陕、冀的二人台,是集歌舞、曲艺、戏曲为一体的民间艺术。它是伴随晋、陕、冀人民“走西口”到塞外谋生的移民史而形成的,是历经悠悠岁月的时空磨砺,历经热爱它的芸芸百姓千锤百炼发展而成的综合性民间艺术。

在这些艺术表演形式中,既有汉族的民歌、曲艺、舞蹈、丝竹乐、戏曲等成分,又有蒙古族音乐成分,如唱腔《海莲花》《阿拉奔花》《四季花》《盼五更》《小牧牛》《栽柳树》等,牌子曲《森吉德玛》《四公主》《巴音杭盖》等就是其中的例子。歌唱和道白就用蒙汉两种语言混合起来表演。如《亲家翁相会》的表演中,台词里就有:

玛奈(蒙古语“我的”意思)到了塔奈(蒙古语“您”的意思)家,黄油烙饼奶子茶。正赶上塔奈念经“巴雅尔拉”(蒙古语“喜庆”的意思)!中午饭更排场，玛奈安在首座上，众人敬酒我紧喝，放下筷子吃“五叉”（蒙古族最好的宴席食品，又称“羊背子”）。你看玛奈多喜色？/塔奈到了玛奈家，正遇玛奈不在家。玛奈的脑亥（蒙古语“狗”的意思）咬塔奈，塔奈掏出大烟袋，狠狠地打了它的“讨劳盖”（蒙古语“头”的意思）。

在塞外土默川上，蒙汉通婚，结成儿女亲家，因为言语互相不通，亲家们很少来往。《亲家翁相遇》反映的故事情节，主要描述汉族亲家翁向蒙古族亲家翁道出没有很好款待他的话。再如蒙古族民间艺人老双羊在演唱《走西口》时，其蒙汉语混合道白：

从家出口外，盲目来到妥妥岱（托克托县），面向青山往北迈，走五申，过陕盖，胡游乱闯到大岱。道路生，紧问询，晚上住在大板升。蒙老乡，真厚诚，莫把咱们当外人，滚奶茶，吃肉粥，暖炕睡得热乎乎。进了土默川，不愁吃与穿。乌拉（蒙古语“山”的意思）高，岗勒（蒙古语是“河川”的意思）弯，海海漫漫的米粮川。牛羊肥，庄稼宽，逃难人见了心喜欢。

一走走到山湖湾，碰见两个鞑老板（指蒙古族老妇人），她们说话我不懂，只好比画问安宁。有水请你给一碗，我要解渴把路赶，塔奈（蒙古语“您”的意思）勿圪（蒙古语“话”的意思）米德贵（蒙古语“不知道”的意思）“忽尔登雅步”（蒙古语是“快走”的意思）指向西，手指口渴嗓子干，她却给了一碗酸酪旦（蒙古牧民制成的乳制品——干酪）。

流传在土默川一带的山曲民歌也吸收了“脑包”（蒙古语，即隆起的高地）、“灰塌二胡”（蒙古语，“冷落凄凉”的意思）、“哈苜尔”（蒙古语，即白圪针）等蒙古族惯用语，如“山药皮皮盖脑包，谁给俺们管媒天火烧”；“远远瞭见他家的门，灰塌二胡死下个人”；“蛤蟆口炉炉烧哈苜尔，活到哪影儿算哪影儿”；“哥哥走在那些高山疙瘩瘩喇哩喇朗割莜麦，妹妹走在那些半山坡坡蛤蟆蟆戒指指珊红珠珠银手镯镯喇铃铃喇啦啦刨山药”，后句里的“蛤蟆戒指指”“珊红珠珠”“银手镯镯”及象声词实际上是对塞外妇女首饰特征的生动描绘。“十月里狐子冰滩上卧，扔下了妹妹无人理”；“你走在口外只管了你，提起你走口外我心难过”；“人家回来你不回，你在那口外刮野鬼”；“西包头红火人又多，顾了你红火忘了我”；“大青山山上卧白云，难活不过人想人”；“上畔畔葫芦下畔畔瓜，娶下了媳妇守不成家”；“你在东来我走西，天河水隔两头起”；“万般出在无其奈，扔下小妹妹走口外”。[13](P344－394) 民歌、二人台这些富于艺术感染力的作品长期以来一直流传在土默川这个蒙汉杂居地区，起了促进蒙汉文化交流的作用。为扩大与中原地区联系，进一步促进蒙汉文化交流，草原民族还非常注重医学、建筑、音乐、舞蹈、剪纸、绘画、工艺美术、礼仪祭祀、时令节日、民俗风情、天文历法等，而且成果卓著。

土默特地区是历史上中原农耕经济文化与塞外游牧经济文化交流、交融的一个窗口，通过这个窗口，使草原游牧文化与中原农耕文化有了进一步联系、碰撞、融汇、贯通，相互补充，共同发展，形成以贸易交往为纽带的密切关系，在客观上起到了消除民族隔阂、加强民族之间理解和团结的作用，进而增强了北方兄弟民族与中原地区的凝聚力。

旅蒙商在将中原的茶叶、粮食、布匹等输入蒙古各地的同时，还把草原上的土特产品运到中原各地，从而为中原各地农耕、运输业提供大量畜力，为军事用途提供了畜力，为手工业生产提供了原料。另外，旅蒙商在走屯串营流动贸易时，还把中原的中草药和针灸等医药知识，带往缺医少药的蒙古草原，他们在与蒙古牧民做买卖的同时，遇到蒙古人生病和牲畜疾疫时，还用针灸、中药为牧民治疗一些常见病，为病畜提供医疗，这样不仅有利于人畜的健康保护，还加深了蒙汉民族间的感情沟通。商贩还将中原地区的书籍带到草原牧区，传播了中原文化。同时，旅蒙商为便于与蒙古人做生意，必须不断学习蒙古语和蒙古文字，通晓蒙古人的生活习惯和风土人情，学习与畜牧业有关的经验和技术，然后又带回内地交流，从而促进蒙汉诸民族之间文化、经济交流和发展。

清光绪二十八年(1902 年)，清廷委派兵部侍郎贻谷为督办蒙旗垦务大臣，开始了大规模官办垦务。贻谷坐镇归绥，设立办理河东河西十二台站土地垦务的杀虎口台站地垦务总局、分局和垦务公司等机关，逐步清丈放垦了察哈尔八旗和归化土默特旗的土地。杀虎口台站地垦务总局的设立，不但使土默特地区社会的政治、经济发生了重大的变化，而且这些变化引起了放垦区的蒙古族人民在生产、生活和风俗习惯方面的一系列重大变化。

随着放垦区农业生产的发展，许多蒙古族人民逐渐放弃以游牧为主的经营方式，转向以农业为主或半农半牧的生产经营方式。蒙汉两族人民在共同的生产劳动中，通过相互学习，取长补短，提高了农牧业生产的技能。在蒙汉杂居地区多种经济的发展，在客观上也改变了蒙古族人民的生活习惯。在居住方面，出现了土木结构的蒙古包和汉式平房；在饮食方面，多以谷物蔬菜为主，辅以肉食与乳制品，并逐渐习惯饮红茶、喝粮食酒；在服饰方面，逐渐吸收当地汉族农民的习惯，开始穿布鞋、布衫，甚至连以前最讲究的发式也不大讲究了。

放垦区蒙古族人民生活上的变化。在一定程度上促进了蒙古族人民风俗习惯的变化。首先是节日与祭祀的变化。放垦前的蒙古族人民有祭天、祭风、祭雨、祭雷、祭神、祭星、祭火、祭敖包等祭礼；放垦后接受了汉族人民的习惯，祭龙王、祭土地庙、祭孔庙、过端午节、过中秋节、小孩过生日、老人过六十大寿、过年贴门神、供财神等。其次就是婚姻制度的变化。放垦前的蒙古族人民一般在同族之间远娶远嫁,不能与其他民族通婚;放垦后的蒙古族人民打破了民族界限,蒙汉通婚的家庭开始出现了。此外,在丧葬礼仪方面也有很大的变化,由原来的“风葬、树葬、天葬,改变为土葬”[14]。

杀虎口台站地垦务总局的设立,尽管解决了大批汉族饥民的生计问题,也方便了蒙古牧民的粮食供应,但是,台站地的放垦也付出了很高的生态成本,带来严重的生态后果。由于大面积的放垦开荒,导致整个土默特地区生态系统的失调:水土流失面积逐年增加,降雨量普遍减少,各种自然灾害周期缩短,灾情越来越严重,沙尘暴爆发的次数、强度以及袭击的范围有逐年上升和扩大之势。

文化的开放和交流是文化发展的动力。一个地区民族文化的发展,离不开从其他民族的优秀文化中汲取营养,古往今来,不同民族之间的文化交流和吸收从来没有停止过。保持完全“原汁原味”、封闭保守的文化传统的民族是发展不起来的,更无从去谈现代化。民族要发展,社会要发展,就必须与外界建立广泛的联系与交往,看到差距,明确历史方位,寻找与时代的契合点,这样的文化其内涵会更丰富,内容将更优秀,更加适应现代文明的发展方向,更富有生命力,更易于被其他民族所接纳,文化整合能力更强,从而形成文化发展的良性循环。同时对其他民族文化中适应现代社会生产生活的新观念、新的思维方式,要努力学习、借鉴并吸收,从而建立健康合理的文化机制,不断提高科学文化素质和理性思维能力。

结　语

土默特文化是土默川地域各民族共同创造的文化,是北方民族文化宝库的瑰宝。其民族特色和乡土气息,是祖国文化的一颗璀璨的明珠。明清时期土默特地区社会文化风貌的变化,是蒙汉民族长期交往,两种文化融合之必然。该地区既有中原文化传统,又有浓厚蒙古族特色,新型地域文化的形成,突出体现了中华文化多元汇聚、一体化发展的总趋势。进一步挖掘、整理和研究土默特文化对于人们充分了解和认识北方民族文化特色,传承与弘扬民族文化具有重要的促进和推动作用。

蒙汉民族在特定历史背景下创造文化的活动和过程其实是体现北方民族的价值追求和价值观念,从某种意义上来说,“文化积累是文化发展的量变,文化创新是文化发展的质变。文化继承也叫文化积累,通过对民族内部文化和外来优秀文化的积累,推动人类文化活动从有限向无限发展”[15](P11)。土默特文化是蒙汉民族的多元并存价值观在自然环境中的外化形式,在土默特文化生态体系中,土默特文化生态观创新发展的关键就是在核心价值观指导下实现一种文化价值观的创新。当前我们面临着多元并存的时代,要使土默特文化生态永远充满生机活力,需要我们不断加强土默特文化生态价值观的创新理念。

注　释:

①郑洛《慎招纳》曰:“议款之初,华人被虏,家有父母妻子,思乡归正者其人固多。”

参考文献:

[1]曹永年. 蒙古民族通史:第三卷[M]. 呼和浩特:内蒙古大学出版社,1991.
[2]陈子龙. 明经世文编:卷三一六[M]. 北京:中华书局,1962.
[3]瞿九思. 万历武功录[M]. 四库禁毁书丛刊表.
[4]谷应泰. 明史纪事本末[M]. 北京:中华书局,1977.
[5]萧大亨. 夷俗记[M]. 济南:齐鲁书社,1997.
[6]王鸣鹤. 登坛必究:卷三十七[M]. 清代木活字印本.
[7]明神宗实录[M]. 上海:上海古籍出版社,1983.
[8]王士奇. 三云筹俎考[M]. 台北:台北广文书局,1963.
[9]陈子龙. 明经世文编:卷四三四[M]. 北京:中华书局,1962.
[10]俺答. 北狄顺义王俺答等臣贡表文[M]. 景明刊本.
[11]方逢时. 大隐楼集:卷十一[M]. 沈阳:辽宁人民出版社,2009.
[12]大地的引力[A]. 巴·布林贝赫诗选[M]. 北京:人民文学出版社,1982.
[13]闫天灵. 汉族移民与近代内蒙古社会变迁研究[M]. 北京:民族出版社,2004.
[14]刘海源. 内蒙古垦务研究[M]. 呼和浩特:内蒙古人民出版社,1990.
[15]郑海祥. 社会主义核心价值观与我国文化创新研究[M]. 南京:南京师范大学出版社,2011.

(原载于 2014 年第 2 期)

独石口驿路口外六站古今地名研究

杜成超　刘忠和

独石口驿路是清代设置在蒙古草原上的五条驿路之一，是中原通往今锡林郭勒草原、远达今蒙古国的重要通道，是沟通内地（特别是北京）与外藩蒙古的纽带之一，在清代曾发挥了重要作用。对这条驿路的研究，除1979年金峰先生的《清代内蒙古五路驿站》和1981年韩儒林先生的《清代蒙古驿站》两文涉及外，目前未见其他专文探究。金峰先生一文涉及该驿路口外六站时，主要梳理了各站站名的文献来源并对部分词汇进行了汉译；韩儒林先生一文涉及该各驿站时，对每站方位进行了探究，得出了大体的结论，是目前所见对该驿路研究着墨最多的文章。但是韩先生的研究结果多在相对较大的面上，没有进行具体到点上的研究。有鉴于此，笔者在充分吸收两位先生及其他前辈研究成果的基础上，经过广泛查阅文献，对此驿路口外六站进行了深入细致的探究，得出了它们今天各自所对应的相对较准确的地理位置。由于笔者学力所限，不妥和错误之处，敬请方家指正。

一、独石口驿路的设置背景

康熙朝前期，为了巩固北部边疆地区的统治和加强对蒙古各部族的控制，康熙皇帝及清政府采取了许多措施。当漠西卫拉特（厄鲁特）蒙古首领噶尔丹率部侵入喀尔喀蒙古后，康熙二十八年（1689年），清政府应喀尔喀蒙古的请求，与噶尔丹军队大战于乌兰布通（今赤峰市克什克腾旗境内），清军获胜。康熙三十年（1691年），康熙皇帝亲到内蒙古地区参加多伦诺尔会盟，将喀尔喀蒙古三部编为盟旗并对其封建主进行册封和赏赐，喀尔喀蒙古正式归附清朝政府，成为大清藩属。

随后，清朝根据对噶尔丹战争的需要，做出从蒙古地区到北京设置五路贡道、沿途安设驿站的决定。康熙三十年（1691年）十月十四日，康熙皇帝谕理藩院曰："古北口、喜峰口外现各有五十家一村，设为驿站，自此至科尔沁等处，其间亦须照此例。于各旗内察出贫穷之人，给与牛羊等物，使为产业，设立驿站，则贫者咸得生理，而各处亦免苦累。其传问朝正诸王、贝勒、台吉等具奏。"[1](P559)为此，康熙皇帝与内蒙古六盟各盟旗王公贵族进行了商议，在取得一致意见的基础上，康熙三十一年（1692年）三月初七派"内大臣阿尔迪、理藩院尚书班迪等，奉差往边外蒙古地方,五路设立驿站,请训旨。上曰:‘凡遇边外事务,皆用蒙古马匹,不但甚累蒙古,且恐事亦有误。今设立驿站,虽费用国帑,日后于蒙古裨益良多,亦不致迟延误事,最为紧要。特遣尔等料理,务加详慎,必将确然不易,可垂永久之策,筹划而行。’”[1](P566-567)阿尔迪、班迪等各率人员到筹划安设驿站的地方进行勘察。在不到三个月的时间里,他们就向康熙皇帝提出了在内蒙古安设五路驿站的具体方案。根据方案的具体内容,康熙皇帝决定分两批于两年内陆续安设完成。其中,喜峰口驿站和杀虎口驿站两路于康熙三十一年(1692 年)安设,古北口、独石口、张家口三路驿站于康熙三十二年(1693 年)安设。这些驿站就是口外五路驿站或称边外五路驿站,简称蒙古台站,有时也笼统叫作草地路。安设这些驿站的目的在于及时而有效地加强清朝中央和内蒙古地区的联系,是清朝设在内蒙古地区的最快捷道路,是蒙古草原上的交通大动脉,也是内外蒙古各盟旗王公到北京的重要通道。这五路驿站均以各驿站所通过的长城上的重要关口来命名。

独石口驿路居中,由工部侍郎图尔宸和侍读学士喇赐负责安设。独石口驿路分为两部分,一部分是从北京到独石口,分设八驿;另一部分是从独石口到胡鲁图,设独石口汉站一座、蒙古站六座。独石口驿路总长一千四百一十八里,其中从北京到独石口五百里,从独石口到胡鲁图九百一十八里。这些蒙古站就是本文所探讨的口外六站。

二、独石口驿路口外六站站名及地理位置研究

独石口驿路口外蒙古站共有六站,六站站名依次为奎腾布拉克、额楞、额默根、卓索图、锡林郭勒、胡鲁图。清代《驿程》中记载:“出独石口一百二十里至蒙古魁屯布拉克,二百三十里至额楞站,一百五十里至额墨根站,一百六十里至卓索图站,一百五十里至西林果尔站,一百八里至呼鲁图站。皆蒙古游牧地方。”[2](P345注3)由此知六站距离共为九百一十八里。

第一站奎腾布拉克,站名“奎腾布拉克”用字“从汉文《则例》卷三十二,‘独石口驿站’。蒙文《则例》,作 Kuitenbulag。‘奎腾布拉克’,蒙古语。‘奎腾’谓冷,‘布拉克’谓泉,合作冷泉,地有冷泉,故名。《会典》卷九八二,作‘奎屯布拉克’。《驿程》,作‘魁屯布拉克’。均属同名异译。”[2](P344注3)奎腾布拉克,蒙古语,“奎腾”今天也译写作“辉腾”“奎屯”等,意为寒冷的。“布拉克”意为泉水。《大清会典事例》载:“独石口一道,……设蒙古站,其第一站奎屯布拉克,在察哈尔境内。”[3](卷七四五)《大清会典事例》又载:“出独石一百二十里至魁屯布拉克。”[3](卷五五九)说明奎腾布拉克在独石口以北一百二十里的地方。

《口北三厅志》卷六《台站》:“第一台魁吞布喇克,额设马五十四、达夫五十家。内拨正蓝旗察哈尔二十家,镶白旗察哈尔、克西克腾札萨克二十家。”[4](P103)第一站驿马、驿丁由正蓝旗察哈尔、镶白旗察哈尔、克西克腾札萨克三家提供,说明此站距离三地都不远,应是在三地相邻的地域范围内。

韩儒林对此驿站有研究:“查康图,出古北口为 Cilon Balgasun。十三排图译作齐伦・巴尔哈孙,译言石城,即新图 K50 石头城子,南距独石口三十七公里。其北 Ulan Hoton,乾图音译作乌兰和屯,译言红城,在上都河左岸,即旧图 NK50 的大红城子。其北 Susai Boo,乾图作苏塞包,华言五十家。”[5](P248)康图是康熙年间地图的简称,乾图是乾隆年间地图的简称。

《察哈尔省通志》卷四《疆域编之四》:“隰宁废驿,清一统志在牧厂南界麻尼图岩之北,土人称呼齐伦巴尔哈孙。……曰石头城,在县东南十五里。……旧城原址建筑新土围名曰石城堡。”[6](P162)这里的县指的是沽源县。

《中国历史地图集》第八册《清时期直隶地图》上标有“魁屯布拉克”[7](P7-8),其地位于今河北省北部,临近内蒙古锡林郭勒盟多伦县。

综上所述,奎腾布拉克这个译作“冷泉”的地方,笔者认为就是今河北省沽源县高山堡乡五十家子村,此地南距沽源县城三十余里,恰位于上都河左岸,当地河流、湖泊较多,地势相对平缓,利于设驿,符合以上各史料对奎腾布拉克驿站的描述。

第二站额楞,站名“额楞”用字“从汉文《则例》卷三十二、《会典》卷九八二及《驿程》,均作‘额楞’。《舆图》北二卷中下页作‘厄勒儿’。蒙文《则例》作 Ereng。”[2](P344注5)额楞也常译作“厄楞”“敖楞”“敖伦”“额仑”等,蒙古语意为“明亮多光彩的”。《大清会典事例》载:“自魁屯布拉克二百三十里至额楞站”[3](卷五五九)。魁屯布拉克(今沽源县高山堡乡五十家子村)往北二百三十里,大体在今正蓝旗与克什克腾旗交界一带。

《口北三厅志》卷六《台站》:“第二台厄楞,额设马五十匹、达夫五十家。系克西克腾札萨克抽拨。”[4](P103)说明此站在克什克腾旗西部附近。

清代余寀《塞程别纪》中载:“上都五里至双塔,又十五里至赵耐漫苏门泥叉喇,又十五里至墁绰可,又三十五里至额仑。”[8](塞程别纪卷)韩儒林据此得出“上都距额仑七十里”[5](P250)。赵耐漫苏门泥叉喇蒙古语也写作招奈满苏谟,招汉语意为百,奈满意为八,苏谟意为庙,招奈满苏谟即一百零八庙,现今正蓝旗的五一牧场有一百零八庙,今仍名照苏乃木城,据此则额仑(额楞)距五一牧场应在五十里左右。

距五一牧场北五十里的范围内有桑根达来镇的名为敖楞淖尔的地方。笔者认为,此地即第二站——额楞。“敖楞淖尔”是“额楞诺尔”的另一种译法,意为多水泡湖泊。该地位于今锡林郭勒盟正蓝旗境内,恰处 207 国道和 105 省道交汇处,附近有铁路、高速公路穿过[9](P138-139)。说明古今此地都是交通要冲,便于设驿。

第三站额默根,站名“额默根”用字“从汉文《则例》卷三十二,‘独石口驿站’。《会典》卷九八二及《驿程》均作‘额默根’。蒙文《则例》作 Emegen。”[2](P344注6)蒙古语 emegen 意为“祖母、老妇人”。

《口北三厅志》卷六《台站》:“第三台厄墨格忒,额设马五十匹、达夫五十家。

系阿坝垓札萨克抽拨。”[4](P103)厄墨格也音译额默根，忒也写作“台或图”，意为有，阿坝垓札萨克即清代的大阿巴嘎。韩儒林认为“额默根当在阿坝垓境内”[5](P250)。

据《内蒙古自治区地图册》[9](P136－137)和《内蒙古自治区地名志·锡林郭勒盟分册·阿巴嘎旗地名图》[10](P10)，笔者通过比对得出，今阿巴嘎旗查干淖尔镇(镇也叫苏木)的额默根特就是第三站——额默根。额默根特地处查干淖尔湖东南五十里，高格斯台郭勒与怒格斯郭勒之间。额默根特东南方还有额默根图，这里都是清时的驿站地。额默根特也符合《驿程》所载：“(额楞)一百五十里至额默根站，(额默根)一百六十里至卓索图站”。

第四站卓索图，站名“卓索图”用字“从汉文《则例》卷三十二，‘独石口驿站’。《会典》卷九八二及《驿程》同。蒙文《则例》作 Zhosutu。”[2](P344注7)“卓索图”蒙古语意为“黏土河”。

《大清一统志》载：“阴凉河在左翼东南一百五十里，蒙古名魁屯，源出卓索图站。”[11](卷五四一)此处的左翼指阿巴嘎左翼旗。韩儒林对此有这样的研究结论：“康图达尔鄂谟(Dal Omo，满文 omo 译言湖)西，有魁屯必拉(Kuyitun Bira，译言凉河)自西东来，流入此湖。魁屯必拉上游有 Kuyitun Giyamun，译言魁屯站。”[5](P250)

《口北三厅志》卷六《台站》：“第四台魁吞稿儿，额设马五十匹、达夫五十家。由阿坝垓札萨克抽拨十家，阿霸哈纳尔抽拨四十家。”[4](P103)据以上所载，说明第四站站名有“卓索图”和“魁吞稿儿”两种称呼。魁屯也写作魁吞，蒙文 Kuyitun Ghool，译为凉河。也说明此站位于清阿霸哈纳尔左、右翼旗和阿巴嘎旗相邻地带。

《中国历史地图集》第八册《清时期内蒙古六盟地图》上明确标出卓索图站[7](P57－58)，地处阴凉河源头。阴凉河今称辉腾高勒。

笔者认为，此卓索图站即今阿巴嘎旗洪格尔高勒苏木的辉腾高勒，辉腾高勒就是魁吞稿儿的今译，它位于国道 207 以西[10](P10)。

水源充足是清代设驿的必备条件。额默根、卓索图两站虽均位于浑善达克沙地范围内，但高格斯台郭勒流经两站间的沙漠地带，便于路人中途补水。

第五站锡林郭勒，站名“锡林郭勒”用字“从汉文《则例》卷三十二，‘独石口驿站’。《会典》卷九八二，同。《驿程》作‘西林果尔’。蒙文《则例》，作 Silingol。”[2](P345注1)西林果尔，今多写作锡林郭勒，蒙古语意为“高原上的河”。

《口北三厅志》卷六《台站》：“第五台西林稿儿，额设马五十匹、达夫五十家。系西蒿齐忒抽拨。”[4](P103)西蒿齐忒即浩齐特左翼旗，今归属于锡林浩特市。

韩儒林认为：“康图锡林河左岸有 Arcatu Giyamun，乾图八排东一及《大清会典图》卷二六二‘锡林郭勒盟游牧图二’译为阿尔察图站，就方位、里程看，它就是西林果尔站。”[5](P250－251)锡林高勒从锡林浩特郊区流过。笔者认为西林果尔站(锡林郭勒站)就是今锡林浩特市市区。此站因长期为札萨克驻锡地，后又有贝子庙建于此,故以“锡林郭勒”扬名于外。

第六站胡鲁图,站名“胡鲁图”用字“从汉文《则例》卷三十二,‘独石口驿站’。《会典》卷九八二作‘瑚鲁图’。《驿程》作‘呼鲁图’。蒙文《则例》作 Qulutu。《舆图》北三卷中下页作‘吴鲁图’。”[2](P345注2)胡鲁图蒙古语意为“车轮”。

《口北三厅志》卷六《台站》:“第六台莫敦沙哈图,额设马五十匹、达夫五十家。系东蒿齐忒抽拨。”[4](P103)莫敦蒙古语意为“树”,沙哈图蒙古语意为“胡子”,莫敦沙哈图是胡鲁图站的另外称呼。东蒿齐忒即浩齐特右翼旗,今归属于锡林浩特市。

韩儒林先生指出:“在锡林河与大集林河之间,康图有 Orodu G.,乾图译作额罗都站。会典图卷二六二锡林郭勒盟游牧图二译为额鲁都站,当即呼鲁图站。”[5](P251)额罗都、额鲁都、呼鲁图都是胡鲁图的不同音译。

《内蒙古自治区地名志·锡林郭勒盟分册·锡林浩特市地名图》上有图古日格苏木(驿马站)的地名,即古时换乘驿马的中转站。笔者认为驿马站就是第六站“胡鲁图”。胡鲁图地处锡林高勒下游谷地,是口外六站中最北一站,地势较低,水源较丰富。此外从地图上看第四、第五、第六三站几成一条直线,说明三站距离适中且往来快捷。

通过对口外六站位置的确定和阐释,可得出各台站地大都是水源充足或牧草丰美之地。蒙古语地名多来源于当地事物,在一定程度上反映了当地地貌特征和周遭环境。六站站名中第一站奎腾布拉克、第四站卓索图、第五站锡林郭勒直接以泉或河的蒙古语词汇命名,反映出三站范围内水源充足,水源丰富是设站的必备条件之一。剩余三站也因其各自区位优势而得以设驿。另外由六站所处位置可知,独石口驿路口外蒙古六站,现在除第一站奎腾布拉克在今河北省管辖范围内外,其余五站均在今内蒙古锡林郭勒盟境内。

三、独石口驿路口外六站的研究总结

独石口驿路是清代五路驿站最中间的一条,是遍布蒙古草原的交通信息传递网络重要组成部分之一。设立驿站目的在于及时通报军情、传递官府公文、运送使臣官吏。设立初期,驿道、台站尤为重要,边防有了军情,不分昼夜,由台站可快速骑马向京师汇报;朝廷下达旨意,亦通过驿站快速传递。康熙三十五年(1696 年),康熙帝第一次亲征噶尔丹,就是沿此路北上并返回的。“(三月)丙寅,上驻跸独石口城内。”[1](P683)“(三月)癸酉,上驻跸揆宿布喇克地方。谕兵部、理藩院,朕回军时,必由此路。应将随军米粮量留揆宿布喇克,则目前车辆既轻,而回京时取米亦易。”[1](P685-686)揆宿布喇克即奎腾布拉克,说明此驿路在彼时发挥了重要作用。

清代,独石口驿路口外六站一直发挥着它通报军情、传递公文的职能。“以后,由于阿尔泰军台的设立,清廷官员去喀尔喀蒙古一般就不再走此路了。但作为锡林郭勒盟部分扎萨克旗蒙古王公入京朝贡、年班的主要线路,在清代一直发挥着作用。”[12](P232)由此可以看出，独石口驿路口外六站的作用，并不单单在于军事方面，还在加强满、汉、蒙古等各民族间互相联系、加强中央与边疆地区（特别是锡林郭勒盟各旗）的关系等方面发挥着积极作用。

民国以来，交通方式发生重大改变。传统的驿路被现代化的交通工具和通信方式取代，驿路及驿站的作用、地位不断下降，最终退出历史舞台。民国时期独石口驿路地区划归察哈尔省管辖。独石口驿路的南段地区，“至沽源通各县路，……东北行，经梳妆楼、王村，可达多伦。西北行高山堡，可通宝昌。……路皆平坦可通汽车”[6](P269)。独石口外第一站奎腾布拉克位于高山堡附近。“宝昌……经白狗子、九连城、二号、三号等处入左翼蒙古境”[6](P258)，正蓝旗中南部时属宝昌县，第二站额楞周边有便利的汽车路，可推出驿路已被汽车路所取代。通信方式中“沽源有电话分所一处，民国十九年设立，可通省垣及本省各县”[6](P275)，说明此时该地区已不再使用驿路方式。而独石口驿路北段地区深入蒙古草原，随着清朝的覆灭及蒙古王公入京朝贡、值年班的终结，驿路、驿站制度已崩溃。可推测出北段驿路已荒废不用。通过以上所述，可知独石口驿路及其口外六站此时已成历史。

笔者探讨这条曾在内蒙古中部草原上发挥重要作用的驿路，特别是把蒙古语命名的驿站与现今多用汉语表述的地名相互对应起来，为反映这条驿路站名的变化和人们对历史文献的理解和研究，提供新思路，使人们能更好地了解和认识内蒙古中部社会历史的变迁，为内蒙古中部地方历史的研究出一分力。

参考文献：

[1]齐木德道尔吉，黑龙，宝山. 清朝圣祖朝实录蒙古史史料抄：上[M]. 呼和浩特：内蒙古大学出版社，2003.

[2]金峰. 蒙古史论文选集：第三辑[G]. 呼和浩特：内蒙古大学出版社，1981.

[3]昆冈. 大清会典事例[M]. 光绪二十五年八月石印本.

[4]黄可润. 口北三厅志[M]. 台北：成文出版社，1969.

[5]韩儒林. 穹庐集[M]. 石家庄：河北教育出版社，2000.

[6]梁建章. 察哈尔省通志：第一册[M]. 铅印本，1935.

[7]谭其骧. 中国历史地图集[CM]. 北京：中国地图出版社，1996.

[8]王锡祺. 小方壶斋舆地丛钞[M]. 上海：光绪三年序南清河王氏排印本.

[9]内蒙古自治区地图册[CM]. 北京：星球地图出版社，2012.

[10]内蒙古自治区地名志：锡林郭勒盟分册[M]. 呼和浩特：内蒙古自治区地名志编委会，1987.

[11]穆彰阿，潘锡恩，等. 大清一统志：第十二册[M]. 上海：上海古籍出版社，2008.

[12]亦邻真，张久和，等. 内蒙古历史地理[M]. 呼和浩特：内蒙古大学出版社，1993.

（原载于2013年第3期）

关于"阴山"、"敕勒川"的地望

——同周建奇先生商榷

阿尔丁夫

《敕勒歌》云:"敕勒川,阴山下",对其中的"阴山",学术界向来没有分歧,都认为是指内蒙古南部的阴山。"阴山下"的"敕勒川"即指该山南麓至黄河北岸的辽阔草原。

周建奇先生则不以为然。他认为《敕勒歌》中的"敕勒川","不可能在今天的内蒙古大青山下",而在"隶属于北庭都护府的叱勒州"。其地望是"在准噶尔盆地南沿,天山北麓,州治在北庭的金满(今吉木萨尔北二十余里护堡子破城)与轮台(今乌鲁木齐稍东)之间"[1]。"阴山"、"敕勒川"地望究竟在新疆还是内蒙古,是本文所要讨论并回答的问题。

一、《敕勒歌》中的"阴山"地望

周先生为什么断言《敕勒歌》中的"阴山"不可能指今天内蒙古的大青山呢?他说《敕勒歌》中的"阴山","因歌中无其他已知地名做参考,其所在难以确指"。应该承认,这是个问题。不过,如果说将阴山"定位"于内蒙古南部存在这个问题的话,那么将其"定位"在其他地方,比如新疆中部,难道这个问题就不存在了么?其实,不管将阴山"定位"在何处,"因歌中无其他已知地名做参考"这个事实是同样存在的,因而"其所在难以确指"这个问题,也是同样存在的。再说,如果不是凭歌中"其他已知地名做参考"而是凭借外证来帮助阴山"定位"的话,那又何必费力地将其"定位"于新疆呢?按早已公认的意见在内蒙古境内不是同样可以利用歌外"已知地名做参考",来确定其具体位置么?

再说,如果周先生将《敕勒歌》中的"阴山""确指"为新疆"吐鲁番北"的天山,并谓"敕勒川"是在这一"天山北麓,也即是在阴山下",那么,《敕勒歌》就不应当再称为"北朝民歌"而应正名作"西域民歌"了。周先生虽未明确地这样讲,可逻辑本身却不能不让人得出这样的结论。

如果周先生确认《敕勒歌》应该正名为"西域民歌",那么,就同他自己讲过的话发生冲突。他在文章的前边说《敕勒歌》"全歌所唱的是敕勒川的莽莽苍苍、辽阔浩瀚的北国草原风光”（着重点为笔者所加，下同），人们不禁要问：作为“西域民歌”的《敕勒歌》歌唱的怎么可能是“北国”风光？而歌唱“北国”风光的《敕勒歌》又怎么可能是“西域民歌”呢？我以为，承认《敕勒歌》是“西域民歌”则不当肯定它歌唱的是“北国草原风光”；承认歌唱的是“北国草原风光”，则不当以为它是“西域民歌”。

或者，在周先生心目中，新疆“吐鲁番北麓”的敕勒川草原也属于“北国”，如确实如此就又同传统的看法扞格。在历史上，人们习惯上将阳关、玉门关以西广阔地域称作西域而不称其为“北国”，作者如将传统上所说的西域也视作“北国”的话，那就应拿出根据来并加以证明。否则，只能认为周先生由于顾此失彼而陷入自相矛盾的境地。

周先生是根据什么外证将《敕勒歌》中的“阴山”，“定位”于新疆的天山呢？回答是岑参的一首《首秋轮台》的诗。他写道：

> 唐代诗人岑参诗《首秋轮台》“异域阴山外，孤城雪海边”中的阴山，可以根据轮台定位。此阴山就是吐鲁番北面的天山”。

“阴山”为什么可以依据“轮台定位”呢？回答是“轮台”故城的地理位置即在“今乌鲁木齐稍东”的地方。有人还认为“乌鲁木齐就是突厥语轮台——Oronmtai的音变”[2](P157)。轮台即乌鲁木齐，即坐落于阴山北部，所以其南部便是岑参所说的“阴山”，而“此阴山就是吐鲁番北的天山”，也即《敕勒歌》中的“阴山”。周先生就是这样根据岑参诗中的轮台给“阴山”“定位”的。

不能不指出的是，“吐鲁番北”、轮台之南的天山，在唐代诗人岑参的笔下的确称作阴山，即使所有的唐代人均称该山为阴山，反映的也只是唐人的习惯。十六国至南北朝时的人们是否也如唐人一样，将“吐鲁番以北”、“轮台南的天山”称作阴山呢？这是必须回答的关键问题。因为《敕勒歌》公认是南北朝民歌而不是唐代民歌。然而证明唐人这样称呼这座山并不重要，重要的是只有证明了十六国至南北朝时期人们也称“吐鲁番北的天山”为阴山，作者的新说方有可能成立。当然，如果作者认为《敕勒歌》不属于南北朝时期的民歌而是唐代民歌，像这样证明其中的阴山就是“吐鲁番北的天山”倒是可以的。不过，这又引出新的问题，即周先生必须拿出《敕勒歌》是唐代而非南北朝民歌的依据。否则，周先生的新说就同样难以站得住脚。

二、《敕勒歌》中的“敕勒川”地望

“阴山”既是“吐鲁番北的天山”，处于“阴山下”的“敕勒川”究竟在该山的哪一侧呢？回答是，它就在阴山北侧的“隶属于北庭都护府的叱勒州”，这是因为“‘叱’、‘敕’音近”，所以“叱勒即敕勒的音译”，二者都是突厥语词之 čöl 一词的音译。假定这种说法是符合实际的，那么，敕勒川或叱勒州具体地望在什么地方呢？“在准噶尔盆地南沿，天山北麓，州治在北庭的金满与轮台之间……我以为敕勒川也当是在这里。”换句话说，敕勒川如果就是叱勒州的话，那么它也必定在叱勒州的界内。

叱勒州州治是否在轮台暂且不论，这里想首先指出，如果照周先生所说的那样，《敕勒歌》中的阴山即“吐鲁番北的天山”，敕勒川在天山北部以轮台为中心的东西狭长地带，那么，首先《敕勒歌》中所描绘的风光就同岑参的《走马川行》中所描绘的风光“轮台九月风夜吼，一川碎石大如斗，随风满地石乱走”格格不入了。周先生也意识到这一“迥殊”问题，他说之所以出现这种“迥殊”的情况，“大概是因为两位作者的身世、境遇和时令不同的缘故”。身世坎坷、境遇不顺，充其量影响诗歌创作情调的高昂还是低沉，创作手法的夸张或是写实。至于时令，一个似乎是七八月之交，一个无疑是九月，二者确实不同。但不论多么不同，一个近似于不毛之地的走马川，怎么也不可能变成像“风吹草低见牛羊”这样水草丰美的草原的。事实上，从岑参所描绘的“走马川”景象来判断，其为布满乱石的荒原，当属无疑。这只有靠近古尔班通古特沙漠边缘地带才有可能。而类似这样的“敕勒川”，才能显露出隐没其中牛羊身形来的牧草的。

显而易见，周先生的解释是牵强附会的，因而仅从二者“迥殊”来看，敕勒川就不大可能在新疆吐鲁番北的阴山下。

其次，周先生谓突厥语有一词曰 čöl，“涵义为无人烟之地、草原、荒野”，“敕勒川确为 čöl 的译名”。我以为此说值得研究。čöl 是单音节词，通常只译为一个音节，译成两个音节的可能性微乎其微。čöl 一词以 l 收声，“汉语古译，常将 l 读作 n”[3](P333)。因此，我以为 čöl 一词绝不能音译为敕勒或叱勒，只能音译为汉语中的古“读如春”[4](P586)的“川”字。[5] čöl 既不可能音译为“敕勒”或“叱勒”，而只能音译为“川”字，那么敕勒同“叱勒”不可能是同音异译，因而叱勒州不可能是敕勒川，这应是没有疑义的。

周先生说“叱勒州设在唐代，叱勒这个地名大概为其所原有”，并断言“此叱勒即公元 75 年，汉朝的耿恭曾据守过的疏勒城，吉尔吉斯语 šöl‘草原、沙漠’，相当于一般突厥语的 čöl，疏勒显然为其对音，这**证实了我们所推测的**叱勒的确为突厥语 čöl 的音译”。

疏勒即敕勒的另一译音这一事例具有两方面作用，一是证明疏勒即敕勒之名至迟纪元前或纪元初即已存在；二是证明敕勒川如同疏勒城一样，的确在天山北麓，准噶尔盆地南沿。

先说疏勒是否是吉尔吉斯语 šöl 的译音问题。吉尔吉斯（我国称克尔克孜），汉时称坚昆,南北朝时称结骨或纥骨,至唐始称为黠嘎斯。最早居住在今叶尼塞河上游,隋唐时,始有一支居住在今准噶尔盆地南沿。既如此,此前的公元 75 年,西域怎么可能出现以吉尔吉斯语命名的地名"疏勒"呢?

那么,疏勒即敕勒可不可能是其他突厥语族的人用自己的语言命名的呢?"盖纪元初时,已有高昌之名,而当时吐鲁番一带,尚未操突厥语"[6](P21)。天山南麓的情况是如此,北部情况又如何呢?汉章帝元和二元(公元 85 年),北匈奴处于"衰耗,党众离叛"的状态。时"南部攻其前,丁零寇其后,鲜卑击其左,西域侵其右,不复自立,乃远引而去"[7](P2950)。这里所说的"寇其后"的丁零,即当时操突厥语民族的共名。这表明,当公元 85 年时,他们尚生活于匈奴北部即贝加尔湖及其以西的广大地区,并未外迁。更未迁至吐鲁番以北的天山北麓,因此,他们不可能用自己的语言为远在那里的地方命名。高车十二姓中之副伏罗氏"率所部西叛至车师前部(今吐鲁番)西北"即今乌鲁木齐一带"自立为王",时在北魏"太和十一年(487年)"[3](P39)。因此,在此之前那里不可能有突厥语族的民族,因而,那里也绝不可能有以突厥语命名的地名,就是说,这里疏勒既不可能是 šöl 的译音,也不可能是 čöl 的译音。

再说耿恭据守之疏勒既为公元 1 世纪之名称,当属与绿洲国之疏勒之名来源相同,均系公元前或公元初同一外族语的音译。至于这疏勒一名其原文是什么,自宋以来迄于今日称为 kashgar;宋以前的"疏勒"的古音,或还原为 kasgiri,或还原为 Srikritati,或还原为 khasa,或还原为 Calek、Salaka,或还原为 Salek、Sulik。[3](P99-100)近年来,有人还原为"Suollak 或 Suoldak"[8](P996)。有的研究者还将 Seres 音译为疏勒。[9]虽迄今无定论,但有两点是清楚的,即诸家均将其视作梵语或粟特语,而非突厥语;诸家还原之字差异颇大,但没有一个是同于或接近于 šöl 或 čöl 的。可见,耿恭于公元 75 年据守之疏勒,周先生以为是吉尔吉斯语"šöl 的译音,因而也是一般突厥语 čöl 的译音"的说法,同样是没有根据的。

最后,唐代叱勒州是否如周先生所说,在"准噶尔盆地南沿,天山北麓"呢?换句话说,敕勒川是否在这里呢?这可以从两方面回答。先看叱勒州是否在这里。《旧唐书·地理志》载,北庭都护府所辖蒲类、金满和轮台,基本处于从东到西排列于"准噶尔盆地南沿、天山北麓"一带,具有"户两千二百二十六,口九千九百六十四"。而武后长安二年(703 年)于天山北部设置北庭都护府,其所辖包括叱勒州在内的"十六番州",均"无州县户口",实际上是羁縻州。叱勒即为"十六番州"之一,从其无州县户口来看,其位置绝不可能在"准噶尔盆地南沿、天山北麓",只能在远离这一带的某个地方。另一方面,再看东汉之疏勒,唐人是否称之为叱勒。回答是否定的。唐人称东汉之疏勒城为"石会汉戍"。从该城的地理位置来看,"石会汉戍”遗址距金满城很近,而且在东汉时期车师后部诸城遗址中,金满城附近也只有这么一座“石会汉戍”。从该城的地形特点来看,也与史籍记载相符。“永平十八年六月,耿恭以疏城旁有涧水可固,引兵据之。秋七月,匈奴来攻,拥绝涧水,恭于城中穿井十五丈,不得水,吏士渴乏。”[10](P307)实地考察表明,唐人称之为“石会汉戍”的疏勒城,的确“建筑在小山坡上,一面依山,一面傍水”,“它居高临下,……掘井实在太难了”。[2](P17-18)这表明,汉之疏勒城至唐早已残破,唐人只称之为“石会汉戍”,而没有任何证据表明称其为叱勒城。从以上两方面看,叱勒州绝不可能在“准噶尔盆地南沿,天山北麓”,其州治更不可能在“北庭的金满(今吉木萨尔北二十余里护堡子破城)与轮台(今乌鲁木齐稍东)之间”。所以叱勒州在“天山北麓”,亦即“阴山下”的说法也是站不住脚的。

三、《敕勒歌》只能产生于内蒙古

这里想简略地讨论一下《敕勒歌》中的“阴山”,能否“确指”于内蒙古的问题。关于阴山地望,虽不能凭“歌中已知地名”加以“确指”,但不等于没有其他方法可以帮助我们确定阴山的所在。事实上,根据《魏书》有关记载,完全可以替阴山“定位”。该书《太祖纪》云:“登国元年(386 年)秋七月,己酉,车驾还盛乐。……八月,帝虑内难,乃北逾阴山,幸贺兰部,阻山为固。”[11](P21)顾祖禹《读史方舆纪要》卷六一也记有拓跋珪自盛乐“北逾阴山”之事。[12](P2672)盛乐,在今内蒙古和林格尔县城附近,早已定论。拓跋珪从盛乐“北逾阴山”,表明阴山在盛乐之北。这里的“阴山”即今呼和浩特北边之大青山也。且阴山这一名称,最早见于秦,历经两汉以至南北朝,始终如此称呼。

阴山的位置确定之后,《敕勒歌》的“阴山下”只能是阴山南边。山北地势较山南高得多,几乎与大青山(阴山一段)顶平。因此,阴山北麓根本不存在“下”的问题,这同“吐鲁番北的天山”北边是草原,南部吐鲁番绿洲根本不同,所以,我才在北边提出“在阴山的哪一侧”这个问题。

阴山南部从山麓一直到黄河北岸是一望无际的草原,今称土默川平原。只有这里,在古代才有可能出现“风吹草低见牛羊”的草原风光和牧区景象,因此,“敕勒川”只能在这里,在阴山南麓、黄河以北的辽阔地带。

十六国至南北朝时期,这里是否曾有敕勒人驻牧的记载呢?回答是肯定的。《魏书·高车传》载公元 429 年“世祖征蠕蠕,破之而还,至漠南,闻高车东部在巳尼陂,人畜甚众,去官军千余里……乃遣〔安〕原等并发新附高车合万骑,至于巳尼陂、高车诸部望军而降者数十万落,获马牛羊亦百余万”。按北魏的政策,对于被征服的诸部,惯常做法是离散部落,分土定居,同为编户,不听迁徙。只是由于“高车以类粗犷,不任役使,故得别为部落”,并将其“皆徙置漠南千里之地”,让他们在那里放牧。这“一千里”或“三千里”长的地带是否均称为“敕勒川”呢？我的回答是这一漫长的地带可以称为敕勒人驻牧或生活的地方，不能一概称之为“敕勒川”。“川”作为 čöl 一词的译音，在突厥语中，如周先生所说是“无人烟之地，草野、荒野”，在蒙古语中是“旷野、荒野、僻野、荒漠”的意思。可见，并非所有地方均可称为“川”即荒野、旷野、草原。在这一漫长地带，只有北起阴山脚下，南抵黄河北岸，才符合《敕勒歌》所描绘的景象。所以，《敕勒歌》中的“敕勒川”只能在这里。由于高车人在这里过着“乘高车、逐水草、畜牧繁息”[13](P2309)自由自在的游牧生活，“数年之后，渐知粒食，岁致献贡，由是国家马及牛羊遂至于贱，毡皮委积”。所以这里被人们称为“敕勒川”即敕勒人驻牧的草原。

《魏书·高车传》记载，高车“北方以为敕勒，诸夏以为高车”，可见并非自称。“高车之称，则以其‘车轮高大，辐数至多’，盖以善造大车而得名，与唐代之黑车子，元代之康里，得名之理同，似为他种人指称此种之名，至其自称似已为高车之名所掩”[3](P38)，“敕勒”既为他称，《敕勒歌》只能出自他族人之口。

总之，说《敕勒歌》产生在今天的内蒙古，歌唱的是莽莽苍苍的、一望无际的阴山南部草原风光和牧区景色，应该是没有疑问的。

参考文献：

[1]周建奇. 鬼方、丁零、敕勒(铁勒)考释[J]. 内蒙古大学学报,1992(1).

[2]刘维均. 西域史话[M]. 乌鲁木齐:新疆青年出版社,1982.

[3]冯承均. 西域南海史地考证论著汇辑[G]. 北京:中华书局,1957.

[4]许慎,段玉裁. 说文解字注[M]. 上海:上海古籍出版社,1981.

[5]阿尔丁夫. čöl 一词的音、义能译为汉语的“敕勒”和“川”么?[J]. 内蒙古大学学报 1993(1).

[6]伯希和. 高昌和州火州哈喇和卓考[M]//冯承均,译. 西域南海史地考证译丛七编. 北京:中华书局,1957.

[7]班固. 后汉书[M]. 北京:中华书局,1965.

[8]季羡林,等. 大唐西域记校注[M]. 北京:中华书局,1985.

[9]钱伯泉. Seres 考[G]//西域史论丛:第一辑. 乌鲁木齐:新疆人民出版社,1985.

[10]司马光. 资治通鉴[M]. 上海:上海古籍出版社,1987.

[11]魏收. 魏书:太祖纪[M]. 北京:中华书局,1974.

[12]顾祖禹. 读史方舆纪要:第三册[M]. 北京:中华书局,1955.

[13]魏收. 魏书:高车传[M]. 北京:中华书局,1974.

（原载于 1993 年第 1 期）

略谈西口文化的基本特征

潘照东

自从自治区党委、政府提出“弘扬草原文化、建设民族文化大区”的战略部署以来，内蒙古各个地区都在探寻本地区的特色，发掘本地区的文化资源，塑造具有自身特点的文化品牌，从而有力地推动了全区的文化建设。根据我对西口文化的粗浅认识，对西口文化的特点谈几点浅见。

首先，西口文化具有源远流长的历史性特征。

我们现在所谈的西口文化，是指自清朝以来经康熙年间至20世纪20年代旅蒙商贸易和清朝后期数次“开放蒙禁”、鼓励垦殖，导致大量内地商人、农民（以山西、陕西地区为主）进入内蒙古中西部地区，通过“走西口”形成草原文化与晋、陕文化的广泛交流，形成具有鲜明特色的地域文化。西口文化的地域范围，主要包括呼和浩特市、包头市、鄂尔多斯市、巴彦淖尔市、乌海市、乌兰察布市。

考察西口文化形成的时代及其覆盖的地域，我们就会发现，这一地区历史文化源远流长，是草原文化与中原文化（特别是晋、陕文化）交流荟萃之地，西口文化正是深深植根于悠久的历史文化渊源之中。

早在50万年前（一说为70万年前），约与北京猿人同期，在呼和浩特东郊就诞生了大窖文化，留下了旧石器时代早期人类活动的丰富遗迹。在14万—7万年前，在鄂尔多斯高原南部的萨拉乌苏河畔，鄂尔多斯人创造了萨拉乌苏文化。在距今6 000—4 000年前，在包头市东郊诞生了阿善文化，原始居民过着以农耕为主，兼营狩猎、采集、养殖的生活，并形成了具有城的雏形的居住村落。

由于阴山南北、黄河河套地区自古以来是草原民族与农耕民族的交流地带，随着自然气候条件的变化和社会环境的演变，草原文化与农耕文化相互演替又相互结合，形成源远流长的历史脉络。

周宣王时期，大将南仲战胜猃狁，在鄂尔多斯高原北部筑朔方城。《诗经》中记载：“天子命我，城彼朔方。赫赫南仲，猃狁于襄。”赵武灵王“胡服骑射”，拓地千里，西达狼山鸡鹿塞，并在呼和浩特设云中郡。秦始皇设鄂尔多斯为“新秦中”，修筑自首都咸阳至九原的直道。汉代南匈奴呼韩邪单于“款塞诣阙”，迎娶王昭君后“留居塞下”。拓跋“（固阳塞）鲜卑立国代、魏（史称北魏）”，建都盛乐，设置“安北六镇"，于五原屯田。唐朝设置单于大都护府。辽、金、元三朝，丰州城成为漠南草原最重要的商业中心城市。至明代阿拉坦汗招募流民，在土默川平原发展垦殖，建材筑城。在历史上都曾有力地促进了草原文化与中原文化的交流，在这一地区形成了深厚的历史文化积淀，从而孕育、催生了西口文化，这也是西口文化产生的历史必然性。

其次，西口文化具有草原文化与晋、陕文化有机结合的复合文化的特征。

清朝初年，内蒙古中西部地区为蒙古族土默特部、鄂尔多斯部、察哈尔部、汪古部、乌拉特部、四子部、喀拉喀部等驻牧之地，与内地经济、文化交流甚少。康熙征噶尔丹时，因军需供应不易，始有山西商人随军贸易，逐渐形成旅蒙商贸易，大量山西、陕西商人进入这一地区。清朝后期"驰禁开荒"，大量山西、陕西农民来到这里定居垦殖。这些晋、陕籍商人、农民的到来，改变了塞外的经济、社会结构，也带来了晋、陕地区的社会文化，促进了文化的交流、融合，进而形成了具有复合型文化特征的西口文化。

在经济方面，形成草原畜牧业与农区种植业结合，甚至一部分蒙古族改为定居从事农业的布局。在政治方面，形成蒙、汉分治，旗、厅（县）并设的格局。在生活习俗方面，由于种植业、手工业、商业的发展，这一地区的蒙古族食用粮食、蔬菜瓜果显然比漠北蒙古族多，日用手工业品也更为丰富；进入牧区、农牧结合区的汉族，饮食、衣着、居住等习惯均较家乡有了明显的改变，带有了一些蒙古族生活习俗的特点。蒙古族与汉族的通婚加强了这一生活习俗相互交融、结合的特点。

西口文化的复合文化特征，突出地表现在民间文艺方面。例如，蒙古族传统民歌特别是短调与陕北的信天游以及晋西北民歌结合，产生了漫瀚调（即蛮汉调、山曲、爬山调），漫瀚调的曲名也体现了这一特点，有蒙古语汉译的，如《达呼儿希里》《召根希里》《查干其其格》《阿拉腾达日》等；有蒙汉双语连璧的，如《蔚林花》《纳林沟》《达庆老爷》等；《德胜西》有的曲目则是汉语的，如《帐篷》《白菜花》《芹菜花》《四帐篷》等。许多漫瀚调都保留了蒙古短调的曲式，有的还保留了原来的蒙文歌词。在农区、半农半牧区，蒙古族基本上都居住在固定的房屋中，炕围画、家具的装饰图案往往既保留了原来的蒙古族艺术特点，又吸收了山西、陕北汉文化的因素。在佛教艺术方面，也具有这种特点。

第三，西口文化具有商业文化的显著特征。

旅蒙商的兴起是西口文化产生、发展的重要因素。自康熙年间至民国初年，旅蒙商延续了 200 多年，他们带来了内地的汉族商业文化，与大漠南北的蒙古族游牧文化相结合，催生了具有浓郁草原商业气息的旅蒙商文化。旅蒙商的兴旺也带来了对西口文化旺盛的需求。身处塞外边远、苦寒之地，旅蒙商及其店员、雇工远离故乡，长年奔波在举目无亲的茫茫草原、无垠沙海，家乡食、家乡衣、家乡语、家乡曲、家乡情是他们不可或缺的心灵依托。同时，旅蒙商也是西口文化形成、发展的有力支持者。旅蒙商兴旺时期，商业交际活动大大增加，作为塞外商埠的归化、包头，饭店、酒楼、茶馆、歌肆、剧场纷纷应运而生，呈一时之盛，时人有“宴罢白沉千帐月，猎回红上六街灯”（青高其倬《城怀古》），“小部梨园同上国，千家闹市入丰年”（王循《归化城》）之赞叹。

特别是在清代至民国初年中国商业发展中具有举足轻重地位的旅蒙商，在长期的经营实践中创造了“艰苦创业，吃苦耐劳；勤俭守业，克己敬业；诚实守信，严格管理；尊长助少，团结互助”的商业文化，支撑了旅蒙商长达200多年的繁荣，也成为西口文化不可或缺的重要组成部分。

据史书记载，当时的归化城不仅以“青城”“召城”声名远扬，也是商贾云集的“买卖城”。城中商户数以百计，还形成了各类专业性的行会、商社。著名的大盛魁，资本金达到2 000万两白银，鼎盛时期年贸易额超过1 000万两白银。作为水陆码头的包头，驼马不绝于途，黄河上桅帆林立，停靠船只可达千艘以上。有工商业同业行会“九行”“十六社”，经济十分繁荣。

第四，西口文化基础深厚，具有广泛的群众性。

西口文化不同于某些以个别诗人、文学家、画家等文人群体（甚至是个体）为代表的地域文化，而是植根于广大人民群众的生产、生活、社会活动、思维情感之中，涵盖了不同民族、不同阶层、不同职业、不同信仰的人群的地域文化。广泛的群众性，使西口文化在其形成、发展的历史进程中不断地汲取营养，吐故纳新，并且形成了广泛的社会需求。

第五，西口文化具有与时俱进的开拓性。

西口文化的产生，就深刻体现了晋、陕文化中的开拓性。与江淮灌溉水田农业地区不同，山西地狭民众，晋中、晋北缺少雨水，旱作农业发展不易；陕北沟壑纵横，更为干旱缺水，生存尤难。因此在历史上，特别是当晋、陕二地经历严重旱灾之时，二地农民多有流徙塞外求生的经历。在体现中国人传统思维的农耕文化中，农民以农为本，以田为系，背井离乡，抛家舍业，别父母、离妻子外出谋生，一曲穷愁凄绝的《走西口》，如实地刻画出人们的这一番心态。另一方面，生存的艰难也培育了晋、陕文化中坚韧不拔、勇于开拓的人文品格——与其坐困愁城，不如舍命一搏。因此，“走西口”者多为不惧风险、勇于开拓的有志之人。迈开走出西口的这一步，是决定一生命运的关键一步，生死成败皆未可料定，前途未卜，风险难料。然而，迈出了这一步，就意味着告别了年年月月，甚至祖祖辈辈因循重复的人生老路，踏上了一条必须勇往直前、履险克难的不归之路——开拓者之路。

正是在这条十几代人前仆后继、不断前行的开拓者之路上，“走西口”的人们垦草原，植稼禾，营村舍，筑城郭，兴贸易，昌手工，发展经济，繁荣文化，创造了适应不同的社会历史条件，具有与时俱进的开拓精神的、多姿多彩的西口文化。

值得重视的是，在特定的社会历史条件下产生、发展的西口文化，已经成为“昨天的故事”。但是，西口文化的精华，特别是其勇于开拓的精神品格，既不会过时，又不会死亡，而是在新的社会历史条件下更新、升华，成为我们今天“弘扬草原文化，建设民族文化大区”的重要内容。

新中国成立之后，在“一五”“二五”期间，国家在内蒙古中西部地区兴建了以包钢为代表的一批重点建设项目，五湖四海的建设者“走西口”汇聚到这片社会主义建设的热土，演绎了西口文化新的历史篇章。

改革开放以来，特别是实施西部大开发战略以来，当年“走西口”的人们的后代，自幼即受西口文化熏陶的新时期的建设者们，开拓奋进，努力创造胜过昨天的新的辉煌。被“金三角”广阔的开发前景所吸引的投资商、建设者，则以现代的交通方式乘飞机、坐火车、驾汽车来到这里，书写新的西口文化。

在这样的社会历史背景下，昨天的西口文化能够向我们提供十分有益的历史启迪和精神食粮，激励我们去创造新的历史、新的辉煌。

（原载于 2006 年第 3 期）

阴山文化文献与研究概述

王炜民

从20世纪后期开始,重视区域历史文化的研究成为我国当代学术研究的一个重要特征。正是顺应这种学术发展趋势,我们以承担国家社会科学基金项目“阴山文化研究”为契机,对阴山地区的历史文化展开探讨,以期对中国文化史的深入研究有所补益。目前对阴山地区的政治、经济、文化、历史人物、风俗习惯等研究虽已取得一些进展,但还比较孤立零散,缺乏系统性,没有上升到综合探讨一种文化类型的高度,也没有较全面的阴山文化研究成果面世。因此,把阴山文化作为一个专门的学术研究课题,从整体上进行系统深入的研究,编撰一部阴山文化史,具有填补空白的意义。而全面研究阴山文化,首先需要理清阴山文化的文献基础及研究现状。

阴山文化是一个既古老又年轻的概念。说其古老,阴山地区自远古以来一直就有人类在繁衍生息,有人类活动就有文化现象。说其年轻,将阴山文化作为一个学科或课题进行专门研究,还只是近二三十年的事。当然,存在文化现象与对文化进行学术研究虽然有联系,但毕竟是两回事,不可相提并论。

阴山地区是中华文明的重要发祥地之一。阴山地区先民的活动,也很早就在古文献中有所记载。殷墟出土的甲骨文武丁时期卜辞中曾提到土方、鬼方等,有学者研究认为这些方国的活动范围已到达阴山地区。司马迁所著我国第一部纪传体通史《史记》中,无论本纪(如《秦始皇本纪》)、世家(如《赵世家》)还是列传(如《匈奴列传》)都有关于阴山地区史实的记载。《史记》之后,历代沿习的纪传体正史积数26种,被学术界称为中国古代“全史”,其中诸如《汉书》《后汉书》《三国志》《晋书》《宋书》《南齐书》《梁书》《陈书》《魏书》《周书》《隋书》《南史》《北史》《旧唐书》《新唐书》《旧五代史》《新五代史》《宋史》《辽史》《金史》《元史》《明史》《清史稿》等都记载了阴山地区的史事。此外,其他重要的古代文献,诸如《水经注》《通典》《文献通考》《元和郡县图志》《太平寰宇记》《册府元龟》《资治通鉴》《蒙古秘史》《长春真人西游记》《马可·波罗行纪》《明实录》《万历武功录》《读史方舆纪要》《大清会典》等也都对阴山地区多有涉及。但这只是零散的记录,其文字并非专为阴山地区而作。阴山文化研究当从有了记述阴山地区的专门篇章谈起,下面粗略分类，简要述评。

一、地方志书

地方志是一种记载某一地区历史、地理、社会风俗、物产资源等方面的综合性著作，它起源于两汉之地记，历史悠久。内蒙古地方志书编修较晚，记载阴山地区历史的方志直到清代才开始出现。清代编修的属于阴山地区的方志主要有黄可润《口北三厅志》，张曾《古丰识略》《归绥识略》，陈宝晋《和林格尔厅志略》，德溥《丰镇厅志书》，文秀《新修清水河厅志》，刘鸿逵《归化城厅志》，姚学镜《五原厅志略》，贻谷、高赓恩《归绥道志》《绥远志》《土默特旗志》，沈宗衍《蒙古沿革志》，谷思慎《蒙古山脉志》，姚明辉《蒙古志》等。民国年间阴山地区编纂的地方志书主要有《绥乘》《河套新编》《河套图志》《绥远》《临河县志》《临河风土志》《归绥县志》《集宁县志》《清水河县概略》《绥远考察纪略》《绥远概况》《和林格尔县志》《绥远集宁县志略》《丰镇县志》《国防前线的绥远》《绥远志略》《伊克昭盟志》《公主府志》《武川县志略》《萨拉齐县志》《包头市志》《鹿野纪闻》《伊克昭盟概况》等。

新中国建立后，特别是20世纪80年代以后，一批新的地方志编撰完成，例如《呼和浩特市志》《乌兰察布盟简志》《包头市志》《巴彦淖尔盟志》《伊克昭盟志》《固阳县志》《达茂旗志》《临河市志》《杭锦后旗志》《土默特右旗志》等。附带提及，1959年在周恩来总理的倡议下，各级人民政协开始有组织、有计划地征集、整理、编辑、出版“文史资料”，作为研究近现代史的回忆类史料，也是编修地方志的基础资料。与阴山地区有关的文史资料主要有：《内蒙古文史资料》(1—50辑)、《呼和浩特文史资料》(1—13辑)、《包头文史资料》(1—14辑)、《乌兰察布文史资料》(1—12辑)、《鄂尔多斯文史资料》(1—12辑)、《巴彦淖尔文史资料》(1—16辑)、《乌海文史资料选编》(1—8辑)，以及上述盟市所属旗县编辑的文史资料。

上述方志记录了阴山地区的社会历史，资料珍贵，但是大都限于阴山的局部地方。

在地方志中，特别要提及的是《绥远通志稿》，这是与阴山地区地理范围最为贴近的第一部通志。《绥远通志稿》的编纂始于1931年成立的绥远通志馆。当时由绥远的地方名流郭象伋任馆长，阎肃任副馆长，荣祥任主任纂修，李泰蒙任总纂，并聘请蒙汉学者二十余人为编辑、采访员。经过为时6年的调查访问、收集史料、整理编纂，至1937年完成了120卷初稿。当时还请全国著名学者傅增湘先生审阅修订。其时正值抗日战争爆发，《绥远通志稿》的第一个稿本被傅增湘收藏了起来。1938年秋日本侵占归绥后，得知《绥远通志稿》的编修情况，派专人赴北平与傅增湘联系，令他尽快修订出版。在日伪威逼下，傅氏约聘张星烺等多人，用半年时间增补修订，编成第二个116卷的稿本，定书名为《绥远通志》。据悉当书稿于日本印刷完毕装订成册时,1945 年美国飞机轰炸东京,书稿尽毁于战火。抗战胜利后,绥远省政府将存放于傅增湘藏园的蓝格缮清本志稿运回归绥,后几经辗转移交到内蒙古图书馆。新中国成立后,曾经几次将印制《绥远通志稿》提上日程,但却几度搁浅。直到 2004 年,作为内蒙古自治区成立 60 周年献礼图书,再次聘请专家学者对书稿整理校勘、修订增补,终于由内蒙古人民出版社于 2007 年正式出版发行。这部《绥远通志稿》共 100 卷,装订 12 册,洋洋 400 万言,上起公元前 307 年(战国赵武灵王十九年),下迄 1935 年,总括了 2 242 年的历史,堪称一部巨著。全书门类齐全,对绥远地区的历史沿革、地理疆域、山川河流、自然气候、地蕴物产、土地人口、民族宗教、政权设置、军警法政、交通邮电、工商产业、农牧经济、灾异赈务、文化教育、古今人物等,都做了翔实的记载。尽管《绥远通志稿》是研究阴山文化一部很有参考价值的大型方志图书,但毕竟编纂于 20 世纪 30 年代,有些观点不尽正确,存在着历史的局限性。

二、相关著作

与阴山地区历史文化相关的著作出现较晚,基本是 20 世纪 80 年代以后才撰著出版。按其内容大体可分为如下几类。

1. 研究内蒙古的著作

阴山是内蒙古自治区的一部分,毋庸置疑,研究内蒙古历史文化必然要涉及阴山地区。这里要强调的是,属于阴山地区的呼和浩特是内蒙古的政治文化中心,包头是内蒙古的工业中心和最大的城市,鄂尔多斯是内蒙古近年发展最快的地区,都在内蒙古有着举足轻重的特殊地位,研究内蒙古历史文化的著作中属于阴山地区的内容均占有相当大的比重,因而可以列入阴山文化研究的成果之中。这方面的著作可大体分为综合性和专题性两类。

综合性的内蒙古通史著作较少,已经面世的主要有两部。一是郝维民、齐木德道尔吉主编的《内蒙古通史纲要》(人民出版社,2006 年),是国家哲学社会科学基金项目"内蒙古通史"的阶段性研究成果,反映"通史"的基本框架、基本历史线索,是一部简明内蒙古通史。书中全面系统地叙述了从远古到 20 世纪末内蒙古地区发生的重大历史事件、出现的重要历史人物、发生的重大自然人文的历史变迁,是国内第一部简明内蒙古通史,填补了内蒙古地区史研究的空白。二是曹永年主编的四卷本《内蒙古通史》(内蒙古大学出版社,2007 年),全书以丰富翔实的史料,勾画了从五六十万年前的大窑文化以来,特别是自秦统一和匈奴在内蒙古建立单于国以来,内蒙古历史发展的轮廓。第一卷撰写从远古时代至隋唐时期的内蒙古,第二卷撰写从辽金夏至明代的内蒙古,第三卷撰写清代内蒙古,第四卷撰写民国时期的内蒙古。每一卷都从内蒙古地区的政治、经济、军事、文化、教育、环境等方面展开描述,力求展现1949年以前内蒙古地区的历史全貌。书中阐明，两千年以来，生息于内蒙古大地上的各民族之间，内蒙古与中原地区、与中原王朝之间，虽然有过隔阂，有过矛盾，但是在历史长河中，这都是暂时的、局部的，是支流；民族之间、地区之间的和平、友好、相互交往、相互渗透融合、共同发展，才是主流。断代性质的内蒙古历史著作有郭殿勇著《蒙元时期的内蒙古》(内蒙古大学出版社，2007年)，余元庵著《内蒙古历史概要》(上海人民出版社，1958年)，郝维民主编的《内蒙古近代简史》(内蒙古大学出版社，1990年)、《内蒙古革命史》(内蒙古大学出版社，1997年)，赛航、金海、苏德毕力格著《民国内蒙古史》(内蒙古大学出版社，2007年)，金海著《日本占领时期内蒙古历史研究》(内蒙古人民出版社，2005年)等。内蒙古自治区地方志编纂委员会办公室编《内蒙古大事记》(内蒙古人民出版社，1997年)，从旧石器大窑文化开始，至1995年，按年代顺序全面记载内蒙古地区自然、社会、经济、政治、军事、文化等重要历史大事，亦可属此类著作。

专题性的著作较多，主要有林干、王雄、白拉都格其著《内蒙古民族团结史》(远方出版社，1995年)，该书以民族友好团结为主线，叙述内蒙古地区古往今来各民族相互依存、共同发展的历史。邢野主编《内蒙古民俗风情通志》(内蒙古人民出版社，2004年)，分为生产劳动、衣食住行、节庆礼仪、婚姻喜庆、丧葬禁忌、信仰祭礼等6卷，收录内蒙古地区各民族的民俗风情。白音查干主编《内蒙古民俗概要》(内蒙古教育出版社，1999年)，分上、下两篇，论述了民俗学基本理论，介绍了内蒙古地区蒙古族、达斡尔族、鄂温克族、鄂伦春族、汉族、满族、回族的民俗概况。周清澍主编《内蒙古历史地理》(内蒙古大学出版社，1994年)，主要介绍了战国时期至民国时期内蒙古地区的行政建制及沿革情况，并对新中国成立以来内蒙古自治区旗县级以上行政区划沿革做了概述。邢野主编《内蒙古自然灾害通志》(内蒙古人民出版社，2001年)，该书以地方性、资料性、民族性为宗旨，以新观点、新材料、新方法将内蒙古地区旱灾、风灾、寒潮、干热风、沙尘暴、雪灾、黑灾、雹灾、霜灾、水灾、盐碱、涝渍灾害、病虫害、鼠害、狼害、草害、火灾、地震的自然规律与特点及全区分布与受灾情况做了较详细的记载。德勒格编著《内蒙古喇嘛教史》(内蒙古人民出版社，1998年)，介绍了元代以来内蒙古喇嘛教的发展状况及喇嘛教的组织系统、转世制度、教派教义教规及喇嘛教寺庙。苏鲁格、那木斯来著《简明内蒙古佛教史》(内蒙古文化出版社，1999年)，在综合运用汉文、蒙古文和藏文文献资料的基础上，对内蒙古佛教发展历史的一般线索进行了大致的勾勒和描绘，并对喇嘛教的称谓问题、藏传佛教诸教派的教义特色、蒙藏民族关系的开端与藏传佛教在蒙古地区初传的年代上限等问题进行了分析、研究和评述。吴团英、马永真、包双龙主编的三卷本《文化内蒙古》(内蒙古教育出版社，2006年)，以清新、生动的文字和图片，比较系统地描述了内蒙古文化的深厚底蕴、丰富资源、品牌形象，充分展现了源远流长、多彩博大、特色浓郁、内聚活力的内蒙古文化。乌云格日勒著《十八至二十世纪初内蒙古城镇研究》（内蒙古人民出版社，2005年），认为清至近代内蒙古城镇的兴起，除了统治者、掌权官员施政方向变迁的因素外，也与一系列经济、地理、交通等因素密切相关。宝音主编《内蒙古城市化与城镇体系发展研究》（内蒙古人民出版社，2002 年），对内蒙古自治区城市化与城镇化体系发展的环境与资源基础、现状特征、支撑系统等进行了探索性研究。陈永志主编《内蒙古出土瓦当》（文物出版社，2003 年），是一本古代瓦当研究的考古学专著，从纵、横两方面对内蒙古古代瓦当进行了全面、深入的探讨。内蒙古自治区教育成就编委会编《内蒙古自治区教育成就统计资料》（内蒙古教育出版社，1997 年），以文字、照片、统计图表的形式比较全面、系统地反映不同历史阶段自治区教育事业发展的规模、速度、结构和效益。托娅、彩娜编著《内蒙古当代文学概观》（内蒙古大学出版社，1997年），对自治区成立 50 年以来内蒙古文学在诗歌、小说、散文、报告文学、戏剧、电影文学创作等方面所取得的成就加以概述，并选取了一些有代表性的作家及作品进行分析。还有内蒙古自治区文物局编《内蒙古文物概览》（内蒙古自治区文物局，2007年印），内蒙古公路交通史志编委会编《内蒙古古代道路交通史》（人民交通出版社，1997 年），李逸友编《内蒙古历史名城》（内蒙古人民出版社，1993 年），奇那顺达来、刘忠和主编《内蒙古历史文化》（内蒙古人民出版社，2002 年），闫天灵著《汉族移民与近代内蒙古社会变迁研究》（民族出版社，2004 年），刘世海主编《内蒙古民族教育发展战略概论》（内蒙古教育出版社，1993 年）等等，都是专题研究的成果。

2. 研究蒙古族和北方少数民族的著作

阴山自古以来就是多民族聚居地区，更是蒙古族和北方少数民族活跃的舞台，研究北方少数民族，特别是蒙古族的著作包含有大量阴山历史文化的内容。蒙古民族曾经建立元朝，为中华民族的发展做出过突出贡献，在中国历史和世界历史上均产生了巨大影响，受到学术界高度关注，蒙古史研究已成为一门世界性的学问。这方面的研究成果较多，篇幅所限，这里只能择要简略介绍。

通史类著作，须提及义都合西格主编的《蒙古民族通史》（内蒙古大学出版社，2002年）。该书记事上起蒙古民族的形成，下迄内蒙古自治区的建立，共 5 卷 6 册 200 万字。第一卷详细记述蒙古民族的起源和蒙古汗国的历史；第二卷将蒙古民族在元朝统治时期的历史作为叙述主体，对元代蒙古史的研究内容、阶段划分、学科内容做了有益的探索；第三卷是第一部关于明代蒙古史的专著，填补了蒙古族通史研究中的空白；第四卷对蒙古族与后金和清朝的关系、清王朝统一蒙古各部的过程及清代蒙古族在中国北方地区的活动等问题做了深入探讨；第五卷展示了近代以来蒙古族和其他各族人民一样经历反帝、反封建的旧民主主义革命和争取民族解放、走向民族区域自治的历程。该书于2005年曾荣获第十四届中国图书奖,因为它是目前中国国内出版的同类著作中篇幅最大、内容最全面、结构最完善、具有很高学术价值的一部蒙古民族通史,它广泛吸收了中外蒙古史学界研究成果,能够反映中国蒙古史学界在这个领域研究中的学术水平。内蒙古社科院编写组编写的《蒙古族通史》(民族出版社,2001年),也是一部全面叙述蒙古族经济、政治、文化发展的专著,揭示了蒙古历史发展的内在规律,具有鲜明的民族史特点。达力扎布编著《蒙古史纲要》(中央民族大学出版社,2006年),乌云毕力格、白拉都格其主编《蒙古族史纲要》(内蒙古人民出版社,2006年),泰亦赤兀惕·满昌主编《蒙古族通史》(辽宁民族出版社,2004年),留金锁著《蒙古族全史(第一卷)》(辽宁民族出版社,2000年)等著作也都各具特色。

专题类著作,最具代表性的是比较全面系统、科学地记叙和反映蒙古民族社会历史文化的大型系列丛书《中国蒙古学文库》。该丛书计划用蒙汉两种文字累计编写出版反映中国蒙古学最新研究成果的著作100部,自1997年开始由辽宁民族出版社陆续出版。已出版的著作行销海内外,其中如盖山林著《蒙古族文物与考古研究》、格·孟和著《成吉思汗哲学思想研究》、陈献国主编《蒙古族经济思想史研究》、额斯日格仓和包·塞吉拉夫著《蒙古族商业发展史》、齐格著《古代蒙古法制史》、胡泊主编《蒙古族古代军事史》、巴音图著《蒙古族近代战争史》、苏和与陶克套著《蒙古族哲学思想史》、宝力格著《蒙古族近现代思想史》、图·乌力吉著《蒙古族逻辑思想研究》、苏鲁格著《蒙古族宗教史》、德斯来扎布著《佛教与蒙古文学》、呼格吉勒图著《蒙古族音乐史》、满都夫著《蒙古族美学史》、阿木尔巴图著《蒙古族美术研究》、贺喜歌芒来著《蒙古族曲艺研究》、吉格木德著《蒙古族医学发展史》等等都是研究蒙古学的力著,有的已达到国际蒙古学研究的最高水平。这套丛书的出版,是对蒙古族历史文化进行一次全面系统的文化积累,是对蒙古族社会经济、政治、军事、文化、科技、教育各个领域历史经验的总结与规律的探索,是几百年蒙古学产生、形成、发展以来成果的全面概括和继承发展。此外,还有薄音湖著《明代蒙古史论》(台北"台湾蒙藏委员会",1998年)、周清澍著《元蒙史札》(内蒙古大学出版社,2001年)、齐木德道尔吉著《蒙古史研究》(内蒙古大学出版社,2007年)、高文德著《蒙古奴隶制研究》(内蒙古人民出版社,1980年)、卢明辉著《清代蒙古史》(天津古籍出版社,1990年)、乔吉著《蒙古佛教史》(内蒙古人民出版社,2008年)、斯钦巴图著《江格尔与蒙古族宗教文化》(内蒙古大学出版社,1999年)、[韩]金成修著《明清之际藏传佛教在蒙古地区的传播》(社会科学文献出版社,2006年)、佟德富著《蒙古语族诸民族宗教史》(中央民族大学出版社,2007年)、宝贵贞著《蒙古民族基督宗教史》(宗教文化出版社,2008年)、赛音吉日嘎拉编著《蒙古族祭祀》(内蒙古大学出版社,2008年)、马世雯著《蒙古族文化史》(云南民族出版社,2000 年)、仁钦道尔吉著《蒙古英雄史诗源流》(内蒙古大学出版社,2001 年)、乌日陶克套胡著《蒙古族游牧经济及其变迁》(中央民族大学出版社,2006 年)、郭雨桥著《蒙古通》(内蒙古科学技术出版社,2007 年)、张秀华编著《蒙古族生活掠影》(沈阳出版社,2002 年)等,不再一一列举。

整理研究有关蒙古民族的古代文献也是蒙古学研究的重要工作,这方面的成果主要如策·达木丁苏隆编译《蒙古秘史》(中华书局 1957 年),贾敬颜、朱风译注《汉译蒙古黄金史纲》(内蒙古人民出版社,1985 年),乌兰著《〈蒙古源流〉研究》(辽宁民族出版社,2000 年),王雄著《古代蒙古及北方民族史史料概述》(内蒙古大学出版社,2008 年)等。薄音湖、王雄编辑点校的《明代蒙古汉籍史料汇编》,是教育部全国高等院校古籍整理研究工作委员会重点研究项目成果,对于明代蒙古史的研究有很高的价值。该书由内蒙古大学出版社自 1994 年始分集陆续出版,第一辑汇辑了明人以汉文所著有关蒙古的史料 25 种,第二辑汇辑 34 种,第三辑编辑点校了方孔炤的《全边略记》,第四辑编辑点校了瞿九思《万历武功录》中蒙古女真人物传记。另外须提及,瑞典学者多桑(1780—1855)用法文撰写的《多桑蒙古史》,对蒙古民族在中亚、西亚以及欧洲的活动史实做出了详细的叙述,也是一部有价值的历史文献,冯承钧将全书译成汉文,由中华书局、上海书店先后出版。

研究北方少数民族的著作,如林幹著《匈奴史》(内蒙古人民出版社,2007 年),田广金、郭素新著《北方文化与匈奴文明》(江苏教育出版社,2005 年),马利清著《原匈奴、匈奴历史与文化的考古学探索》(内蒙古大学出版社,2005 年),马长寿著《北狄和匈奴》《乌桓和鲜卑》(广西师范大学出版社,2006 年),周伟洲著《敕勒与柔然》(广西师范大学出版社,2006 年),林幹著《中国古代北方民族通论》《中国古代北方民族新论》(内蒙古人民出版社,2007 年)、《中国古代北方民族通史》(鹭江出版社,2006 年),张碧波等著《中国古代北方民族文化史》(黑龙江人民出版社,1993 年)等,其内容均与阴山历史文化相关,具有参考价值。

3. 研究草原文化的著作

草原文化研究是近年兴起的课题。“草原文化研究工程”2004 年被列为国家社会科学基金特别委托项目,2005 年被列为国家社会科学基金重大委托项目。草原文化研究是内蒙古自治区具有区域特色和学术研究专长的研究课题,整个自治区都包含在其研究范围之内,阴山地区自然也不例外。阴山文化也可以说是内蒙古草原文化的重要组成部分,因而草原文化研究的成果大多与阴山文化相关。2007 年,草原文化研究工程的第一期成果《草原文化研究丛书》,由内蒙古教育出版社出版发行。该丛书近 500 万字,共 11 种 12 册著作,包括宝力格主编《草原文化概论》,晓克主编《草原文化史论》,扎戈尔主编《草原物质文化研究》,包斯钦、金海主编《草原精神文化研究》，呼日勒沙主编《草原文化区域分布研究》，塔拉主编《草原考古学文化研究》，潘照东著《中华文化大系比较研究》（上、下册），刘高、孙兆文、陶克套著《草原文化与现代文明研究》，陶玉坤著《北方游牧民族历史文化研究》，朋·乌恩著《蒙古族文化研究》，毅松、涂建军、白兰著《达斡尔族、鄂温克族、鄂伦春族文化研究》等。2008 年，内蒙古社会科学院草原文化研究基地被列入首批“内蒙古自治区哲学社会科学研究基地”之中，“草原文化研究工程”二期工程已经展开，相信不久的将来又会有一批新的成果问世。

4. 研究阴山地区历史文化的著作

目前，全面系统论述阴山整个地区历史文化的著作尚未出现，但是研究阴山某一地区、某一方面历史文化的专著近二三十年陆续编撰出版。

地方志之外，记述包头的历史著作有两部较为重要。一是张贵著《包头史稿》，由内蒙古大学出版社 1994 年出版上卷，1997 年出版下卷。上卷记述远古时期至 1919 年五四运动前包头地区的历史，下卷记述新民主主义革命时期包头地区社会经济状况和中国共产党领导下包头人民革命斗争的历史，是第一部较为系统记载包头历史的著作。二是李绍钦主编《包头史话》（内蒙古人民出版社，1997 年），以纪事本末的体例，从包头五千年的历史中选取 63 个题目做了较为客观的记叙，其中 1/2 的篇幅用于新中国建立后的当代史，尽管众手成书各个专题内容不平衡，但也是一部有特点的包头史著。张贵另编撰有《阴山集》（内蒙古人民出版社，2001 年）、《河水集》（远方出版社，2005 年）、《黄土集》（内蒙古大学出版社，2007 年）三书，均分为政治军事篇、历史人物篇、社会经济篇、文化教育篇、宗教民俗篇五个方面，汇集了作者研究包头历史的专题文章，附录了关于包头的人口、垦务、街巷、寺院等基础资料，具有重要的参考价值。张贵还主编了《老包头影集》（内蒙古大学出版社，2007 年），刊印老照片 301 张，其中绝大部分拍摄于 20 世纪二三十年代，具有重要的资料价值。

高毅、王志浩、杨泽蒙著《鄂尔多斯史海钩沉》（文物出版社，2008 年），以近年考古发现资料为依托，图文并茂地介绍了鄂尔多斯地质年代史及人类出现后的历史文化情况。杨泽蒙著《远祖的倾诉——鄂尔多斯青铜器》（内蒙古大学出版社，2008 年），记述了青铜时代独树一帜的鄂尔多斯青铜器，并且探讨了北方青铜文明背后，被历史尘封了两千余年鲜为人知的历史篇章。萨楚日勒图编著《鄂尔多斯革命史》（内蒙古人民出版社，2004 年），主要叙述了从 19 世纪 20 年代至新中国建立，鄂尔多斯蒙汉各族人民以各种形式进行革命斗争的历史。牧人等编著《鄂尔多斯盐业史》（内蒙古人民出版社，2003 年），真实地总结记录了鄂尔多斯有史以来盐业经济的发展与变迁，是鄂尔多斯第一部盐务专业史。梁冰著《伊克昭盟的土地开垦》（内蒙古大学出版社，1991 年），探讨了鄂尔多斯地区开垦蒙旗荒地对社会形态和社会经济的影响。

策·哈斯毕力格图等编《鄂尔多斯婚礼》(内蒙古大学出版社,2006年),对独具特色的鄂尔多斯蒙古民族婚礼习俗做了系统的记述。陈育宁著《鄂尔多斯史论集》(宁夏人民出版社,2002年),以鄂尔多斯为对象,从历史、民族、经济、文化、民俗、生态、宗教等多方位、广角度进行综合性、系统性的研究。

关于呼和浩特的著作,主要有郝维民主编《呼和浩特革命史》(内蒙古大学出版社,1999年)、高延青主编《呼和浩特经济史》(华夏出版社,1995年)、王永夫主编《呼和浩特工业史》(内蒙古人民出版社,1988年)、佟靖仁著《呼和浩特满族简史》(内蒙古大学出版社,1992年)、政协呼和浩特市回民区委员会编《呼和浩特回族史》(内蒙古人民出版社,1994年)、郝诚之主编《呼和浩特民俗》(内蒙古人民出版社,1997年)等。

有关巴彦淖尔市和乌兰察布市的著作较少。王天顺著《河套史》(人民出版社,2006年),将人和大自然这一对不能相离的矛盾范畴作为历史研究的主题,从地理、民族历史、经济等方面勾勒了河套这一特定历史地域的文明和文化发展史。另有詹耀中编著《巴彦淖尔辞典》(内蒙古文化出版社,2005年),1997年乌兰察布盟政协内部印刷的《乌兰察布史略》等。须提及的是,陈永志主编《内蒙古集宁路古城遗址出土瓷器》(文物出版社,2004年),按窑系将2002—2003年度集宁路古城遗址考古发掘出土的瓷器精品进行了分类介绍。这批瓷器种类丰富,精品众多,涉及釉里红、青花、卵白釉、梅子青釉、结晶釉、白釉褐花、红绿彩等诸多品类。其中景德镇窑系49件,龙泉窑系36件,钧窑系22件,定窑系11件,建窑系14件,磁州窑系19件,耀州窑系5件。这批瓷器具有明确的载体、清楚的地层关系,胎釉装饰时代特征鲜明,为金元时期的陶瓷研究提供了珍贵的实物资料。

此外,牛敬忠著《近代绥远地区的社会变迁》(内蒙古大学出版社,2001年),运用社会史方法,从政治沿革、农垦、人口、社会阶级结构、物质生活、精神生活、社会问题等方面,对近代绥远地区的社会政治变迁进行了较为系统的研究。盖山林著《阴山汪古》(内蒙古人民出版社,1992年),以丰富的考古资料和文献资料为基础,广泛吸收前人的研究成果,对金元时代及其之前活动于阴山东段地区的汪古部历史进行了一次系统的综合性概述。其中包括汪古的族源、族属、部落世袭制度的形成以及汪古封国内的政治、经济、文化等,对于研究阴山民族史具有重要价值。有关阴山地区重要历史人物,应特别提及珠荣嘎译注的《阿勒坦汗传》(内蒙古人民出版社,1990年)。此书是现存关于明代蒙古最早的一部蒙古文史著,作者不详,成书于17世纪初。全书以诗歌的形式叙述了阿勒坦汗先世和阿勒坦汗的生平事迹以及黄教传入蒙古地区的历史。全书有明确的时间、地点和人物,较之其他蒙古文史籍准确,可与汉文史籍相印证,是研究阿勒坦汗时期的蒙古历史、蒙汉关系和蒙藏关系的重要文献。

三、学术论文

内容涉及阴山地区的学术论文数量很大，就是专题论述阴山地区历史文化的论文也不在少数，一一罗列恐嫌烦琐，故只对内容相对集中、与阴山文化密切相关的论文集和刊物专栏等择要做简略介绍。

1. 研究蒙古族历史文化的论文

研究蒙古族历史文化的论文很多，许多刊物都在刊登，其中突出的刊物主要有两种。一是中国蒙古史学会会刊《蒙古史研究》。该刊创刊于 1985 年，著名蒙古史学家、蒙古史学会会长翁独健教授撰写创刊词，并题写刊名。该刊为不定期出版物，其特点是以多文种编辑发表学术文章和重视发表长篇论文，至今已编辑出版 9 辑。第一辑、第二辑分别于 1985 年、1986 年由内蒙古人民出版社出版，第三辑至第九辑由内蒙古大学出版社分别于 1989 年、1993 年、1997 年、2000 年、2003 年、2005 年和 2007 年出版，用汉文、蒙古文、吉里尔蒙古文、英文、德文以及日文发表了学术论文共 214 篇。《蒙古史研究》作为中国蒙古史学会的学术园地，在国内外蒙古史学界获得盛誉，成为国内外蒙古史学者发表高水平研究成果的重要学术刊物。

二是教育部重点研究基地内蒙古大学蒙古学研究中心创办的独具民族特色的学术季刊《蒙古学集刊》。该刊于 2003 年 12 月创刊，亦不受语言限制，发表各种语言（如汉文、蒙古文、吉里尔蒙古文、英文、俄文、日文、德文、韩文等）的有关蒙古学研究领域的论文，设有蒙古学信息、历史、文化、语言、文学、经济等 6 个栏目，是蒙古学学者发表精品力作的重要园地。从创刊至 2009 年第 1 期，共 22 期发表 204 篇论文，蒙古学研究领域的许多新成果都藉该刊得以发表和确认，它体现了蒙古学研究的最新动态，代表了蒙古学研究的较高水平，在国内外蒙古学学界均得到了很好的评价。

2. 研究草原文化的论文

近年随着“草原文化研究工程”的开展，研究草原文化的论文也日益增多。内蒙古社会科学院编辑了《草原文化研究资料选编》，于 2005 年、2006 年、2007 年出版了 3 辑，收入多年来国内外有关草原文化研究各相关学科的科研成果 190 余篇，220 余万字。自 2004 年起，为了推动草原文化研究的进步，每年都召开较大规模的“中国・内蒙古草原文化研讨会”，至 2009 年已召开 6 届，每届会后均编辑《论草原文化》论文集，由内蒙古教育出版社出版发行。此外，内蒙古社会科学院与《光明日报》《内蒙古日报》、内蒙古新闻网等媒体联合开办了《草原文化论坛》《文化论坛》和《草原文化研究》等栏目，累计发表论文 500 余篇。其中内蒙古社会科学院草原文化研究课题组撰写的《论草原文化在中华文化发展史上的地位和作用》等 13 篇论文，先后在《光明日报》发表，引起社会各界的广泛关注。

3. 研究阴山历史文化的论文

发表研究阴山历史文化论文的学术园地，当首推包头师范学院主办的《阴山学刊》。该刊是综合性学术理论刊物，但十分注重突出地方特色。20 世纪 80 年代，《阴山学刊》曾以《包头文物研究》专栏形式陆续发表过一些阴山文化研究的文章，1990 年正式推出了《阴山文化研究》专栏，是众多刊物中唯一设立专门研究阴山文化栏目的期刊。该专栏由最初向区内资深学者约稿到目前海内外诸多学者慕名投稿，作者队伍日益壮大，逐渐形成一支比较稳定、有一定研究水平的作者群。论文研究内容涉及政治、经济、民族、历史、考古、地理、文学、语言、艺术等多门学科，具有较为广阔的学术视野。截至 2009 年，《阴山文化研究》专栏已发表论文 100 余篇。2006 年在中国人文社会科学学报学会第三届评优活动中，《阴山文化研究》专栏获得“全国社科学报优秀栏目”称号。

此外，包头大漠文化艺术中心、包头市西口文化研究会主办的《西口文化》，鄂尔多斯学研究会主办的《鄂尔多斯学研究》等内部刊物，也都发表了许多关于阴山地区历史文化的文章。

四、小　结

如上所述，有关阴山历史文化的记载古已有之，近二三十年内容与阴山历史文化相关的论著也不断涌现。但是，上述论著或主旨在于探讨草原、蒙古民族、内蒙古自治区的历史文化，其研究范围大于阴山，严格说来还不是阴山文化的专论；或只是对阴山某个局部、专题、方面历史文化的论证，比较孤立零散，缺乏系统性。因此，把阴山文化作为一个专门的学术研究课题从整体上进行全面深入的研究，应该说才刚刚起步，还有大量的工作需要我们去做。

（原载于 2010 年第 1 期）

阴山文化的定位与品牌塑造

潘照东

阴山文化是大文化。有三个重要因素。

第一,地域广阔。阴山山脉东西1 200公里,而阴山文化的范围则并不局限于这样一个地区,它所涉及的范围应是北望万里草原尽收眼底,南眺河套、鄂尔多斯高原、敕勒川,将千里沃野揽于怀中——这样一个广阔的地域。所以,它不同于南方一些地区的小文化,像“扬州八怪”、苏州园林,虽然那些文化很精巧。但是,阴山文化从地域上来看是发生在广阔地域上的大文化。

第二,阴山文化的内容极为丰富,涉及了数十万年来在这块土地上生存、繁衍、发展的各民族生产、生活、经济、军事、政治、文学、艺术、科技、意识形态与宗教信仰等,内容极为丰富,所以是大文化。

第三,阴山文化对于中华民族的文明形成与发展产生了重大的作用,它是其中一个重要组成部分。它不单是中国北方崛起的一道山脉,而且是一座历史的丰碑,一条从古至今浩荡奔流的历史长河,一条斑斓满目、精彩纷呈的历史长廊,中华文明的一个重要发源地,并且延续至今,生生不息,绵延不绝,不断发展,在历史上掀起一个又一个的高潮,创造一个又一个的辉煌。所以,中华文明不能缺少阴山文化,缺失了就是一个不完整的文化。

一、阴山文化源远流长

50万年前(也有专家认为70万年前)始于呼和浩特的大窑文化是和北京周口店人同时期的。14万年前到1万年前的鄂尔多斯萨拉乌苏文化,经过中外专家的多次发掘、研究、考证,填补了北方旧石器时代中期至晚期的空白。阴山南麓的阿善文化、朱开沟文化、庙子沟文化等等,都是从新石器时代步入青铜器时代的重要标志。从村到城这个变化的历史文化地位非常重要,许多的文化信息,有待我们将来深入地去研究、破解。和东部的红山文化相隔数千里,遥遥相应,阴山山脉的南坡是中华民族的重要发祥地之一,我们也可以说,当黄河流域、长江流域的先民筚路蓝缕地步入农耕社会之时,阴山文化圈的先民们也迎来了文明的曙光。

从阴山岩画所留下的信息来看,这里又是游牧民族诞生的地方。到目前为止,我国国内发现最早的“车”的图形,是在狼山岩画上发现的。最早的车没有轮子,是两根木头拴起来。再后来有了轮子，在阴山有各种“车”字的图形，有了轮子才有了车子。

阴山文化在河套、鄂尔多斯一带，在中华文明发展中应隐藏着一个重要的信息：黄帝的氏族为有熊氏。以熊为图腾，是东北亚地区古代民族自古以来共同的特点，这在世界上是文化与人类学界达成共识的。今天的鄂伦春族、鄂温克族、赫哲族等东北亚民族，仍以熊为图腾。黄帝是有熊氏，这是他所在氏族的称号，他本人的称号是轩辕氏。所谓轩辕氏，就是有篷的车。轩，意为顶棚；辕，意为车。黄帝的一生迁徙不定，“不营宫室，以师兵为营卫”，是典型的游牧民族领袖的特点。黄帝与炎帝、蚩尤大战，他所率领的六个部落联盟，是以虎、貙、熊、罴、貔、貅等六种猛兽分别作为自己图腾的民族，也是典型的草原民族的特点。而且，黄帝陵的解说词明确地讲黄帝的氏族起源于陕北高原，我们知道陕北高原与鄂尔多斯高原自古以来是连成一体的，是一个文化单元，和关中是不一样的。现在，黄帝是不是创造萨拉乌苏文化的鄂尔多斯人的后裔还没有定论，但是值得我们进一步去研究和讨论。所以，我们讲阴山文化，它所包含的文化信息，告诉我们这个地方的文化不是无源之水、无本之木，它是源远流长的，应该讲从50万年前延续到现在。

二、阴山文化为复合文化

所谓复合文化，就是以草原文化的原生文化为基础、主干，以草原民族和中原民族在交往、融合中实现的文化变异与创新发展为次生文化，以各个民族在这块土地上创造的丰富多彩的文化为共生文化，这三种文化共同组成了复合文化。

讲草原民族，我们谈到“马车”这种最早的形象符号是在我们这里发现的，到了《诗经》中，又有很多此类的信息，“武王靡不胜，邦畿千里，自彼氐羌，莫敢不来享，莫敢不来王”，讲的是商朝与河套和鄂尔多斯地区鬼方、呈方发生的延续几十年、甚至上百年的战争，这时的草原民族已经有了强大的力量。“天子命我，城彼朔方，赫赫南仲，猃狁于襄”，说的是周朝在鄂尔多斯、河套地区，建立城池（也是有史记载的内蒙古地区的第一座城——“草原第一城”朔方城）防备草原民族。到匈奴族崛起，草原民族建立第一座城——头曼单于城，据专家考证，在包头市固阳古城的西南几十公里，这是一个重要的文化信息。整个蒙古高原乃至整个亚洲北方草原，游牧民族建立的第一座城在包头市固阳县。后来的呼韩邪单于修建的漠南单于城到后来的汪古部赵王城，都选择了在达茂草原艾不盖河畔，这就说明这个地区自古以来就是草原民族活动的非常重要的地区。而阴山以南的草原，是整个草原水草最为肥美、气候温暖、阳光充足的地区。甚至有说法：“得阴山者得草原，得阴山者得中原，得阴山者得天下。”我想这并非是虚夸妄谈。匈奴崛起是在这一地区，后来称雄欧亚草原。北魏的先民——拓跋鲜卑的统治者率众经200多年长途迁徙。历经九难八阻、十几代人，南越阴山，到拓跋力微时终于到达河套地区、敕勒川，在盛乐建立自己的政治统治中心，并迅速崛起，直至拓跋建立北魏，统一中国北方。此后，北魏的安北六镇成为防御柔然的前线，又成为中原民族与草原民族交流、融合的重要地区。在呼和浩特北面的有武川镇。在包头北面的怀朔镇为北方六镇之首，统辖六镇军兵，相当于北方的总司令。在武川镇和怀朔镇崛起了北周、北齐、隋朝与唐朝的祖先——从这个山沟里走出来四朝皇帝的先人，而且这四朝皇帝有相当多的鲜卑血统，尤其隋朝的杨家、唐朝的李家，都有相当多的鲜卑血统。中华民族的第二次大统一，从北魏肇始到隋唐完成，创造了中国封建社会的鼎盛时期。我们也可以看到，在这个地区，十多个草原民族如掠过长空的雄鹰，越过茫茫的蒙古草原，进抵阴山，有些在这里消失（融合在其他草原民族或中原民族之中），也有些挥戈南下，进入中原建立了中央政权（北魏）。

我们讲次生文化，像北魏、蒙元建立中央王朝之后，草原文化与中原文化相结合，实现了文化的创新与发展。典型的例子有大同的云冈石窟、洛阳的龙门石窟，都创建于北魏王朝；敦煌石窟的发展，北魏是一个非常重要的时期。因为拓跋鲜卑是从大兴安岭的嘎仙洞走出来的，后来又信仰了佛教，所以对开窟礼佛有特殊的爱好，开创了自北魏到隋唐佛教兴盛的一代风气之先，这对于中国的佛教文化和石窟文化乃至于对中国的绘画、雕塑、音乐等艺术领域都产生了极为深远的影响。

我们谈到复合文化，非常典型的就是自清朝后期由于移民，山西、陕西等地的农民到阴山南麓进行垦殖，所创造发展的西口文化。在西口文化的发展中，形成了独具特色的农耕文化，以旅蒙商为代表的晋商文化、以二人台为代表的艺术，还有生活的风俗习惯各个方面，这一地区成为各个民族、各种文化的荟萃之地、融合之地、创新发展之地，所以应看到阴山文化是一种复合文化。

三、阴山文化是与时俱进、创新发展的文化

阴山文化不是停留在古代、尘封于历史尘埃之下的文化，而是在时代的发展中生生不息、创新发展的文化。随着时代的演变与发展（如包钢的兴建），为阴山文化注入新的活力。像20世纪50年代《山曲》中唱的："大青山下一片片红，草原上建起了钢铁的城。"包头也就被誉为"草原钢城"——草原文化是一种传统的文化，钢城讲的是现代工业文明，讲的是现代文明在这片草原上扎根、发展、创新的辉煌。所以，从这些方面对阴山文化应该有一个全面、深入、系统、历史地认识。从这个角度分析，我觉得包头市选择阴山文化作为城市文化品牌是很有见地的。应该讲，阴山文化所涉及的地域很广泛，那么，各个地区在这几年的探讨中都提出了自己的文化品牌，像乌兰察布——察哈尔文化、呼和浩特——昭君文化（连续举办7届昭君文化节，获得了可观的收入）、巴彦淖尔——河套文化、鄂尔多斯——鄂尔多斯文化

(成吉思汗的祭祀和鄂尔多斯特色鲜明的民族文化)。包头人应当感谢这些地方,因为他们把阴山文化这个品牌留给了包头,包头人自然应该当仁不让,把阴山文化这面旗帜、这一品牌打起来,以这个品牌去占领一个绝好的制高点。尽管其他的文化各有特色,但是从历史文化价值来讲,阴山文化可以涵盖其所有。所以这一品牌一定要抓紧打起来,舍我其谁?在历史上,这个地方既是草原民族兴盛之地,又是各民族团结、交流、融合、发展之地,是草原文化和地域文化不断创造辉煌的地方。那么,我们为什么不打造这个品牌?

当然,打造好这个品牌、塑造好这一品牌需要做许多工作,其中一个重要的工作就是应该把阴山文化这一品牌在包头地区细化,比如对原始文化的深入研究。过去我看过刘幻真先生的几篇关于阿善文化的大作,写得很好。但现在国内外对阿善文化重要意义、重要价值的认识还是不够的。红山文化谈起来大家都耳熟能详,阿善文化很多人都没听说过,这就说明这里大有研究价值。岩画文化、长城文化、边塞文化、军旅文化、六镇文化、商贸文化、草原丝绸之路文化、移民文化、西口文化、二人台文化、晋商文化等在包头这段的形成与延续,它的发展与历史文化的价值,都是值得深入研究的。

最近我有一篇《草原丝绸之路探析》,提出草原丝绸之路是形成时间最早、延续时间最长、覆盖地域最广、通商路线最多,对中华文明、中华民族影响最大的丝绸之路。古代草原丝绸之路几条重要的通道枢纽都在包头。汉代的"单于道"起点是九原郡,即麻池古城;唐代"参天可汗道(参天至尊道)"起点也在这里。在包头这个地区尽管有些专家对昭君出塞的路线有不同的看法,但有一点是共同的,就是从南线到北线的联结点是九原郡,是在包头,在这一点上没有异议。这里需要指出一点,秦直道的终点是九原,即麻池古城。秦直道是"王道",是皇帝以及代表皇帝的持节使臣才能走的。呼韩邪单于位于诸侯王之上,迎娶王昭君(作为汉家公主出嫁)是可以走直道的。呼韩邪单于款塞和亲,是固阳塞。呼韩邪单于和王昭君留居塞下几十年,也是在固阳塞附近。他们长期留居在这片地方,在这里留下了千古绝唱,留下了可歌可泣的故事。这些故事发生在九原郡这个地区。所以,草原丝绸之路在包头地区的形成、发展、延续,其历史作用是大有研究价值的。

还有些具体人物、具体的历史事件,还有西口文化,包括西口文化中的二人台文化、晋商文化等等,这里的历史文化资源是相当丰富的。

一谈起包头,可能很多人知道白云鄂博,但是白云鄂博铁矿总有一天会开采殆尽。而民族文化资源是取之不尽、用之不竭的无价之宝。在这些方面,我们深入地挖掘下去,深入地研究、开发下去,不但能够产生非常好的文化成果,而且还能有力地推动文化产业的发展。比如说这几年赵本山、何庆奎、高秀敏他们打响了东北二人转这个牌子,赵本山打造成了亿万富翁,是"东北瑰宝"、一个文化产业的奇观。但是二人台这台戏我们还没有红红火火地唱起来。虽然去年搞了四省区的大赛,但是,作为文化产业没有带起来,没有一个很好反映二人台的艺术形成、发展的文学作品、影视作品,也没有由此带动旅游产业的开发、旅游名牌景点的建设。我觉得,二人台的根在内蒙古,内蒙古二人台的根在包头,这台戏唱好了,不但对于重新塑造包头市的文化形象、文化品牌大有益处,而且对于包头市文化产业的发展也大有益处。

总之,阴山文化的品牌是非常重要、非常宝贵的,现在是塑造阴山文化品牌难得的机遇。当历史把这个机遇留给包头、留给包头人时,我们应当紧紧抓住阴山文化这一金字招牌,抓住历史的机遇,把包头建设成为内蒙古自治区乃至中国西部的文化大市、文化强市。让阴山文化在西部大开发中,在包头市的现代化建设中创造新的辉煌!

(原载于2005年第6期)

阴山文化对当代包头的影响

李　瑛

包头是内蒙古最大的城市,建设包头文化大市,应该把包头置于内蒙古草原文化的大背景中。从历史上看,内蒙古草原文化主要有三种文化:红山文化、阴山文化和鄂尔多斯文化。包头文化属于阴山文化范围,包头文化发源于阴山文化,当代包头文化是阴山文化在现代化背景下的反映。在建设包头文化大市的进程中,发掘和弘扬阴山文化,以阴山文化作为包头文化大市建设的旗帜,对包头的经济社会发展进步有着重大意义。

一、阴山文化的含义

文化通常与区域密不可分,如北京文化、江浙文化、岭南文化、红山文化等。阴山文化离不开阴山,理解阴山文化首先要认识阴山。

阴山山脉横亘于内蒙古自治区中部,东段进入河北省西北部,连绵1 200多公里,南北宽50~100公里,是黄河流域的北部界线。阴山山脉西起杭锦后旗的狼山,中段为乌拉山、大青山、灰腾梁山,东段为坝上高原的大马群山。山脉平均海拔1 500~2 000米,呼和浩特至包头段,地势高峻,脉络分明。山脉的主峰是西端的呼和巴什格山,海拔2 364米。在土默特右旗东北有大青山主峰,海拔2 338米。山脉内部的盆地中心及山前地带有数个积水形成的湖泊,著名的有乌梁素海、岱海、黄旗海。山脉南侧的大黑河、昆都仑河皆汇入黄河,但水量较小。阴山南北气候差异显著,是草原与荒漠的分界线。山区植被稀疏,仅在东段的阴坡有小片森林,中段和西段山地散布有大小不等的山地草场,历史上曾是重要的牧区。

阴山地区的人类活动历史非常悠久,早在新石器时代就出现了阴山文化。早在公元5世纪,境内的阴山岩画就被北魏地理学家郦道元所发现。他在著名的《水经注》中做了详细的记述。这些记载是世界上对阴山岩画最早的记录。阴山山脉自古以来就是农耕区与游牧区的天然分界线。山区本身是农牧交错地带。条件较好的山间盆地中有旱作农业,种植春小麦、莜麦、马铃薯等作物,产量低而不稳。山区地质矿产资源丰富,大青山的煤矿、白云鄂博的铁矿和稀土矿都是品位高、储量大的著名矿区。

文化与人类密不可分,人类创造了文化,文化也影响了人类。不同的文化形态表现为不同的生存方式。每一种文化都有很长的时间跨度，几百年、几千年，一个地区的生产生活方式、政治制度和地理生态会形成该地区的稳定的文化历史，会久远地影响该地区的发展。阴山文化也是如此。

阴山文化是阴山区域形成的文化，具有远古性、草原性、民族性、融合性的文化特征，是阴山地理生态、生产方式、人文历史、民俗心理的综合。包头文化是阴山文化的具体反映。

阴山文化具有远古性，包头文化也具有远古性。阴山地区的人类活动历史久远，早在新石器时代就出现了阴山文化。包头境内的固阳县和达茂旗近年来发现了大量从新石器时代经青铜时代直至元代的岩画，岩画的内容丰富多彩，有狩猎、畜牧、人像、车辆、列骑、武器、天体、符号、舞蹈等，这些岩画皆由古代匈奴、鲜卑、突厥、柔然、回纥、契丹、女真、汪古、蒙古等游牧民族绘画凿刻而成，以艺术形式表现了古代游牧民族的社会生活及与汉族的交流活动，具有极高的文物价值。阴山岩画奠定了包头境内远古的文化资源。

阴山文化具有草原性，包头文化也具有草原性。包头土地总面积 27 768 平方公里，其中草原面积21 330平方公里，草原面积占全市土地总面积的 77%，[1](P57)以草原为主体的土地资源决定了包头文化的草原性。草原性是游牧民族创造出的文化特点，受游牧生产方式的影响，游牧民族具有冒险、进取、拼搏、创新、勇敢等优良品质。历史上许多游牧民族在阴山地区逐水草而居，清末以来内地移民“走西口”拓荒，20 世纪 50 年代大量外来移民建设包头，这种开拓进取、艰苦创业的精神扎根于草原性。

阴山文化具有民族性，包头文化也具有民族性。古代阴山地区是匈奴、鲜卑、敕勒、柔然、突厥、回纥、契丹、女真、汪古、蒙古等游牧民族活跃的地区。著名历史学家翦伯赞讲：“阴山南麓的沃野，正是内蒙古西部水草最肥美的地方。正因为如此，任何游牧民族只要进入内蒙古西部，就必须占据这个沃野。”[2](P427)历史上阴山就是各民族融会交流的地区，曾出现如王昭君、三娘子这样的民族团结人物。近代以来，民族性更是摆在包头政治生活的突出位置，20 世纪 50 年代兴建包钢，除了考虑铁矿原料外，主要考虑了少数民族团结进步的政治因素。

阴山文化具有融合性，包头文化也具有融合性。阴山地区自古就是农业文明与游牧文明融合的地区，各民族的生产、生活联系密切，民族融合自然形成趋势。汉代的胡汉和亲，明代的蒙汉互市，都是民族融合的历史。现代包头的建设更是民族融合、移民融合的历史。包头 1952 年约有 40 万人，2004 年已超过 240 万人，没有外来的移民是不能达到今天的城市化水平的。

二、包头境内的阴山文化历史资源

包头的固阳县、达茂旗有大量的阴山岩画。阴山岩画大体分为 4 个时代、5 个时期：第一代岩画，是新石器时代至青铜器时代中期原始氏族部落的岩画。这是岩画的鼎盛时期，数量多，分布广，制作认真。第二代岩画是春秋时期至两汉时期匈奴人的岩画。第三代岩画为中世纪岩画。这代岩画又可分为两个时期，即北朝至唐代突厥人岩画和五代至宋代回鹘、党项人的岩画。突厥人岩画数量较少，内容以表现家畜为主，其中山羊占有突出地位，表现手法有抽象化、图像化的特征。回鹘岩画的突出特点是用刀刃画刻而成，线条细而浅，题材多为仿前代作品，并有少数植物图案和回鹘文字，党项人岩画大都是敲凿而成，做工粗糙但色泽新鲜，多如新作一般，并伴有西夏文字，其艺术特点是形象性很强。第四代岩画是元代以后蒙古族的作品，称为近代岩画。岩画分敲凿岩画和颜料岩画两种。颜料岩画为蒙古民族所特有，岩画内容除一部分反映生活、生产（如奔马、双峰驼、牧工图等）之外，多数是与喇嘛教有关的图案。

包头具有丰富的人文历史文化资源。包头西北的昆都仑河谷为南北交往的通途，南可通中原的长安，北可通漠北，因此包头历史文化资源非常丰富。

我国古籍中的“九原”主要在今天的包头。司马迁在《史记》中多次提到九原。司马迁在谈到秦始皇统一的疆域时讲：“北居河为塞，并阴山至辽东。”[3](P239)秦始皇死后灵柩经九原返回咸阳，司马迁写道：“遂从井陉抵九原。会暑，上辒车臭，乃诏从官令车载一石鲍鱼，以乱其臭。”[3](P264)

《三国志・吕布传》讲：“吕布字奉先，五原郡九原人。”[4](P219)据包头市地方史专家张贵教授考证，九原治所在今天的包头麻池一带。

北朝时代的《木兰诗》讲：“旦辞爷娘去，暮至黑山头。”[5](P265)据张贵教授考证，“黑山即今日包头昆都仑河谷北之阴山”。

包头达茂旗有元代的赵王城。赵王城是草原丝绸之路古道上的明珠，14 世纪后悄无声息。直到 1927 年 6 月，中国、瑞典“西北科学考察团”的成员黄文弼，在艾不盖河发现当地人称之为“阿伦斯木”的古城遗址（蒙古语为“许多庙宇之地”）。接着，黄文弼和助手们在废墟找到一块刻有“王傅德风堂碑记”的石碑，才使史学界一大悬案——汪古部首领的世居之地赵王城得到确认。汪古部主要活动在阴山东段，族源于突厥，唐宋时臣服辽金，成吉思汗时最早并入蒙古。1206 年，成吉思汗授予汪古部首领阿剌兀思以五千户，并将自己的三女儿阿剌海别乞嫁给了他。之后，托雷、忽必烈、铁木耳等几代元帝的公主，都先后嫁给了汪古部首领。其首领曾 9 代受封王位。因 7 代被封为赵王，此城也称赵王城。汪古部首领之一阔里吉思是一位罗马教徒。其墓石铭文用叙利亚文刻成，翻译成汉语是“神的仆人天主公教会阔里吉思阿门”。他率众皈依罗马教后，曾在赵王城建造一座壮观无比的教堂。近期发现的西北角一座高大建筑物遗址，大殿面积约100平方米，瓦砾中可见白色琉璃瓦和雕有古罗马装饰风格的贴面花砖，说明它是13世纪亚洲仅存的罗马教堂。赵王城的发现，几十年来引起美国旅行家欧文、拉铁摩尔，日本学者江上波夫的系列考证研究，他们通过发现的一些景教墓石，证明汪古部直到13、14世纪，还使用着突厥文和古叙利亚文。

古代包头产生了中华民族的众多历史人物，如战国时代的赵武灵王，汉代的王昭君，三国的吕布，北朝的花木兰，北魏的高欢，明代的阿勒坦汗、三娘子……

包头地区现存名胜有战国赵长城、秦长城、高阙鸡鹿塞、五当召（汉名广觉寺）、美岱召、百灵庙，这些文物古迹都是阴山文化的历史文化资源。

古代有许多著名诗句描写阴山，如南北朝著名民歌“敕勒川，阴山下，天似穹庐，笼盖四野。天苍苍，野茫茫，风吹草低见牛羊”[6](P264)；又如唐代诗人王昌龄的“但使龙城飞将在，不教胡马度阴山”[7](P324)等名句，这些诗文都是阴山文化的文学资源。

三、阴山文化可以作为包头文化的品牌

近年来包头的对外宣传是卓有成效的，我们曾经邀请了“心连心”艺术团来包演出，搞了“上海儿童在包头”、中德足球对抗赛、抗击非典报告团、中央新闻媒体集中采访包头，这些活动提高了包头在国内外的知名度。但我们的城市形象品牌始终没有形成，根本的原因是我们缺乏一个类似“昭君文化”这样的品牌。一个城市要扩大和提升知名度，特别是在海内外扩大知名度，尤其需要对城市品牌形象的宣传。因此作者提出以阴山文化为品牌，塑造包头形象。许多人对阴山文化能否作为包头文化品牌存有疑问，这里对这些疑问一一作答。

有观点讲，包头应该以稀土文化为品牌，打造包头稀土城。这个思路体现了包头的特色，但没有考虑稀土的局限。稀土是化学元素，一般人不易理解，人们一般容易接受人文历史文化，而不易接受科学技术文化，特别是来包观光旅游、购物商贸的人更不会接受稀土文化。一个城市的形象主要靠海内外的民众认同，而不是仅仅依靠少数人的宣传。此外，稀土作为文化范围太狭窄，包头有众多的人文历史文化资源，而稀土难以整合这些资源。我们很难把稀土与阴山岩画联系、与秦长城联系、与五当召联系，很难把稀土与秦始皇联系、与花木兰联系、与王昭君联系、与吕布联系，没有这些文物古迹、真实的历史人物，包头如何能在海内外具有吸引力。稀土不易编成故事，不易进行文学艺术创作，而阴山则不然。阴山文化包含了丰富的人文历史文化资源，编故事、搞艺术创作有取之不尽的资源。提阴山文化并不排斥稀土文化，阴山文化可以涵盖稀土文化，而稀土文化却涵盖不了阴山文化，因为

白云鄂博的稀土就在阴山。

有观点讲,阴山地区幅员辽阔,阴山文化不仅包头有,呼和浩特市、巴彦淖尔市也有阴山文化,因此包头不能提阴山文化。这种想法是片面的。从远古至今天,在阴山这块土地上行政区域不断变更,匈奴、回纥、鲜卑、党项、蒙古都在阴山建立过政权,但阴山文化却都包含了这些王朝的历史,因此阴山文化与行政区域不能画等号。现代以来,阴山曾先后划入绥远、察哈尔、内蒙古,阴山地区的达茂旗、土右旗也曾经划归乌兰察布市。如果阴山文化局限于行政区域就形不成完整的阴山文化。阴山文化是地缘文化,而不是行政区域文化。阴山文化既然是地缘文化,那么在这个区域的任何行政主体都可以高举阴山文化的旗帜。呼和浩特市可以提阴山文化,巴彦淖尔市也可以提阴山文化,乌兰察布市也可以提阴山文化。文化历来是人类创造的文明,你不去创造,别人就会去创造。阴山文化,包头不去创造,呼和浩特、巴彦淖尔、乌兰察布就会创造。城市文化品牌的塑造犹如企业商品的竞争,优胜劣败,捷足先登。据报载,巴彦淖尔市已把吕布庙建成,这说明周边城市已开始打造阴山文化的品牌。呼和浩特到包头段恰好是阴山山脉的主峰大青山,而大青山的人文历史资源又主要集中在包头境内,如阴山岩画、美岱召、五当召、秦长城、赵王城,包头做阴山文化的品牌最有优势。包头师范学院的学报《阴山学刊》已创办多年,并设有特色专栏《阴山文化研究》,在国内外享有很高声誉,期刊学术界早已认同了包头可以代表阴山。

还有观点讲包克图文化、钢城文化、西口文化等,这些品牌都不如阴山文化。阴山文化早已影响海内外,中国的小学课本上就有“敕勒川,阴山下”,许多人可能不熟悉包头,却能背出《敕勒歌》这首诗;海外的华人可能不知道包头,却有许多人知道《敕勒歌》这首诗这就是文化的魅力。阴山文化可以极大地吸引海内外的投资,包头的各种资源可以在阴山文化的辉映下变得更具优势。阴山文化是包头文化之魂,只有抓住阴山文化之魂,包头文化建设才有生气和活力,只有在阴山文化的统领下,包头的资源优势、人文历史和一草一木、一山一水才会变成吸引海内外投资的亮点。

四、阴山文化对建设包头文化大市的重大影响

阴山文化可以准确地揭示包头文化的特点。阴山文化是阴山区域形成的文化,具有远古性、草原性、民族性、融合性的文化特征,是阴山地理生态、生产方式、人文历史、民俗心理的综合。包头文化也反映了远古性、草原性、民族性、融合性的文化特征,是阴山地理生态、生产方式、人文历史、民俗心理的反映。

阴山文化可以促进包头先进文化的建设。阴山文化包含先进文化的因素。阴山文化是一部民族融合、民族进步的历史,是多种文化在阴山地区相互影响、相互

渗透的历史，是多民族的文化给中华文明不断注入新鲜文化的历史。阴山岩画、美岱召、五当召有很高的文物价值，“走西口”、二人台有很高的艺术价值，王昭君、三娘子是民族团结的模范。千万年来，在阴山生活的各族人民创造了阴山文化。阴山文化与祖国其他地区文化共同形成了中华民族灿烂的文化，为中华文化的形成和繁荣做出了卓越的贡献。古代包头出现过中华民族的众多历史人物，如战国时代的赵武灵王，汉代的王昭君、吕布，北朝的花木兰，北魏的高欢，元代的成吉思汗，明代的三娘子，近代的乌兰夫、王若飞，当代的牛玉儒，这些曾在包头生活过的杰出人物，在中华文化的画卷上留下了浓墨重彩。包头发展先进文化，首先要弘扬以爱国主义为核心的团结统一、爱好和平、勤劳勇敢、自强不息的中华民族精神。而阴山文化是蕴藏中华民族精神的富矿，挖掘阴山文化可以促进包头先进文化的发展。

阴山文化可以整合包头历史文化资源。包头具有丰富的人文历史文化资源，但这些人文历史资源不借助阴山文化很难表现出来。因为包头城市的历史不到100 年，如果讲阴山地区的包头，则会把历史上溯到 6 000 年前。早在 6 000 年前，包头就有阿善文化的遗址，阿善文化属新石器时代文化。我国古籍中的“九原”主要在今天的包头。内蒙古大学林干教授认为，昭君出塞经过汉境的最后一郡是五原郡(包头)。[8](P36)包头召湾汉墓出土的“单于天降”“单于和亲”的瓦当，也佐证了王昭君经包头到漠北。包头的这些历史文化资源，出生地都在阴山，用阴山文化整合这些历史文化资源，可以把分散的包头历史文化资源凝聚起来，形成在海内外有影响的地方特色文化。建设文化大市如果缺乏人文历史资源是不可能建成的。包头没有阴山，如同北京没有故宫，西安没有兵马俑，杭州没有西湖。包头的人文历史文化只有通过阴山文化才能传播海内外。

阴山文化可以培养包头市民的素质，培养他们热爱包头、建设包头的情感。阴山文化扎根于阴山，教化和熏陶着生活在阴山的包头人，一代又一代的包头人不断地从阴山文化得到滋养，包头人对阴山文化有一种天然的亲和力。包头人可以接受阴山文化。阴山文化立足包头，内涵丰富多彩，包含包头的山川矿藏、草原风情、文物古迹、历史人物、现代经济、风俗民情等等，包头人对阴山文化倍感亲切。阴山文化中的二人台艺术“走西口”，早就成为包头人的乡土文化。当然，由于包头历史上是一个许多游牧民族生活的地区，历史上的当地民族居住者至今已经稀少，今天的包头是移民为主的城市，许多人对包头的历史文化缺乏了解。尽管如此，包头人对自己家乡的历史表现出极大的兴趣，对阴山文化表现出非常的热爱。近年来，《包头日报》登载张贵教授写的包头历史故事引起读者很大的反响，就是明证。一种文化都有一个接受过程，如小丽花、鹿城文化都是 20 世纪 80 年代提出，现在包头人普遍接受。阴山文化也是这样，宣传 20 年，必会深入人心。确立阴山文化节，并不否认鹿城消夏节，鹿城消夏节的文化内容可以被阴山文化节继承和创新，好像“姑娘还是这个姑娘，只是换了一件漂亮的衣裳”。

阴山文化可以为建设文化大市奠定深厚的基础。包头已经提出建设文化大市的目标。文化大市需要有悠久的历史文化传统、有发达的科技教育、有一流的文化基础设施、有相当规模的文化产业、有高素质的市民、有较高的经济社会发展水平。以阴山文化为基础，建设包头文化大市就有了目标，在阴山文化的统领下，就可以持久不懈地建设文化大市。以阴山文化为基础，文学艺术家就可以创作具有悠久历史文化的包头故事，犹如希腊的雅典神话、杭州西湖的故事传说。包头城市的文化品位必然提高。以阴山文化为基础，就可以促进包头文化基础设施的建设。包头可以集中资金每年搞几个大的文化项目，如自然博物馆、音乐厅、出版社；也可以把阴山历史文化人物做成城市标志性雕塑，如花木兰、王昭君、三娘子、斛律金、丁道衡，这样坚持数年会从根本上改变包头文化基础设施落后的局面。

以阴山文化为基础，可以促进包头的文化产业，如新闻出版业、广播影视业、文艺演出业、文化旅游业、文博会展业。以阴山文化为基础，可以把文化大市建设的许多项目包含进来，可以使建设包头文化大市有了明确的目标。包头可以像抓工业大项目那样抓文化大项目，以文化促经济，以文化带经济，把文化产业发展起来，把产业结构优化提质。到那时，把包头建成我国中西部地区的经济强市和文化大市的宏伟目标就会变为现实。

参考文献：

[1]包头市统计局. 包头统计年鉴 2004[M]. 北京：中国统计出版社，2005.

[2]翦伯赞. 内蒙访古[M]//周立波. 散文特写选. 北京：人民文学出版社，1963.

[3]司马迁. 史记：秦始皇本纪[M]. 北京：中华书局，1982.

[4]陈寿. 三国志：魏书：吕布[M]. 北京：中华书局，1959.

[5]陈寿. 木兰诗[M]//林庚，冯沅君. 中国历代诗歌选：上编一. 北京：人民文学出版社，1964.

[6]敕勒歌[M]//林庚，冯沅君. 中国历代诗歌选：上编一. 北京：人民文学出版社，1964.

[7]王昌龄. 出塞[M]//林庚，冯沅君. 中国历代诗歌选：上编二. 北京：人民文学出版社，1964.

[8]林干，马骥. 民族友好使者——王昭君[M]. 呼和浩特：内蒙古人民出版社，1994.

（原载于 2006 年第 3 期）

西汉时期汉匈关系的发展与稒阳道的畅通

笑　端

一、汉武帝击败匈奴与包头地区的收复

西汉(公元前206年—公元8年)初年,正是匈奴奴隶主贵族势力空前强大的时期。这时匈奴占据了包头地区并积极扩张,在冒顿单于的统治下,他们占据大漠南北及河套一带,还经常侵扰今河北、山西、陕西等省北部的广大地区,形成与西汉"势相抗衡"的局面,对刚刚建立起来的西汉王朝造成最大的威胁。

中原地区经过秦末农民大起义和楚、汉之间争夺封建统治权的长期战争,造成人口大量死亡、田园荒芜,使生产力遭到严重破坏;加以六国旧贵族复辟势力乘机抬头,新建的西汉政权极不巩固。正如《汉书·食货志》所说:"汉兴,接秦之敝,诸侯并起,民失作业而大饥馑,凡米石五千,人相食,死者过半。"西汉王朝面对这种经济残破、国力空虚和中央集权制度尚未确立的情况,故无力抗拒匈奴。

汉高祖六年(公元前201年)秋,匈奴围攻马邑(今山西朔县),驻守马邑的韩王信投降匈奴。"匈奴得信,遂引兵南逾句注(山名,在今山西原平县北。句音勾),攻太原,至晋阳(在今山西太原市西南)下。"(《汉书·匈奴传上》)七年(公元前200年)冬,汉高祖亲自将兵32万前往抵御,冒顿发精兵40万骑围之于白登山(在今大同市东北)7日,汉兵内外接应被匈奴切断。后高祖用陈平计,使人暗中以厚礼疏通冒顿的阏氏,始得解围脱走。对强大的匈奴,西汉无法抗拒。刘敬(娄敬)向高祖建议与匈奴采取和亲政策,以此来维持双方友好关系;并岁赠匈奴大量的絮、缯、酒、米、食物,用消极的办法对付匈奴。汉与匈奴和亲,结为兄弟,相约以长城为界,汉、匈两族在原来生活的地区分疆自守。长城以北为匈奴的游牧之地,归匈奴管辖;长城以南为汉人的农耕之区,归汉朝管辖。双方互不侵犯,各安生业,并通过互市进行经济文化交流。

但是由于匈奴奴隶主贵族的贪欲,他们"小入则小利,大入则大利"(《汉书·晁错传》),使西汉北方得不到安宁。匈奴骑兵所到之处,蹂躏庄稼,劫夺财产,杀掠吏民,抄虏人口。事实证明,这种和亲政策并没有收到实际效果,只是把汉人劳动生产的财富,通过和亲方式每年大量地送到匈奴,供匈奴奴隶主贵族享用,更助长了

他们侵扰和掠夺的气焰。

冒顿单于死后，其子稽粥（音育）继位，是为老上单于（公元前 174 年—公元前 161 年），因内部争夺权力，政局不稳，一时无力内扰，但并未放弃南下的野心。西汉王朝为了反击匈奴奴隶主贵族的侵掠，从文、景之世就开始积极准备。当时晁错看到匈奴不断入侵的残酷情形，总结了战国、秦、汉以来对付匈奴的经验教训，指出："令远方之卒，守一岁而更，不知胡人之能，不如选常居者，家室田作，且以备之。"（《汉书·匈奴传上》）他建议"徙民实边"，亦兵亦农、亦耕亦战，把地方建设和军事保卫结合起来。晁错还分析了汉和匈奴的长处和短处以及双方力量对比的变化，提出战胜匈奴是完全有把握的。晁错的建议是西汉建国以来对匈奴战略思想的一次比较大的转变。

西汉王朝经过六七十年的休养生息，到了汉武帝即位以后，由于社会经济得到恢复和发展，政治力量和军事力量也空前强大，已有足够的力量抗拒匈奴。于是采取主动进攻，以求得从根本上解决匈奴奴隶主贵族对中原地区的侵扰，西汉的反击战争开始于元光二年（公元前 133 年），至元狩四年（公元前 119 年）告一段落。从出兵的步骤和路线来看，首先是夺取今伊盟、包头和后套地区，以解除匈奴对西汉国都长安的直接威胁。然后，或是沿包头至单于庭的中道出兵，或是从中道的左右两侧出兵，以歼灭匈奴单于庭和左、右贤王的三部分军事力量。在此期间，武帝元朔二年（公元前 127 年），"卫青复出云中以西至陇西，击胡之楼烦、白羊王于河南，得胡虏数千，羊数百万。于是汉遂得河南地，筑朔方；复缮故秦时蒙恬所为塞，因河而为固。"（《汉书·匈奴传》）这时西汉王朝派大将卫青夺回河套，于是筑朔方城（在今伊盟杭锦旗北），并重新修缮秦朝所筑的长城。汉武帝积极推行抗击匈奴的政策，连续打败匈奴，控制了从阴山山脉至大碛（大沙漠）中间一条 300 多里宽的草原地带。

在今包头北部阴山以北，可以清晰地看到有两条近似平行的长城遗迹。由包头市固阳县北面，经乌盟达茂联合旗、巴盟乌拉特中后联合旗，北穿中蒙边界，在蒙古人民共和国境内转而西行，又向阿盟额济纳旗一带延伸。这两条长城遗迹的位置和走向，与《史记》《汉书》所记载的汉武帝时所筑的"外长城"相一致。汉朝之所以把这两条长城称为"外城"，是相对元朔二年所修缮的秦朝旧长城而说的，新长城在阴山以北旧长城之外，故称"外城"。这两条并行的外城，推测是同时修筑的，因为走向相同，修筑形制一样，正说明它们出自同样的营造图式。同时筑起两条长城，为的是加强防御的能力。

汉武帝时还在阴山各通道的隘口山峡之间，利用天然地形，筑城障，设兵戍守。今天包头市昆都仑河谷（古称石门水）道，汉以后称为"稒阳道"。稒阳道上长城的石门障,就是依石门水山峡筑成的军事城堡,以防御匈奴骑兵沿稒阳道南下。太初三年(公元前102年),汉武帝命光禄勋徐自为"筑五原塞外列城",沿稒阳道"北出石门障,得光禄城,又西北得支就城,又西北得头曼城,又西北得虖河城,又西北得滹河城。"(《汉书·地理志》)由此可见,徐自为沿着今昆都仑河谷道到达塞北草原修筑许多军事据点,其目的是加强对稒阳道交通的控制,防御匈奴奴隶主骑兵从此道南侵。

稒阳道上长城的石门障,它的位置是在今昆都仑河通向大青山的峡口处,因此城为徐自为所筑,徐自为官至光禄勋,故史称此城为"光禄城"。又因为它是汉代长城障塞以外的城堡,南面临近长城障塞,所以史书上又有"光禄塞"之称。

匈奴连续遭到西汉的反击以后,远徙到西北,没有力量再向东发展。汉武帝为了显示西汉王朝的军事实力,于元封元年(公元前110年),亲率大军从长安出发,"行自云阳,北历上郡、西河、五原;出长城,北登单于台,至朔方,临北河,勒兵十八万骑,族旗径千余里,威震匈奴。"(《汉书·武帝纪》)西汉的出兵是经秦直道到达五原的,然后从石门障出长城,越过阴山北登单于台(约在今乌拉特中后联合旗境内),至朔方郡,到达今后套的乌加河,对匈奴起到了震慑的作用。

自汉武帝在九原郡边塞所筑城、障、列亭,这标志着汉、匈军事力量的对比发生了重大变化。从此,匈奴军队被阻绝"大幕"以北,而"幕北地平,少草木,多大沙,匈奴来寇,少所蔽隐。"(《汉书·匈奴传》)他们丧失阴山山脉这个重要阵地,使匈奴奴隶主贵族无比沮丧,"匈奴失阴山之后,过之未尝不哭也。"(《汉书·匈奴传》)从汉武帝到汉元帝100多年间,由于汉、匈统治者长期处于战争状态,包头地区一直没有宁静。

二、呼韩邪单于附汉与昭君出塞促进包头地区的繁荣

匈奴奴隶主统治集团,经过汉武帝的打击以后,势力衰落下去。由于他们对西汉北方骚扰所引起的战争及其失败,给匈奴族带来严重的恶果,使匈奴人民受到的灾难极为深重。

战争使匈奴的人口和牲畜大量减少,冒顿时"控弦之士"本有30余万,到这时几乎损耗了一半。匈奴的人畜死伤、流散及被俘获者不可胜数,再加以匈奴因战败而退到阴山以北的大漠地区,那里缺少水草,影响驻牧,又继之而来的饥荒,使社会经济陷于破产。还有属部的瓦解,从冒顿以来所征服的许多部族或部落,因不堪匈奴奴隶主统治集团的重敛和奴役,纷纷起来反抗,"丁零攻其北,乌桓入其东,乌孙击其西",相继叛离联盟。庞大的匈奴奴隶主政权,一时陷于四分五裂的状态,最后匈奴统治集团内部也发生了分裂和内讧。到公元前57年(汉宣帝五凤元年),出现了五单于争立的局面,匈奴内部大乱,到呼韩邪单于登上政治舞台,才使匈奴获得

转机。

呼韩邪单于于公元前58年(汉宣帝神爵四年)匈奴统治集团发生分裂和内讧中被立为单于。正当此时,呼韩邪单于之兄左贤王呼屠吾斯又在东边自立为郅(音至)支骨都侯单于(公元前56年、汉宣帝五凤二年、呼韩邪三年),进攻呼韩邪,占据了单于庭,使呼韩邪不得不再次出走。这样的局面和处境,促使呼韩邪单于考虑附汉打开自己的政治出路,接受汉朝中央的统一领导,平定内讧,以挽救危局,实现匈奴的统一。

汉宣帝甘露二年(公元前52年),匈奴呼韩邪单于来到五原塞外(今包头北)请朝。西汉对于呼韩邪单于的归附是十分欢迎的。

甘露三年(公元前51年)正月,呼韩邪单于从五原塞外经稒阳道到五原,再顺着秦直道的路线南行,当时大队人马,前呼后拥,路过包头时定有一番热烈场面。呼韩邪朝汉,汉宣帝待之以客礼,把他的地位置于诸侯王之上,赐给冠带衣裳,颁给黄金制的“匈奴单于玺”,承认他是匈奴的最高首领,也表示汉天子对臣下的册封,确定了君臣的名分。这也就确定了匈奴与西汉的藩属关系。此外,汉朝赠给他大量的物品和珍贵的礼物。二月,呼韩邪单于北归时,“自请愿留居光禄塞(指徐自为所筑之光禄城)下。有急,保汉受降城(故城在今巴盟乌拉特中后联合旗北)。”西汉为了便于约束,接受了他的请求。于是,“汉遣长乐卫尉高昌侯董忠、车骑都尉韩昌,将兵万六千,又发边郡士马以千数,送单于出朔方鸡鹿塞(在今巴盟杭锦后旗西)。诏忠等留卫单于,助诛不服。又转边谷米糒,前后三万四千斛,给赡其食。”(《汉书·匈奴传》)呼韩邪单于受到汉朝这样崇高的礼遇而一心附汉。从此,在我国北方结束了长期的战争,使汉、匈两族出现了睦邻友好关系。

当郅支看到呼韩邪归附汉朝,深恐遭到呼韩邪与汉朝的联合进攻,于公元前50年(汉宣帝甘露四年)亦遣使入汉奉献。汉朝采取兼容并蓄的态度,以削弱他们的势力。呼韩邪与汉朝的友好关系是巩固的。公元前43年(汉元帝永光元年),呼韩邪的力量能够自卫,依他的意愿,汉元帝准他北归单于庭。这时郅支无隙可乘,自度无力统一匈奴,乃迁徙至今新疆西部伊犁河流域,于公元前36年(汉元帝建昭三年、呼韩邪二十三年、郅支二十一年)被汉西域都护副校尉陈汤所刺杀。于是匈奴与汉敌对势力消灭,匈奴内部从此归于统一达100余年。

郅支既诛,呼韩邪单于的政敌消除,但他又惧汉力威强,恐遭到郅支的下场。局势促使呼韩邪单于只有进一步倒向汉朝一边,才能确保他的安全。公元前33年(汉元帝竟宁元年)春正月,呼韩邪单于朝汉,自言愿做汉家女婿,进一步与汉朝亲近,汉元帝遂以后宫良女子王嫱嫁给他为妻。王嫱字昭君,南郡秭归(今湖北秭归县)人,后人又称明君或明妃,汉元帝时被选入宫。她的出塞,是自“请掖庭令(管理妃嫔后宫的人）求行”（《汉书·南匈奴传》）的。她自愿出塞的动机，是因为入宫数岁，生活孤寂，遂积悲怨。在当时的形势下，为了促进汉、匈两族之间的和平友好关系，于是她下嫁匈奴呼韩邪单于。单于欢喜，上书愿为汉守卫自上谷（今河北怀来县）以西至敦煌（今甘肃敦煌县）一带地方，并称昭君为宁胡阏氏（意即单于娶昭君做阏氏，使匈奴得以安宁）。

昭君出塞是随同呼韩邪单于一起前往漠北单于庭的。从长安出发，经秦直道由现在的陕北、鄂尔多斯渡黄河至包头，再经稒阳道穿过阴山到达塞外。稒阳道是当时一条重要的交通线，汉、匈两族人民之间的友好往来、经济文化交流以及汉、匈两族统治阶级之间的政事联系、军事活动都是经常通过这条道路进行的。

呼韩邪单于北出石门障，就到达他驻牧长达8年之久的光禄塞下。这里是呼韩邪单于长期驻牧过的营地，因此昭君出塞后很可能先在这里居住，后来呼韩邪单于回漠北，王昭君也随往。过了两年，即公元前31年（汉元帝建始二年、呼韩邪二十八年），呼韩邪单于便死了。按匈奴习俗“父死妻其后母”，这王昭君不肯接受。当汉成帝接到昭君不愿改嫁要求归汉的上书以后，而敕令她“从胡俗”。昭君体会到汉朝的意旨，便打消了归汉的念头。她知道作为一个“和藩使者”，如果不“从胡俗”将给汉、匈关系带来不良的影响，于是打破汉人传统的伦理观念，再嫁给呼韩邪大阏氏的长子复株累单于雕陶莫皋，并生二女。王昭君把自己的一生都献给了汉、匈两族的团结友好事业。

匈奴附汉以后，经常移动于阴山南北，鄂尔多斯一带也是他们的牧场，而稒阳道是他们移动的必经之地。1953年和1954年，内蒙古文物工作队曾在麻池召湾的东汉木椁墓填土中清理出“单于和亲”“单于天降”的瓦当。据考证，这两件珍贵历史文物是属于西汉末期的，正是昭君出塞以后的产物。这与传世的“单于和亲”铺地方砖上面铸有“单于和亲、千秋万岁、长乐未央”十二个字的文字风格一致，这很可能是当时朝廷为了纪念“昭君出塞”而制作的。根据这种瓦当仅在包头麻池古城附近出土来分析，这座富丽堂皇的宫殿，应当是建筑在这座古城里。它既不是地方官的衙署，又不是一般平民的住宅，很可能是匈奴单于与王昭君往来于阴山南北时居住的行宫。

麻池古城这个地方，与黄河南岸达拉特旗的昭君坟（又称包头昭君坟）隔河相望。坟的周围被沙层覆盖，顶部露出岩石。岩石高40余米，底层直径约80米，整个堆积系自然形成的石丘，这个石丘就是人们传说的昭君坟。在它的上面有一座砖石结构的小庙，是为了纪念昭君而修筑的。从王昭君随匈奴单于活动的范围、路线，以及从包头出土的“单于和亲”瓦当来看，包头的昭君坟更符合历史实际。昭君坟又名青冢，呼和浩特有，包头也有，大青山还有很多传说的昭君坟。也许这个是昭君的葬身之地,那个是昭君的衣冠冢,或者是昭君住过的遗址,都是为了纪念她(王龙耿《包头昭君墓的传说》)。

三、西汉时期包头地区的发展与衰落

自秦末匈奴占据九原郡及河南地以后,直到汉武帝时才收复。由于九原郡地处匈奴主力南下的要冲,西汉政府为了加强防御,不仅把这个地方恢复了旧貌,而且将原来的九原郡一分为二:包括今包头市在内的及其以东地区称之为五原郡,隶属并州刺史部;今包头市以西地区称之为朔方郡,隶属朔方刺史部。这两个西汉北部的边郡与匈奴交界。

汉武帝为了把九原和朔方一带建设成为抗击匈奴的基地,曾多次迁徙内地贫民到这些边郡,并置农官进行管理。如元朔二年(公元前 127 年),一次就"募民十万口"(《汉书·武帝纪》),并使苏建筑朔方城。元狩四年(公元前 119 年),徙关东贫民 725 000 口,除一部分安置在东南的会稽郡外,大部分徙往北方的北地、西河、上郡和西北的陇西郡。天汉元年(公元前 100 年),又"发谪戍屯五原"(《汉书·武帝纪》)。这些屯田戍边者由官家借给牛犁、谷种,并开凿渠道,引水灌溉。因此,从五原到朔方,再西至令居(今甘肃永登县西北)一带,农田毗连,水渠交错,农业生产有了显著的发展。

据《汉书·地理志》记载,五原郡(王莽时更名获降郡)管辖 16 个县,有九原(王莽时更名成平)、固陵(王莽时更名固调)、五原(王莽时更名填河亭)、临沃(王莽时更名振武)、文国(王莽时更名繁聚)、河阴(王莽时未更名)、蒲泽(属国都尉治所)、南兴(王莽时更名南利)、武都(王莽时更名桓都)、宜梁(王莽时未更名)、曼柏(王莽时更名延柏)、成宜(王莽时更名艾虏)、稒阳(王莽时更名固阴)、莫魁(王莽时未更名)、西安阳(王莽时更名鄣安)、河目(王莽时未更名)。五原郡还设置了统率军队的东部都尉(治副阳)、中部都尉(治原亭)、西部都尉(治田辟)3 个都尉驻所。其中九原、临沃、稒阳等县约在今包头市区和近郊境内。至于今包头市所属土默特右旗,在西汉时期则属于云中郡的咸阳(王莽时更名贲武)、桢和(王莽时未更名)二县。

近年来在包头地区发现一些汉代古城遗址,根据史书记载和考古发掘,有的已基本搞清。这些古城遗址,其规制较大者当推麻池古城和古城湾古城,其次是孟家梁古城、哈德门古城等,在这些古城遗址里都发现大量的实物资料。

麻池古城遗址,在今包头市南郊麻池乡北边,地处昆都仑河(即汉之石门水)注入黄河的东侧。古城分内外城,周围有大批古墓,出土许多汉代器物,经考证即汉代临沃县城。据北魏郦道元《水经注·河水》:"其水(即石门水)自障(即石门障,是汉代设在石门水峡口的城障,在今包头市西北)东南流迳临沃城东,东南注于河

(即黄河)。河水(黄河水)又东迳稒阳县故城南,王莽之固阴也。”从以上记载得知,汉之石门水在临沃城之东、黄河之北,但这与今天的实际情况不相符合。今昆都仑河是在麻池古城之西入于黄河的。这是由于昆都仑河下游在历史上发生变迁的缘故。昆都仑河上游两岸为陡峻的崖壁,河道固定;下游的主流却在冲积扇地区东西流动,形成河道游荡不定。现在麻池与古城湾之间,有一片沼泽地还留有古河道遗迹,这正是汉魏时期石门水径流的所在。

古城湾古城遗址,在今包头市东郊古城湾乡,位于麻池古城之东、黄河之北。从发现的遗物判断,其是汉代的古城。根据《水经注》的记载,将临沃县城定在石门水之西,那么,稒阳县城就在石门水之东了。光绪《山西通志》卷三十《府州厅县考·八》:“以(水经)注核之,临沃县在包头镇(即今包头市东河区)西,稒阳县在包头镇东。”同书卷五十四《古迹考》:“汉稒阳县当在昆都仑沟河东之古城湾。”这与《水经注》的记载是相符合的。因此,可以断定古城湾遗址是汉代的稒阳县城。

孟家梁古城遗址,在今包钢废钢厂厂区,昆都仑河西岸,其东南距麻池古城遗址约5公里。孟家梁周围台地上有许多古墓,其形制有木椁墓、砖木墓、砖室墓3类,系汉代遗迹。《水经注·河水》:“(河水)又迳河阴县故城(今伊盟达拉特旗西北)北,又东迳九原县故城(即孟家梁古城)南,秦始皇置九原郡治此。汉武帝元朔二年更名五原也,王莽之获降郡成平县矣。西北接对一城,盖五原县之故城也,王莽之填河亭也。”由此可知,九原县故城与黄河之南的河阴县城隔河相望,也就是在临沃县城和石门水之西。根据这个方位,孟家梁古城遗址即秦汉时期的九原县城,也是秦九原郡和汉五原郡郡治的所在地。

哈德门古城遗址,在今包头市哈德门沟南口东岸。这里是通往乌拉山后山的大道,东距昆都仑沟约10公里。古城略呈南北长方形,在城堡内有许多灰色绳纹陶片。距古城北数百米之阴山山腰处有一条边墙,东西绵延数百里,即秦汉之长城。从出土陶片看,古城应是长城之障塞,为交通要道和军事重镇。古城堡适在孟家梁古城(汉九原县城)西北,且北距阴山很近,可能是汉代的五原县城。

秦汉时期,包头地区这些郡县城邑不是从奴隶制时代继承下来的。原来活动在这一带的匈奴人,“衣食之业,不著于地”,过着“食肉,饮酪,衣皮毛,非有城郭、田宅之居。居如飞鸟走兽于旷野,美草甘水则止,草尽水竭则移”的游牧生活(《汉书·晁错传》)。因而这些城邑的出现,是在北方游牧民族活动区域的“要害之处,通川之道,调(规划)立城邑。”(《汉书·晁错传》)一般都具有规整的墙垣和街道,这是由于当时政治、军事的需要而建的。从五原郡的城邑来看,大部分是“因河为塞”设置在黄河两岸的台地上,这当然也有它的经济意义。这些城邑的营建,也离不开“尝其水泉之味,审其土地之宜,观其草木之饶,然后营邑立城,制里割宅,通田作之道,正阡陌之界。"(《汉书·晁错传》)它也是为了农垦事业而发展起来的。

据《汉书·地理志》记载,五原郡户 39 222,口 231 328。由于汉人移民的大量增加,也改变了过去"胡人衣食之业,不著于地"的现象。在汉朝统治下的五原郡,仍有许多匈奴人留在这里。汉朝对匈奴归附人员都给予适当的安置。西汉景帝时,匈奴王归附汉朝,汉景帝封他们为侯,并在北方缘边五郡设置属国安置他们的部众。归汉的匈奴人,可以保留他们的官号和部落组织,在汉朝指定的地区,仍然从事游牧生活,不改变生活方式和风俗习惯,但在行政上则归汉朝中央设置的属国都尉进行管理。属国都尉多由汉人担任,但也有吸收匈奴上层人物充当的。截至汉宣帝末年为止,匈奴人归附的大约共有十余万人,而在历次战争中被俘和归附的尚不在内。当时匈奴有多少人口呢?匈奴原来的部落组织就是军事组织,壮丁都要服兵役的。他们最强盛的冒顿单于时代有"控弦之士三十余万",如果以一家五口出一壮丁计算,匈奴的总人口大约在 150 万左右。根据这个数字来看,匈奴归附的约有十余万人就是将近匈奴总人口的十分之一了。西汉时期在五原郡蒲泽县设置的属国都尉治所,就是专门管理匈奴降户的机构。这可以证明在五原郡境内住有许多匈奴族人民,在汉朝的直接统治下,与汉族人民生活在一起,各安生业,共同开发了这个地区。

昭君出塞后,匈奴呼韩邪单于及其后裔与汉中央一直保持着和平友好的关系。"是时边城晏闭,牛马布野,三世无吠之警,黎庶亡(无)干戈之役。"这种和平繁盛的局面至王莽执政时(从公元元年,汉平帝元始元年开始)才被破坏。

公元 8 年王莽篡汉,改国号为"新"。他为了显示新莽政权的权威,对边疆少数民族任意进行凌辱和欺压,使民族矛盾激化。这时匈奴经过几十年的休养生息,力量恢复过来,又开始不断侵扰边境,王莽也数次出兵讨伐,战争又起。数年之间,使北部边境地区贮谷耗尽,谷价大贵,饥荒遍野,人民相食。五原和代郡,因为王莽屯戍的军队最多,受害最重,两郡人民于公元 15 年(新莽天凤二年)首先起义。经过这次起义,五原一带便空无人烟了。起义自边郡蔓延到内地,成为全国农民大起义的前奏,王莽的新朝政权终于在公元 23 年被彻底推翻。

(原载于 1990 年第 1 期)

包头与阴山赵秦汉长城的关系初探

江　枫

长城,是中国文化在中华大地上刻画出的一条深沉的、有形的线。它的高大绵长,存在的恒久,功能的显赫,影响的深远,是当今世界上任何其他文化遗留所无可比拟的。长城内外有许许多多的城市,如同中国文化景观的星辰,在太空中构成一幅幅美妙的图画。

包头和它附近的赵、秦、汉长城,就构成了这许多画卷中动人的一幅。

长城这条有形的文化界线,乃自然和人文的混合产物。换言之,也就是气候、植被和人类经济活动所交织的巨大文化之索,成为草原游牧和定居农耕的分野。东汉的大学问家蔡邕,早在汉灵帝熹平六年(公元 177 年)就说过:"天设山河,秦筑长城,汉起塞垣;所以别内外,异殊俗也。"(陈正祥《中国文化地理》)他所说的这种情况,在包头则表现得最为典型。

从战国到秦汉乃至更晚些时候,中国北部的政治、经济、军事、文化活动大多与阴山有关。这是因为,"阴山是横亘在中国北部,东西长约一千公里的主要山脉,山势陡峻,是我国北部边塞的天险屏障,阻塞着南北交通"。阴山以北地区是广漠的草原,气候干旱,宜于畜牧;阴山以南则是平畴相望、沃野千里的后套平原,气候温润,灌渠纵横,适合农垦。历史上中原华夏族与漠北少数民族进行政治、经济、文化交流乃至于战争,都必须翻越阴山,因此阴山中南北走向的峡谷就成为天然的理想通道。阴山东段没有较平坦的峡谷,运输不便。中、西段以南是河套平原,粮草丰盛,山谷也较多,可以通行的通道有以下几条:一是呼和浩特至武川的蜈蚣谷(古称白道),但因蜈蚣坝山高路险,车马行进困难,不够理想;二是乌拉特中后旗的狼山石兰计山口(古名高阙),因河谷狭短而山高路险,也不够理想;三是磴口的狼山哈隆格乃峡口(古名鸡鹿塞),此峡谷去匈奴政治中心龙城(今蒙古人民共和国鄂尔浑河畔)较近,但因北出山谷后,有大沙碛梗阻,也不理想;四是包头的昆都仑河谷(古名稒阳道、石门塞等),这个河谷处于阴山山脉的中段,河谷平坦宽阔,可通车马,是横穿阴山最理想的通道,也是历史上兵家必争之地。(李六生《包头昆都仑河流域的地质地貌及古代城塞初探》)

昆都仑河谷山高谷深,大青山与乌拉山对峙俨然如石门,昆都仑河(古称石门水)从中间流出,是座天然隘口,它的南端就是现在的包头市。古代兵家扼昆都仑沟谷天险,进可以出击漠北,退可以固守漠南。所以,从战国开始,各朝各代纷纷在这里修城筑塞,使稒阳道成为沟通南北的重要枢纽。

一

阴山之南的包头地区,自古便是肥沃的膏腴之地,是古代匈奴族诞生和兴起的摇篮。阴山北侧是“少草木,多大沙”的波状高原,亦是匈奴北徙后的休养生息之地。

战国末年,匈奴族在漠南黄河河套地区和阴山一带,充分利用优良的自然条件发展了游牧经济,由原始氏族迈进奴隶制,并利用中原各国忙于争雄战乱、无暇北顾之机,积极训练武装力量,以河套、阴山为基地,向中原一带大举南进。

赵、秦、燕三国的北部邻近匈奴边境,为防止匈奴骑兵的袭扰,都在北部筑城。而内地如楚、齐、魏等国,因互相猜忌,也筑城设防,此乃内地也能见到长城的原因。由此可见,同是建城,目的却有所不同。阴山地区长城的修筑,不但与匈奴的兴衰紧密相关,也是两千年来中原王朝与北方少数民族斗争与和好、分裂与统一所交织的文化历史的实物见证。

公元前310年左右,匈奴骑兵越过黄河夺取了黄河以南的“河南地”(今内蒙古伊克昭盟一带),势力直抵赵、秦、燕三国边境,赵国北部边区因而“不得田畜”(《史记·李牧列传》),直到赵武灵王时期才打破了这种被动挨打的局面。史载:“赵武灵王十九年定易服之议,二十年略胡地,至榆中,二十六年攘地北至燕、代,西至云中、九原。”在拓展疆土的基础上所筑的长城“自代并(傍)阴山下,至高阙为塞”(《史记·赵世家》)。这段长约二百三十多里的赵长城,傍阴山南麓而筑,横贯东西。由呼和浩特伸入包头后迤逦向西延伸,至土右旗沟门村折向西北,穿入山谷,经石拐南山,沿大青山南坡直向西行,经二相公窑子、王老大窑子、前口子,越过昆都仑河、过哈业脑包乡进入巴盟乌拉特前旗的狼山口为止。目前,这段长城看得最清楚的一段就在包头。包头郊区大青山脚下,有两个边墙壕村即由此得名。在包头至石拐十七公里处,登山远眺,可以看到蜿蜒盘旋在群山之中的赵长城和长城烽燧遗址。沿着长城遗迹,还能发现大量战国时代的陶片等遗物。

行经包头的这段赵长城,都是夯土筑成,由于经历了两千多年的风雨剥蚀与人类活动,早已失去了当年的雄伟景观,犹如河边的堤埂。在赵长城的断切面,尚能明显看到夯土的层次,每层厚约十厘米。这条绵亘于阴山南麓的长城,虽然比不上后来秦始皇的万里长城,但也可以想见,在当时人烟稀少、生产工具简陋、工效极低的情况下,赵国人民所付出的巨大劳动和牺牲;此外,它也是赵武灵王雄心勃勃“攘地以北”的顽强意志的延伸。

赵武灵王在包头设九原县,为包头地区行政设治之始。包头地区见诸文字,也始于这个时期。赵武灵王北破林胡、楼烦之后,在今山西省西北部和内蒙古的西南部设置了雁门、云中二郡,包头地区就是当时赵国云中郡九原县所在地,九原县治即今昆都仑河西岸的孟家梁古城(《中国历史地图集》,1974 年版)。赵国对今包头地区的统治持续了近八十年,在此期间,由于赵长城的建成,关隘得到控制,商品经济得到了迅速发展。出土文物也可以证实这一点:1958 年 10 月中旬,在包头郊区麻池乡窝尔吐壕村西面的台地上,曾出土了三件"安阳布范"(安阳钱是赵国常用的货币之一)(《包头窝尔吐壕发现安阳布范》,载《文物》1959 年第 4 期);近几年,在赵长城遗址沿线的农村,也陆续发现了一些出土文物;在包头土右旗水涧沟门乡和郊区麻池乡都发现了赵国的墓葬,出土文物有青铜器和大批钱币(有安阳、中都、铜鍉、平阳、戈邑等多种)。这说明当时的九原县除了农业外,还有冶炼业,已经有了较发达的货币经济,当地就能铸钱。经济的繁荣,又促进了文化的发展。比如像"楼烦白羊河南王"这样的称呼,就是胡汉混合语。"白羊",即蒙古语"富"的译音,"河南"即古汉语中特指的"黄河以南"。这种语言方式在当今蒙汉杂居的边区仍常见,没有一定的生活基础是无法形成的,由此亦可见胡汉经济文化交流之一斑。

二

战国末年,赵国衰微,雄踞阴山以北的匈奴贵族遂乘机南下,控制了阴山及黄河以南部分地区。公元前 221 年,秦始皇统一中国之后,随着中原局势的稳定,国内统一与分裂矛盾在军事方面的重点,已由中原腹地转向了北方,强大的匈奴政权日益构成了对秦王朝的严重威胁。为了巩固和发展统一的中央集权国家,秦始皇于公元前 215 年,派大将蒙恬率三十万大军北击匈奴,大获全胜,并在原秦、赵、燕三国长城的基础上,对长城进行大规模修缮、连接,这就是中国原始的万里长城。

秦长城"因地形,用制险塞、起临洮至辽东,延袤万余里,……于是渡河,据阳山,逶逦而北……"(《史记·蒙恬传》)这里的"河"指黄河,"阳山"指内蒙古临河县西北的狼山(距包头约二百公里)。这条沿阴山山脉而筑的长城,其西段经灵武、中卫、兰州等地抵临洮;中段由宁夏进入内蒙古后,沿狼山而东,经固阳县、武川县顺大青山过集宁市,最后由兴和县伸入河北;东段沿西辽河岸直达吉林,然后向南延伸到朝鲜平壤附近。

秦长城大多蜿蜒于山岭之上,采用了因地制宜的构筑方法。遇山则用石砌,平地就用土夯,并充分利用了陡崖、峭壁等天险,由于有多处是利用过去的旧长城,所以秦长城参差曲折很多。从外观上看,秦长城虽不如明长城高大美观,却也宏伟、实用。包头境内的长城有百余公里,其状况也不尽相同。平地土筑城垣由于受二千多年风雨的侵蚀,多数仅残留犹如公路路基状的墙基;山中石砌城垣大部分遗迹清晰,其中以窑子湾、东山湾和边墙壕地段保存最好,这几段石垣都是用人工开采的片石和条石错缝平砌，既规整又坚固，城墙的封顶至今完好无损，一般高在三至四米之间，基宽四米，顶宽二米左右。在银号乡附近的水草沟东山坡上，有二百米左右的一段秦长城遗址，其最高处达五米，顶宽三米，城墙南侧还有用条石砌成的供上下用的台阶。与长城配套的建筑还有众多的烽台和城障，从而形成了完备的军事攻防体系。

包头，作为连接大漠南北的枢纽，决定着秦始皇对这一带防务的重视。统一六国后，他便“使蒙恬将十万之众，北击胡，悉收河南地，因河为塞，筑四十四县城（一说三十四）临河，徙谪戍以充之。”（《史记·匈奴列传》）并将这一带改设郡，郡治便设在原赵国九原县所在地——今包头昆都仑沟西的孟家梁村。至于这里所说的县和城，从考古资料来看，实际上乃是边防要塞、军营。为了巡视和物资运输之便，秦始皇还专门将驰道修到这一带，使九原郡成为扼守中间、兼顾左右的军事基地。

由于秦始皇“北筑长城而守藩篱，却匈奴七百余里，胡人不敢南下而牧马”，匈奴的头曼单于不得不放弃富饶丰美的河套平原而退到漠北草原。二千多年前的冷兵器时代，长城确实是一道难以逾越的高墙，加之秦军重兵把守，使得中国北方地区暂时出现了相对稳定的和平局面。

三

秦始皇统一中国后，只是把匈奴赶到漠北，并未彻底摧毁其实力。公元前 209 年，秦朝被农民起义军推翻后，随着楚汉相争，中原又乱，边境亦不稳。匈奴在漠北经过十多年的休养生息，已得到进一步发展，此时乘机挥兵南下，越过长城，重新占据河套地区和阴山一带。

汉朝建立后，国势由弱渐强，及至武帝时期，他坚决推行抗击匈奴的政策。随着国力的恢复强盛，汉朝曾在内蒙古地区修过两次长城。第一次是在元朔二年（公元前 127 年），武帝派车骑将军卫青“出云中以西至陇西，……于是汉遂取道河南地，筑朔方，复缮故秦时蒙恬所为塞，因河而为固。”（《汉书·匈奴传》）首先收复了失地，并利用秦长城与匈奴军队对抗。精通政治与军事的汉武帝，对阴山一带的军事部署十分重视，沿黄河设立了朔方、五原、云中诸郡，使北部边防的军事实力大大增强。五原郡的郡治就在今包头哈业胡同的三顶帐房古城。昆都仑河谷（稒阳道）所处的战略位置就更显得重要，因为稒阳道在汉代属五原郡辖，加之它处在东边的卢龙塞道和西边的河西走廊中间，所以又称“五原塞道”或“中道”。两汉时期，包头昆都仑河谷的稒阳道是汉匈两族人民之间友好往来、经济贸易、文化交流以及双方统治阶级进行政治和军事活动的主要通道。

第一次修城后，汉武帝虽然掌握了阴山以南的广大地域，但阴山山脉仍然横亘在汉匈军队之间，这条当时“草木繁盛，多禽兽”的千里大山，匈奴军队“依阻其中，治作弓矢，来出为寇”(《汉书·匈奴传》)，他们经常突袭汉军，抢掠人畜财物，使西汉王朝大伤脑筋。为了扭转这种局面，汉朝一方面派遣使臣出使西域，联合乌孙、大夏等国，并“西置酒泉郡以隔绝胡与羌通之路”(《汉书·匈奴传》)；另一方面，又命霍去病、卫青、李广等大将率大军击败匈奴军队，迫使匈奴浑邪王降汉。接着，汉武帝又亲率十八万精兵于元封三年(公元前110年)从长安出发，经五原塞道出长城，给匈奴以决定性打击，终于将匈奴残部赶到了远远的漠北瀚海沙碛。至此，险峻的阴山山脉转而成为汉军后方。

为了进一步巩固边防，汉武帝于太初三年(公元前102年)再次下诏修长城，这就是建在阴山以北的两道外长城。外长城的位置从现今包头地区北部开始，向西北延伸，与居延泽上的长城相呼应，构成一条完整的防线。这条防线的东部面临匈奴的前锋，为保护沟通大漠南北的战略要道，因此外长城同时构筑了两道。如今，在包头北部阴山以外，仍可清晰地看到这两条近似平行的长城遗迹：由稒阳县北面的东公此老、卜塔亥等乡进入达茂旗，过中后联合旗，再经潮格旗向北穿越中蒙边界，在蒙古人民共和国境内又转而西行，复入我国甘肃省的额济纳旗。这两道长城的构筑形制、走向、保存状况、建造方法基本相同，如不是出于同一军事目的，修筑于同一时期，很难有这样的巧合。另外，它们的走向也与《汉书》记载的“外城”完全一致。因此有人以为“汉筑此城……远及兴安岭山脉”(秦鹏飞《历代长城考》)，或认为“今天已经不可寻见了”(植村清二《万里四长城》)，以及将这两条长城误认为是“成吉思汗边堡”都是不对的。

阴山以外长城的筑成，保护了阴山内外富饶的垦区和草原，保护了中原与西域的交通要道——河西走廊。更重要的是，汉匈军事力量的对比从此发生了根本性的变化：汉军居于物产丰饶、易守难攻的地理位置；匈奴则被阻绝于“大幕(漠)”以北，而“幕北地平，少草木，多大沙，……少所蔽隐”(《汉书·匈奴传》)。生存条件相比之下是差多了，以至于“匈奴失阴山后，过之未尝不哭也”。

汉武帝为了汉王朝的长治久安，对已被赶到外长城以北的匈奴，采取了一系列的靖边政策。除设置河西四郡、大规模移民、鼓励戍卒屯田外，军事设施也很完备。当时的烽隧、亭障沿长城一线星罗棋布，仅包头地区考察到的古城塞就有十多处。其中较大的有古城湾古城、麻池古城、孟家梁古城、前口子古城等，大多为西汉移民屯田戍边之驻城。由于匈奴力量的衰落，加之汉军“烽火候望精明”，犯边劫掠已难乎其难，这就为匈奴最终统一于汉中央王朝创造了条件。当时从五原到朔方，再西至令居一带，农田毗连，水渠交错。长城以南一带成为支持西汉军队戍守、出征的主要基地。

麻池古城附近召湾汉墓群出土的各类文物达数千件，大多为随葬品，几乎包含了当时社会生活的所有物品，如铜器有钫、博山炉、灯、镜、车马器、五铢钱等，陶器有鼎、壶、樽、豆、罐、陶井、陶灶等，还有耳杯、盒、盘、奁和案等漆木器。这些文物充分证实了汉外长城修筑后，包头地区社会经济、文化的繁荣。

长城作为军事设施，它防御的是敌方的军队，却限制不了各族人民之间的友好往来。《汉书·匈奴传》中就有“匈奴自单于以下皆亲汉，往来长城下”的记载。在特定时期，就连匈奴的单于也会加入这友好的行列。史载：“竟宁元年(公元前33年)，单于复入朝，礼赐如初，加衣服锦帛絮，皆倍于黄龙时。单于自言愿婿汉氏以自亲。元帝以后宫良家子王嫱字昭君赐单于。单于欢喜，上书愿保塞上谷以西至敦煌，传之无穷，请罢边备塞吏卒，以休天下民。”(《汉书·匈奴传》)昭君出塞这个美好的故事不但史书有载，且实物有证。1953年4月、1954年6月在包头麻池乡召湾的汉墓中，先后清理出了“单于天降”“单于和亲”的瓦当。这些历史文物反映了汉朝与北方匈奴从斗争到和好、由分裂到统一的历史进程。由此也可以认为：汉长城的修筑在某种程度上促成了真正的“和亲”。呼韩邪单于与汉室和亲后，汉匈之间的友好和睦关系整整持续了六十多年。

在包头发现的瓦当充分说明了包头在历史上与和亲的直接关系。地处边塞的稒阳城，不仅是当时汉匈互市的贸易中心，还在汉匈友好关系的发展中起过纽带作用。王昭君的车骑到过呼和浩特早已为人们证实，前面已说过，呼市附近通塞北的白道，要过蜈蚣坝，很危险。呼韩邪单于面对和亲这样的大事，估计不会去冒险，而包头的稒阳城，很可能是单于与昭君曾停留过的地方，他们是过五原塞道去的单于龙城。上层统治阶级带头和亲，自然符合下边百姓的普遍愿望。麻池召湾十六号墓发掘出的具有匈奴文化特色的随葬品，就很能说明问题。这座墓中有带狩猎图案的筒形器，有金质、银质的虎、豹、骆驼形象的装饰品，由此可知这座墓的主人应是匈奴人，生前住在稒阳城内，死后按汉民习俗葬在了城外。

总之，长城是为抵御外侮而产生的，它曾为捍卫中华民族的尊严起过巨大的作用。它集中体现了我们中华民族爱好和平、憎恶战争，但当敌人把战争强加给我们的时候，我们又敢于用战争去换取和平的崇高精神。包头及其附近的赵、秦、汉长城，正是在这样的历史前提下，发挥了它的作用，并完成了它促进民族团结的历史使命的。

（原载于1988年第2期）

东汉五原太守崔寔边疆开发的理论与实践

王绍东

崔寔，字子真，又名台，字元始，涿郡安平（今河北涿县）人。他出身于显姓大族之家，生活在东汉后期。祖父崔骃，“博学有伟才”[1](P1708)，“少游太学，与班固、傅毅同时齐名”[1](P1708)。父亲崔瑗，“锐志好学，尽能传其父业”[1](P1722)。崔寔、崔瑗都曾任地方官吏，均以文学名于当世。崔寔在东汉桓帝时被举为“至孝独行之士”[1](P1725)，他“明于政体，吏才有余”[1](P1725)，曾任议郎、五原太守等职，政绩主要表现在五原太守之任上。所著《政论》，被当时名士仲长统高度评价为：“凡为人主，宜写一通，置之坐侧。”[1](P1725)所著的《四民月令》，是东汉时期留传下来的唯一一部综合性农书。在这两部著作里，崔寔全面论述了他的治国思想和主张。本文则重点探讨崔寔在边疆开发和治理方面的理论认识与实践。

一、移民开发为“振人之术”的理论

西汉以来，随着人口的增多和土地兼并的加剧，中原地区人地之间的矛盾也日益尖锐。据《汉书·地理志》记载，西汉时期，人口大半密集于司隶、豫、冀、兖、青、徐六州，即今山东全省、河北东北、河南南部、苏皖北部、陕西中部，尤以山东、河北、河南交界处一带，人口最为密集。这六州所占的土地面积，仅占全国土地面积的2%，而人口则占13%以上。反之，比豫州面积大一倍的豫章，则人口仅相当于豫州的1/20，人口分布极不平衡。[2](P176-177)东汉政权是依靠豪强地主建立起来的，在最高统治者的支持下，豪强地主竭尽能事地对农民的土地巧取豪夺，土地兼并之风愈炽。不仅一般农民的土地被兼并殆尽，一些中小地主甚至皇亲国戚也不能幸免。章帝时外戚窦宪，“恃宫掖声势，遂以贱直请夺沁水公主园田。主逼畏，不敢计。”[1](P812)章帝对此十分震惊，感叹道：“今贵主尚见枉夺，何况小人哉！”[1](P812)土地兼并使大批农民失去了生活资源，加剧了社会矛盾，扩大了贫富差距。“上家累巨亿之赀，户地侔封君之土，行苞苴以乱执政，养剑客以威黔首，专杀不辜，号无市死之子，生死之奉，多拟人主。故下户崎岖，无所峙足，乃父子低首，奴事富人，躬帅妻孥，为之服役。”[3](P470)特别是随着首都的东移，青、徐、兖、冀四州人口更加稠密，土地兼并现象十分严重。与此同时，由于战乱等因素的影响，西部地区甚至包括陕西中部的三辅地区则人口锐减，大片土地荒芜废弃，农业生产萧条。边疆地区更是地广人稀,大量可耕地得不到有效地开发利用。针对这种情况,崔寔认为"今青、徐、兖、冀,人稠地狭,不足相供。而三辅左右及凉、幽州内附近郡,皆土旷人稀,厥田宜稼"[3](P470),建议把边疆地区作为移民开发的理想场所。以移民开发来缓解土地兼并的矛盾、并不是崔寔首先提出的,从西汉到东汉多次通过徙民、屯田等方式实施过。但崔寔却把以移民开发来调节人地矛盾、开发边远地区措施的作用提到了新的认识高度,别具慧眼地指出:"徙贫民不能自业者于宽地,此亦开草辟土振人之术也。"[3](P470)

崔寔的超众之处在于,他把移民开发,合理利用土地资源,缓解人地矛盾,不仅仅看作是政治经济问题,更看作是对人精神的振奋问题。贫苦农民由于失去土地,"历代为虏,犹不赡于衣食,生有终身之勤,死有暴骨之忧,岁小不登,流离沟壑,嫁妻卖子,其所以伤心腑藏,失生人之乐者,盖不可胜陈。"[3](P470)不仅被剥夺了一切生产资料,变为衣食无着、有力无处用的流民,而且精神上也受到了极大的摧残,失去了人生的快乐和希望。这样封建的伦理道德就失去了对他们的约束力,封建社会的正常秩序也受到威胁。与此同时,边远地区由于人口稀少,土地难以有效开发,先进的生产技术得不到推广和应用,从而导致那里的人民缺乏生气和活力,没有对土地的热爱、珍惜和重视,苟且偷生,经济难以繁荣发展。通过移民开发,可以使失去土地的农民在西部边远地区重新获得土地,一改沮丧、绝望的精神状态,因再度拥有自己的生产资料而欢欣鼓舞、振奋精神,发挥巨大的生产积极性和内在潜力。这不仅可以减轻农业发达地区的人口压力,增加封建国家的赋税收入,缓解社会矛盾,而且可以使重新获得土地的农民充满希望,精神饱满地投入生产,以积极进取的精神状态建置家业,把长期积累的生产经验和先进的耕作技术应用在新开发的土地上,从而推动边远地区农业生产水平的提高。更重要的是,边远地区会因移民开发获得新的劳动力和先进的生产技术,充分挖掘土地的潜力,提高土地的利用价值,使那里的社会充满活力,经济不断得到恢复和发展,带动当地的人民全面提升自身的素质和精神状态,使边远地区的振兴和繁荣产生内在的驱动力。

当然,以移民开发来解决封建国家的土地问题,只能是治标不治本而已。但是,作为地主阶级的思想家,崔寔能从振奋人的精神的高度来看待这个问题,把移民开发的重要意义提到前所未有的高度,这确实具有独到之处。

二、治理边郡的成功实践

崔寔曾任五原太守和辽东太守,特别是在他担任五原太守期间,使自己边疆开发的思想得到了很好的实践。五原郡,秦时称九原郡,汉时更名为五原郡。治所九原,在今包头市郊区的麻池古城北城。辖境相当于今内蒙古乌梁素海以东地区、包头市及鄂尔多斯市东北部一带。这里土地肥沃,人口稀少,非常适宜移民开发,也是东汉具有战略意义的重要边郡。汉明帝永平八年(公元65年),"诏三公募郡国中都官死罪系囚,减罪一等,勿笞。诣度辽将军营,屯朔方、五原之边县,妻子自随,便占著边县,父母同产欲相代者,恣听之。……凡徙者,赠弓弩衣服"[1](P110)。五原地区平坦广阔,处于黄河岸边,是移民开发的理想场所。但由于缺乏劳动力,缺乏先进的生产和纺织技术,人民生活十分困苦,"五原土宜麻木台,而俗不知织绩,民冬月无衣,积细草而卧其中,见吏则衣草而出。"[1](P1730)崔寔到任后,把推广先进的生产技术,教化引导人民振奋精神,努力从事农业生产当作首要任务。他果断地变卖官府中储存的财物,用于购买纺织工具,"寔至官,斥卖储峙,为作纺绩,织纴、练缊之具以教之。"[1](P1730)并从纺织技术先进的地区请来老师,"诣雁门、广武迎织师,使巧手作机及纺,以教民织。"[3](P471)崔寔从实际出发,没有采用输血式的救济方式,不是直接给当地贫民提供棉衣,而是拿出政府的不急之需,用于引进先进的生产工具和技术,用授人以渔的方式使内地先进的生产技术在五原地区得到了广泛传播,也促进了当地的经济发展和社会安定。更重要的是,五原地区"民得以免寒苦"[1](P1730),成为直接的受益者。

随着东汉后期国力的衰弱,北方少数民族也不断侵扰边郡。"是时胡虏连入云中、朔方,杀略吏民,一岁至九奔命。"[1](P173)崔寔在五原郡建立和完善防御体系,组织当地人民积极抵抗,"整厉士马,严烽候,虏不敢犯"[1](P173),保证了当地人民的正常生产和生活秩序,对于维护东汉王朝在边疆统治的稳固做出了突出贡献。崔寔治理五原能取得突出成绩,是与他的清正廉洁、以身作则分不开的。他有一句名言,"马不素养,难以追远;士不素简,难以趋急"[3](P471),把廉洁为公作为自己的为官箴言。他位至郡守高官,而不事聚敛,"亦取足而已,不至盈余,及仕官,历位边郡,而愈贫薄",以至于死后,"家徒四壁立,无以殡殓"[1](P1731),由友人备棺埋葬。这样的穷太守在"三年清知府,十万雪花银"的封建时代,的确是难能可贵的。崔寔的母亲不仅教子有方,而且深明大义,对儿子做好太守工作给予了极大的帮助与支持,"母有母仪淑德,博览书传。初,寔在五原,常训以临民之政,寔之善绩,母有其助焉。"[1](P1731)

由于崔寔治理有方,五原郡经济发展、社会安定,在东汉王朝的边郡考核中多次名列前茅,"常为边最"[1](P1730)。后来因为身体多病,崔寔又被调回到首都任职。由于鲜卑不断侵扰东北地区,出现了严重的边疆危机,朝廷"诏三公举威武谋略之士,司徒黄琼荐寔,拜辽东太守"[1](P1730)。崔寔对辽东地区的农业生产进行了考察,看到了当地耕作手段的落后,与先进技术相比,既浪费人力、耕牛,又效率低下。"武帝以赵过为搜粟都尉,教民耕殖。其法三犁共一牛,一人将之下种,挽耧皆取备焉,日种一顷,至今三辅犹赖其力。"[3](P470)可惜这种先进的技术到东汉时期仍然未能在辽东地区推广应用。“今辽东耕犁,辕长四尺,回转相妨,既用两牛,两人牵之,一人将耕,一人下种,二人挽耧,凡用二牛六人,一日才种二十五亩,其悬绝如此。”[3](P470)可见,崔寔把解决辽东边境问题的关键放在了繁荣经济、稳定社会方面,并且已经找到了影响生产发展的关键性因素,那就是引进先进的生产技术,改造落后的生产技术。正当崔寔准备在辽东地区再展治国才华,实现政治理想之时,他的母亲病重去世,他只好“上疏求归葬行丧”[1](P1731),未能再次在辽东地区一显政绩。

作为著名的地主阶级思想家,崔寔具有较高的声誉。史学家范晔认为:“寔之《政论》,言当世理乱,虽晁错之徒不能过也。”[1](P1733)他所著的《四民月令》是继《氾胜之书》之后和《齐民要术》出现之前的一部重要的农家著作,被誉为“地主庄园经济的经营手册”。对于这些内容,学者们已多有研究。而崔寔在边疆开发方面的理论认识与成功实践也应引起足够的重视与研究,其中的许多内容是具有重要的借鉴和参考意义的。

参考文献:

[1]范晔. 后汉书[M]. 北京:中华书局,1982.

[2]翦伯赞. 秦汉史[M]. 北京:北京大学出版社,1983.

[3]崔寔. 政论[M]//严可均. 全后汉文. 北京:商务印书馆,1999.

(原载于2007年第4期)

三娘子四嫁顺义王与明末蒙汉关系

李美玲

三娘子(1550—1612),明代蒙古土默特部首领俺答汗之妻,卫拉特蒙古奇拉古特部首领哲恒阿哈之女。嘉靖三十七年(1558 年),蒙古土默特首领俺答汗行兵济勒满山之卫拉特土绵部,遣使至哲恒阿哈处,告以俺答欲与和亲之意。哲恒阿哈献亲生女儿钟金(即三娘子)于俺答。从此三娘子登上了历史舞台,开始了她伟大的政治生涯,在明末蒙汉关系中发挥了重要作用,是一位可歌可泣的民族英雄。本文从她四嫁顺义王的历史事实来阐述一下她在明末蒙汉关系中所起的作用。

(一)辅佐俺答,实现通贡互市,为蒙汉建立和平友好关系

史书上称三娘子"骨貌清丽""资性颖异""通达事物,盖虏中女品之绝代者"[1](P1686),且"黠而媚,善骑射"[2](P1566)。更重要的是,她和俺答一样,有着共同的理想和抱负,即实现明蒙通贡互市,使蒙汉人民友好相处。因此,他们的婚姻,可以说是政治需要的产物。她一登上历史舞台,就在平息战乱、实现贡市和俺答汗受封为第一代顺义王的过程中发挥了不可替代的重要作用。

隆庆四年(1570 年),俺答爱孙把汉那吉因家庭矛盾出走降明,俺答率军围攻明边,战争一触即发,此时三娘子独具慧眼,建议俺答与明议和,俺答采纳了她的意见。隆庆五年(1571 年),历史上著名的"俺答封贡"终于实现。从隆庆五年开始,明政府陆续在宣府、大同、延绥、宁夏、甘肃等地,开设马市 11 处;同时,又开设了便于蒙汉人民自由贸易的月市,基本满足了蒙古牧民生活和生产的需要,使蒙汉人民之间的经济联系更加密切。与经济联系得到恢复的同时,明蒙之间的政治关系也得到进一步加强。隆庆五年(1571 年)三月,明政府封俺答为顺义王,发给镀金银印。自隆庆五年通贡互市恢复后,俺答汗与"诸酋申订盟约",并制定了一系列贡市细则,敦促各部严格遵守。"三娘子佐俺答主贡市,诸部皆受其约束。"[3](P5850)从此,明蒙边界化干戈为玉帛,和平贸易代替了民族仇杀,"边氓释戈而荷锄,关城息烽而安枕"[4](卷53),开拓了蒙汉几十年和平友好的安定局面。史称"始封事成,实出三娘子意"[1](P1688),肯定了三娘子在其中的历史功绩。

三娘子通达事物,聪明睿智,深受俺答的宠爱和器重,俺答"事无巨细,咸听取裁"[1](P1687)。因此,三娘子自从嫁给俺答登上政治舞台后,就在明蒙关系中发挥了

重要的作用。

(二)委曲求全,二嫁顺义王,进一步维护蒙汉和平友好关系

万历九年(1581 年),雄才大略的俺答汗溘然长逝。"俺答不幸物故,三娘子率黄台吉等告于官吏。上幸使使者祭吊如礼。是时奉表称谢者皆哈屯为主名,哈屯即三娘子也。"[5](卷9《三娘子列传》)这说明,在处理俺答汗的丧事中,年已 50 多岁的辛爱黄台吉虽是第二代顺义王的继承人,但还不是主要人物,三娘子的地位和作用是不容置疑的。当时,凡是土默特地区的人员赴内地均须携带三娘子签发的文书,方准通行。三娘子一跃成为土默特集团中的核心人物,"群情依为向背"。她的这种崇高的声望和地位,一直保持到她去世。

俺答汗去世后,按长子继承制,辛爱黄台吉当袭顺义王。黄台吉清楚地知道,如果没有三娘子的帮助,他很难继承王位,统御诸部,于是他欲妻三娘子。由于他反对与明通贡互市,经常从中作梗,因此,三娘子与他没有共同语言,不愿意与他结合。当时正值贡事日期,王位悬而未决,贡事迟迟不能进行。明督臣郑洛认为:"若三娘子别属,我封此黄台吉何用?"[2](P931)于是派人劝三娘子说:"汝归王,天朝以夫人封汝;不归,一妇耳。"[2](P931)三娘子权衡轻重,委曲求全,做了第二代顺义王夫人。这是她顾全大局,为维护蒙汉人民的友好和平,牺牲个人利益的结果。同时也说明了三娘子在蒙汉关系中的重要性。

三娘子与黄台吉合婚后,黄台吉"尽逐其妻","专意三娘子"。三娘子趁机劝导黄台吉:"天朝所以待我者甚厚,岁通贡市,坐享全利,而无后优。孰与夫冒矢石,出万死,幸不可知掠获也。"[1](P1680)在三娘子的劝导下,黄台吉从此再没有违约犯边。由于黄台吉年老多病,权力完全掌握在三娘子手中。三娘子严格遵守先王成法,凡有违背贡市协议者,一概严惩不贷。严法之下,明蒙边界始终没有发生过过激的冲突,贡市贸易得以顺利进行。此中功劳,不能不归功于三娘子。

(三)三嫁顺义王,受封"忠顺夫人"

黄台吉袭封仅四年,就于万历十三年(1585 年)病亡了。当时"各部酋长并头目投递番文,公同举保,得扯力克,系启庆哈长子应嗣王号"[6](卷6)。而且,"部人奉之以配三娘子",说明土默特蒙古上上下下都希望三娘子与扯力克结婚,以使蒙汉和平友好关系持续下去。三娘子当时 37 岁,已年岁渐老,自练兵万人,筑城别居。明朝方面也担心土默特蒙古无主事之人,不利于边界和平。于是,郑洛又使人规劝扯力克曰:"夫人三世归顺,汝能与之匹则王,不然封别有属也。"[3](P5851)扯力克尽逐其妾,复妻三娘子。三娘子成为第三代顺义王夫人。这时,她的权势已达到鼎盛,她"聪慧善谋,兵权在手,上佐虏王,下扶诸部,令无不行,禁无不止"[7](卷450)。在她的主持下,明蒙边界出现了一派安定和平的景象,"塞上士民,父老缓带,稚子咽哺,胡马不窥于长城,而羽檄无警于中

国。"[7](卷450)明朝廷为了嘉奖三娘子顾全大局,斡达大义的精神,于万历十五年(1587年)特地敕封她为"忠顺夫人"。三娘子深表感激,率部众宣誓:"我子子孙孙及各部族,永世为天子守边,不敢背德。"(赵士喆《北虏三娘子列传》)

(四)忍辱负重,四嫁顺义王,为蒙汉和平鞠躬尽瘁

万历三十五年(1607年)四月,扯力克去世,扯力克孙卜石兔应当袭位。三娘子的孙子素囊也想夺取王位,二人之间开始了"夺嫡"之争。但是,无论谁嗣王位,按先例都必须与三娘子结婚,才可以袭封号。而这时的三娘子已是"头白齿落",老态龙钟了,所以她坚持决不再婚,致使王封六年不成,明朝也停止了通贡互市。为了尽快恢复被停止了的互市,三娘子不顾一切向明朝力争。她看到卜石兔对通贡互市极其恭谨,土默特各部首领亦同心拥戴。62岁的三娘子,终于迫于形势,于万历三十九年(1611年)与黄口小儿卜石兔结婚了。这完全是一种政治需要的婚姻。然而,婚姻换来了贡市与和平,这是三娘子最感欣慰的。万历四十年(1612年)四月,三娘子与世长辞,终年63岁。

纵观三娘子的一生,从她32岁时俺达汗去世到她63岁病逝前一年被迫再嫁卜石兔,在众望所归之形势下,包括稳定和治理土默特蒙古内部以及维护蒙汉和平友好的大局,明朝廷是寄厚望于三娘子一身的。正是因为她为顾全大局,委曲求全地做出个人牺牲四嫁顺义王,才使她主政这几十年来,一方面,土默特内部经济发展,政局稳定,人民生活安定。明朝总督方逢时在他的《塞上谣》里生动地表达了边塞人民的欢乐景象:"人言塞上苦,侬言塞上乐。胡马不闻嘶,狼烟净如濯。时雨既将沙草肥,丁男释甲操锄犁。夫耕妇馌朝复暮,荜门鸡犬皆相依。"三娘子以她卓越的功绩赢得了人民对她的尊敬,直到她逝世许多年,"沿边将士人人思三娘子保塞功"。另一方面,土默特蒙古与明朝的边境上也是"六十余年边氓生息,遂长不识金革矣。"[2](P1566)

可以说,三娘子在振兴土默特蒙古,为国守边,维护和巩固蒙汉友好和平方面,起了极其重要的作用,做出了不可磨灭的贡献。她的名字,应永载史册。

参考文献:

[1]白寿彝.中国通史[M].上海:上海人民出版社,1996.
[2]谷应泰.明史纪事本末[M].北京:中华书局,1977.
[3]张廷玉,等.明史:郑洛传[M].北京:中华书局,1974.
[4]高拱.伏戎纪事[M].涵芬楼影印本,1962.
[5]瞿九思.万历武功录[M].北京:中华书局,1962.
[6]沈鲤.复议虏酋妃号疏[M]//陈子龙,等.明经世文编.北京:中华书局,1962.
[7]涂宗浚.料理驭虏疏[M]//陈子龙,等.明经世文编.北京:中华书局,1962.

(原载于2003年第6期)

包头美岱召泰和门石刻题记考辨

姚　旭　张景峰

美岱召位于包头市土默特右旗美岱召村，是明代著名的“城与寺”相结合的建筑群；是一处藏传佛教寺院；是蒙古土默特部阿勒坦汗（俺答汗）金国的都城。隆庆五年（1571 年）蒙明和议后，阿勒坦汗自称其政权为“大明金国”。隆庆六年（1572 年）在该城内建灵觉寺。“美岱召”是 1606 年以后人们对灵觉寺的俗称，现为全国重点文物保护单位，3A 级旅游景区。其城门称泰和门，门额上镶有石匾一块，长 69.5 公分，宽 52 公分，是研究美岱召历史非常珍贵的文物（以下简称“题记”）。

石匾最上端，横写藏文，汉译为“唵、啊、吽。圣识一切索南嘉措顶礼。唵、嘛、呢、叭、咪、吽。”文字结构前三字是“种子字”，中间是三世达赖喇嘛的尊号，最后是“六字真言”。正文汉文竖写：

元后勅封顺义王俺答呵嫡孙钦升龙虎将军天成台吉妻七庆大义好五兰妣吉誓愿虔诚敬赖三宝选择吉地宝丰山起盖灵觉寺泰和门不满一月工城圆备神力助佑非人所为也

皇图巩固

帝道咸宁

万民乐业

四海澄清

大明金国丙午年戊戌己巳日庚午时建

木作温伸石匠郭江①

该题记中有明显的错字：“天成台吉”应为“大成台吉”，即阿勒坦汗爱孙把汉那吉；“工城”应作“工程”。另有几处名词较难解：“元后”应指元朝的后代；“金国”是指阿勒坦汗政权；“俺答呵”即阿勒坦汗（俺答）；“七庆”是“斯琴”的又一种译写，为聪慧之意；“大义好”即太后；“三宝”是指佛教所说的佛、法、僧；“宝丰山”即美岱召后的大青山，当地人称为“大山尖”；“丙午年”为万历三十四年（1606 年）。石刻文字不长，不易弄清楚的地方却很多，本文仅就三个问题提出看法。

1. 五兰妣吉其人

在题记中已经说明，起盖泰和门的原因是“虔诚敬赖三宝”（尊奉佛教），工期“不满一月”，建造人是五兰妣吉。五兰（汉译乌兰，意为红色）妣吉（意为夫人）只是个称号，不是含有姓氏的人名。她是阿勒坦汗哪一个孙子之妻？“题记”中称其为“龙虎将军大成台吉妻”，那么我们先在有“龙虎将军”称号的台吉中去寻找。

阿勒坦汗长子黄台吉（第二代顺义王）有过“龙虎将军”的称号，有一个妻子叫五兰妣吉，是阿勒坦汗的儿媳，不是孙媳。这位五兰妣吉在她丈夫黄台吉1586年死去以前便已经去世，应该不是她。至1606年，阿勒坦汗有三个子孙领有“龙虎将军”称号。第一位是黄台吉的长子扯力克（第三代顺义王），但他从来未有“大成台吉”的称号；第二位是阿勒坦汗与三娘子所生之子不他失礼，他的后妻叫五兰妣吉，但是她是阿勒坦汗的儿媳；第三位是扯力克之弟五路台吉，虽然他的妻子也叫五兰妣吉，但他们的活动事迹与美岱召毫无关系，不是我们要找的人。

据汉文文献记载，把汉那吉的妻子也叫五兰妣吉。《三云筹俎考·虏酋市场》中载，把汉那吉的妻子五兰妣吉在“山西水泉营互市”。宣府大同总督涂宗浚在《请嗣封爵以顺夷请疏》中转述了五兰妣吉向万历皇帝说的话：“我系先年（1570年）同夫把汉那吉投降中国（指中原朝廷）首款之人（指把汉那吉出逃事件，成为1571年蒙明和议的契机），素囊台吉是我与后夫不他失礼所生之子，即先王俺答嫡孙。今忠顺夫人虽故（1612年三娘子病逝），我同素囊母子俩，外领东西两哨部落（顺义王直辖领地上的全部兵马），内守得胜、水泉两处边疆（阿勒坦汗直接与明朝两处互市的地方），一遵先王盟约，一报天子厚恩……”她是我们要找的五兰妣吉吗？

在《蒙古源流》中，把汉那吉的称号有“大成台吉”“大成矮杰”“巴卡阿赤”“玛察克哈屯”，而他又是阿勒坦汗的孙子，其妻五兰妣吉自然是阿勒坦汗的孙媳。现在要想把美岱召泰和门石刻中的五兰妣吉和把汉那吉的妻子五兰妣吉画上等号还差一条，即把汉那吉有没有“龙虎将军”的封号。从现有文献来看没有。但这并不妨碍我们的设想。美国学者亨利·塞鲁斯在《绥远麦达召喇嘛庙1606年汉文铭刻考释》一文中从各个方面考证说，由于民族语言文字差异，蒙古人把明朝政府加给蒙古贵族的封号弄混了，把“龙虎将军”的封号加在了把汉那吉的头上。而且这种错误经常会出现。例如隆庆六年（1572年），黄台吉入贡，在《进贡表》上，有时自称都督同知，有时自称龙虎将军，曾被明朝查验表文的官吏多次指出过。

由以上可知，题记上的五兰妣吉，前夫是把汉那吉，把汉那吉逝后再嫁给不他失礼。我们还找到了有关她的实物资料：（1）在包头市东郊沙尔沁村，发现了一块未刻完的汉文石碑，有把汉那吉的名字，说明美岱召至包头旧城一带，是把汉那吉的领地，与文籍记载吻合。当时这块地方，因在美岱召以西，俗称“西哨”。（2）美岱召大雄宝殿之佛殿西墙下端壁画，绘有阿勒坦汗第三夫人钟金、五兰妣吉的画像，显示其重要的历史地位。（3）清代所撰把汉那吉的家谱，清代住在美岱召内的“辅国公剌麻扎布一系”，是把汉那吉、五兰妣吉的嫡系子孙。

2. 灵觉寺

题记中提到的灵觉寺，许多人认为是1606年建立的，即美岱召建寺时间是在1606年，这种看法有一个充足的理由，就是大雄宝殿落成和银佛像开光、麦达里活佛在灵觉寺住持、起盖泰和门工程大约都是在1606年。如果我们把视野放大一些，会发现有很多问题还要研究。简单地说，大板升城，即美岱召古城原先有哪些建筑；这些建筑发生过什么变动；阿勒坦汗何时皈依佛教；在1578年仰华寺与三世达赖会见以前，即“隆庆六年建寺大青山”，这个寺是否就是灵觉寺。

嘉靖四十五年(1566年)，流亡汉人赵全、李自馨等为阿勒坦汗在大板升城内建造宫殿。朝殿和寝殿共有7座，在美岱召中心线上，几乎是布满了。其时，今天我们所见的大雄宝殿还没有出现，是被阿勒坦汗的宫殿所占据着。

隆庆四年(1570年)，阿勒坦汗已十分崇信佛教，在蒙明和议初步达成，爱孙自明朝大同归来时，阿勒坦汗“诵经谢天地，以打牲为禁(不杀生)”。阿勒坦汗派使者18人向明朝宣府大同总督王崇古申明前约时，“指天王、佛祖为誓(天王指蒙古族所信仰的长生天)”。在与明朝边吏使者往来时，阿勒坦汗“因使使者索黄莺及五彩(以上指的是造庙彩绘、绘制佛像的颜料)，往绘佛像”。阿勒坦汗信仰佛教是如此的虔诚，屡次请僧人来土默川为他讲解经义，佛事活动多了起来。其部众万人，受阿勒坦汗影响，都在朝夕礼佛，故有迫切建庙的需要。《万历武功录》载，隆庆六年(1572年)，“于是，俺答请工师五采建寺大青山”。宣府大同总督王崇古对于此请极表支持，因为“幸俺答晚喜佛，意欲番僧阐扬慈教，启发善心”。接着，“崇古复给布四十余匹，米面四十余石，以为建斋费”，使建寺成为现实。

“隆庆六年建寺大青山”，就是兴建灵觉寺，我们提出如下理由：

(1)当时建寺不只一处，而是多处。隆庆六年(1572年)，“择日治道场”，便是建寺。佛教徒称寺为道场，不只是指临时搭建做佛事的棚子。《万历武功录》说：“顷之，黄台吉亦请僧建斋，而虏众亦以佛为宗，以僧为师矣。”《明神宗实录》载，万历二年(1574年)十二月，“传谕黄台吉自采木料，于关西离边远处，修盖一寺”。黄台吉是在阿勒坦汗的影响下信佛建寺的。阿勒坦汗建寺，既是政治需要，又是为方便个人拜佛。黄台吉建寺、阿勒坦汗建寺，在时间上，都早于在青海所建的仰华寺。

(2)从建寺地点来说，隆庆六年，今呼和浩特一带仅有阿勒坦汗的兵营，万历三年(1575年)始建成呼和浩特，万历七年(1579年)建成大召(弘慈寺)。隆庆六年(1572年)“建寺大青山”，地点只能是大板升城即美岱召古城，而不是在呼和浩特。“隆庆和议”后，美岱召的琉璃殿是顺义王王府，在王府前边是赵全等人为阿勒坦汗所建的几座殿堂。琉璃殿之西的西万佛殿建筑规格较高，面阔3间，纵深2间，内有4根平面八棱红漆柱，后两根柱沥粉金龙图案。顶为歇山式上覆青瓦，琉璃砖剪边，是四周有围廊柱的单层殿堂建筑。这座殿堂应是早期灵觉寺的正殿，麦达里活佛来后在该殿说法。

（3）土默川的寺庙名称，许多在史书上是失载的，在清代只有重新建立史料档案。至于灵觉寺命名情况也是在失载之列，隆庆六年（1572 年）在大板升城内是否建寺，是我们讨论的关键。今日所见的大雄宝殿，从建筑规模、工艺各方面来看，应是在隆庆六年（1572 年）之后，方取代了该址上原来的宫殿建筑。当这座大雄宝殿成为灵觉寺正殿的时候，自然西万佛殿作为正殿的功能随之改变。

3. 大明金国

“大明金国”一词，有两种不同解释：一种是“隆庆和议”以后的金国，阿勒坦汗既然接受了明朝“顺义王”的封号，自然是要奉明朝为正朔（使用明朝颁发的历法，意即为明朝的臣属，丙午年便是明朝历法的纪年）；一种是乔吉先生的见解。据《阿勒坦汗传》等蒙古文文献，阿勒坦汗有格根汗之尊号，其意为“光明”或“大明”。[1](P85)“金国”的“金”是蒙古语“阿勒坦”，原蒙古文的含义是“格根阿勒坦汗之国”。在《阿勒坦汗传》等蒙古文文献中，对于明朝从来不称“大明”，称蒙古人名冠以“大明”者，如“大明钟金哈屯”（即三娘子）、“大明矮吉”（即把汉那吉），乃至有用“大明成吉思汗”者。我们赞同第二种解释，“格根”的另一词意即活佛，是对寺庙里地位最高、道行高远、法理渊深喇嘛的一种尊称。这里还想说明的是，嘉庆十七年（1538 年），蒙古大汗阿勒克，赐阿勒坦为索多汗，意为“伟大”“圣神”之主。汗号有了，地盘有了，实际上“大明金国”已出现，只不过是这个“金国”，地位尚在蒙古大汗之下。阿勒克大汗逝世后，“阿勒坦汗国”完全具有独立性质，拒绝向蒙古大汗纳贡了。阿勒坦汗和蒙古大汗（明代蒙古的大汗）都是元室后裔，这样题记文字中的“元后”就可以得到明确的解释了。

简言之，“大明金国”的含义是“无限光明之金国”，而不是“大明朝之下的金国”。从题记中看出，书写着承认明朝皇帝敕封阿勒坦汗为顺义王这一事实，在落款书写年月时，不写“万历”年号也是事实，并无不妥之处。蒙古文本《阿勒坦汗传》说，由于俺答汗打败了明朝，明朝因害怕而“尚蒙古阿勒坦汗以绥王（顺义王）尊号”。《蒙古源流》载：“（阿勒坦汗）行兵中国，侵凌骚扰，明人大惧，遣使阿勒坦汗，给与绥王（顺义王）之号……与大明隆庆共摄大统。”这都代表了当时蒙古人的看法。

注　释：

①石刻文字载《包头文物资料》第一辑。该石匾存包头市文物管理处。

参考文献：

[1]乔吉.内蒙古寺庙[M].呼和浩特：内蒙古人民出版社，2003.

（原载于 2011 年第 2 期）

"禁留地"的开垦及晋、陕、宁、绥间的边界纠纷

张淑利

"禁留地"是清初为封禁鄂尔多斯各部和蒙汉两族人民的交往而划出的一块东西长 2 000 多里，南北宽 50 里的长条形禁地。"禁留地"划出后，既不许蒙民游牧，又不许汉人耕种。康熙三十六年（1697 年），随着国家大一统局面的出现和内地人口的增加，"禁留地"逐渐被开垦种植，从而引发了一系列社会后果，其中之一即晋、陕、宁、绥间的边界纠纷。[1](P93-95)

一

康熙三十六年（1697 年）允许"禁留地"开垦后，由于当时租税极少又无一定的定例，许多人涌入开边。其涌入的方向大体为"河曲县之北的准旗界地、马栅、十里长滩一带由河曲县民开垦；清水、黄甫至镇羌之北由府谷县民开垦；郡王、乌审、鄂托克地分别由神木、榆林、定靖两边怀远各县开垦。"[2](P16) 这些涌入开边的汉民常越过 50 里界限，从而与沿边各旗蒙民产生矛盾和纠纷。为解决蒙汉纠纷和稽查民人越界开垦等事宜，康熙四十七年（1708 年）清廷在宁夏设理事司员，作为遥控蒙古地区的机构。最初宁夏理事司员设两名，管辖鄂尔多斯六旗（鄂尔多斯初设六旗，乾隆年间又增设一旗，即后来的鄂尔多斯七旗）沿边蒙汉交涉事。理事司员由理藩院派出，由旗人担任。

沿边汉民的大量垦种使农业得以迅速发展，到康熙五十八年（1719 年），贝勒达锡拉布坦以"民人种地，若不立定界址，恐致游牧窄狭等情申请"。因此理藩院"特命侍郎拉都浑前来榆林等处踏勘，即于五十里界内，有沙者以三十里为界，无沙者以二十里为界，准令民人租种"，并规定当时的租税为"每牛一犋（约二百七八十亩）准蒙民征粟一石、草四束，折银五钱四分。"[3](卷二十一)

清廷虽然允许汉民在规定的界限内耕种，但不准他们长期居住，更不准他们与蒙古人结婚生子。出边的人必须持有印票，每年春出秋归，被称为"雁行"。出边的农民在开垦地边暂时搭棚伙聚盘居，称为"伙盘"。

到康熙朝末年，出边耕种的汉人越来越多，汉蒙纠纷以及汉人越界耕种之事也越来越多，远在宁夏的理事司员对鄂尔多斯南部各旗的汉蒙纠纷有鞭长莫及之感，

于是在康熙六十一年(1722 年)覆准:"瑚坦河朔至中卫沿边鄂尔多斯六旗,原设办理蒙古事务官二人会同该札萨克办理完结,均驻扎宁夏,如关系神木、榆林等处蒙古事务,遥办恐致迟误,将理事官二员分驻宁夏一人、神木一人。"[4](卷九七九)宁夏理事司员管辖阿拉善旗和鄂尔多斯鄂托克旗,神木理事司员管辖鄂尔多斯其他五旗。理事司员作为理藩院的直接派出机构,与各该处同知"间年一次,轮流出口巡查"。巡查的时间为每年的秋天,故也名"秋巡"[5](卷三)。

到雍正年间,这些出边的汉民多有致富者,他们春出秋归,春出空空,秋回满载。内地官吏以这些出边者的户籍编籍于口里,往往要他们出些草料以充军粮,旗内蒙民则由于可以不劳而获利,也常允许汉民越界耕种,私索租价。"各旗设立收头,按期赴伙盘地收取。"[5](卷三)这样就引起索交租价的矛盾。

雍正八年(1730 年),问题接踵而至,理藩院尚书特古塔奏准:"五十里禁留之地,蒙古何得收租? 议令征收粮草,归地方官贮仓。"[5](卷三)当时,正碰上鄂尔多斯大荒旱,牲畜倒毙,生活恐慌。再加上汉民也已习惯于向原来旗下指派的收头交租,所以理藩院的行文并未执行。

乾隆元年(1736 年),和硕庄亲王议准:"(延绥)总兵米国正条奏:'蒙古情愿招民人越界种地收租取利者,听其自便。'"从此"内地民人以口外种地为恒产,蒙古亦资地租为养赡"[3](卷三)。这样,内地汉民更大规模地涌入,这必然导致蒙古游牧地狭窄。

乾隆八年(1743 年),"各旗贝子等以民人种地越出界处,游牧窄狭等情呈报。"乾隆帝命理藩院尚书班第与川陕总督庆复前往榆林地区,会同陕北各县及鄂尔多斯各旗议定边墙之北"禁留地"问题,并定立了永远章程。规定:"有于旧界(康熙五十八年界)外稍出二三十里,仍照旧耕种,其并未出界者,仍照前办理。有出界五十里之外,将种地民人收回,五十里之内,给与空闲地亩耕种。"并规定了新的收税标准:"租银分别界内、界外,界内者照旧租不加,其界外者每牛一犋除旧租糜子一石、银一两之外,再加糜子五石、银五钱。"[3](卷三)

这次划定禁留地问题,是在康熙五十八年划界基础上进行的,"各拓地二三十里不等,约计界址仍不出五六十里。"而且通过订立永远章程,"事有专责",蒙汉两族人民基本能和睦共处,相安无事。道光十七年(1838 年),牌界内再次招民租种,"每犋每年租银五钱、糜子五斗,获利更多,蒙汉两利"[6](卷四)。此后,随着鸦片战争的爆发,清朝国门洞开,外国侵略势力从南北两个方向入侵中国。清政府忙于应付外敌,对内地流民进入蒙地开垦种植已无暇顾及,于是禁令更进一步放松,对汉民入边采取听之任之的做法,对于汉民有无越界开垦种植也无力再管。同时,随着清政府战事频繁,财政开支加大,对蒙古王公的剥削也日加严重。蒙古王公不但要提供战马,还要捐纳"捐输""捐银"。这样蒙古王公生活也日益窘迫。为解决财政亏空,他们对汉民越界耕种也采取默许态度,以收取租银,如此则汉民源源不断地涌入。到清末放垦蒙地时,沿边各县汉民已远远超过50里界限,深入到蒙旗腹地。

二

清末放垦蒙地,是在当时特殊的历史背景下进行的。鸦片战争后,外国侵略势力逐渐进入蒙古地区,进行全面的经济剥削和政治渗透。清朝在蒙古地区实行有效统治的忠实代理人王公上层,成为外国侵略者拉拢和收买的对象。到清末,一些蒙古王公在俄、日的诱惑下,已明显产生了离心倾向,蒙古王公不足倚的情况日益明显。

同时,随着外国资本和汉商高利贷者残酷的经济剥削,蒙古地区蒙古王公和广大蒙众日益贫困,畜牧业日益衰落,蒙古地区内部呈现出一片衰落的景象。人口普遍下降,严重影响着劳动力的来源和军队的兵力来源。在新的历史条件下,蒙古骑兵已不能抵御外国侵略者的洋枪洋炮,也无力扑灭内地农民起义的遍地烽火,蒙古兵不足恃的倾向也越来越突出。相反,靠镇压内地农民起义和举办洋务起家的汉族地方实力派官僚成为清朝倚重的对象。他们很自然地进入清朝的统治中枢。清朝建国以来满蒙联合统治为主的政权,已逐渐转变为以满汉地主阶级联合为主的政权。

到20世纪初期,蒙古地区已失去了它作为清朝后方基地的重要地位,蒙古族在整个社会中地位明显下降。这从贻谷的一份奏折中可见当时的情况。

光绪三十三年(1907年)贻谷在给光绪帝及慈禧太后的奏折中写道:“边厅官吏以索费未遂,竟敢擎郡旗王领而声击之,是以王辱于役也;札萨公旗馆商富于蒙家,胆敢肆淫,执商送于公,公恐商挟而索债,但鞭其蒙妇而释商,厚加以礼貌,是以公而屈于贾也;达尔汗贝子全家为匪所捆,肆行拷烙,抢掠一空,是以贝子而危于贼也。王公贝子甘受人欺,何论蒙众?”[7](P9)

在这种情况下,清政府一方面以国防计,另一方面为筹措战争赔款,于是开始在蒙古地区推行垦务。光绪二十八年(1902年),慈禧太后任命贻谷为督办盟旗垦务大臣,到内蒙古西部绥远地区推行垦务。

贻谷上任后,首先选拔垦务人员,组建垦务机构。光绪二十八年(1902年),五月在归化城设督办蒙旗垦务总局。八月在包头设立办理乌盟和鄂尔多斯两地之垦务局。后由于乌盟顽强抵抗,它的活动不得不只限于鄂尔多斯各旗。光绪三十一年(1905年),归化垦务总局撤销,主要人员调往包头,乌盟和鄂尔多斯两地之垦务局也改称西盟垦务总局。此外,在鄂尔多斯各旗分设垦务总局,具体经营各旗垦务。其中杭、达两旗直辖于西盟垦务局;乌审、札萨克两旗合设一乌审札萨克垦务分局;准格尔、鄂托克、郡王旗则分别设立了垦务分局。鄂尔多斯七旗的土地报垦和丈放,主要集中在沿河(黄河)一带和沿边一带,是在康熙三十六年(1697年)以来私垦的基础上进行的一次重新的土地分配。如杭锦旗和达拉特旗,早在清末放垦以前,沿河一带已出现了农业区。清末放垦后,该两旗在贻谷软硬兼施的逼迫下,被迫报垦本旗土地,但报垦的土地也大都集中在沿河一带,再如其他与陕、晋及宁夏(原属甘肃省)交界的五旗,他们报垦的土地则大多是在沿边一带。究其原因,一是沿边一带土地,自清初开垦以来,经过农民200多年的开垦经营,土质发生变化,由生地变为熟地,易于农业生产。这样,清政府对其重新开垦丈放,收取押荒银,招民耕种,才能达到其目的。因为农民虽然受到剥削,但为了养家糊口,还是从清政府那里认领一块易于耕种的土地去经营。农民耕种的土地有的是自己原先耕种的土地,有的则是重新认领的。因此说清末这次土地放垦对于沿边鄂尔多斯各旗农民来说是一次重新分配土地的做法。此外,各旗报垦沿边一带土地的另一个原因是为了省去长期以来收税的麻烦,又可保住旗内腹地的牧地。如郡王旗报垦黑牌子地的原因是:"此地系报部放给民人开种多年,因取租不易,是以呈报。"[8](P91)

纵观清末贻谷放垦,沿边五旗报垦地分别为:

郡王旗:光绪三十二年(1906年)闰四月,郡王旗续报黑牌子地。其范围南起神木边墙,北到光绪二十八年(1902年)报垦地南界。东南沙尔格边墙,东临准格尔界,西面札萨克旗界,东西宽一百余里,南北长一百六七十里不等。加上东边和东南两段地以及皂火、盐道地,共放地9 639倾。由东胜厅管辖。

准格尔旗:光绪二十九年(1903年)八月,准格尔旗报垦黑界地。三十一年(1905年)二月设局丈放。其范围西起水坑博罗鄂博,东到黄河畔,东西横亘212里,南北宽为七八里及十余里不等。放地1 588顷25亩,由河曲、府谷县管辖。

札萨克旗:光绪二十九年(1903年)六月报垦,八月丈放。其范围东至郡王旗,西到乌审旗,北界至喀拉牌止,南界至边墙。东西宽约百余里至七八十里不等,南北长约一百二三十里不等。连同一半万寿地,共放地2 183顷35亩,由东胜厅管辖。

乌审旗:光绪三十四年(1908年)报垦黄河以西,什拉乌素河与陕西靖边、怀远两县相近的一段地,面积1 452顷50亩。另有一半万寿地,计535顷77亩。两段地共丈放1 988顷27亩。属东胜厅管辖。此两段地直到宣统二年(1910年)才放完。

鄂托克旗:自光绪三十一年(1905年)二月起至宣统三年(1911年)止,共放地201顷93亩。属平罗县管辖。放地有五堆子、陶乐湖滩、庙滩、月牙湖等。

清末沿边各旗的报垦,虽然大都集中在原先汉民私垦的界地内,但其规模和面积往往突破原先规定的界址。加上汉民不断继续深入蒙旗腹地,开垦的土地越来越多,距边越来越远,界地开垦从50里到200里不等[9](P219-224)。

总计府谷、神木、榆林、横山、定边、靖边六县边外伙盘地界:东至府谷礼字地与山西河曲县义字地接壤,西至定边县五虎洞与甘肃盐池县边外接壤,北至准格尔、郡王、札萨克、乌审、鄂托克等旗牧地暨东胜县粮地,南至榆、横等县边墙。东西广1 300余里,南北袤50里或200里不等。除明沙、碱滩外,已垦熟地1 427 751亩,

1 942村,居民 16 100 余户。

从以上陕北沿边六县界地可以看出,自清初开禁到清末放垦以后,沿边各县农民涌入开边的人数以及开垦蒙地的规模是巨大的。除此而外,民国年间和国民党统治时期,仍然不断地开垦蒙地,伊盟七旗除沿边各地外,腹地内也受到大规模的开垦。这就产生了一系列的社会后果。晋、陕、宁、绥间的边界纠纷就是其中之一。

三

鄂尔多斯南部“禁留地”,东西绵延 2 000 多里,分别与山西、陕西、宁夏毗连,这种地理位置的特殊性,加上清开垦以来对该地管理上的混乱,导致了该地区放垦后与其他地区的差异性。这种差异性表现为矛盾更加突出,纠纷更加复杂,除激起民族矛盾和阶级矛盾外,还导致了与沿边各县的边界纠纷。

由于清初分封各旗时,只规定了各旗的四至范围,没有明确的界限划分,再加上清初放垦后,虽然历代边界都规定了大致范围,但只是以土堆、木牌等作为标志。由于年久失修,有的土堆夷为平地,有的木牌腐化倒地,再加上沿边各县农民并不能严格执行清廷规定,往往越过界限,进入蒙地,最后干脆定居蒙地。定居蒙地的汉民户籍仍编于内地各县,所以仍归各县管辖,而他们居住的土地所有权则属于各盟旗,这就形成一种错综复杂的关系。随着时代的变化,统治者对所属各地重新分省划界,边界纠纷就不可避免地发生。

(一)与山西的边界纠纷

伊克昭盟的准格尔旗,东邻山西河曲县,南与陕西府谷县交界。清初开禁以来,涌入准格尔旗的内地汉民也主要是这两地居民。清末放垦以前,准旗沿边“禁留地”以北东西长 120 里、南北宽 15 里的黑界地已被汉民开垦种植。清末贻谷放垦后,光绪三十一年(1905 年)前后,准格尔旗黑界地奏准丈放。垦务局将黑界地划为仁、义、礼、智、信五段。并规定仁、义两段地由山西河曲县民租种,礼、智、信三段由陕西府谷县民租种。五段地的政令、差徭统由河曲县和府谷县代为管理,租银由两县代为征收。

北洋政府统治时期,为加强对内蒙古各盟旗的控制,在内蒙古设置了热河、察哈尔、绥远 3 个特别行政区。伊克昭盟各旗被划归了绥远特别行政区。

民国七年(1918 年),绥远都统蔡成勋曾发起一次与山西、陕西划界的事件,但由于陕西沿边各县的坚决反对,未能成行。但与山西的划界则将由山西河曲县代管的“马栅、十里长滩的原八牌地、十五个主村、三十七个附村划归河曲县所属四区”[2](P20)。

(二)与宁夏的边界纠纷

主要表现在鄂托克旗境内的陶乐湖滩的归属上。陶乐湖滩居黄河以东,其界限“东连乌审,南临陕甘,西接黄河,北接杭锦”[10](卷二P5)。从陶乐湖滩往西,渡过黄河,西行不到 5 里就是前甘肃之平罗县(今宁夏平罗)。清初曾在鄂托克旗与甘肃平罗县交界处设立了5座墩台，俗称五堆子。五堆子初在黄河以西，乾隆年间河水改道，西岸崩塌，灾民无所安置，于是迁到河东新淤出之地移民开垦，承纳河西五堆子丁粮，属平罗县永惠堡之东甲。乾隆五十年（1785年），蒙汉分界，此地仍归平罗县管辖，仍名五堆子。可见，五堆子应属于平罗县。

但清末报垦时，鄂托克旗却报垦了五堆子、陶乐湖滩、月牙湖等地，由甘肃省平罗县代收押荒银。可见，实际上宁夏与内蒙古间的边界争端应在五堆子而不是陶乐湖滩，因为陶乐湖滩历来是鄂托克旗土地的一部分。只是由于“陶乐湖滩地区距省治太远，又苦于荒瘠”，历任政府都对其置若罔闻，未予重视，以至该地“居民苦无保障，因乏久居之心，几成瓯脱之势”[10](卷二P5)。

民国十七年（1928年）宁夏省政府成立后，即于第二年秋天强行在陶乐湖滩筹备设治，由于绥远省政府反对未能成行。随后绥远省政府于民国十九年（1930年）在陶乐湖滩设治，名为沃野设治局。设治大纲规定，沃野辖境以鄂托克旗报垦地为范围。

设治局成立后，因位于偏远贫瘠而又多纠纷的地区，谁都不愿上任，绥远省政府主席李培基遂别开生面，登报招聘县长。“有名为刘继尧者，托县人，北京民国大学毕业，曾任绥远中学训育主任。因地方派系斗争，归绥中学闹学潮驱逐了校长班养吾，刘继尧也被解聘，从此失业。正值县长考试，于是考中。因未参加地方任何派系又非李培基之嫡系，于是只好到边远地区就任。”[11](P221)

宁夏土皇帝马鸿逵对绥远这一手恨之入骨。1937年“七七事变”后，日寇侵入绥远，占据绥东、绥中、绥西，包头沦陷，绥远抗战部队退守伊盟、五原、陕坝，准备迎战西进之日寇。马鸿逵在这种国难当头之际，对绥远政府之抗日不但未予支援，反而以邻为壑。1937年11月，马鸿逵派兵占领沃野设治局，改名为陶乐县，即今宁夏陶乐县。

（三）与陕西的边界纠纷

边界纠纷中，除山西、宁夏外，与陕西的纠纷最为复杂和棘手。因为陕北六县东西长1 300多里的地方与鄂尔多斯南部各旗相邻。清初开禁以来，主要是陕北六县农民大量涌入开边，到清末放垦后，其深入蒙旗的农户距边已有二百多里。而且涌入的人口规模也极其庞大。这些涌入的农民与蒙古族杂居相处，经过200多年的经营，已经把沿边一带有些地方开发成肥沃的良田沃壤。由于这一带距离绥远城较远，所以民国初年，历任绥远都统都未把这一带重视起来。

到民国六年（1917年）十月，蔡成勋任绥远都统时，才发现了该地区的重要性。当时国内正值直皖战争和卢占魁的兵事活动。陕西督军陈树藩被“靖国军”围困在西安，国务总理段祺瑞命令各省出兵“九路援陕”。绥远都统蔡成勋命令绥远第一师沈广聚旅和李际春第四支队，于民国七年（1918年）由包头过黄河，到伊克昭盟驻扎。

沈广聚和李际春部在伊克昭盟与陕西交界的沿边一带驻军，见这一带土地经过陕北农民近两个世纪的辛勤耕耘，多数地区已由沙丘横亘的荒地变成阡陌纵横的良田沃野。在高家堡一带，能像江南水乡一样种植水稻。根据这一带的农耕情况，如果在该地设置几个县，而且是农业生产具有相当规模的县，向其增收租税，这当然会给绥远的经济收入注入新鲜血液。鉴于这样的考虑，蔡成勋便以民国二年(1913 年)经国务会议议决的绥远特别区案为由，向陕西方面提出应依据清代鄂尔多斯与陕西省以边墙为界的标准，把越过长城的陕西省所立的村庄归绥远管辖。[12](P142) 为此，蔡成勋给国务院的条陈说：

"窃维政治之道，首在疆域清楚，若疆域清，则一切庶政俾便整理，以期完善。兹查绥远区域所属伊克昭盟鄂尔多斯七旗：曰达拉特旗、曰鄂托克旗、曰杭锦旗、曰准格尔旗、曰郡王旗、曰乌审旗、曰鄂托克旗。除杭、达两旗属归绥，属五原县管辖外，其余五旗，如准格尔旗，地北界归绥，属托克托、东胜两县管理，南界归陕西神木县管理；乌审旗地尽归陕西榆林、神木、横山、靖边等四县管理；鄂托克旗地归甘肃平罗县管理。一旗之地，有归两省两县管理者，又有一省四县管理者，甚有归三省四县管理者。而一旗地内居住汉蒙人民应纳之租税，并呈控之诉讼，趋赴县署或一二百里，或数百里者。奔驰之苦，久称不便。且对于行政各要端，障碍尤多。此疆界纠纷，政权不一之实在情形也。粤稽前清时代，绥远将军管军事，辖两盟，其行政事务，均归地方行政，若仍沿照习惯，则于政务既多废弛，又于人民著称不便。殊非治政之道。兹经博考舆情，斟酌现状，自非划清行政疆域实不足以资治理。拟将伊克昭盟各盟地陕西、山西、甘肃三省各县管理者，均请划归绥区。酌设县治，自行治理，庶于一切政务，可归一致而便整饬。此沿边各县所辖盟地一应划归绥区自行治理之实在情形也……"[13](卷二)

从这一条陈中可以看出，蔡成勋所说也系实在情形。清初开禁以来，经过 200 多年的开垦耕种，当地农业发展比较迅速，但由于历次开垦都没有明确的界限划分，或者即使规定了界址的大体走向，却缺乏明确的可以恒久的标示物，所以造成疆域上、租税上、诉讼案件上等多方面的混乱局面。清末开垦后，虽然沿边各地也大都报垦丈放，但对于土地归属问题仍然没有明确的规定。虽然清廷对原属于蒙旗的土地由原来的私租私放变为政府的自身经营，但又将收税权委托给沿边各县代为征收，将押荒银中的一部分交给各蒙旗王公札萨克等，这又似乎说明各蒙旗对土地的支配权并未完全丧失。清廷这种模棱两可的态度，将矛盾和隐患延续下来并遗留给后来的民国政府，如出现"一旗之地，有归两省县管理者，又有一省四县管理者"。这种"疆界纠纷，政权不一"的情况是使新都统感到头疼的事。更重要的一个原因是蔡成勋发现完全控制这一地区确实有利可图。

蔡成勋提出的这一条陈，对各旗来说当然赞成。因为在此之前，绥远都统署为防备土匪的侵害抢掠，曾给鄂尔多斯各旗购买了一批枪支弹药，所需的款项是由都统署暂时垫支的，所以这笔款还得各旗筹还。蔡成勋答应各旗以放垦沿边土地所得押荒银来顶这笔款，如此各旗何乐而不为呢？

国务院接到蔡成勋的条陈后，也同意蔡的要求。国务院批准的理由是"……凝厥原因，良由清季放垦之初，依地形之便，由山西、陕西、甘肃沿边各县就近管理，本与现在情况不同。晚近数年，绥远区设治已久，都邑正待推广，民政事务责有攸归，不宜袭纠纷错综之弊，至违保境实边之本旨，应即根据设区原案，并原呈各节由国务院分行三省会同绥区都统派员查勘，将伊克昭盟地完全划归绥远治理，以清疆界而垂定案……"

于是，绥远垦务局便于民国八年(1919年)九月，派周庆慈为郡王、准格尔两旗收界委员，派曾广普为乌审、札萨克两旗收界委员，并派旅长沈广聚，第四支队司令李际春予以协助执行。

但是，陕西沿边各地农民坚决反对丈放，这就引起剑拔弩张的严峻纠纷。如准格尔旗公署派巴德玛等3人到府谷沙梁地方勘地，被当地兵团及民人刘存舍等殴打，束缚到县署，并掠去洋票等物。

来自陕西方面的反对，不仅仅是一般的反对开垦，而是与蔡成勋针锋相对的。陕北榆绥延潕公民艾如兰等22名代表在给陕西省省长刘镇华、陕西省督军陈树藩、榆林道道尹王健的呈文中甚至提出将伊盟准格尔、郡王、札萨克、乌审、鄂托克五旗全部划归陕西省管辖的要求，这是绥远方面始料不及的。

为反对蔡成勋的放垦，以高涌先、尚天文等16人为首，成立了陕北六县农民争存会，为扩大影响，六县选出公众代表朱维勤等前往北京，与在京的陕北国会议员斐宜丞相配合，向国民政府大声疾呼旅京陕北同乡会函称：

"绥远都统蔡成勋，为扩充个人地盘，破坏全陕疆土。去岁呈请政府，将我陕北边墙以外之地划归绥省，分设县治，业派划界委员矣。嗣由榆林道镇两署派员，与在京同乡接洽，向政府及国会详呈利害。政府为尊重民意，保全疆吏起见，故肆优容，未予训斥。讵该都统野心未戢，乘现在多事之秋，复行派员擅行强占，美其名曰收归国有，增加赋税，以收界划县，自欺欺人。一若此数百里土地，千余万人已成囊中物，口中肉，应有采取宰割之权。似此不法行为，惟藐视吾省长及中央政府，且视吾陕北形同化外，任彼囊括之，蹂躏之。今日可占边墙以外之地，明日即可占边墙以内之延榆绥潕，后日即可占号称富庶之蒲富临渭。野心所至，何有限量？即就此数百土地而论，盐碱畜牧之利，非仅沿边六县人民生计之所系，即陕北实业命脉之所关，亦即吾陕西全省利源之所在。倘坐视不理，吾陕必无发展之望矣！同人等有鉴于此，在京开会讨论决定办法数条：1.由在京同乡呈请政府取消划界；2.登报反对；3.组织团体共同抵制；4.

由在京同乡请本省长官向政府力争;5.联络甘肃省一致反对;6.联络各县人民,以停止纳税为抵抗条件,向政府力争。”[13](卷二)

从上述函文可以看出,双方争夺的焦点是其经济利益所在,而且有不符史实之处。从函文中所呈可以看出,陕西省当时已将陕北六县所代为管理的沿边各地据为己有。反而,认为蔡成勋收回这些地区为“野心所至”。实际上,如果从历史的角度看,这一地区本应属于鄂尔多斯各旗,而当时鄂尔多斯被划归了绥远特别行政区,因此其土地归属应属绥远方面。只是由于这一地区长期为汉民开垦耕种,由陕北各县代为管理,从表面上看,似乎这一地区属于陕西方面管辖由来已久。这也成为后来沿边各旗土地很大一部分被划为陕西方面的一个重要理由。

蔡成勋提出的划界问题,遭到陕西方面的强烈反对,民国八年(1919年)到民国十年(1921年)间,陕北六县乡绅为反对蔡成勋的划界活动于榆林、西安、北京各地,加上六县激奋的农民形成一股巨大的反划界、反开垦潮流。由于来自陕西方面的巨大压力,民国政府只好收回成命,以“暂缓实行”为辞,将此问题无限期地拖了下去。因此,民国年间的这次陕绥划界问题不了了之。

此后,陕绥间的边界纠纷一直不断,而且时有流血冲突事件发生。内蒙古自治区成立后,将沿边大部分土地划归了陕西。但双方界限的最终确定是在2001年。

参考文献:

[1]张淑利.“禁留地”初探[J].阴山学刊,2004,(1).

[2]准格尔旗志史办编.准格尔旗史料:六[G].内蒙古档案馆藏,1983.

[3]李熙龄.榆林府志[M].榆林府公署刻本,道光二十一年(1841).

[4](光绪)钦定大清会曲事例[M].光绪二十五年本(1899).

[5]陕西省神木县志史办.神木县志[M].道光二十一年(1841)重新整理本,1982.

[6]张鹏一.河套图志[M].内蒙古图书馆藏手抄本,民国六年(1917).

[7]内蒙古档案馆.清末内蒙古垦务档案汇编[M].呼和浩特:内蒙古大学出版社,1999.

[8]宝玉.清末绥远垦务[M]//内蒙古地方志编纂委员会总编室.内蒙古史志资料选编:第一辑:下.内蒙古地方志编纂委员会总编室,1985.

[9]潘复.调查河套报告书[M].北京:京华印书局,民国十二年本.

[10]傅增湘.绥远通志稿[M].内蒙古图书馆藏手抄本,1941.

[11]刘继志.马鸿逵霸占沃野设治局之经过[M]//中国人民政治协商会议内蒙古自治区委员会文史资料委员会.内蒙古文史资料:三十三.呼和浩特:内蒙古人民出版社,1988.

[12]樊士杰.陕绥划界纪要[M].内蒙古档案馆藏手抄本.

[13]梁冰.伊克昭盟的土地开垦[M].呼和浩特:内蒙古大学出版社,1991.

(原载于2005年第1期)

西口简析

王来刚

明代中前期,长城沿线九边地区遍设卫、所,屡次修建边墙并广置屯堡关墩,各个卫所驻地通常称为堡。至明中期隆庆年间,明廷与蒙古俺答部达成“隆庆和议”后,明廷开始在部分长城卫所附近进行互市,逐渐形成许多中小型民族贸易市场。及至明万历以后,大同杀胡堡地与宣府镇张家口更是比较发达。如万历四十五年(1617 年),大同杀胡堡市场上“汉夷贸迁,……日不下五六百骑”(《明神宗实录》卷五五八)。张家口在明末也是“贾店鳞比,各有名称”。延至清代,边市贸易继续进行,人们也开始称这些互市关口为“口”,如张家口、喜峰口、古北口、杀虎口。

人们对称张家口为东口似没有争议,但对西口究指何处则有不同说法。例如安介生认为“东口以西的各口(特别是杀虎口)称为西口”[1](P78)。而俄国学者阿·马·波兹德涅耶夫则在其书中写道归化城是西口,并看到当时官家的运输车辆上所标的地名都是西口,并在驻军的号衣上也可见到。[2](P136-137)秉荣、原鲁认为“杀胡口(杀虎口)为西口,后移至归化城”;另有 16 处水关也是“走西口”的口子。[3](P53)而有人又将塞外名城包头称为西口[4](P5)。可见学术界还没有一个公认的说法。我认为之所以出现这种模糊不清的看法,原因须从历史时期的相关活动中找答案。我认为西口初指杀虎口,在乾隆中后期逐渐转指归化城,至清末时,因山西、陕西和甘肃部分民众出塞的关口变多,因此西口也出现泛指的情况。如水关、包头都会被称为西口。

一、最初的西口

杀虎口位于今山西右玉县城北 20 里的长城边墙附近。明嘉靖二十三年(1544 年)始筑堡,称杀胡堡,墙为土筑。万历二年(1574 年)用砖砌包,又称为杀胡城。隆庆六年(1572 年),杀胡堡成为蒙汉互市关口,因杀胡堡通塞外蒙古俺答部落的大松树山、丰州川、咸海等处,地处要冲,所以在蒙汉互市后,杀胡堡成为联系蒙汉经济文化的重要通道。因“汉夷贸迁,蚁聚城市,日不下五六百骑”与杀胡堡的军事职责有碍,于是经巡按御史周师上奏,万历四十三年(1615 年),明朝廷开始在附近另筑新堡一座,名平集堡,供蒙汉交易。后又在两堡之间增筑东、西墙,合而为一,前后左右开门,并设守备管辖。进入清代后,杀胡堡改名为杀虎口,继续作为蒙汉交易之所。清顺治十八年(1661 年)六月,户部在此设关,并派监督执掌关税,定年征关税正额1.3万两,比张家口尚多 3 000 两。[5](P69) 当时,"道通北番,为牛羊、马驼、皮革、木植之所初,商家称络绎焉"(《清圣祖实录》)。可见其地位之重要、贸易之盛。也从此时起,张家口被称为东口,杀虎口则被称为西口。

杀虎口在康熙、雍正年间地位达到极盛。康熙二十九年(1690 年),准噶尔部噶尔丹进扰内蒙古,康熙帝下令亲征。康熙三十年,康熙帝分遣重臣驻张家口、大同、宁夏。康熙三十三年,在山西右卫县(今右玉县)设山西右卫将军 1 人,护军统领 2 人,副都统 4 人,护军参领 56 人,协领 12 人,佐领防御骁骑校各 72 人,护军校 123 人。杀虎口成为重点防护要地。康熙三十六年,康熙帝亲征噶尔丹,大败之,噶尔丹自杀。准噶尔部平定后威胁解除,三十七年,即裁护军统领 2 人,副都统 2 人,护军参领 56 人,协领 1 人,佐领防御骁骑校各 8 人,护军校 112 人(《钦定大清会典事例 · 嘉庆朝》)。

二、西口向归化城的转移

第一个特征是归化城军事地位的加强。在清朝与准噶尔部的战争中,归化城的战略地位凸显出来,因军粮运送等各方面原因,清朝也开始着意归化城的经营。康熙三十三年(1694 年),在原土默特两翼都统基础上,增设副都统 2 人,一旗 25 佐领,设参领 5 人,一旗 24 佐领,设参领 5 人,每佐领下各设骁骑校 1 人。自雍正七年(1729 年)起,准噶尔部噶尔丹策零屡次攻扰漠南,成一边患,乾隆帝即位后,即着手营建新城,称绥远城。乾隆二年(1737 年),裁山西右卫将军 1 人,副都统 1 人,留副都统 1 人管辖右卫官兵。同时,绥远城设建武将军 1 人,副都统 2 人,协领 12 人,佐领防御骁骑校各 35 人。六年,以右卫佐领防御骁骑校各 5 人,移驻绥远城。十四年,右卫裁佐领防御骁骑校各 7 人。二十六年,右卫裁副都统 1 人。同时,威远将军改为绥远城将军。三十八年,归化城都统裁汰,所有土默特蒙古事务,归绥远城将军管辖,留副都统一人。二十九年、三十年、三十三年,右卫又先后裁撤协领、佐领、步军校等数名。三十一年,以绥远城将军兼管右卫、归化城二处事务(《钦定大清会典事例 · 嘉庆朝》)。至此,山西右卫的军事控制权完全让位于绥远城,说明其战略地位的衰落。此为军事上西口从杀虎口转至归化城及其新城——绥远城的一大表征。

第二个特征是归化城政治地位的上升。随着归化城军事地位的提升,其行政地位也在不断升级。雍正元年(1723 年),置归化厅,设理事同知,隶山西大同府。六年又置归绥道。七年改属朔平府。乾隆四年,设绥远城直隶厅,增协理通判 2 人。六年,升为直隶厅,原朔平府归化城同知升为归化城直隶厅抚民理事同知,分理蒙汉事务,隶山西归绥道。二十五年又以归绥所属地增置 5 通判,与归、绥二厅并属归绥道。二十九年归化城直隶厅通判省入归化同知厅(《清史稿·地理卷七》)。

第三个特征是开票机关的转移。清朝立国之初即严格控制民人出塞,商人及民人出口外者必须取得票证。最初清政府只在杀虎口开领,至乾隆中期规定在绥远城将军处领取(《大清会典事例·边务》)。这一转移无疑使绥远城成为山西、陕西民众、商人出口并继续深入的必经之所。

第四个特征是关口的转移。杀虎口关设于顺治十八年(1661 年),杀虎口关以边墙和黄河为界,东至天镇县新平口,西至陕西神木口,延长 200 余里,多处设卡征税。按规定,"商人运载货物,例需直赴杀虎口输税,不许绕避别口私走"。顺治十八年初设时,年征关税正额 1.3 万两,至乾隆中叶,已增至 32 300 两。正额外,还有溢额盈余 12 100 余两,合计年征 44 400 余两。为加强归化城的地位,乾隆元年(1736 年)开始在归化城抽分木税,前三年每年收木税 300 余两至 600 余两。乾隆四年户部定额 446 两。[5](P283)随着"走西口"人数的增多,商人开始立足于归化城,该城"人口三万余","居民稠密,行户众多,一切外来货物先汇聚该城囤积,然后陆续分拨各处售卖"。因此在乾隆二十六年(1761 年),归化城设关征税,并逐步在包头镇、萨拉齐、托克托城三处设立牲畜税厅;在归化城东的和林格尔、丰镇厅设卡征税,这样,一切货物税都属归化关,进而直接影响到杀虎口关关税。杀虎口关关税税额虽未减,但至道光二十一年(1841 年)实征只有 16 919 两,光绪十九年(1893 年)实征只有16 847两。而归化设关后,年征关税额定白银 16 600 两和铜钱 9 000 吊。道光二十一年征银 23 565 两,二十二年征银 24 036 两,二十九年征银 22 749 两,光绪十三年(1887 年)征银 65 279 两。说明早在乾隆二十六年迟至乾隆末,在财政上,杀虎口的西口地位已让位于归化城了。这从嘉庆年间孟完恭双编的《乌里雅苏台志略》(道里)中称"归化城,俗曰西口"也可佐证。

三、西口称谓的泛化

清代咸同之际,随着清政府对蒙古封禁的放松,民人开始大批出口,除经杀虎口、归化城出口向西进入伊克昭盟、乌兰察布盟外,山西保德州附近也有渡过黄河进入鄂尔多斯地区的。他们一般要经过黄河上的水关,这些渡口称为官渡。因而也成为"走西口"的口子。另外,陕西神木、榆林、靖边、定边、府谷、横山等县及甘肃沿边各县早在康熙年间就有人随征噶尔丹的清军进入河套地区。康熙末年至乾隆年间,在榆林、神木等处边口,有汉民越种蒙古闲套地三四千顷,岁得粮 10 万石(《隋商卡实录》卷十五)。乾隆年间,有很多人继续深入后套,渡过黄河上的水关进入归绥道西部萨拉齐直隶厅的包头附近。渐渐包头成为内地居民继续向乌兰察布盟发展的根据地。因此,这些黄河上的水关和包头镇也成为"走西口"的口子,陕西及山西部分边民开始把这些口子也称为西口。

从历史发展的角度看，西口的称谓从杀虎口到归化城再广延到其他各口，是伴随着经济、政治的发展和中原汉族人口（此处指山西、陕西、甘肃的部分人口）向长城外的迁移过程而实现的。随着西口的转移，汉族的移入，加深了汉族和蒙古族的经济、文化联系。同时随着汉民的增多，清政府也在此设县置保甲，强化了社会控制。这就不仅使蒙古中西部沿边地区由牧业地带变为农业带或半农半牧带，而且加速了蒙古融入祖国大家庭的进程。

参考文献：

[1]安介生.清代归化土默特地区的移民文化特征：兼论山西移民在塞外地区文化建设中的贡献[J].复旦大学学报，1997(5).

[2]阿·马·波兹德涅耶夫.蒙古及蒙古人：第二卷[M].呼和浩特：内蒙古人民出版社，1983.

[3]秉荣，原鲁.九死一生“走西口”[M]//郭裕怀.山西社会大观.上海：上海书店出版社，2000.

[4]中国地方戏曲集成：山西卷前言[M].北京：中国戏剧出版社，1959.

[5]黄鉴辉.明清山西商人研究[M].太原：山西经济出版社，2002.

（原载于2004年第2期）

试析清代“走西口”的成因

刘春玲

在清代,西口是指杀虎口(遗址在今山西朔州右玉县),后改移归化城(今内蒙古呼和浩特),与之相对的东口为张家口。“走西口”就是晋西北、雁北、陕北以及鲁、豫地区的贫苦农民到归化城以西的地区谋生的移民运动。它涉及的活动范围很广,但主要在内蒙古西部。“走西口”又称“走口外”“跑口外”,从清朝前期开始,历经近3个世纪。在这漫长的岁月中,长城以内的中原人离乡弃土、不畏艰辛,一代又一代来到长城以外的塞北从事农耕和行商活动,形成了一种大规模的生产和实践活动。为什么会出现这一独特的社会现象?究其原因,笔者认为:一是因为晋、冀、陕等地区土地贫瘠,人地矛盾突出;二是清代内蒙古西部地广人稀,口外农业的发展需要口内的农业技术与人口;三是清政府实行了“借地养民”和放垦政策;四是“走西口”者本身具有艰苦创业的精神。“走西口”的人们在长期的社会经济和社会实践活动中,用他们勤劳的双手剪荆除莽,为西部边疆的开发与经济发展做出了有益的贡献。因而,对“走西口”成因的探讨,不仅有助于我们进一步研究西口文化的内涵与历史价值,对于当今西部大开发也具有一定的现实意义。本文拟从以上四个方面对清代“走西口”的成因进行论述。

一

清代中前期,晋、冀、鲁、豫、陕等地区,由于人口增长迅速、土地短缺与贫瘠、自然灾害频繁、农民日益贫困,为了维持生存,不得不迁徙他乡。这是促成“走西口”最根本的原因。

“走西口”这一特殊的社会现象,比较集中地出现在山西西部、西北部的河曲、保德、朔县、平鲁、左云、右玉,陕西北部的府谷、神木、榆次、榆林、定边等地。这些地区都是典型的黄土高原地带,沟壑纵横、土壤贫瘠、植被鲜少、降雨不足,并且90%以上的土地为丘陵和山地,水土流失相当严重。如河曲县土地总面积197万亩,其中有162万亩水土流失严重,洪水含沙量达48%。由此造成土质低劣,有机质含量仅为0.35%~0.47%,含氮量为0.22%~0.45%,含磷量在0.05%以下。农民劳累一年,粮食仍不能自给,生活极为困苦。正如清代康基田在《晋乘搜略》中引用《燕闻录》说:“山西土瘠天寒,生物鲜少,故《禹贡》:‘冀州无贡物。’诗云:‘好乐无荒，良土灌瞿。'朱子以为唐魏勤俭，土风使然，而实地本瘠寒，以人事补其不足耳。太原迤南多取贾远方，或数年不归，非自有余而逐什一也。盖其土之所有不能给半，岁之食不能得，不得不贸迁有无，取给他乡；太原迤北岗陵邱阜，晓薄难耕，乡民惟以垦种上岭下坡，汗牛病仆，仰天待命，无平地沃土之饶，无水泉灌溉之益，无舟车鱼米之利，兼拙于远营，终岁不出里门，甘食蔬粝，亦势使之然。而或厌其嗜利，或病其节啬，皆未深悉西人之苦，原其不得已之初心也。"这条史料是当时山西人所处的恶劣生存环境的真实写照。

不仅如此，晋西北、雁北、陕北地区及冀、鲁、豫同时也是自然灾害严重且频繁的地区。"三北"地区位于内陆黄土高原腹地，地处东亚季风北部边缘，北邻内蒙古沙漠，东南暖湿气流又为太行山所阻挡，因而经常遭到风沙、干旱的严重威胁。而冀、鲁、豫又因黄河常年失修，百姓的生存也受到了自然灾害的严重威胁。"顺治初年，黄河大的决口就有 15 次之多。康熙年间，河患更为严重，康熙初 16 年间，黄河大的决口达 67 次。"[1](P262)康熙朝末年，中原地区连年遭灾，至康熙五十九年(1720年)，山西、陕西连续两年荒歉。雍正元年(1723 年)，"河南黄水溃决，泛溢于直隶地方，比年以来，两省近水居民耕种无资，衣食匮乏"(《清世宗实录》卷 4)。"乾隆二年(1737 年)，晋、冀、鲁、豫发生特大灾荒。"[2](P98)至于"五月襄垣雨雹，大如伏牛小如拳，毙人畜甚众"(《山西通志》卷 86)之类的天灾，母食子、子食父的现象也屡见不鲜。对没有抵御自然灾害能力的小农经济来说，这种接连不断的灾害，无异于一种灭顶之灾。为了摆脱饥荒，只有另觅生路。

除了自然环境恶劣之外，造成晋、冀、鲁地区农民生活贫困、被迫远走他乡的另一个因素是清前期中原地区人口迅速增长，人地矛盾十分突出。"雍正二年(1724年)，人口在 600 万以上的省份，由多及少依次是山东、江苏、河北、河南、山西……"[1](P7)。人口急速增长，而与之相对应的耕地却发展得没那么快。"乾隆十八年(1753 年)，全国人口是 10 275 万人，民田为 708 114 288 亩，平均每人占有耕地 6.89 亩；三十一年(1766 年)，人口是 209 839 546 人，耕地是 741 449 550 亩，平均每人得耕地 3.53 亩。比十二年前，每人平均减少耕地 3.36 亩。"[1](P6)这说明人口相对过剩、人均耕地锐减。再加上豪强地主不断地进行土地兼并，人口密集区的农户时时面临着失去土地的威胁，人民生计维艰的现象日益严重。在这种情况下，在故土无法生存的农民开始把目光转向人口稀少的边疆地区。如"阳邑(太谷)民多而田少，竭牛年之谷，不足供两月。故耕读之外，咸善谋生，跋涉数千里，率以为常，土俗殷实，实由于此"(《太谷县志》卷 3)；"介邑土狭人满，多挟赀走四方"(《介休县志》卷 2)。又据《五台新志·生计》载："晋俗倍以商贾为重，非弃本而逐末，土狭人满，田不足于耕也。太原、汾州所称饶沃之数大县及关北忻州，皆服贾于京畿、三江、两湖、岭表(五岭以南)、东西北三口(古北口、张家口、归化城),致富在数千里或万里外,不资地力。"明末到清代人均土地最少,也正是在这个时期,山西人外出谋生、经商者最多。

二

清代内蒙古西部地广人稀,单一的游牧经济需要发展农业,而口外蒙古人力有限,缺乏基本的农耕技术和农业人口。这就为地窄人稠的内地农民提供了良好的谋生环境。这是促成"走西口"的客观原因。

清康熙朝以后,边外蒙古社会秩序渐趋稳定,畜牧业经济走出低谷,出现了"牲口繁息,生计丰饶"(《清圣祖实录》卷222)的牧业经济复苏景象。但是,单纯的游牧经济随着历史的发展已不能满足牧民生活多样化的需求,也不能从根本上改变"口外蒙古穷困"的状况,一遇灾荒,草原上便出现"青草不生,牛羊倒毙不尽"困难不堪的窘迫局面。因而,开垦土地种植五谷,则成为势在必行。

清代的内蒙古西部地区有着良好的自然条件,"蒙古田土高且腴,雨雪常调,更兼土洁泉甘"(《清圣祖实录》卷224),所种庄稼"见禾苗七八尺,穗长一尺五寸",尤其沿长城边外地区,生长期长,气候适宜,土壤肥沃,非常适宜发展农业生产。但蒙古人自古以来驰骋马上,精于牧业,而不善于农耕,即使是从事于农耕的蒙民,也往往是"田土播种后,即各处游牧,谷虽熟,不事川获,时至霜陨,亦不收敛"(《清圣祖实录》卷191)。针对这种情况,清政府采取了一些因势利导的措施,诏令理藩院派遣谙熟农业的官员去蒙古地区"教彼耕种"(《清圣祖实录》卷203)。官员每一二年轮换一次,包括开垦播种、引河灌田、田间管理、适时收获,有的还配给耕牛、籽粒、耒耜等。这些措施取得了一定的成效,许多蒙民学会了耕作,在鄂尔多斯等地,"蒙古亦习耕作",不少土地经蒙民劳作,变为"耕熟之地"。但总的看来,由于蒙古人口少,大多数牧民仍不善于耕作,因而有些地方官员便向清政府"乞发边内汉人与蒙古一同耕种"(《清圣祖实录》卷181)。这样,靠近内蒙古西部地区的山西、陕西以及受自然灾害侵扰的河北、山东等地的贫苦农民常常违禁,冒险来到口外。如"河邑山多地少……或赴蒙古租种草地,春去冬回,足称勤劳"(《河曲县志》风俗卷);"河邑人耕商塞外草地,春夏出口,岁暮而归。但能经营力作,皆足养家糊口。本境地瘠民贫,仰食于口外者无虑数千人。其食糜米、麦面、牛乳、牛肉,其衣皮革、毡褐,其村落曰'营盘',蒙古语曰'达子话',凡出口外耕商者,莫不通蒙古人语"(《河曲县志》风俗卷);"陕西、山西与鄂尔多斯交界处,'沿边数州县百姓,岁岁春间出口……皆往鄂尔多斯地方耕种'。这些季节性出边种地者,或曰伙盘,或曰雁行。"[3](P117)雍正朝以后,鄂尔多斯的垦区扩大,由此可以看出,顺、康、雍期间内地汉族农民的流入,使漠南蒙古地区得到了局部开垦,农业得到一定的发展。

内地农民进入草原从事农业,也得到当地蒙古牧民的支持。平常年月,蒙民需要汉族农民耕种收获,提供食粮;遇到灾年,"蒙人乏食",更得助于内地农民。"雍正十年(1732 年),鄂尔多斯荒歉,蒙古牧民向清政府提出'情愿招民人越界种地收租取利',清政府默认其要求,'从此内地民人以口外种地为恒产,蒙古人亦资地租为赡养'。还有些蒙民庇护种地的内地农民,当发生官府驱逐农民的事件时,他们往往站在内地农民一边。"[3](P114) 内地农民垦种蒙民土地按规定交纳地租,有利于蒙民生计,自然受到欢迎。这也是康熙朝以后,"蒙古渐次皆已富饶"的重要原因之一。并且至雍正朝,内地农民出边耕种定居的范围还是很小的,只是沿长城边地,尚未深入到蒙古腹地,且多在偏僻的山谷中耕作,并不影响蒙古人的牧业经济。

总之,清代内蒙古西部地旷人稀、土地肥沃、交通闭塞,既是官府统治鞭长莫及的地区,又是急需农业技术人口的广阔劳务市场。这种宽松的社会环境与广袤的土地资源,吸引了大批的内地农,再加上蒙古人不谙事农,主动将土地让与汉民耕种,所以,西口外便成了内地贫苦人民养家糊口的理想去处。

三

清朝初年,为了割断蒙汉以及蒙古各部之间的联系,进一步加强对蒙古地区的统治,政府实行了严格的封禁令。在当时的条件下,"封禁令"对于蒙古各部的稳定与畜牧业的发展起了一定的作用,但不利于蒙古地区农业的发展和清廷财政收入的增加。随着客观形势的发展,清朝统治者开始改变治蒙政策,由"封禁令"到"借地养民",最终实行全面放垦政策。治蒙政策的变化对"走西口"起了推波助澜的作用。这是清代"走西口"的直接原因。

清朝前期对蒙古地区颁布了一系列封禁令,至乾隆朝,有关禁令逐渐演化成为法律条文。乾隆六年(1741 年)、乾隆二十四年(1759 年)分别修成《蒙古律例》和《大清会典事例》。上述典籍之中,规定许多有关封禁的内容,成为清朝在蒙古立法的重要依据,也是清廷治蒙政策重要组成部分,后人称之为封禁政策。"从历朝的封禁令归纳、提炼而成的封禁政策可以概括为三个方面,即人口的封禁、地域的封禁和资源的封禁。其中人口的封禁是封禁政策的最主要部分,其政策的核心,主要是严禁内地农民流入蒙地私垦与开发。"[3](P120)

尽管清朝统治者为加强对蒙古地区的控制而屡下封禁令,但客观形势的发展并不以统治者的主观意志为转移。况且清廷的禁垦政策并不是绝对的,统治者对口外垦殖的益处认识也十分清楚。如康熙五十一年(1712 年)曾说:"今地少人稠,各地民人往边外居住耕种者甚多,比年又皆丰收,附近京师之人,俱赖此谷,大有裨益。"(《清圣祖实录》卷 250)因此,名为封禁令,实际上"经顺治、康熙两朝七八十年之怀柔安辑,于前明所创凛不可犯之汉民出塞禁令,已由宽缓而日近废弛"(《绥远通志稿》卷1)。历朝都有允许内地人民到口外耕垦开放政策。正是这种开放政策为“走西口”提供了一个宽松的宏观条件。据归化城(呼和浩特)先农坛石碑记载,汉民到口外种地,始于康熙三十一年(1692年)。清同治版《河曲县志》载:“自康熙三十六年,圣祖仁皇帝特允鄂尔多斯之请,以故河保营得与蒙古交易。又准汉民垦蒙古地,岁与租籽。”可知“走西口”开始于康熙年间。17世纪末18世纪初,关外内地农民越聚越多,仅山东民人“或行商或力田,至数十万人之多”(《清圣祖实录》卷230)。雍正元年,下令内地灾民,可往口外蒙地开垦地亩谋生,并颁令户部:“惟开垦一事,于百姓最有裨益……嗣后各省,凡有可垦之处,听民相度地宜,自垦自报。地方官不得勒索……不得阻挠。”(《清世宗实录》卷6)蒙古地区称此为“借地养民”令。此令一开,“走西口”的人数猛增。出边的农户越来越多,“搬移眷属”,“盖房屋居住”,并且呼朋唤友,互相援引,“一年成聚,二年成邑”,在鄂尔多斯“东部与南部毗连晋陕处,则有河曲、神木、府谷等县,农民沿套边开垦,渐成村落”(《绥远通志稿》卷1)。乾隆八年(1743年),天津、河北、山东,河南发生旱灾,灾民纷纷流往口外,清廷下令:“如有贫民出口者,门上不必拦阻,即时出发。”(《清高宗实录》卷195)这无疑又对“走西口”起了进一步的推动作用。乾隆、嘉庆朝,“出口垦荒者,动辄以千万计”(《清仁宗实录》卷164),“走西口”进入兴盛时期。不少汉民携带家眷,进入蒙区,由“雁行”发展至定居。

19世纪末20世纪初,经历了鸦片战争和甲午战争以后,中国边疆地区面临着被帝国主义瓜分、蚕食的险恶形势,特别是沙俄把蒙古地区强占为其势力范围,肆无忌惮地进行经济掠夺。加之巨额的庚子赔款,清朝库款奇缺,出现了严重的财政危机。一些边疆大臣纷纷呈请清廷“恤蒙实边”。光绪二十七年(1901年),山西巡抚岑春煊在《请开晋边蒙地屯垦折》中,就开垦西口外土地的积极作用做了详细说明:“查晋边西北乌兰察布、伊克昭二盟蒙古十三旗,地方旷衍,甲于朔陲。伊克昭之鄂尔多斯各旗,环阻大河,灌溉便利,……以各旗幅员计之,广袤不下三四千里。若垦十之三四,当可得田数十万顷。二十五年,前黑龙江将军恩泽请放扎赉特旗荒址,计荒价一半可得银四五十万两。今鄂尔多斯近晋各旗论之,即放一半,亦可得三四倍。……何可胜言,是利于国也。”国子监司业黄思永也主张开垦蒙地,提出:“内蒙古伊克昭、西乌兰察布二盟牧地,纵横数千里,土地沃衍,河套东西尤属膏腴。山西缠金牧地,如今民多私垦官为经营,请饬筹办。”(《清德宗实录》卷404)为此,一方面为了加强边防实力,另一方面借移民开垦筹款。光绪二十八年(1902年),清政府对蒙古地区实行了全面的“放垦政策”,于包头、张家口分设西盟与东盟,并任命贻谷为都办蒙旗垦务大臣,在内蒙古西部推行放垦蒙地措施。这就是著名的“贻谷放垦”。清政府对蒙古全面的开放政策,刺激了口外更多的农民毫无阻滞地来到内蒙古西部垦荒与行商，掀起了“走西口”又一个高潮。“清末10年中，清廷在内蒙古西部放垦土地计约8万8 700余顷。据不完全统计，在贻谷放垦蒙地期间，在西部地区共征得273万两的巨额押荒银两。”[1](P330)由此可见，“走西口”的人们在清代西口外的土地开发中发挥了重要作用。

清代口外地区由私垦，经过“借地养民”，到全面放垦，标志着政府从法律上对“走西口”给以承认。这种积极的态度，无论是默许，还是公开鼓励，不仅给了“走西口”人们在行动上以更大的支持，更重要的是肯定他们在口外农业发展中的作用，从而增加他们“走西口”的信心。

四

每一种社会实践活动都有一种特殊的精神作为其灵魂，这种内在的灵魂是实践活动中最活跃的力量。清代“走西口”者之所以一代又一代从事这一实践活动，除了上述原因外，还在于“走西口”者在一定的历史条件下自觉和不自觉地发扬了一种特殊的精神，即吃苦耐劳、艰苦创业的精神。这是促成“走西口”的主观原因。

清代“走西口”者以山西人居多。山西自然条件比较差，“天寒地瘠，地物鲜少，……人稠地狭，岁之年入，不过秫谷豆。此外，一切家常需要之物，皆从远省贩运而至。”[2](卷10)这种恶劣环境造就了山西人多能吃苦、甘劳瘁、耐风寒，同时也养成了不畏艰险、艰苦奋斗的精神。这种精神突出地体现在“走西口”的社会实践活动中。

“走西口”的条件十分艰苦，唯一的行旅方式是步行，行装也极为简单，扁担一条，一头扎捆简单的行李，一头扎捆行路用的食品。如河曲“走西口”者，渡过黄河后，经陕西府谷县，然后进入鄂尔多斯境内，经达拉特旗，到达包头，稍作休整，再分散到各地去。这一段路，“快五(天)慢六(天)”。“走西口”者每日约行60~80里路，风餐露宿，天黑随地歇息。到了西口外，也没有房屋可住。因为草原上的蒙古民族逐水草而居，相隔数十里往往才能见到一个蒙古包，所以“走西口”者只有自己临时搭建茅棚。即选择一个土质较好的沙丘，开一个豁口，叫“马口”，宽窄最多可容纳3人，高低以人可以猫着腰进出为度。然后在“马口”上架上扁担，盖上草席，四周用土压住，地上铺些沙蒿，便是一个住所。遇着雨天，潮湿阴冷，风沙天则有被活埋的危险。除此之外，在“走西口”的路途中没有任何保障，随时都会遇到意想不到的危险。如从山西到包头，库布其沙漠最令人毛骨悚然。大漠荒凉，没有任何生命迹象，只能瞅着零星的骆驼粪，凭着感觉与经验在沙包和蒿草中探索前进。一旦迷路，就有倒毙的危险。人们视其为“鬼门关”，所以有的人启程前就给自己烧了“离门纸”。还有杀虎口也是必经之路，此地匪患最厉害。有民谣称：“杀虎口，杀虎口，没有钱财难过口，不是丢钱财，就是刀砍头，过了虎口还心抖。”但是“走西口”的人们并不因此退缩,而是人越去越多,势如潮涌。

正是凭借着这种特殊的精神,不仅使“走西口”者在远走天涯,穿行沙漠瀚海,能够经受住“饥渴劳病,寇贼虫狼,日与为伴”的艰难岁月,年复一年地延续“走西口”的历史,而且还能帮助他们自强不息,成就大业,取得令人瞩目的成绩。如祁县乔家堡“乔在中堂”,是清乾隆年间由乔贵发开始发家的。乔贵发原系一贫苦农民,因生活所迫,“同徐沟县大常镇的一秦姓者,约在乾隆元年左右,相偕来到了萨拉齐厅老官营村,……1755年(乾隆二十年)在包头正式开设‘广盛公’字号。嘉庆二十三年(1818)改为复盛公”。随着包头的发展,复盛公营业旺盛,派生出了复盛西、复盛全,成为包头最古老的商号之一。于是,有“先有复盛公,后有包头城”之说。还有山西定襄人牛邦良,由于家境贫寒,13岁只身一人闯西口。因勤奋肯干,“于光绪十九年(1893),被山西忻州人邢保恒在包头西前街开设的广恒西聘用为经理。在牛邦良的管理下,广恒西一跃成为包头皮毛行的首户”[2](P124)。这样的例子在“走西口”的历史上数不胜数,表现出“走西口”者令人敬佩坚强毅力和吃苦耐劳优良品质。这是清代“走西口”不可忽视的一个重要原因。

综上所述,由于以上四个原因,在清代形成了连续不断的“走西口”的历史。随着时光的流逝,“走西口”已远离今天,但“走西口”对内蒙古西部,乃至中国西部经济都产生过重要的影响。这对我们今天的经济建设有一定的借鉴意义。特别是在目前的西部大开发中,我们应从中吸取经验和教训,扬长避短,发扬“走西口”的精神,为促进中国西部经济建设作出有益的贡献。

参考文献:

[1]成崇德.清代西部开发[M].太原:山西古籍出版社,2002.
[2]张贵.阴山集[M].呼和浩特:内蒙古人民出版社,2001.
[3]马汝珩.清代西部论衡[M].太原:山西人民出版社,2002.

(原载于2004年第2期)

论清代“走西口”对内蒙古西部社会发展的贡献

刘春玲

对于清代的西口，目前看法比较一致，认为先后指杀虎口（今山西朔州右玉县）和归化城（今呼和浩特）。但对于“走西口”却有不同观点，一种认为“走西口”是指长城以内的山西、陕西以及河北、河南、山东等内地人民通过西口进入内蒙古草原地区垦荒、经商的活动；另一种认为是内地人民经过西口到长城以外的内蒙古西部谋生的社会实践活动。本文赞同第二种观点，认为“走西口”主要涉及内蒙古西部地区，即当时的土默特旗（包括今天的呼和浩特、包头二市，土左、土右两旗，托县等地）、原伊克昭盟（辖境范围大体相当于今鄂尔多斯市全部及巴彦淖尔市南部县市，如临河、五原、磴口的全部，杭锦后旗南部，乌拉特前旗南部，乌海市海勃湾区）、后套（今巴彦淖尔市大部分）以及阿拉善盟等地。清代内蒙古西部地区地广人稀，交通闭塞，长期居住着蒙古族，经济以单一的游牧业为主。大量的中原人民进入这里，开垦土地、经营贸易，不仅有利于内蒙古西部农业的发展、商业的繁荣和重要城镇的形成，也加强了草原文化与内地文化的联系，丰富和发展了内蒙古西部的文化与艺术。“走西口”是西口文化的核心内容。但目前对“走西口”问题的理论研究尚显单薄。对本文论题的探讨，有助于我们认识西口文化的历史价值，对于进一步了解内蒙古西部社会经济、文化发展的历史成因也有一定的积极意义。

一

清代“走西口”是一种特殊的社会现象，主要产生于晋北的河曲、保德、偏关、朔县、右玉以及陕北的府谷、神木、横山、榆林、靖边、定边等县。这些地区的人民长期以农业为主，有着丰富的生产经验，但迫于当地土地贫瘠、自然灾害严重、人地矛盾突出，不得不“走西口”。

而当时内蒙古西部急需农业作为游牧经济的必要补充。这样，“走西口”就为内蒙古西部提供了必要的农业技术和充足的劳动力，对这里农业经济的发展起了积极的推动作用。

内蒙古西部一直是以单一的游牧经济为主，虽然在明末俺答汗时，土默特地区农业有了一定的发展，但在整个经济生活中所占的地位还是微不足道的。清朝初年，为了恢复、发展牧业经济，以稳定边外社会秩序，政府一方面实行了严格的封禁令,禁止内地人民流入蒙地私垦与开发,人为地割断了蒙汉人民之间的交往;另一方面,在蒙古各盟旗实行“分旗划界”措施及赈济和养赡制度,规定“凡疆界,各识其山河之名而表以图,以定游牧,无山河则树以鄂博”[1](卷64)。经过近半个世纪,康熙朝后期,边外蒙古社会秩序渐趋稳定,畜牧业经济也走出低谷,出现了“无盗贼,驼马牛羊不必防守,生计周全,牧畜繁盛”[2](卷6)的景象。但是单纯的游牧经济原始而又十分脆弱,既不能满足牧民生活多样化的需求,又经不起自然灾害的侵袭,最终不可能从根本上改变“口外蒙古穷困”的状况。因而,开垦土地,种植五谷,成为蒙古草原的当务之急。

其实,清初统治者已经认识到这一点。早在扶持畜牧业发展的同时,康熙帝就指出,蒙古地区“土洁泉甘,诚佳壤也”[3](《清圣祖实录》卷224),所种庄稼“见禾苗七八尺,穗长一尺五寸”,劝导牧民进行适当的农业生产。蒙古牧民也有人从事农耕,但耕种技术水平还很低,常常是“布种辄去不复顾,逮秋复来,草莠杂获,计一亩所得,不及民田之半”[4](《饮食》)。于是,一些地方官员和蒙古王公便向清政府请求“乞发边内汉人与蒙古一同耕种”[3](《清圣祖实录》卷181)。而此时中原地区灾荒不断,康熙年间河患更为严重,黄河大的决口达 67 次。再加上八旗贵族在华北地区又颁行“圈地令”,造成大批内地农民背井离乡。鉴于此,康熙帝于 1698 年同意了鄂尔多斯右翼中旗(鄂托克旗)贝勒松阿拉布的奏请,将陕西边外东林他拉、苏海河噜等蒙地交与汉人耕垦。这样,“沿边数州县百姓岁岁春间出口,皆往鄂尔多斯地方耕种”[5](P4,358,1),开始了“走西口”的历史。最初,季节性出边者居多,或曰“伙盘”,或曰“雁行”,人数也较少。

雍正以后,清政府仍严厉推行封禁令,但又无法解决口内日趋严重的民地矛盾,流民违禁出边和违禁开垦日益增多,甚至出现了流民出边涌入蒙地的移民潮。为此,清政府便采取了权宜之计,雍正时实行“借地养民”政策,下令内地灾民可往口外蒙地开垦土地谋生。[3](《清世宗实录》卷6)乾隆年间又再次重申:“如有贫民出口者,门上不必拦阻,即时出发。”[3](《清高宗实录》卷195)此令一开,“走西口”的人数猛增,嘉庆朝“出口垦荒者,动辄以千万计”[3](《清仁宗实录》卷164)。促使“走西口”进入高潮阶段。

随着“走西口”的兴盛,内地农民大量流入口外开垦种植,并帮助许多牧民逐渐掌握了内地选种、施肥、开畦、培垄、兴修水利等精耕细作的技术,使内蒙古西部农业得到进一步发展。如雍正朝以后,来包头、萨拉齐县一带垦荒的人逐渐增多,并由“雁行”发展到定居。乾隆、嘉庆时期,大多聚住今东河村,因山西代州人居多,故东河村又叫代州营子。其他分散在东脑包、西脑包、南龙王庙和南海子一带。原伊克昭盟所属鄂尔多斯农业垦区也进一步扩大。据 1736 年延绥总兵奏,靠近鄂尔多斯的“榆林、神木等处边口,越种蒙古余闲套地约三四千顷,岁得粮十万石”[3](《清高宗实录》乾隆元年三月丁巳)。于是出边的农民“搬移眷属”，盖房居住，并呼朋唤友，互相援引，“一年成聚，二年成邑”，特别是鄂尔多斯东部与南部毗邻晋陕之处的河曲、神木、府谷等地的出边农民还“沿套边开垦，渐成村落”[6](卷1)。农业发展较早的土默特地区也是如此。1743 年，归化城土默特两旗蒙地共有 75 048 顷，其中牧地只占 14 268 顷，已不到 1/5[3](《清高宗实录》卷198)，可见农业已占重要地位。19 世纪，土默特西部河套地区的农业有了可观的发展。尤其是道光五年(1825 年)，在内地移民的帮助下，河套地区最早的人工干渠——缠金渠修成后，这里的耕地面积日益增加，人口越来越多，粮食产量明显提高。正如《绥远志略》所载：“道光、咸丰年间，后套因经多年之经营，地方颇为繁盛。”[7](P16)除此，河套以西的阿拉善盟在嘉庆年间，为了安置晋陕等地的流民，也进行了放垦，至道光十五年(1835 年)，“定远营(今巴彦浩特)地方，有久经开垦熟地 1 190 顷 67 亩”[1](卷978)。

19 世纪末 20 世纪初，清政府为加强边防实力、解决财政危机，对蒙地实行全面放垦政策，在包头设西盟，任命贻谷为督办垦务大臣，负责内蒙古西部的放垦事宜。随着全面放垦政策的实施，内蒙古西部农业区进一步扩大，据统计，清末 10 年内，内蒙古西部的土地约 88 700 余顷被放垦，[8](P332)其中原伊克昭盟、归化土默特旗的土地全部清丈垦辟。由此，内蒙古西部地区逐渐形成一些农业区和半农半牧区，经济也由以单一的游牧业为主转变为以农业为主。

从上述可以看出，清代内蒙古西部农业发展的主力军是“走西口”的汉地人民。他们与蒙古族人民一起开发了口外蒙地，改变了蒙古族的牧业与中原汉族的农业相互脱离的局面，使农业与畜牧业互相支持和补充，促进了蒙古族社会经济的进一步发展。并且当时开发的一些农业区，也成为今天内蒙古乃至全国重要的粮食生产地。在这里，“走西口”人在内蒙古西部农业发展上所作出的贡献是值得肯定的。

二

清代“走西口”是一种大规模的社会实践活动，仅雍正、乾隆时期涌入内蒙古西部地区的内地人民就多达数十万。内地人民历尽艰辛来到边外，除了垦荒种植，许多人还经营贸易。他们或通过驼运深入草原，或建立货栈和商号，以品种繁多的中原地区的物品交换蒙古的畜牧产品。既丰富了蒙古族人民的物质生活，加快了蒙古牧区与内地经济的一体化，又推动了内蒙古西部重要城镇的形成。

清代前期，内蒙古地区的商业不甚发达，贸易活动多以物易物。正如《蒙古志》卷三所载：“蒙古自古昔未尝通贸币，商业是以而困。然其以货易货，习以为常。”而且这时的贸易形式主要是“通贡”和“官市”。前者即蒙古各封建主在值年班、朝觐时，以朝贡的方式用蒙地畜牧产品换回清政府赏赐的内地的产品，所得到的赏赐数量有限；后者是在京城和固定的边口进行的贸易，范围受到一定限制，并没有进入内蒙古境内。

17 世纪末 18 世纪初,一些内地人民"走西口"来到塞外,经营商业。内蒙古西部商业活动开始由边口深入到草原腹地。18 世纪中叶以后,随着封禁令的松动,越来越多的山西、河北、山东等地的人民来到口外经商,尤以山西人居多。如最早"走西口"来包头经商的梁如月、包头第一家蒙古行——永合成号的创立者都是山西定襄人。内蒙古西部交通闭塞,市场缺乏,游牧经济的单一性又决定了蒙古牧民对内地物资十分需要。内地商人就以以物易物的落后交换形式,获得相当丰厚的利润。乔家大院的主人乔贵发,原来是山西祁县一个贫苦农民,因生活所迫,约在乾隆元年(1723 年)左右,"走西口"来到了萨拉齐厅老官营村。他先是经营豆芽、豆腐等杂货,1755 年(乾隆二十年)在包头正式开设广盛公字号,经营粮食等货物,开始致富。嘉庆二十三年(1818 年)改为复盛公。后随着营业兴旺,派生出了复盛西、复盛全,成为包头最古老的商号之一。"走西口"经商致富给了深入草原经商的内地商人以极大的鼓舞,促使更多的内地人到口外经商。当时,蒙古人称这些商人为"买卖人",内地人叫"旅蒙商"。

旅蒙商最初是以行商的形式出现。他们主要用骆驼或车驮载茶叶、绸缎、米、盐等货物,前往草地交换蒙民的马、牛、羊、皮袄等物品。其中一条重要的路线是由西口城到包头,经原伊克昭盟进入阿拉善盟,然后横穿沙漠达新疆。这条商路基本贯通整个内蒙古西部地区,贸易额很大。如茶叶贸易,仅伊克昭盟,一年曾达到 20 万斤。[9](卷4)后来,随着资金的增多,规模日益扩大,内地商人开始改变春入秋归的"雁行"贸易方式,在塞外定居下来,开设各种各样的货栈和商号进行贸易,逐渐由行商转为坐商。如 18 世纪后期,归化城出现了大盛魁、元盛德、天义德三大著名商号。[8](P295)包头在乾隆、嘉庆时已有三义公、丰昌、东顺城、源茂升、祥盛号(祥盛瑞)、广昌永、复信魁、义和公、仁义全、广盛魁、祥盛元和义成元 12 家商号,[10](P47)这些商号一面进行固定交易,一面深入草原腹地流动经商。除此,在鄂尔多斯的准格尔召、原乌兰察布盟的百灵庙(今达茂旗境内)、阿拉善盟的南寺等寺庙,内地商人也不辞辛苦定期来进行集市贸易,极大加强了西部牧区与村镇之间、蒙古族与汉族人民之间的经济联系。

随着商业的兴盛,内蒙古西部重要城镇逐步形成。如今天的内蒙古首府呼和浩特,清代叫归化城,乾隆年间"居民稠密,行户众多,一切外来贸物先汇聚该城囤积,然后陆续分拨各处售卖"[11](巴廷三,查明归化城税务情形),地位逐渐取代了原来的西口(杀虎口),成为内蒙古西部第一大商业中心。在商业发展、人口日渐增多的基础上,清政府于 1739 年在归化城东北建立绥远城(今新城)。内蒙古西部重要城市包头,在 18 世纪末 19 世纪初也发展成繁荣的城镇。乾隆二年(1737 年),由于晋、冀、鲁、豫发生严重灾荒，大量流民“走西口”来到土默特右翼六甲地区，形成包头村。当时，村内主要有东街（今东门大街）和西街（今解放路）两条街，街内商户林立，其中包头最古老的六成行、广盛公和如月号都坐落在东街。而居民住在东西街的台地上，俗称“梁上”。嘉庆十四年（1809 年），包头发展为一个水陆交通要道和物资集散地，商业日益兴盛，萨拉齐厅在包头设置巡检，改包头村为包头镇。光绪年间，包头已成为我国西北皮毛集散地，出现了许多以商号命名的街道。如复成元巷、永合成巷等街，还有以集市形成的街名，如牛桥街、炭市街、草市街等等。[12](P103) 这充分反映了商业对包头镇的形成起了很大的推动作用，尤其复盛公的影响更突出，有“先有复盛公，后有包头城”之说。

总之，大量内地人民“走西口”进入草原经商，一方面推动了内蒙古西部商业的繁荣，另一方面为城镇的形成聚集和补充了必要的人口，促进了西部重要城镇的形成。这是“走西口”对清代内蒙古西部城市发展中的一个重要贡献。

三

“走西口”有着近 3 个世纪绵延不断的历史。在这漫长的岁月里，一代又一代的中原汉族人民来到塞外，在带来先进生产技术的同时，也带来了不同风格的生活习俗和文化艺术。于是，蒙汉两族人民在生活习俗和文化艺术方面展开了广泛而直接的交流。这不仅有利于内地文化和草原文化之间的融合，对内蒙古西部独特文化艺术形成起了不可忽视的作用。

随着“走西口”年复一年进行，“洎乎雍正、乾隆之间，凡经属近边诸旗地，已蔚为农牧并营、蒙汉共居之乡”[6](卷1)。内蒙古西部地区如土默特和鄂尔多斯大部分地区也已经形成了蒙汉杂居区。在共同生产和共同生活的基础上，蒙汉人民之间的情感交融不断增进，生活习俗逐渐同化。如饮食方面，蒙古人原来只有“白食”和“红食”两种，“白食”指奶制品，“红食”指肉类食品。随着时间的推移，谷子、小麦、玉米也成了他们常用的食物，如用为茶点的炒米及“章侧”就是农产品。并且开始吃地地道道的山西风味的酸菜和醋，有的地方甚至吃起酸饭来。而汉民煮砖茶时加盐，喝茶时泡炒米，吃大块牛羊肉，喝大碗烧酒，则完全是学自蒙古族同胞。在语言方面，有些汉语单词直接引入了蒙古语，如油糕、海棠、包子、班食、灯等。而河曲民歌中的“得儿赛”中的“赛”字就是蒙古语中的“好”。所以，即使今天山西河曲、保德人到内蒙古西部，无论语言、生活习惯上，都没有陌生感，就像回到了家乡。这充分显示了“走西口”过程中蒙汉以及各地人民间形成的水乳交融的亲密感情。

不仅如此，在长期的共同生活和生产实践中，具有汉族地区特点的文化艺术也随之来到西部草原，给这里的传统文化艺术以深刻的影响。如鄂尔多斯草原的蒙古族牧民，为了抒发自己复杂的思想感情，在劳动放牧过程中，逐渐形成了速度慢、朗诵强、节奏性弱的"长调"民歌。19 世纪末以后,汉族人民不断进入鄂尔多斯地区,笛子、四胡、扬琴、三弦等乐器传入并为蒙汉人民广为使用。这就导致鄂尔多斯蒙古族的音乐,在过去牧歌体的"长调"民歌的基础上,产生了一种紧紧与现世生活相适应的"短调"歌曲,如《成吉思汗的两匹青马》《金杯》《森吉德玛》等。"短调"歌曲是鄂尔多斯蒙古人转向定居放牧和半农半牧经济的反映,内容极为丰富,具有情绪欢快、节奏明朗、结构短小、句法整齐等特点,标志着鄂尔多斯蒙古族民间歌曲发展到一个崭新的阶段。在"短调"歌曲的基础上,一种新的歌种漫瀚调也诞生了。它是蒙汉两族音乐文化相互借鉴和吸收,经过融化,通过各自的语言演唱出来的,所以又叫蒙汉调。漫瀚调一般以男女对歌为主要表现形式,歌词内容广泛,采用叙事和抒情两种方式,以哲理分明、感情炽热率直、语言朴实无华见长,加之句法整齐、节奏明快、韵脚圆溜、浓郁的乡土气息和山野风味,极具感染力。它既体现了鄂尔多斯蒙古族"短调"歌曲的特点,又融进了在这里生活的汉族人民的"山曲儿"如山西爬山调和陕西信天游的演唱风格。代表曲目有《白菜花》《韭菜花》等,生动地展现出鄂尔多斯地区蒙古族和汉族人民纯朴的精神风貌。

在蒙汉文化艺术交流中,最值得一提的是二人台。它是内地文化与草原文化相融合的产物,更是蒙汉两族音乐长期交流融合的产物。二人台分东、西两个系统,西路二人台流行于内蒙古西部,土默特地区是它的发源地之一。清同治年间,"走西口"的内地人民越来越多,在蒙汉人民杂居的土默特地区,内地人民带来的秧歌、道情、社火码头等曲调,结合这里蒙古曲儿及蒙古族民歌的音乐语言和戏剧化装等特长,产生了具有戏曲雏形的地方小戏——二人台。早期二人台的表演形式一般为一问一答的二人对唱或自拉自唱的单纯演唱,俗称"打坐腔"。光绪初年,改为化装表演的拉场戏,剧中人物由原来的一旦一丑两个角色发展成为分别串演几个不同人物的表演形式,唱腔也出现了快、慢、流水等板式上的变化,从而实现了二人台由说唱向戏曲形式的转化。实现这一转变的奠基人是蒙古族艺人云双羊,后经纪子玉、樊六等一批艺人的发展,向传入塞外的晋剧、秦腔等剧种学习了一些表情动作,使二人台成为一种比较成熟的艺术。二人台的唱腔十分丰富,既有内地民歌的韵味,又有蒙古族传统音乐的旋律。它的剧目也很多,有的源于内地民歌,如《卖饺子》《小放牛》《画扇面》,有的源于蒙古民歌,如《阿拉奔花》《马音杭盖》《敏金杭盖》等,具有极为独特的艺术风格,至今仍是整个内蒙古西部地区蒙汉人民最熟悉、最喜爱的艺术品种。

漫瀚调、二人台是内蒙古西部文化艺术的代表。从它们产生和发展中,可以看出与"走西口"有着密不可分的联系,尤其二人台,可以说没有一种艺术的形成比二人台和"走西口"的关系更为密切。"走西口"的地区是二人台赖以发展的土壤,

“走西口”的实践为二人台提供取之不尽的创作题材，二人台反过来生动地反映“走西口”的现实，其代表剧目就是创作于咸丰五年（1855 年）的《走西口》。因此说明了正是年复一年的“走西口”，使豪放、高亢、深沉的草原文化与活泼、洒脱、流畅的内地文化相互交融，促进了蒙古族民间音乐的发展和独具特色的内蒙古西部文化艺术的形成。

以上就是清代“走西口”对内蒙古西部社会发展的主要贡献。中国历史的发展和中华民族的形成离不开人口的迁移，一个地区社会的进步、经济的发展，同样离不开人口的迁移。清代内蒙古西部，地广人稀、民族单一、经济单一，众多富有生产经验和汉文化的内地人民的迁入，就在一定程度上加快了对草原荒地的开发进程，有利于蒙古草原多种经济以及文化艺术的发展。不过，我们也应正视，由于当时科学知识缺乏和清政府垦殖政策的失控，“走西口”也具有一定的盲目性，特别是大量流民盲目开垦所造成的草原沙化成为流弊至今的历史遗患，这是我们应高度重视的问题。但总的来看，“走西口”对清代内蒙古西部地区社会的发展贡献是主要的，为内蒙古西部社会进一步稳步发展创造了一定的条件。

参考文献：

[1]昆冈. 大清会典事例[M]. 光绪二十五年重修本刊本.
[2]张穆. 蒙古游牧记[M]. 清光绪丁酉武进盛氏思补楼刊本.
[3]清实录馆. 清实录[M]. 北京：中华书局，1986.
[4]方式济. 龙沙纪略[M]. 昭代丛书已集广编本.
[5]宫中朱批奏折[M]. 中国第一历史档案馆.
[6]绥远通志馆. 绥远通志稿[M]. 南京：正中书局，1936.
[7]廖兆骏. 绥远志略[M]. 南京：正中书局，1937.
[8]成崇德. 清代西部开发[M]. 太原：山西古籍出版社，2002.
[9]宋谦. 定边县志[M]. 1949 年石印本.
[10]张正明. 明清晋商及民风[M]. 北京：人民出版社，2003.
[11]军机处录副奏折[M]. 中国第一历史档案馆.
[12]张贵. 阴山集[M]. 呼和浩特：内蒙古人民出版社，2001.

（原载于 2006 年第 3 期）

古今阴山考辨(上)

鲍　桐

横亘于内蒙古中部地区的阴山,由于它特殊的地理位置,在自战国以后的整个中国古代史上,一直就是北方游牧民族和中原封建王朝之间争夺的地带。匈奴、鲜卑、突厥无不因据有阴山而虎视中原;秦汉、隋唐亦都因扼守阴山而巩固北疆。正因为这样,随着北方游牧民族的兴替,中原封建王朝行政区划的变动,加上人们地理知识的积累,造成不同历史时期的阴山,不仅名称不一,涵盖也不尽相同。不少治古史的专家学者,都感觉到了搞清楚不同历史时期阴山的称谓和涵盖,对于研究古代北方民族关系史、古代战争史和古代交通史来说,都是一个不容忽视的课题。

一

应当首先强调指出的是,今人所说的阴山山脉和古人所说的阴山,不仅名称不一,而且涵盖不同。这是不能混淆的两个概念。

战国秦汉时代的阴山,包括今大青山、乌拉山,但不含狼山。在古代众多著作家中,最早把阴山和社会历史联系起来的,当推司马迁。他在《史记·匈奴传》中说:“赵武灵王亦变俗胡服,习骑射,北破林胡、楼烦,筑长城自代并阴山下,至高阙为塞。”郦道元在《水经注·河水注》中,引《虞氏记》的话则说:“赵武侯自五原河曲筑长城,东至阴山。”据学者们考证,这里的赵武侯(前399年—前387年)实为赵武灵王(前325年—前299年)之误,因为,就是赵肃侯(前349年—前326年)时,赵的疆域也没有拓展到阴山地区。

据上述记载,人们很自然地注意到了战国时代的阴山,是和赵长城、和高阙塞联系在一起的。所以,在研究赵长城、高阙的专著和论文中,也都不能不涉及阴山的名称、地望和涵盖。近人张相文、王国良、寿鹏飞等都有专文,但以张维华先生的《赵长城考》一文考证最为严谨,亦更有代表性。今人盖山林、陆思贤《阴山南麓之赵长城》一文,从文献资料、文物考古和局部地段的实地踏查三者结合的角度,谈及了阴山。《中国历史地图集》第一、二册所绘阴山及阴山南北的赵长城、秦长城,和他们文章的有关内容也是一致的。

张维华先生的《赵长城考》成稿于1937年。他认为赵武灵王修筑长城(即他所说的赵北长城)的时间,当在赵武灵王二十五年、二十六年(前301年、前300年)

之际。赵长城东起于代，当为代北境的无终一带，中经阴山，即他在文章中所说的“大体言之，乃指今横贯绥远境之大青山”(《禹贡》1937 年第八、九合期)，西至高阙，即《水经注·河水注》中所说的高阙，在今内蒙古临河市境。

张维华先生明确肯定战国时代的阴山，就是今天的大青山，无疑是正确的。当年李秀洁先生在为张文撰写的跋中，也曾强调说：“张先生的考证以史迁之阴山即现在大青山的说法，已无可置疑。”(《禹贡》1937 年第八、九合期)但是，张先生在同一篇文章中，又说是“索隐引徐广语云：西安阳县北有阴山。阴山在河南，阳山在河北。”郡国志五原郡，称西安阳北有阴山。“水经河水注：河水又南径马阴山西。汉书音义曰：阳山在河北，阴山在河南。谓是山也，而其实不在河南。史记音义曰：五原安阳县北有马阴山。今山在县北、言阴山在河南，又传疑之非也。”

引文中一再提到的西安阳，即今内蒙古乌拉特前旗稽荄乡张连喜圪旦村古城。文中称西安阳北的阴山、马阴山，便是今乌拉山无疑。张先生正确地肯定了《史记·匈奴传》中所说的阴山，就是今天的大青山。在大量引证之后，却又不敢肯定乌拉山也属于阴山。对于乌拉山为什么不属于阴山这样一个至关重要的问题，只是以“前人注解，于义似有未洽”一语了结。

张先生在文章中还引清人王念孙《读书杂记》所说的“陶当为阴”的话，用以说明《史记·秦始皇本纪》中“又使蒙恬渡河取高阙、陶山、北假中”的“陶(阴)山为今后套乌拉河以北之狼山”。把狼山也包括到阴山涵盖之内，混淆了阴山和阴山山脉两个不同内涵和概念。熟悉史料和史实的张维华先生，当然清楚司马迁所说的阴山是不含狼山的。所以，他又加一句话说：“乌拉前山及狼山二支，虽属阴山之一部，亦可具阴山之名，然非史公之初意也。”(《禹贡》1937 年第八、九合期)他是跳出前后矛盾的陷坑了，但那陷坑却仍然存在。

王念孙释“陶”为“阴”，是仅就字形相似而言的。近人杨守敬、张文虎已辨其谬误。而且《史记·匈奴传》也直书与蒙恬“又渡河据阳山、北假中”。所以，陶山实为阳山之误。陶山即阳山，徐广注也已说明，乃因河得名的。所以，狼山在战国、秦汉时代名为阳山，尚不属阴山涵盖。至于乌拉山，当时既被称为阴山、马阴山、处于阴山涵盖之内，应当说是没有疑义的。

在考证阴山涵盖的众多文章中，禾子先生《阴山》一文，最具影响。禾子先生认为，阴山有三义，广义指整个阴山山脉而言；次广义为今大青山；今之乌拉山，是对阳山而言，古人又或专指此山为阴山，是为狭义。作者引《史记·匈奴列传》：“(赵武灵王)筑长城自代并阴山下，至高阙为塞。”说这里的阴山是广义的阴山，指整个阴山山脉而言。在谈到狼山时，文章说：“狼山，秦汉时以其逼临大河，水北曰阳，别名阳山。阳山之名既著，言阴山者，或不计此段在内，专指自此迤东诸山。”可以看出，禾子先生认为战国时的阴山为广义，秦汉时的阴山为次广义。于是，在禾子先生面前就出现了一个难于解释的问题：司马迁在同一部《史记》的不同场合，使用同一地名时，赋予了很不相同的内涵。这会是太史公的原意吗？

至于狭义的阴山之说，禾子先生认为是对阳山而言的。但从《后汉书·郡国志·五原郡》中说“西安阳北有阴山”，《史记·蒙恬列传》集解引“徐广曰：五原西安阳县北有阴山。阴山在河南，阳山在河北”，可见司马迁、范晔都肯定了西安阳北的乌拉山为阴山，同时又都不否定乌拉山以东的大青山不属于阴山。不然，赵武灵王“筑长城，自代并阴山下，至高阙为塞”的话，就无法理解了。而且，大青山之名阴山，秦汉以降一直沿用不衰。恰恰是乌拉山自北魏以后，便从阴山中分出另标新名了。

二

如前所说，古代史籍中最早提到阴山的是《史记》。而且，阴山一出现在史籍之时，就和赵长城、和高阙塞联系在一起。也就是说搞清赵长城起讫、走向、途径，搞清高阙的地望，无疑将有助于我们确定古阴山和阴山的涵盖。

1988 年夏，我们曾先后两次出行，考察了大青山、乌拉山南麓的赵长城和阴山山脉北麓的秦长城。

对大青山、乌拉山南麓的赵长城，我们是由西向东实施考察计划的。赵长城以土夯筑，西起今内蒙古乌拉特前旗包音花镇塔哈其嘎查（村）的大坝沟口，傍乌拉山东行。大坝沟口以西，只有一些烽燧城障遗迹，而不见有长城，就是长城建筑于其上的黄河岸边二阶台地也逐渐消失。从大坝沟口以东，经包头市郊区哈业胡同乡的哈达门沟、昆都仑区的昆都仑沟，继续傍大青山脚下东行，到包头市郊的大庙乡进入山区，经石拐矿区西的后坝车站附近，折向东南行，翻越老爷庙山到郊区沙尔沁乡北的五当沟西侧；五当沟以东山中，没有发现长城遗迹。东行到了土默特右旗的水涧门东湾才又看到长城、烽燧遗迹，但并不明显。再往东便又不见长城踪迹。进入土默特左旗境内，大青山南麓的西段，长城遗迹虽不甚清晰，但尚能辨认得出；东段却显得十分清楚，就是在呼包公路上，亦可眺见。东经呼和浩特市郊的乌素图、坝口子、坡根底，直到东干丈忽洞，也都清晰可寻。除了从包头市郊大庙乡到土默特右旗水涧沟门一段蜿蜒于山区以外，整个赵长城都是依傍于大青山、乌拉山下而筑的。全线烽隧城障遗址不少；除界于石拐矿区和沙尔沁乡的老爷庙山区，有少数几段用石头垒砌以外，其余都是夯层清晰的土筑城垣；沿线采集到的一些地表文物及过去文物工作者的发现、采集到的古物，多数属于战国时代。

阴山山脉北麓的秦长城，和阴山南麓的赵长城相比，就完全是另一番景观了。秦长城从呼和浩特东郊的坡根底和赵长城衔接以后，随即向西北方向一折，顺山坡而上，翻越山脊进入武川县境内。然后，从武川县城东侧的什尔登古城西偏南行，到蘑菇窑西行,经酒馆、纳令沟西去固阳县。秦长城由东而西亘贯了固阳县,即从东边的大庙乡,中经县城北的阿塔山,到西斗铺乡的王如地村进入乌拉特前旗的小佘太乡。再经乌不浪口,直到临河县境的两狼山侧后的小黄山山顶,全线九百多华里。两狼山的小黄山以西没有找到长城遗迹。我们之所以说阴山山脉北麓的秦长城和阴山南麓的赵长城相比,完全是另一番景观,是因为:第一,秦长城的建造者们所选择的地形,都在阴山北麓东西大体相连的山顶或接近山顶的山腰上,形势十分险峻、陡峭,赵长城则多数修在山脚下的黄河二阶台地上。第二,秦长城几乎全用石块、石片砌筑而成,从乌拉特前旗小佘太乡、乌拉特中旗忽鲁斯太乡几段至今仍然完好的墙体看,高度因山势、地形不同而异,有两米多的,也有四米多近五米的,顶宽多在两米以上。有的地段,如武川县蘑菇窑乡东一小段,因山势很险峻,山顶上又有石牙峭立,就没有另外筑墙,但仍在坡上每隔二三里距离,修建了烽火台墩,构成东西相望的防御体系。绝大多数地段都修筑了石砌长城,就连长城线上偶然遇到的两块巨石之间形成的缺口,也都用石头砌墙填齐,而且多数地段除自然坍塌以外,保存得都还完好。而赵长城则是用土夯筑的。第三,访问沿线文物部门,武川、临河两县发现过"秦半两"古币,没有发现过战国以前时代的地表文物。在包头市西郊的赵长城多发现有战国时遗物。

从实地踏查所得的结果看,阴山南麓以土夯筑的长城和《史记·匈奴传》所说赵武灵王筑长城,"自代并阴山下,至高阙为塞"的记载,是完全一致的。阴山山脉北麓的石砌长城,应当是《史记·秦始皇纪》所载"又使蒙恬渡河,取高阙、阳山、北假中"之后新筑的秦长城。从这一基本认识出发,可以得出战国秦汉时代的阴山,是指大青山、乌拉山的结论。因为赵长城"自代并阴山下"西行,终于乌拉山下包音花镇塔哈其嘎查(村)的大坝沟口,阴山若不涵盖乌拉山,《史记》的有关行文就无法理解了。如若把《史记》中有关秦王朝北部疆界的几处主要记载做统一考察,那么,把阴山山脉北麓的石砌长城定为秦王三十二年(前215年),"始皇乃使将军蒙恬发兵三十万人,北击胡,略取河南地"。第二年(前214年),蒙恬"西北斥逐匈奴,自榆中并河以东,属之阴山,以为三十四县,城河上为塞"。然后,"又使蒙恬渡河,取高阙、陶山、北假中,筑亭障、以逐戎人"时新筑的一段秦长城,是在情理之中的。

其实秦王二十六年(前221年),"初并天下"之时,只是直接继承原六国中赵、燕的北部边界,即所谓"北据河为塞,并阴山至辽东",没有来得及建立有效的行政体制。直到秦王三十二年(前215年),因为发现了"亡秦者胡也"的图谶之后,"始皇乃使将军蒙恬,发兵三十万,北击胡,略取河南地"。在"西北斥逐匈奴"以后,才设县治边,巩固以黄河为主的边防。秦始皇"又使蒙活渡河,取高阙、陶山、北假中"。就是渡过北河(当时黄河主河道,今乌加河),夺取阳山(今狼山),占领现在人们通常所说的整个阴山山脉,并开始沿阴山山脉北麓构筑新的防御体系,这就是我们前面所说的阴山山脉北麓石筑长城。

在说明了战国秦汉时代的阴山只含大青山、乌拉山而不含狼山之后,多少年来人们一直苦苦探寻着的高阙地望问题,也就不胫而至,逼迫着我们做出相应的回答。当然,这是一个十分复杂的难题,当另以专文做深入、全面的论述,本文只能略述。

在我们对包头及河套地区的古长城遗迹做实地踏查时,形成一个很明确的观念,就是确定高阙地望的关键之一,是赵长城、秦长城向西伸延的终点。既然战国、秦汉时代的阴山,如前所述只含大青山、乌拉山而不含狼山,而"自代并阴山下"的赵长城向西伸延的终点,又是在乌拉特前旗包音花镇塔哈其嘎查(村)的大坝坝口,那么,和赵长城互为依存条件的战国时代的高阙,就只能在当时阴山涵盖范围内探求。而秦王三十三年(前214年),"又使蒙恬渡河,取高阙、陶山、北假中"中所说秦汉时代的高阙,亦当在阳山涵盖下寻觅。前者,我们称之为战国阴山高阙,后者我们叫它作秦汉阳山高阙。

自司马迁在《史记》的《秦始皇本纪》《赵世家》和《匈奴列传》等有关本纪、世家、列传中记载了高阙之后,汉唐以降的注释家们,如徐广、裴骃、张守节、司马贞等,都认为秦朝"又使蒙恬渡河取高阙、陶山、北假中"的高阙,就是战国赵武灵王"筑长城,自代并阴山下,至高阙为塞"的高阙。这就使后世学者们陷于困惑、迷惘之中。近年来一些专家学者,跳出单从文献资料中考索的局限,先后到内蒙古的有关地区做实地考察,在文献资料与实地考察结合的基础上,不断著文对古代注释家们的注文提出质疑,进行新的探索。诸如陈梦家先生的《汉武帝边塞考略》、严宾先生的《高阙地望考》、臧知非先生的《论秦汉时期河套地区的开发及其意义》、何清谷先生的《高阙地望考》等,有的从多方面论证战国时代的赵国高阙当在乌拉山地带,都是独具慧眼的。可惜,他们似乎又都囿于战国、秦汉之高阙均在一地的成见,于是又陷于新的困惑、迷惘之中,问题未能得到真正解决。

汉人所说的阴山,其涵盖也只及大青山、乌拉山,而不及狼山。《汉书·匈奴列传》载,西汉元帝竟宁(前33年)初,呼韩邪单于"上书愿保塞,上谷以西至敦煌,传至无穷。请罢边备塞吏卒,以休天子人民。天子令下有司议。议者皆以为便。郎中侯应习边事,以为不可许。上问状,应曰:'周秦以来,匈奴暴桀,寇盗边境,汉兴尤被其害。臣闻北边塞至辽东,外有阴山,东西千余里,草木茂盛,多禽兽,本冒顿单于依阻其中,治作弓矢,来出为寇,是其苑囿也。至孝武世,出师征伐,斥夺此地,攘之于幕北。建塞徼,起亭隧,筑外城,设屯戍以守之,然后边境得用少安。幕北地平,少草木,多大沙,匈奴来寇,少所蔽隐。从塞以南,径深山谷,往来差难。边长老言:'匈奴失阴山之后,过之未尝不哭也。'"从侯应所描述的北疆边塞情况,特别是汉武帝(前140年—前87年)北伐匈奴以后,"建塞徼,起亭隧,筑外城,设屯戍以守之"的话看,他所说的阴山,似乎把狼山也包括进去了。因为当时所建的塞徼、亭隧和外城,是由阴山北麓一直西向伸延到狼山北的。但若反复推敲，就会发现侯应所说的阴山，仍然是指大青山、乌拉山而言的。首先，他所说的阴山，是“东西千余里”。汉里为今里的0.83里，如含狼山，则当言二千余里。虽然“千余里”、“二千余里”都是大概言之，并非确数。但若通检班书所记汉代出兵里程，如元狩三年（前120），“将军霍去病、公孙敖出北地二千余里，过居延”；天汉二年（前99），“使骑都尉李陵将步兵五千人，出居延北千余里，与单于会合，战”，虽均非确数，但按之地图，相去并不甚远。以此推之，侯应所说的“外有阴山，东西千余里”，是仅指大青山、乌拉山而不包括狼山的。其次，从所说“草木茂盛，多禽兽”的生态环境看，也只有大青山、乌拉山可以当之；童山颓岭、植被稀疏的狼山，焉能与之相齐？其三，从汉武帝时北疆的军事态势看，匈奴“诸左王将居东方，直上谷以东，接涉貊、朝鲜；右王将居西方，直上郡以西，接氐、羌；而单于庭直代、云中”。单于庭既直代、云中，当在阴山之北，所以卫青两次从定襄（郡治今内蒙古和林格尔县境）北出，直逼单于庭，亦颇能说明。李秀洁先生《释阴山》也认为，赵、秦、汉之阴山，乃侯应所指之阴山，包括大青山、乌拉山，后人所说阴山山脉的“狼山部分，尚不在阴山名称之下”（《禹贡》，1937年第八、九合期），无疑是正确的。

东汉时，据《后汉书·郡国志·五原郡》载：“西安阳北有阴山。”“徐广曰：‘阴山在河南，阳山在河北。’”可见，当时乌拉山还是属于阴山涵盖之内的。

三

自北魏以后，阴山、乌拉山和狼山开始分别出现于各种史籍载纪。这就是说乌拉山从阴山涵盖之内析出，成为和阴山、狼山一样的独立山体了。

《晋书·前秦·苻坚载记》云：“坚既平凉州，又遣其安北将军、幽州刺史苻洛为讨北大都督，率幽州兵十万讨代王涉翼犍。又遣后将军俱难与邓羌等，率步骑二十万，东出和龙，西出上郡，与洛会于涉翼犍庭。翼犍战败，遁于弱水，苻洛逐之，势穷迫，退还阴山。其子翼圭缚父请降，洛等振旅而还。”涉翼犍庭，据《魏书》的有关记载，为云中盛乐宫，今内蒙古和林格尔县境。涉翼犍当时的势力范围，相当于现在河北西北部、山西北部、内蒙古的土默特川和鄂尔多斯一带。涉翼犍战败，被迫退回的阴山，只能是大青山。

其实，《魏书》中有关阴山的记载既多亦详，而且都是指大青山的。魏道武帝拓跋珪（386—408年）、明元帝拓跋嗣（409—423年），经常活动的牛川（今内蒙古四子王旗境锡拉木伦河）、纽垤川（今内蒙古达茂旗境艾不盖河）、骏髯水（今内蒙古集宁市霸王河）、长川（今内蒙古兴和县北）、云中（今内蒙古托克托县北古城）、参合陂（今内蒙古凉城县石匣子沟）、九十九泉（今内蒙古察右中旗南境）、五原（今包头市）等地，都在今大青山附近。所以，《魏书》多次提到的“渡阴山”，就是翻越大青山。魏太武帝（424—451年）始光四年（427年）正月，“赫连昌遣其弟平原公定，率众二万向长安。帝闻之,乃遣就阴山伐木,大造攻具”。三月,“诏执金吾桓贷造桥于君子津”。这里所说伐木取材的阴山,是非大青山莫属的。

为了防止蠕蠕南下,北魏环阴山北麓设置了6个军事重镇,以拱卫平城(今山西大同)的安全。所以魏初在阴山北麓的活动十分频繁,并建有行宫,太平真君年间(440—450年),太武帝“行幸阴山”、“行幸阴山之北”、“行幸山北”,都是指大青山和大青山之北。太平真君三年(442年),“六月丙戌,难当朝于行宫。先是起殿于阴山之北,殿始成而难当至,因名曰广德焉”。北魏的行宫广德殿,既在“阴山之北”,当在今内蒙古武川县境。鲜卑拓跋魏早期的历史,和阴山即大青山是紧密地连在一起的。自世祖太武皇帝拓跋焘(424—451年)之后的高宗文成皇帝(452—465年)、显祖显文皇帝(466—470年),到高祖孝文皇帝(471—499年)迁都洛阳以前,行幸阴山的记载,几乎不绝于史,而显祖显文皇帝拓跋弘,就“生于阴山之北”。但是,北魏时的阴山,是专指大青山的。请看太和十八年(494年)孝文帝的一次行幸路线,就更清楚了。

孝文帝于太和十八年七月“壬辰(廿日),车驾北行。戊戌(廿六日),谒金陵。辛丑(廿九日),幸朔州”。“八月,癸卯(初一日),皇太子朝于行宫。甲辰(初二日),行幸阴山观云川。丁未(初五日),幸阅武台,临观讲武。癸丑(十一日),幸怀朔镇。己未(十七日),幸武川镇。辛酉(十九日),幸抚冥镇。甲子(廿二日),幸柔玄镇。乙丑(廿三日),南还”。魏孝文帝这次出巡,从平城(今山西大同)出发西行,出杀虎口到金陵(今内蒙古和林格尔县东)、朔州(治盛乐,即今和林格尔),至行宫(当在今内蒙古托克托县古城乡东40里),接受太子朝见。尔后“幸阴山,观云川”。孝文帝一行既然没有北渡白道(今呼和浩特市北蜈蚣坝),就只能傍大青山西行。所以,“幸阴山”的阴山所指,应是今大青山。“观云川”的云川当为哈素海。3天以后,到达阅武台,“临观讲武”,然后幸怀朔镇。北魏的怀朔镇镇治,在今内蒙古固阳县白灵淖乡城圐圙村,已经内蒙古、包头市文物部门勘查证实。这样,阅武台就只能在今包头市郊的昆都仑沟南,因为附近可供帝皇行幸扈从穿越大青山南北的通道,唯昆都仑沟为宜。出昆都仑沟到怀朔镇后,即循阴山北麓东行,分别巡幸武川、抚冥、柔玄诸镇,最后返归平城。通观孝文帝的这次出巡路线,恰围绕大青山转了一圈。由此可知,北魏时的阴山就是大青山,而不再涵盖乌拉山了。

李秀洁先生在《释阴山》中也说,魏孝文帝这次出巡的“阴山,当为归绥平原(今土默特川)北边之大青山部分”。但李先生对《魏书》中的另外两条记载,因理解不当,又陷自己于困境。这两条记载都出自《魏书·世祖纪》。

其一是426年“幸云中旧宫,谒陵庙,西至五原,田于阴山,东至和兜山”。李先生说《魏书》这条记载中的阴山,“似应为大青山西部乌拉山附近地带”。

其二是429年“列置新民于漠南,东至濡源,西暨五原阴山,竟三千里”。李先生认为“此则明指现阴山之西部无疑”,并进而解释说,“就此两段言,与前所言,虽皆属阴山山脉之一部,而所指之段落又各不同”云云。

其实这两条记载中的阴山,所指都还是大青山。《魏书·地形志》所载朔州下属附化郡领县中,就有五原县。而朔州条下又自注云:“本汉五原郡。”由此可知,北魏五原县,就在汉五原郡境。汉五原郡治在今包头市郊昆都仑河一带。昆都仑河为大青山与乌拉山的界河,古时名石门水。世祖太武帝拓跋焘既然是在“幸云中旧宫,谒陵庙”之后,“西至五原,田于阴山”的。那么,他所田猎的阴山,是大青山,至于安置高车新民,是“东至濡源,西暨五原阴山”。就是东到濡源西及(或尽)五原阴山。这里的阴山,仍只是大青山,文中的“竟三千里”,恐为“二千里”之误。《魏书·太宗纪》载,泰常八年(423年),“二月戊辰,筑长城于长川之南,起自赤城,西至五原,延袤二千余里,备置戍卫”。赤城在濡源南。赤城至五原和濡源至五原的里程应大致相当。北魏的濡源,当在今河北沽源县附近,到五原的里程,按当时度量计之,约合2000余里。同一《魏书》的《太宗纪》《世祖纪》,一为“延袤二千余里”,一为“竟三千里”,两者当有一误。按之地图,“竟三千里”之说为误。

北魏时,乌拉山已以一座独立的山体从阴山涵盖中析出,以“跋那山”之名出现于《魏书》等有关史籍之中。魏道武帝登国(386—395年)中,蠕蠕“缊纥提西遁,将归卫辰,太祖追之,至跋那山”。登国“九年(394年),曷多汗与社仑率部众弃其父西走,长孙肥轻骑追之,至上郡跋那山,斩曷多汗,尽殪其众”。魏明元帝永兴五年(413年),四月,“诏前军奚斤等先行,讨越勤部于跋那山”。七月,“奚斤等破越勤倍泥部落于跋那山西,获马五万匹,牛二十万头”。神瑞(414—415年)中,闾大肥“讨越勒部于跋那山,大破之”。以上引文中的跋那山,所指均今乌拉山。

《魏书》中,不仅乌拉山已从阴山涵盖内析出,狼山也明显地和阴山、乌拉山区别,仍以独立的山体出现。魏道武帝登国五年(390年),“十月,迁云中,讨高车豆陈部于狼山,破之”。有关北魏与漠北高车的关系,《魏书·高车传》亦载有:“太祖复度弱洛水西行,至鹿浑海停驾,简轻骑,西北行百余里,袭破之。虏获生口、马、牛、羊二十余万。复讨其余种于狼山,大破之。”而《魏书·蠕蠕传》收录的北魏孝庄帝(528—530年)一则诏文,更明确地把阴山和狼山区别开来。“建义(528—530年)初,孝庄诏曰:‘夫勋高者赏重,德厚者名隆。蠕蠕主阿那瑰镇卫北藩,御侮朔表,遂使阴山息警,弱水无尘,刊迹狼山,铭功瀚海。’”在这里阴山、弱水、狼山、瀚海,甚为分明。从行文看,焉能给人互相连属之感?

(原载于1989年第3期)

古今阴山考辨(下)

鲍　桐

四

突厥和突厥汗国的兴起,使整个大漠南北的军事政治态势为之一变。为历代中原封建王朝和漠北游牧民族政权争夺焦点的阴山,它的名称和涵盖当然不能不发生相应变化。

突厥的兴起,始于东魏、西魏和北齐、北周时期。他们从阿尔泰山东向,击败、并吞蠕蠕而据有整个漠北,建立了强盛一时的突厥汗国。他们利用当时北齐、北周割据的局面,把自己的统治区域一直推到漠南地区,阴山、乌拉山和狼山都成了突厥汗国的一部分。所以,《北齐书》《周书》和《北史》有关阴山的记载很少。

公元581年,杨坚建隋不久,开始了与突厥汗国争夺漠南的激烈斗争。由于阴山所处战略地位极端重要,成为双方争夺的焦点。于是,有关阴山的记载重现于史册。不过,值得注意的是,当阴山以它挺然而立的雄姿再次出现时,已不再被称为阴山了。

隋代阴山的称谓,并不很统一。《隋书·赵仲卿传》记载,开皇十七年(597年),赵仲卿"随高熲指白道以击达头。仲卿率兵三千为前锋,至族蠡山与贼相遇,交战七日,大破之。追奔至乞伏泊,复破之。虏千余口,杂畜万计。突厥悉众而至,仲卿为方阵,四面拒战。经五日,会高熲大兵至,合击之,虏乃败走。追度白道,逾秦山七百余里"。这里所说的"秦山"因为和"追度白道"相连,除阴山以外,就不可能做别的解释。可知,隋时阴山亦间或称为秦山。但更多的是以大斤山之名来称阴山。《隋书·突厥传》载,开皇十九年(599年),突厥"连头自立为步迦可汗,其国大乱。遣太平公史万岁出朔州以击之。遇达头于大斤山,虏不战而遁"。《隋书·史万岁传》亦说:"开皇末,突厥达头可汗犯塞。上令晋王广及杨素出灵武道,汉王谅与万岁出马邑道。万岁率柱国张定和、大将军李药王、杨义臣等出塞,至大斤山与虏相遇"。但是,当时为什么改阴山为大斤山,未见有相应的资料可以说明,只好暂时付之阙如。

入唐之后,阴山的称谓显得更为杂乱一些,除了阴山之名重新使用以外,出现于史册的还有青山之名。

《旧唐书·突厥传》说,隋末"值天下大乱,中国人奔之者众,其族强盛。东自契丹、室韦,西尽吐谷浑、高昌,皆臣属焉。控弦百余万,北狄之盛,未之有也。高视阴山,有轻中夏之志”,又说“太宗贞观元年(627 年),阴山以北薛延陀、回纥、拔也古等部,皆相率背叛”。《旧唐书·太宗纪》载,贞观四年(630)二月“甲辰,李靖又破突厥于阴山。颉利可汗轻骑远遁”。《旧唐书·李靖传》对此讲得更清楚。说李靖“选精骑一万,赍二十日粮,引兵自白道”袭击突厥。他出发以后,“督师疾进,师至阴山,遇其斥候千余帐,皆俘以随军”。李靖既是从白道“督师疾进”而达于阴山的,这里的阴山当然就是今天的大青山了。但是,《唐书》为什么改《隋书》大斤山之名而恢复阴山旧称,也还是难以解释清楚的。

另外,据《旧唐书·李勣传》载,唐贞观十五年(641 年),“薛延陀遣其子大度设,率骑八万南侵李思摩部落。命勣为朔州总管,率轻骑三千,追及延陀于青山,击,大破之”。和隋时一样,当时阴山还继续被人称为青山,因为据《旧唐书·突厥传》载,贞观四年(630 年),东突厥颉利可汗被俘以后,颉利族人李思摩被封为“右武侯大将军、化州都督,令统颉利旧部落于河南之地,寻改封怀化郡王。及将徙于白道之北,思摩等咸惮薛延陀,不敢出塞”。因此,唐太宗“遣司农卿郭嗣本赐延陀书”,严厉告诫薛延陀“尔在碛北,突厥居碛南,各守土地,镇抚部落,若其逾越,故相抄掠,我即将兵,各问其罪”。所以,《李勣传》中所说的青山,是非阴山不可的。

乌拉山,唐人称之为木剌山、牟那山、跋那山、纥那山等。《旧唐书·郭子仪传》载:“天宝八载(749 年),于木剌山置横塞军及安北都护府,命子仪领其使,拜左卫大将军。”元和八年(813 年),中书侍郎平章事李吉甫在《请修天德旧城以安军镇》的条陈中说:“其城居大同川中,当北戎大路,南接牟那山钳耳嘴。山中出好材木,若有营建,不日可成。牟那山南又是麦泊,其地良沃,远近不如。”唐天德军城遗址,现已没入乌梁素海,稍南即乌拉山。钳耳嘴,当今乌拉特前旗西山嘴北,乌拉山西端,因形似而得名。所以,李吉甫说的牟那山,就是乌拉山。其实,牟那山、木纳山、跋那山、纥那山,就文字表述而言,都是一音之转而已。

需要认真加以辨析的是,唐人把阴山北麓的又一座山体,从原阴山涵盖内析出,称为牛头朝那山。然而,以往的注释家们都把新析出的牛头朝那山和牟那山即乌拉山相混,造成对有关历史事件阐述的失实。

《资治通鉴》载,唐高宗弘道元年(683 年)五月,“突厥阿史那骨笃禄等寇蔚州,杀刺史李思俭,丰州都督崔智辩将兵邀之于朝那山北。兵败,为虏所擒”。胡三省在“朝那山北”句下注云:“朝,丁度《集韵》音与郴同。牛头朝那山在丰州河北。”《旧唐书·张仁愿传》载:“时突厥尽众西击突骑施、娑葛,仁愿请乘虚夺取漠南之地,于河北筑三受降城,首尾相应,以绝其南寇之路。”而且,“六旬而三城俱就,以拂云祠为中城,与东西两城相去各四百余里。皆据津济,遥相应接,北拓地三百余里。于牛头朝那山北置烽堠一千八百所。自是突厥不得度山放牧,朔方无复寇掠,减镇兵数万人”。唐人李吉甫的《元和郡县图志》行文稍有不同，说是仁愿筑三受降城，“北拓三百余里，于牛头、牟那山北置烽堠一千八百所”，下加注曰：“《考证》：《唐书》《通典》并误作‘朝那山’，后人或即指为安定之朝那，失之远矣。‘一千百八百所’，《通考》无‘一千’，作‘百八十所’。”清人顾祖禹也说：“牛头、牟那山，在废中受降城西北。唐景龙(770—709年)中，张仁愿筑三受降城，又于牛头、牟那山北置烽堠千八百所”。他认为：“或认为牛头朝那山。永淳(682年)初，突厥入寇，丰州将崔智辩与战于朝那山，败绩，即此。”李秀洁先生的《释阴山》也说，牛头朝那山，“今学者多以为即乌拉前山”(《禹贡》1937年第八、九期合刊)。和李吉甫、顾祖禹的见解颇为接近。《中国历史地图集》的编著者们，摆脱了旧说的束缚，把牛头朝那山和乌拉山区别开来。但他们将牛头朝那山绘于今固阳县东南的村空山，亦未切当。从现有文献和考古材料看，今内蒙古“托克托县托克托城的‘大皇城’，即唐东受降城”，已经确认。中、西受降城的准确位置，虽还有待地下文物的证实，但中受降城在今包头市郊和西受降城后期在乌拉特前旗境内，为大致公认的看法。张仁愿修筑三受降城并设置烽堠，形成一个地区性的边防体系，目的是在遏制、阻止突厥的南下，确保漠南，尤其是朔方节度使所辖阴山以南地带的安全。阴山北支的色尔腾山，东起固阳县的村空山，西到由乌拉特前旗通往中旗的乌不浪口，整个山势自东阻西，连绵不绝，应当是唐代从阴山涵盖内析出的牛头朝那山。若是，则阴山之南的三受降城自能成其“遥相应接”之态势。所修“一千八百所”烽堠连成一体，在阴山之北形成一条拱卫三受降城的防线。正是这样一个区域性的边防体系，收到了“自是突厥不得度山放牧，朔方无复寇掠”的实际效果。如若牛头朝那山被人为地分为牛头、朝那山，进而又将朝那山误为牟那山，不仅“北拓地三百余里”不好理解，绝突厥“南寇之路”的目的亦难实现。所以，第一，牛头朝那山是一个山体，不能砍成牛头、朝那山两座山体；第二，牛头朝那山就是阴山西北支的色尔腾山，而不是阴山西南支的乌拉山。

隋唐时期的狼山，仍不属于阴山涵盖范围。《旧唐书·裴行俭传》载，唐“调露元年(679年)，突厥阿史德温傅反，单于管内二十四州并叛应之，众数十万”。定襄道行军大总管裴行俭奉命率三十余万唐军破之于黑山，突厥“余党走依狼山”。《新唐书·地理志·安北都护府》下有“狼山州，永徽元年(650年)，以歌遣禄右厢部落置为都督府，隶云中都护。显庆三年(658年)，为州隶属”。从隋唐时期的有关史文中，人们同样是得不出“狼山为阴山山脉一支”的结论来的。当时阴山的涵盖不仅未及狼山，而且今色尔腾山从它的涵盖内析出，是被称为牛头朝那山的。

五

自辽以后，直至明清之际，阴山、乌拉山、狼山，在不同时期，因谐音等诸多方面的关系,在有关史籍的行文中稍有变异,但前后承袭的轨迹清晰可见。它们仍然是各自独立的山体,互不涵盖,也互不统属。当然阴山山脉等这一近代地理学概念还未形成。

辽代,今大青山仍名阴山。辽太祖神册元年(916 年)七月,耶律阿保机"亲征突厥、吐浑、党项、小蕃、沙陀诸部,皆平之,俘其酋长及其户万五千六百,铠甲、兵仗、器服九十余万,宝货、驼、马、牛、羊不可胜算。八月,拔朔州,擒节度使李嗣本,勒石纪功于青塚南"。到十一月,"自代北至河曲,逾阴山,尽有其地。遂改武州为归化州、妫州为可汗州,置西南面招讨司,选有功者领之"。紧接着又于"十二月,收山北八军"。文中所说的"青塚",当是昭君坟无疑;"阴山"就是今大青山;"山北"当然也只能是今大青山以北的漠南地带了。

神册五年(920 年),"八月己未朔,党项诸部叛"。九月,"皇太子率迭剌部夷离堇汗里轸等,略地云内、天德。冬,十月辛未,攻天德。癸酉,节度使宋瑶降,赐弓矢、鞍马、旗鼓,更其军曰应天。甲戌,班师。宋瑶复叛。丙子,拔其城,擒宋瑶,俘其家属,徙其民于阴山南"。这里所说的阴山,就是今大青山。因为,辽在攻占"阴山南"以后,设丰州州治于今呼和浩特东郊白塔车站南的太平乡一带。

辽圣宗太平七年(1027 年),五月"西河路招讨司奏:'阴山中产金银,请置冶。'从之。复遣使循辽河源求产金之所"。《辽史 · 食货志》亦说:"圣宗太平(1021—1030 年)间,于潢河北,阴山及辽河之源,各得金银,并兴冶采炼。"两处的记载是一致的,所说的阴山也都是指今大青山。

辽末天祚帝西逃到今夹山一带,经常得到"阴山谟葛失"部的支援。如保大二年(1122 年),四月,"谟葛失部赆马驼食羊"。五月,"谟葛失部以兵来援"。保大三年(1123 年),"金师围青冢塞,雅里在军中,太保特母哥挟之出走,间道行至阴山"。保大四年(1124 年),秋七月,"天祚既得牙林耶律大石兵归,又得阴山室韦谟葛失兵,自谓得天助,再谋出兵,复收燕云"。"上遂率诸军出夹山,下渔阳岭,取天德、东胜、宁边、云内等"。上述引文中的阴山,都是指大青山的。应当指出的是《辽史》所说的阴山,都是不含乌拉山的,因为文中的"青塚",据《辽史 · 地理志 · 丰州》注云:"即昭君墓。""渔阳岭"则为今呼市北的蜈蚣坝。由此可以推定"夹山"应当是今内蒙古武川、固阳两县之间大青山中的某一狭长山谷。从天祚帝活动的踪迹看,他的活动范围没有到达乌拉山地区。

乌拉山,辽仍称牟那山,而西夏则称之为午腊蒻山。《辽史 · 地理志 · 天德军》称:"又有牟那山钳耳嘴城在其北。"这里的牟那山当然是乌拉山了。然而,《辽史 · 圣宗纪》则说,开泰二年(1013 年),七月,"西南招讨使政事令斜轸奏:'党项诸部叛者,皆遁黄河北模赧山。'"可知当时乌拉山还有模赧山之异名。

西夏元昊(1032—1048 年)时,"置十二监军司,委豪右分统其众,自河至午腊蒴山七万人,以备契丹”。(《宋史·夏国传》)这里的“午腊蒴山”,就是乌拉山。看来辽、夏的行政区划恰好是以乌拉山为限:乌拉山以东为辽,所以辽天柞帝的活动一直局限于乌拉山以东;乌拉山以西属夏,所以夏派驻“七万人以备契丹”。

狼山为西夏辖区,在我们翻检所及的有关史籍中,不见记载。

金仍称大青山为阴山。金太祖天辅六年(1122 年),“辽主保阴山”。七年(1123 年)四月,“遣斡鲁宗望袭辽主于阴山”。稍后,因“闻辽主留辎重青塚”,(《辽史·食货志》)乃追袭之。《金史·宗望传》叙述余望西向追击辽天祚帝时,也一再提及阴山。如“辽主走阴山”,“辽主尚在阴山、天德间”,“袭辽主于阴山、青塚之间”等。这里所说的阴山,都是指今大青山。《金史·西夏传》所载天辅六年(1122年),“金破辽兵,辽主走阴山。夏将李良辅将兵三万来救,辽次天德境野谷”。天会二年(1124 年),“宗翰承制,割下寨以北、阴山以南、乙室耶刮部吐禄泺之西以赐之”。这里的阴山,也都是专指大青山而言的。

宋朝,因阴山、乌拉山和狼山都不在它的行政区域之内,史籍记载很少。

元代的阴山,名为祁连,意即天山。据清雍正朝所修山西《朔平府志》收录的《丰州平治甸城峪道碑》说:“(丰州)郡南负黑河青冢,古迹仍存。郡北一舍,有环绕之山,名曰祁连,中有捷径故道甸城山谷。”(《朔平府志》)碑文是元人李文焕撰于延佑七年(1320 年)。可知当时元人称阴山为祁连。据有关史籍记载,祁连一词,原为匈奴语“天”。鲜卑语亦称天为祁连。《魏书·尔朱荣传》云:“秀荣界有池三所,在高山之上。清深不测,相传曰祁连池,魏言天池也。”元人改称阴山为祁连,或为蒙古语中留存的古匈奴语或鲜卑语的表现,亦未可知。

乌拉山和狼山在有关元代的史册中,就我们翻检所及的范围,尚未见著录。

明初今大青山又恢复阴山之名。曾扈从明成祖朱棣北征的金幼孜在所著《滦京百咏集·序》里,就这样说过:“余当扈从北征,出居庸,历燕然,道兴和,逾阴山,渡碛卤大漠。”然而,到明中期以后,大青山之称日渐普遍。明英宗正统十四年(1449 年)的“土木堡之变”,瓦剌也先俘虏了英宗朱祁镇等人后,曾将他们先后拘禁于大青山,青冢、九十九泉和东胜等地,王世琦在《云中筹俎考》中称:“俺答哈(即阿勒坦汗),在大同边外大青山、昭君坟、丰州滩驻牧。”特别是《万历武功录·俺答传》有关大青山的记载,几乎随处可见。嘉靖“十八年(1539)正月,于是吉囊、喇不台吉往大青山迤北”。“(铁)莽乃言,吾领小把都之众三百余人,居大青山迤北,去俺答二百里远。”“是时,五月将尽,塞外旱虫将生,虏多移壁大青山。”“委兀儿慎可一万,居大青山。”隆应六年(1572 年)四月,俺答请工师五彩,建寺大青山。”“永邵卜大成所牧在大青山后。”(《万历武功录·俺答传》)但也有的史书称之为青山的,《明史·外国传·鞑靼》就说是:“俺答常远处青山”。顾祖禹说:“明嘉靖

(1522—1566年)初,中国人叛逃出边者,升板筑墙,盖屋以居,乃呼为板升,有众十万。南至边墙,北至青山,东至威宁海,西至黄河岸。”也有的史书仍然沿用阴山旧称的,如《云中处降录》就说:“俺答最雄杰多谋略,有众十余万,驻牧丰州滩、东胜之间,阴山之麓。”(魏焕《云中处降录》)阴山旧名渐使人感到生疏起来。

明代乌拉山被称为母纳山、没纳山。宣德元年(1426年),“时脱欢与阿鲁台战,败之,遁母纳山、察罕脑剌之间”。《北虏世系》则说,威正叩雅拜台吉,“即答度台吉,授百户,在大同边外丰州西没纳山(河)住牧,离边七百余里”。

狼山,明代史籍未见著录。

清代,阴山之名为大青山更为普遍。康熙二十八年(1699年),清政府“设河宝营,差满官督牧大青山木税”。“四十一年(1702),大青山木税,归并杀虎口兼辖。”《清史稿·地理志·归化城》注文说,城“北大青山,即阴山,古白道川”。清人钱良择在叙述他出使俄罗斯途中,说是“初三日出居庸关,十八日至归化城,二十一日逾阴山,至昆都勒河”。雍正朝《山西通志》说:“大青山,东接察罕脑儿界,迤北而西,直抵袄儿都司,以黄河为界。北有数口,皆通大漠。高百余仞,袤三百余里,广百余里。中产松柏材木,望之苍翠,似画屏。”并说:“大青山即阴山、黑山。”同为雍正朝修的山西《朔平府志》亦称:“大青山后诸蒙古环列,若众星拱焉。”说是“达昭君坟,逾黑河,东登白登,北望阴山,西临河”。可见,大青山之名已相当普遍了。但要究其原因,却不是件易事。

这里值得一提的是《古丰识略》的作者张曾。他认为:“前代无大青山之名,国朝始有之。疑我太宗征服察哈尔,收复土默特部落,北人悦服,因以‘大清’二字名其山,后复讹‘清’为‘青’也未可知。”这很难说是严肃的探索,是以主观的臆测,用来阿谀清朝统治者的。

乌拉山,《清史稿·地理志·内蒙古·乌拉特部三旗》云:“西木纳山。”马冠群在所著《蒙古地略》中说:“木纳山在旗西。”后来何以改木纳山为乌拉山,有几种不同的解释。其一,乌拉特三公旗地,人们习惯地称之为乌拉地,遂以名山。其二,明时瓦剌的一支,迁居今乌拉特前旗,后归顺清王朝,瓦剌转音为乌拉,因以名山。但这两种说法,其实都难于找到恰当资料,用以证明自己的正确性。嘉庆重修《大清一统志·乌拉特·山川》也有“木纳山,在旗西”的注文。另外据《清实录·文宗实录》载,咸丰元年(1851)九月,理藩院的一则奏折中说“遵查乌拉特三公旗所属穆纳山,产有木植,向系官为开采。嗣因民人扰害蒙古,部议封禁”云云。看来,乌拉山之名的出现和使用,当为晚清的事了。

清代,狼山的名称也是不统一的。《清史稿·地理志·五原》载:“西北阳山,北阴山。”可见,当时狼山尚沿用阳山的旧称,而且和阴山是被明确地区别开来的。嘉庆朝重修《大清一统志》也仍然以阳山称之,并注明是“在(乌拉特)旗西北二百里,蒙古名洪戈尔”。值得注意的是在同一部《大清一统志》中,还另载有狼山,注文说:“在(乌拉特)旗东四十里,蒙古名绰农掩罗海。”所指当然不是今天人们所说的狼山,不能混同。其实,清康熙时期,两狼山的今名已见记载。《圣武纪》卷三附录《直隶总督于成龙年谱》中,就说康熙三十五年(1696年)亲征噶尔丹时,“因挽输重大,特起于公以都察院左都御史总统督运中路大兵粮饷”,于当年“三月二十日,公督领粮车次第前进”。第二年,康熙“驾幸宁夏次云中,数日复奉命先行,前三月十三日入宁夏。十六日,接驾于黄河渡口,上抚公肩密谕良久,内外不得而知也。后三月十五日,由宁夏起程,粮用牲驮,上命西安副都统带甲三百副护卫,仍敕公节制。上回銮,公为总统,率诸侍郎北进,至船站石嘴,遥遵恩命,代赏蒙古官兵,外番统领皆膝行听命。阅日启行,有地名戈必,乏水草,约二百余里。先探此为北进孔道。至是闻前进兵马大受困馁,适差守备林之本赍送大军口粮,兼令探取水草善地。林夜行失向导,令军士即地环坐以待明旦。少顷,明星出,望星而走,忽抵黄河,就水饮马作食,西北山峰影影,导引前进,蒙古曰:‘此即两狼山也。’因率众望山趋行一日,薄暮得水草。次日仍望山趋行,遂掘地得甘泉,能饮人马数千。于是避戈必之涸,就此地之善,即报请移台于此。三日过两狼,自此长驱直达大将军营”。既然康熙时就已经使用两狼山之今名,嘉庆朝重修的《大清一统志》所载的狼山,就不太可能是今天的两狼山,何况还明确说“在旗东四十里”,实不易混淆。

六

近代山脉之说,是就山体的地质构造而言的,专指带状起伏延伸的山群,而不指单独的山体或山峰。这种科学概念的形成,不仅有待于人类活动领域的扩大,也有待于人们地理知识的积累,还需要逐步获得相应的测绘手段。据清人魏源(1794—1857年)说,早在唐代,著名学者僧一行就已经敏锐地觉察到了一些山体之间的相互联系,也曾试图加以论述。所以魏源在他所著的《北干考》中,就这样说过:“说《禹贡·山川》者,有三条四列之说,而唐僧一行‘河山两戒’,尤为后人所祖。其言曰:‘北戒自三危、积石负终南地络之阴,东及太华,逾河,并雷首、底柱、王屋、太行,北抵常山之右,乃东循塞垣至涉貊、朝鲜,是谓北纪,所以限戎狄也。’”但魏源也指出,僧一行“以贺兰山、阴山为天山一支,是为小误。盖天山之脉,尽于玉关,而贺兰、阴山则为和阗中干之支,非天山之支也”(上海著易堂印《小方壶斋舆地丛钞》)。可惜对于僧一行的学说,由于资料有限,我们只能通过魏源的转述而窥其一斑了。

从我们接触到的一些材料看,明人王士懋亦曾试图总论中国的山脉,并且认为是统属于昆仑三龙的。我们所讨论的阴山,是他所说的北龙中的一部。他认为:“昆仑据地之中,四旁山麓,各入大荒。入中国者,东南支也。其支又于塞外分三支。左支环阴山、贺兰西入,起太行数千里,出为医巫闾,渡海为止,为北龙。”虽然他的识见也并不高，甚至把阴山、贺兰山的东、西位置都弄错了，但值得注意的是，他所说的阴山，已不是前人所说的单独的山体，而是包括狼山在内的阴山山脉了。当然，他是用龙这样一个中国人所特有概念来表述的。

至于近世所说的阴山山脉，魏源在他所写的《葱岭三干考》中，提出他的基本思想。他说："葱岭即昆仑，其东出之山分三大干，……中干自于阗南山起祖，经青海，由三危、积石，绕套外为贺兰山、阴山，历归化城、宣府至独石口外之多伦湖而起内兴安岭，至内蒙各部而为辽东之长白山，以尽于朝鲜、日本。复分数支，其在大漠南、黄河北者为北支，在黄河南、汉水北者为中支，汉水南，江水北者为南支"（上海著易堂印《小方壶斋舆地丛钞》）。尽管魏源也没有明确地提出山脉的概念，但是他毕竟是一位界于古代和近代之间的学者，已经捕捉到了各个有关山体之间的内在关联，并分为三个主要群体，做了初步论述，虽无山脉之名，然山脉说的基本思想已孕育其中了。如果我们把他的学术思想和几乎早他一个时代的学者章学诚（1738—1801 年）比较一下的话，倒可以看出我国学术思想由古代迈向近代的艰难步履。章学诚在《方志辨体》中说："湖广旧志《山川》一门，取各府、州、县志载山川名目，仍依府、州、县次排列。山川名下之注，亦照册排列，此亦世俗通例，未足深怪。但如此排写，占纸四五百番，实与府、州、县志毫无分别。余意此等只应详州、县志，府志已当稍裁繁注，况通志乎？因聘明于形家言者，俾叙湖北十一府州山川形势，上溯夔、峡，下接江西，盘旋数千里间，分合回互，曲直向背，为长篇总论，而山川名目，有当形势脉络起伏响应者，则大书以入文裁，仍加分注，以详坐落，其文洒洒，凡三千余言，观者朗诵一过，则数千里间形势快如掌上观纹。至于无当形势脉络，支流断港，堆埠小丘，则但以小注记其总数于所隶州、县之下，且尽删其注文。前以所隶州、县为经，后以总论山川为纬，略仿《禹贡》、《职方》义例，用纸不及三十番而大势豁然。可谓意匠经营，极尽炉锤之功者矣。"（《章氏遗书》卷十四，《方志略例》）不难看出，章学诚已不满足于罗列山体的旧志体，想要从总体上把握山川形势的基本脉络。但他还不可能像魏源那样，具体论述一座座绵延起伏的带状山群，并进而把它们区划为几大干。这不仅反映了他们所学之专，更反映了他们所处时代的不同。任何一种学术思想，以至构成这种学术思想的一些基本内容，都不能不为时代所限。古人既囿于各自活动的地理环境，又限于世代积累的地理知识，他们不可能具有后人才能有的学术概念。所以，若用阴山山脉这个近代地理学概念，去解释或理解古籍中所说的阴山及其在不同时期的涵盖，难于得出恰当的结论来，其中道理是很清楚的。

（原载于 1989 年第 4 期）

内蒙古西部方音与二人台音韵

张金梅

语言与文化的关系极为密切。正如L.R.帕默尔说的:“语言忠实反映了一个民族的全部历史文化,忠实反映了它的各种游戏和娱乐、各种信仰和偏见。……语言不仅是思想和感情的反映,它实在还对思想的感情产生种种影响。”[1](P139)我国著名语言学家罗常培先生也说:“语言学的研究万不能抱残守缺地局限在语言本身的资料以内,必须要扩大研究范围,让语言现象跟其他社会现象和意识联系起来,才能格外发挥语言的功能,阐扬语言学的原理。”[2](P89)因此,我们通过分析内蒙古西部地区的方言形态与地方小戏二人台之间的内在联系,可以揭示内蒙古地区(主要指西部地区)民俗文化的特征,即草原文化与黄土文化融合。

内蒙古西部地区,主要指西起内蒙古黄河之畔的乌海市,东至河北省邻界的太仆寺旗,包括呼和浩特、包头、乌海三市及所辖地区,内蒙古与山西、陕西、河北接壤的巴彦淖尔市、乌兰察布市和鄂尔多斯市在内的广大地区。

内蒙古西部方言主要指的是移民的汉族人口在该地区使用的衍化了的汉语方言。内蒙古西部方言区,同时也是西路二人台流行的区域。按照我国语言学的方言区划,内蒙古西部方言属于北方方言区的晋语区,带有晋、陕方言的显著特征,而这一方言现象的成因便是我国历史上有名的移民运动——“走西口”。周振鹤、游汝杰两先生曾在《方言与中国文化》中指出:“不同类型的文化从相互隔离进入渗透和交融状态,其最主要的原因之一就是人口的迁徙,亦即移民。移民一方面造成文化的传播,另一方面又使不同地域的文化发生交流,产生新的文化,推动文化向前发展。”内蒙古地区自古以来生活着鲜卑、匈奴、蒙古等多种游牧民族,明清以来几百年的移民活动的结果是晋、陕汉民大量定居于内蒙古西部地区,使这一地区的汉族方言具有晋、陕方言的特征。而晋、陕地区属于黄土高原,然而,此时移入地的这种汉语方言,已经衍变为一种具有基本的晋、陕特点,却又与之不同的方言了。究其发生衍变的原因,大致有以下几种:1.迁出地和迁入地的地形地貌使然。黄土高原地貌复杂,山川沟壑纵横、塬峁连绵、交通不便、干燥少雨、土地贫瘠,自古以来属于旱地农耕区和半农半牧区。这里的方音最大特点是不分阴阳,方言音调直爽、坦率,多反映该区的自然景象。而内蒙古西部地区地处内蒙古高原,地面坦荡完整,起伏和缓,风沙广布,古有"瀚海"之称,因此属半干旱和干旱气候。降水集中,植被稀疏,水土流失严重。方言音调虽直爽、坦率,但不似山西地区绵软,也不同于陕西地区清越高亢,而表现为粗犷有力、低沉直硬,似有与严酷自然抗争的坚韧不拔之感。2. 迁出地与迁入地的经济和生活使然。迁出地经济、生活方式主要为农耕经济地区,汉民族的生活方式转变为半农半牧、农牧民生活方式,奶茶、炒米成为这一地区居民的共爱。移居到大漠草原的汉民,原有的封建宗法制禁锢松懈甚至解体,在新迁入地结成新的社团,受到蒙古民族少束缚、倡自由的文化影响,成员之间关系亲昵、随便,因而语言坦率、直白、少含蓄。3. 晋陕移民与蒙古民族朝夕相处,交朋结友,互通婚姻,受蒙古民族质朴、爽朗、热情、豪放、好客的性格影响,性格放佚粗犷,感情和性格既保留了高原的人们在风寒水干的气候下经济相对贫困形成的性格上的坚忍、质朴、硬冲特征,又有蒙古民族淳朴、爽朗、热情、豪放的情感与性格,两种文化心理交融,形成了独特的内蒙古西部移民性格,也直接衍生了内蒙古二人台的审美取向和音乐特征。内蒙古西部方言也汲取了蒙古语的因素,如吸收了大量的来自蒙古语的借词等,甚至在二人台演唱中使用了蒙汉两种语言演唱的方式等等。内蒙古二人台的演唱语言,正是这种衍化了的晋语。正因如此,内蒙古二人台才具有了浓郁的黄土色彩。

一、内蒙古西部方言的音韵与二人台的押韵特点

(一)内蒙古西部方言的韵母系统与二人台的押韵方式。内蒙古西部方言的韵母系统较普通话要少,其差异主要表现在鼻韵母上,普通话有舌尖鼻音韵母和舌根鼻音韵母,而内蒙古西部方言没有舌尖鼻音韵母,只有舌根鼻音韵母。因此,造成了内蒙古二人台的独特的押韵方式。如《绣花灯》:

例1:七月里来七月正,(eng)
在绣唐朝众英雄,(iong)
久占鳌头秦叔宝,
王伯当和谢映登,(eng)
白马银枪小罗成,(eng)
混世魔王程咬金。(ing)

再如《走太原》:

例2:叫妈妈,你是听:(ing)
你儿子当兵到如今,(ing)
书没书来信没信,(ing)
奴家要去寻动静。(ing)

例1中,1、2、4、5、6句押韵,所押韵部为中东韵;例2句句押韵,也是中东韵。

这是因为内蒙古西部方言中,舌尖鼻音与舌根鼻音不分,属于相同的音,因二人台完全用当地方言演唱,故与普通话的声韵不同,如人辰、中东合为一韵,言前、歌皆合为一韵等等,因而在其他一些戏曲中一些不自然的合辙关系,在二人台中却变得自然了。如

例3:正月里甘草花萌芽出土,
二月里迎春花仰面翻身,
三月里桃杏花一起开放,
四月里蒺藜花四月里生成。

以上偶句押韵,押eng韵。

例4:泪蛋蛋本是心上血,(xiaʔ)
谁不难过谁不滴,(diaʔ)
心上滴血谁知道,
妹妹有嘴没的说。(Suaʔ)

以上1、2、4句押韵,每句末尾都是入声字,押入声韵,因为内蒙古西部方言保留了大量的入声字。

(二)内蒙古西部方言存在一定数量的蒙古语借词,这就形成了二人台语言的多语言混生押韵现象。如

例5:瞎眼的墒亥咬塔奈,
玛奈抽出个大烟袋,
狠狠打它的陶劳盖,
让你受惊怨玛奈。

这一段词是蒙汉两种语言巧妙结合而产生的二人台顺口溜。其中的蒙古音译词有"墒亥",意思是狗;"塔奈",她;"玛奈",我;"陶劳盖",头。这类唱词是二人台的一种独特的表达方式,俗称"风搅雪",表现出蒙汉文化交流融合中音韵修辞方面的特点和魅力。

二、内蒙古西部方言声调与二人台的旋律特点

中国古代已经注意到语言和音乐、歌唱的关系。《毛诗序》说:"言之不足,故嗟叹之;嗟叹之不足,故永歌之。"由此可见,由语言而吟诵,由吟诵而歌唱,语言、吟诵和歌唱之间有着一贯的关系。推而广之,作为地方语言艺术形式的戏曲,一定也与当地方言有着一定的连贯关系。我国音乐学家杨荫浏认为,汉语中的平仄、四声,它们本身就已包含着音乐上的旋律因素。每一个字各有高低升降的倾向;连接若干字构成歌句之时,前后单字互相制约,又蕴蓄着对乐句进行的一种大致上的要求。而起源于田间地头、由农闲时节的一种自娱活动而来的中国地方戏曲,其音乐

必然蕴染着浓郁的地方方言色彩。孙从音指出，方言影响着戏曲唱腔的旋律进行和调式的变化，而且大部分剧种的唱腔处理遵循着语言中四声（依据元代周德清《中原音韵》中划分的阴平、阳平、上声、去声）的规律进行创作。

李首明也指出："对地方戏音乐而言，不管是其产生之初，还是在其后的发展变化中，方言的因素始终是其旋律曲调和行腔产生变异的主要动因……"[3](P78) 清代徐大椿则从作曲的角度，谈到声调和曲调之间的关系。在他的《乐府传声》中说得相当透彻："故曲之工不工，唱者居其半，而作曲者居其半也。曲尽合调，而唱者违之，其咎在唱者；曲不合调，则使唱者依调则非其字，依字则非其调，势必改读字音，迁就其声以合调，则调虽是而字面不真。曲之不工，作曲者不能辞其责也。"

内蒙古二人台的唱腔处理同样也受制于内蒙古西部方言字调的曲折变化，二人台字调配音的方法，基本上与内蒙古西部方言的字调要求相符合。

二人台唱词的发音以内蒙古西部地区的汉语方言为标准，其中以呼和浩特、包头及河套一带的语言最具有代表性。其代表性地区的方言单字调列表如下。

表 1　内蒙古西部方言单字调表

	平声		上声	去声	入声
	阴平	阳平			
鄂尔多斯	24	44	213	53	$ʔ^{4}$
包头	24	44	313	53	$ʔ^{43}$
呼和浩特	31	53	45	$ʔ^{4}$	
临河	24	44	213	53	$ʔ^{4}$

可以发现内蒙古西部方言虽然存在内部差异，但是它们的大致特点是声调变化在5度范围内；呼和浩特地区是4个声调，平声不分阴阳，其他地区5个声调；就阴阳上去入具体情况为，阳平（呼和浩特平声）的调形由半高开始，一路平稳；阴平除包头地区下降外，其他地区一律上扬；上声鄂、包、临皆为降升，呼为下降；去声鄂、包、临皆为半降，呼为略升；入声调值偏高。内蒙古西部地区方言较普通话多了一个入声调。

上述方言区也存在连续变调情况，大致概括如下：平声 + 平声的二字组中，呼包临鄂方言区中，前一字的调值一律增高，且调型变为平直；上声 + 上声二字组中，呼方言中前一字的调值下降，且调型由降变为平直；而包、临、鄂地区方言前一字的调型由原来的降升变为上扬，调值最高变为4；上声 + 非上声二字组中，包、临、鄂方言的前一字的调型均由原来的降升变为只升不降；入声用在二字组中的前一音节，其变调规律各方言区有些差异，但大部分变为[$ʔ^{2}$]。

二人台语言主要以呼、包、鄂、临四地的方言为主，艺术语言来源于生活，但是又高于生活，经过加工后，表达感情更强烈、更突出，所以，作为一种戏曲化的舞台

语言,声调不完全是当地方言的声调,如下表:

表 2　二人台舞台语言声调表

调类	阴平	阳平	上声	去声	入声
调值	32	55	213	41	ʔ^2
调型	中半低降	高平	降升(中)	半高全降	半低
例字	衣	疑	乙	意	一

比较上面两表以及内蒙古西部方言的变调规律,发现二人台舞台语言的声调与内蒙古西部方言声调大体一致,而二人台舞台语言的声调又与二人台的唱词曲调有直接联系,所以,可以肯定地说,内蒙古西部方言声调的高低变化,直接影响了二人台的旋律变化。如《打金钱》慢板:

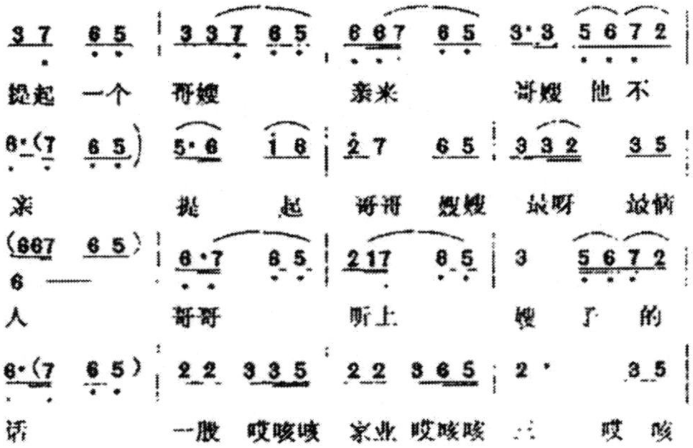

这段唱词的舞台语言声调为:

提　起　一　个　哥　嫂

[ti^{h32}][tɕi^{213}][jəʔ^2][kəʔ^2][kɤ^{32}][sau^{213}]

亲　来,　哥　嫂　他　不

[tɕiŋ^{32}][lai],[kɤ^{32}][sau^{213}][t^{h}a][pəʔ^2]

亲,　提　起　哥　哥　嫂

[tɕiŋ^{32}],[ti^{h32}][tɕi^{213}][kɤ^{32}][kɤ^{32}][sau^{213}]

嫂　最　呀　最　恼　人。

[sau^{21}][tsui^{41}][ia][tsui^{41}][nau^{213}][ʐən^{55}]。

哥　哥　听　上　了

[kɤ^{32}][kɤ^{32}][t^{h}iŋ^{32}][tʃaŋ^{41}][lə]

嫂　子　的　话。

[sau^{213}][ʐəʔ^2][tə][xua^{41}](后略)

唱词的旋律变化,基本与方言音调高度变化形成的高低变化有一致对应关系。再如,《打酸枣》:

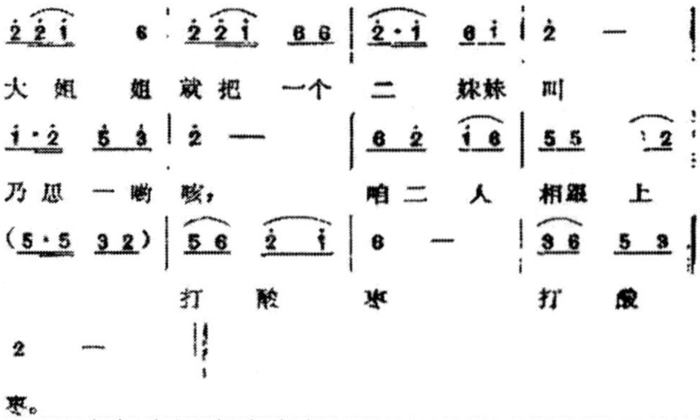

这段唱词的二人台舞台语言声音如下：

大　姐　姐　就　把　一

[ta⁴¹][tɕiɛ²¹³][tɕiɛ²¹][tɕiu⁴¹][pa²¹³][iəʔ²]

个　二　妹　妹　叫，咱

[kəʔ²][ɚ⁴¹][mei⁴¹][mei⁴¹][tɕiu⁴¹]，[tsaʔ²]

二　人　相　跟　上　打

[ɚ⁴¹][ʐəŋ⁵⁵][ɕiɑŋ³²][kəŋ³²][ʧɑŋ⁴¹][ta²¹³]

酸　枣。

[suæ³²][ʦau³¹²]

音乐上的唱词，其旋律高低变化虽与方言声调高低不完全一致，但是由上面的声调高低与《打酸枣》唱词比较后发现，二者之间有密切的关联。正是内蒙古西部方言的声调特点赋予二人台独具特色的地域音调。但是，语言毕竟与艺术不同。二者相较，作为艺术的二人台，其表达的感情更强烈、形象更突出，宣发性更强。二人台曲调受黄土高原音乐影响，旋律起伏较大，滑音、大跳较多，但其平缓、悠扬、抒情味道浓厚，不得不说是吸收了蒙古族短调民歌的音乐文化元素。二人台的有些独有曲目，比如《一百六十黄羊》《敏金杭盖》《巴音杭盖》《四公主》《金盏盏花》《井泉水》等，就直接采用了蒙古族音乐。黄土音乐和蒙古音乐的融合，形成了二人台唱腔旋律优美质朴、高亢粗犷、缠绵抒情的特点。

三、内蒙古西部方言独特的发音状态，直接影响了二人台的行腔特点

字正腔圆，是我国戏曲学的一个术语。戏曲声乐的老前辈肖晴曾说过："戏曲声乐既有一般歌唱艺术的共性，也有自己的个性。其共性建立在人类发声机能、发声原理及声乐艺术的基本一致性上，而个性则建立在民族语言民族心理状态及其表现方法和民族美学情趣等传统的差异上。"[4](P46) 我们知道，人体发声的喉、呼吸、共鸣、语言四大器官体系是戏曲声乐必须具备的，而各器官体系之间的协调配合运动也正是戏曲声乐艺术所追求的。因此各个地方戏曲的个性差异也必然表现在地方语言发音状态相关的戏曲唱腔上。"行腔"，《现代汉语词典》解释为"戏曲演员按个人对于曲

谱的体会来运用腔调”。戏曲唱腔一般与地方方言的发音状态和发音方法有关。

内蒙古西部方言，尤其是韵母的发音部位与普通话略有不同，复韵母、鼻韵母发音部位都比普通话较靠后、偏低，甚至使得有些音明显带有内蒙古西部方音的特征。例如，“看见［kʰan^{51} tɕian］”，西部方言说成“［kʰæ^{41} tɕɨæ］”；“工作［koŋ^{55} tsuo^{55}］”西部方言说成“［k］”，等等。内蒙古西部方言的这种发音状态，还产生了一个很有意思的方言现象——送气塞辅音有喉音色彩，如“破烂”、“特别”、“磕头”的前一字，会出现［pʰʔə^{41}］、［tʰʔə ʔ^{2}］、［kʰʔə ʔ^{2}tʰʔə ʊ^{44}］的读法，喉音色彩十分明显。这种情况与内蒙古西部方言发音时口腔状态较普通话低而后有关。所以，在对上述方言区的学生进行普通话培训时，为改变方音学生的发音状况，训练他们养成口腔肌肉沿上腭中纵线挺起的习惯，之所以能成为屡试不爽的有效方法，其原理在于借上腭中线肌肉紧张，以提高、移前原发音状态。正因为上述方言区发音、共鸣偏后、偏低的特点，直接影响了内蒙古二人台独特的音腔特征——二人台的声腔部位与西部方言一样，吐字、行腔都比普通话的发音、共鸣点偏低、偏后，因此有人说，二人台是从喉咙里发音。从事二十余年教学工作的呼和浩特艺术学校王锦凤老师，在《“以字行腔”在二人台唱腔教学中的作用》一文中谈道：“‘以字行腔’，就是要求学生把每个字唱得很轻松、很清楚，像说话一般；字音如果说的好，声音也会跟着好起来。……如二人台传统小戏《拜大年》中的一句唱词：‘我请我那个连成哥哥吃上一顿饭。’其中‘吃上一顿饭’，普通话的发音为［ʧh ʔ^{55}］（吃）［ʃDŋ^{51}］（上）［i^{35}］（一）［tun^{51}］（顿）［fæn^{51}］（饭），而在唱腔中为了体现它的风格味道和乡土气息，分别发音为［ʧəʔ^{2}］（吃）［ʃɐŋ^{41}］（上）i［ɨəʔ^{2}］（一）［tuŋ^{41}］（顿）［fæʔ^{41}］（饭）。”[5](P59)我们很难想象这段唱词，如果用普通话或广东方言来演唱会是什么效果。正是这种粗犷、豪放的土腔土调，使内蒙古二人台具有高亢、雄浑的特点。

四、西部方言中大量入声字的存在，强化了二人台特有的对儿字行腔

内蒙古西部方言不仅保留了几乎全部古入声字，而且内蒙古西部方言还存在一个值得关注的现象，那就是部分古舒声字的入化，如“取灯”“指头儿”“风匣”“葫芦”，前一音节均读入声。这就造成了内蒙古西部方言令人关注的入声现象。而这一方言现象，也催生了内蒙古二人台独特的演唱方法——对儿字行腔。所谓对儿字行腔，指艺人在演唱时，根据唱词的结构特点，将唱词成双成对地吐出。内蒙古西部方言保留了大量的入声字，由于入声字发音短促，在入声字在前的双音节词语中，其词语的轻重格式，表现为前一音节音长明显短促于后一音节的特征即“短·长”的格式，前一音节紧贴后一音节读出，如“吃喝”“祖国”“天黑”“活泼”等，这就具有了浓郁的地域特色，这一双音节紧贴的语音特点，形成了二人台传统唱腔音乐“对儿字”行腔的语言基础。在唱词中遇有入声字或含有入声字的词组，艺人们尽可能将字或词成双成对吐出，从而要求用附点改变原音符时值而形成切分效果。通常以 X. X、XXX 形式出现，还有一些扩大时值的变形，如 XXX、XXXX。此节奏经常应用在慢板、流水板中。它打破了正常的强弱律动规律，给人以动感，便于旋律继续发展。如《打金钱》：

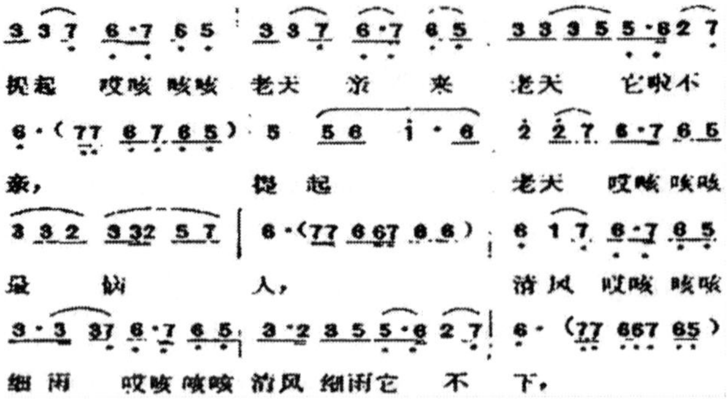

谱中的“提起”“老天”，属于入声词组，因此相应的旋律音点也是运用切分节奏来表现这一特点。“对字儿”行腔在男腔唱段中使用十分普遍，具有鲜明的地域剧种特点。由于二人台中讲究“对儿字”行腔，“对儿字”占据了唱腔中的强拍位置，以至于弱拍无词可唱，因此就出现了二人台唱腔中的另一个特点：采用大量的虚字衬词以续满腔的特点。二人台传统唱腔中虚字衬词的运用十分丰富，如“哎咳咳咳”“中哟嗬咳”“乃思一呀咳”“哟咳”等等，一般出现在句中和句尾——或用来装饰唱词，托腔保韵，扩展旋律，丰富唱腔表现力；或作为拖腔或甩腔，以抒发更为丰富的感情；或以虚字衬词为主，词曲结合，烘托出热烈欢腾的气氛。上述虚字衬词，韵腹响亮、豪放、高亢、质朴、抒情性强，富有鲜明的边塞民族文化交融特征。

因此，可以肯定地说，正是内蒙古西部方言这种晋陕移民在草原地区衍化了的方音土调，影响了内蒙古二人台的声韵、曲调及声腔特征。二人台是黄土文化和草原文化融合的表征，它的豪放、粗犷、质朴的特征，是其流行地区地域文化的表征。

参考文献：

[1]帕默尔. 语言学概论[M]. 北京：商务印书馆，1983.
[2]罗常培. 语言与文化[M]. 北京：语文出版社，1996.
[3]李首明. 论方言与地方戏的互动关系[J]. 中国音乐学，2007(4).
[4]刘期相. 秦腔发声小考[J]. 艺术科技，2005(3).
[5]王锦凤. “以字行腔”在二人台唱腔教学中的作用[J]. 内蒙古艺术，1998(2).

（原载于 2010 年第 4 期）

“走西口”与颇具特色的包头方言

胡云晖

发生在明末清初以来的山西民众“走西口”活动，是包头历史上的重大事件。山西移民的大量涌入，彻底地改变了包头的历史面貌，不但极大地促进了当地农业的发展和商业的繁荣，而且也为包头方言的最终形成创造了必不可少的条件。

“走西口”不仅使包头与山西具有一种永久的渊源关系，同时也使包头方言深刻地打上了山西方言的烙印。侯精一先生之所以在《晋语的分区》(《方言》1986 年第 4 期)一文中，把包头方言划入晋语，就是看到了包头方言与山西方言在诸多方面的共同点。但是由于在包头地区定居的山西移民来自山西省的各个地区，所以它的方言又不完全等同于山西方言，而是在漫长的历史中，在继承和发展了山西方言的基础上，在吸收了当地少数民族语言后，融会贯通，最终形成的具有西口特色的新方言。研究和总结包头方言的这些特点，可以清楚地窥见其中的“走西口”因素，能够非常深入地了解山西移民对包头方言形成的重大影响以及包头方言发展演变的轨迹。

一、包头方言存在着较大的内部差异

与山西方言内部存在着较大差异一样，包头方言也存在着较大的内部差异，所不同的是，山西方言的差异反映在区域上，是以市县、地区为界的，而包头方言的差异区域却要小得多。如在土默特右旗，黄河沿岸与沿山区之间，一个村与另一个村之间，都存在着语音与词汇的差异。形成这种现象主要是因为这些地区的居民，其祖先来自山西的不同地区。

从清朝初年开始的山西移民“走西口”活动，在长达一百多年的时间里，一直没有间断过。山西移民翻山越岭、长途跋涉来到塞外，在举目无亲的情况下，为了互相帮助和易于交流，通常是以同乡的形式聚居的。而随后“走西口”来的移民，也多是投亲奔友。这样逐渐形成的村落，其居民往往就纯是山西某地的移民，所操方言也自然是那个地方的方言。一个村与一个村的居民构成不同，其方言有差异也就不足为奇了。例如在土默特右旗历史上形成的移民村落中，就有许多类似的同乡村，如榆次营子、五台营子、寿阳营子、祁县营子、繁峙营子、定襄营子等。仅从其村名，就可以推知其最早的居民构成，山西老家方言对他们所操语言的影响是可想而知的。

虽然随着时间的推移和语言的融合,最初形成各自村落时那种较大的语言差异现在已经不是非常明显,但由于语言的相对稳定性,目前在包头方言中还是存在一些较大的差异。

如土默特右旗沿山区美岱召镇一带居民,韵母 ang 发音为 e,韵母为 iang、uang 的字也相应发生变音。如“厂”,发音为“扯”;“上”发音为“社”;“仗”发音为“这”;“壮”发音为“坐”;“创”发音为“错”;“爽”发音为“锁”,等等,与其他地区方言发音明显不同。

又如土默特右旗苏波盖乡东老藏营村村民,其祖上多来自山西忻州地区,所操语言有明显的忻州方言特点,除韵母为 ang、uang 的字与上述地区相同外,韵母为 iang 的字则发音为 ie。如“羊”,发音为“爷”;“想”发音为“写”;“讲”发音为“解”;“抢”发音为“且”,等等。这与包头其他地区的方言又有明显的差异。

除此之外,在词汇和语法等方面,许多地方也还存在有细微的区别。

二、包头方言保留了大量的古汉语词语和语音现象

包头方言是以山西方言为母体而脱胎发展形成的,它不仅从早期的山西方言中继承了众多的古代汉语词语和语音现象,同时,由于山川阻隔和开发较晚,对这些古语词或古音现象的保留程度甚至还要超过现在的山西方言。

首先,在语音方面,包头方言有如下特点。

1. 保留了入声音调。古代的入声字,在包头方言中绝大多数还读入声。具有入声音调是包头方言被划入晋语的主要考量指标。

2. 保留了上古读音现象。“古无舌上音”是清人钱大昕研究上古汉语所得出的结论,其是否绝对正确这里姑且不论,但古代舌上音读作舌头音的语音现象,在包头方言里却有确凿的反映。如“天每日逐”发音为“天每日毒”;“升火”发音为“凳火”;“悉知尽明”发音为“悉底尽明”;“赶不及”发音为“赶不迭”,等等。此外,“鞋”发音为“嗨”,“下”发音为“哈”(去声)等,也是古代的读音现象。

3. 继承和发展了古代的分音词现象。宋洪迈《容斋三笔·切脚语》曰:“世人语音,有以切脚而称者,亦间见之于书史中。如以篷为勃笼、盘为勃阑、铎为突落、叵为不可、团为突栾、钲为丁宁、顶为滴顸、角为矻落、蒲为勃卢、精为即零、螳为突郎、诸为之乎、旁为步郎、茨为蒺藜、圈为屈挛、锢为骨露、窠为窟驼是也。”包头方言与山西方言一样,继承了这种“切脚语”现象,而且又发展出了大批的分音词。如称杆为圪榄、巷为黑浪、棒为不浪、拌为不烂、滚为骨拢、环为忽栾。圈为窟联等都是。与山西方言不同的是,包头方言中的分音词,并不仅仅是以单纯联绵词的形式存在,而是有多种形态。它可以组成多字格俗语,如丢跤跌骨拢、骨拢泡蛋、拔脚不烂

手、钻头觅旮旯、脚踢手不拉、棍枪圪榄等。此外,还有一些较为特殊的构词形式。如圪溜料欠,其中包含了圪溜和圪料两个分音词,奇妙之处在于只用了一个圪字。又如脱独论胯,脱论本是褪的分音词,这里居然分开修饰独(借音字,指屁股)和胯,用法极其独特。

其次,在词汇方面,包头方言保留了大量的古语词,主要表现在如下几个方面。

1. 古语单字的大量保留。如包头方言中,称推为搡、抬为舁、盖为苫、喊为吼、也为亦、满为溢、旁边为畔、依仗为傍、擦拭为搌等;又如瓯、钵、缀、枭、滗、嗾、拙等,具有古汉语语义的单字在日常话语中俯拾皆是。

2. 古语词的频繁使用。在包头方言中,许多频繁使用的词都可以在古代典籍里找到依据。如谓人举止轻佻曰佻达,见于唐罗邺《蒋子文传》:"嗜酒好色,佻达无度。"叫不识字的人为白丁或瞎白丁,见于唐刘禹锡《陋室铭》:"谈笑有鸿儒,往来无白丁。"称星星为星宿(音秀),见于《列子·天瑞》:"天果积气,日月星宿,不当坠邪?"又见之于北齐颜之推《颜氏家训·归心》:"天地初开,便有星宿。"等等。而宋元以来文献中所习见的词语,在包头方言中更是举不胜举。

3. 杂以文言虚词。方言中使用文言虚词,虽然已没有了频繁的之乎者也,但仍然有少量的残存。如何其苦、未之谅、无其数、以当无然、十之八九等。其中的然、之、其,就都是文言虚词。此外如不外乎、不惧乎、不虑乎、不惮乎、不离乎等,乎字的这种用法在文言中也极为少见,很可能是受文言的影响而变异产生的。

此外,包头方言还保存了许多不为普通话所继承的古代成语。这些成语表达能力都很强,在历史上曾频繁使用,现在已逐步为人们所忘却,而包头方言却给予了大量的保留。如碍口识羞、远路风尘、散诞逍遥、守孤恋寡、手迟脚慢、四马攒蹄、抿耳攒蹄、同年仿岁、愁容苦相、铜钟亮瓦、防贼避鬼、坊邻左右、惜情护面、知脾合性、三回九转、灯笼火把、少调失教、尸山血海、一惊一乍、掏心挖髓等等。

三、包头方言吸收了大量蒙古语词

蒙古语词被吸收进入汉语,大约在宋代即已开始,尤其是元朝时蒙古族入主中原,蒙古文化极大地影响了中原文化,蒙古语词进入汉语者尤为普遍。翻开元明戏曲,不论是道白还是唱词中,蒙古语词的使用屡见不鲜。可以想见,当时日常生活语言中蒙古语词的使用可能更为频繁。包头方言是继承元明清古白话而发展形成的,所以自然也继承了其中所吸收的蒙古语词。如称杀为哈喇、突然为忽喇巴、聊天为倒喇、贼为忽拉盖、走为牙步等皆是。尤其是忽拉盖这个词,在包头方言中具有非常特殊的语法和词汇意义。

忽拉盖被吸收进入汉语是在元代,元明戏曲中多写作虎剌孩、忽剌孩或忽剌海等。如关汉卿《哭存孝》剧一折李存信白:"若说我姓名,家将不能记,一对忽剌孩,都是狗养的。"《八大王开诏救忠臣》剧二折白:"我想那杨六儿虎剌孩那等英雄,好没生着我和他交锋,可不是弄我那老性命哩。"又《精忠记》第三折白:"我们番将实是乖,惯吃牛肉不持斋。孩子都在马上养,长大都叫虎喇孩。"

明人著作《华夷译语》,对蒙古语多有注译,其人物门曰:"贼,虎剌海。"《元史语解》卷二《宫卫门》也说:"呼拉干齐,捕盗人也。"可见虎剌孩、忽拉孩或呼拉干等,在蒙古语中原义为贼和强盗,但体会上例曲文中的虎剌孩或忽剌孩等,已经用的不是本义,而是一个发展了的辱骂词,其意义可解释成骗子、小蟊贼、老匹夫、大胆狂徒、坏东西等等,与现在包头方言中所用大略相同。

保留在包头方言词汇中的"忽拉盖",已经没有了原来蒙古语盗贼的意思,引申义则如上所述,非常之多;在语法上,它还可以省略作忽拉。忽拉与忽拉盖意义完全相同,并且可以与汉语词组成新的"蒙汉合璧"词,如贼忽拉、贼忽拉盖、贼眉忽拉眼等,再省略,则直称为贼盖。正是这些词所流露出的"贼相",使我们还得以窥见忽拉盖最初引入汉语时所具有的意义。

应当特别指出的是,上述蒙古语词并不是在"走西口"之后受当地蒙古民族语言影响才进入包头方言的,而是山西移民直接从中原官话中带来的。由于包头蒙汉杂居的自然条件而进一步得到强化,所以它的使用频率要比其他方言中更为多一点。

更多的蒙古语词进入包头方言,是在晋人"走西口"之后。走胡地,随胡礼,山西移民要跟世居的蒙古人打交道,垦殖、经商,就必须懂得蒙古民族的语言和风俗习惯,而不断的交流与共同生息,耳濡目染,或多或少的蒙古语词自然也就成了当地汉语方言的一部分。历史上包头方言中蒙汉语词混杂使用的现象非常普遍,许多二人台小戏的道白,常常掺杂有蒙语,所谓"风搅雪",说的就是此类情况。

包头方言吸收蒙古语词的形式主要表现在如下几个方面。

1. 直接利用蒙古语词指称地名。如沙尔沁、阿都赖、毛其来、哈业脑包、乌兰忽洞、鄂尔圪逊等,是纯粹蒙古语词;柳树淖儿、高家脑包、纳令沟等,是蒙汉合用词。

2. 用蒙古语作人名。如憨叭儿(狗)、毛脑亥(赖狗子)、查汗呼(白小子)、把得儿呼(好汉)等。

3. 其他蒙古语借词。此类词语在包头方言中数量很多,有的是常用词,有的只是偶见使用,如打不素(盐)、稳塔(躺下)、五圪胜(死亡)、嘎亥(猪)、耳直更(驴)、达啦嘎(长官)、淖儿(海子、湖泊)、抹奈(我)、塔奈(他)、讨劳盖(头)、抹了盖(帽子)等。

蒙古语词的大量吸收,不仅丰富了包头方言的词汇,同时也使包头方言具有了明显不同于山西方言的地方特色,从而确立了其在晋语中的特殊地位。

四、包头方言是山西方言的集合体

如上所述,“走西口”进入包头的山西移民,来自山西省的不同地区。不论是垦殖时期“跑青牛犋”的农民,还是包头成为西北皮毛集散重镇后做买卖的晋商,他们的纷纷而至,使富有强烈地方特色的山西不同地区方言也随之而来。可以想见那时的包头,物攘人稠,三百六十行,南腔北调,各说各话,一片山西各地方言大会展的景象。而且最初在语言交流中遇到隔阂也是意料之中的事情。之后,为了交际的需要,人们都自觉不自觉地舍弃了自己方言中那些过于狭隘的部分,保留和追求通俗与大众化的部分,经过长时期的磨合,最终,一种为大家普遍接受的方言交际语形成了,它不是山西方言的某一个,而是山西各地方言的融会,是一个包罗万象的集合体。

这种对当时语言实际的推测并不是凭空的妄想,在如今已经定型的包头方言里,我们不管是从词汇还是从语音方面,都可以窥见山西各地方言的影子。上文所说的包头方言中存在的内部差异,就是这种现象的具体反映。而且,由于山西与包头的地缘关系和历史上的亲缘关系,山西向包头的移民活动直到近现代仍然没有停止过,因此山西方言对包头方言的影响也一直是持续不断的。

山西方言与包头方言的这种特殊关系,为晋语的研究提供了绝好的条件。站在包头方言的角度去考察山西方言,可以不是孤立和片面地切入,而是一种俯瞰式的审视,各种语言现象可以尽收眼底,一览无余;而立足于山西方言来研究包头方言,则可以窥知其源头和演变发展的轨迹,尤其是在方言词语本字的考证上,能够正本清源,释疑解惑,避免妄自猜测的错讹。

总之,是“走西口”的移民活动造就了包头方言,山西移民对包头经济、文化的发展以及风俗民情的影响都是巨大的,而包头方言则是这种影响的永远胎记。

(原载于2012年第3期)

哈业胡同“露八分”初探

——一种即将消亡的语言及其相关问题之探秘

杨建军

20 世纪 70 年代初,作者在内蒙古包头市郊区(现改称九原区)哈业胡同公社哈业胡同小学读书时,接触并学说了在少数几个同学中短暂流传过的一种语言,当地上年纪的人称这种话叫“露八分”。例如,“我家住包头。”说成:“嗡我京家争住嘣包腾头。”再如,“你去哪?”说成:“能你青去能哪?”时过几十年后,作者总是想起小时候说过的这种话,对此充满了神秘感和探讨的冲动,作者清醒地意识到这是一种重要的语言现象,是一种即将消亡的语言,我们对它进行抢救性研究和保护,无论是从语言学角度还是从社会历史角度都具有重要的学术意义。最近作者进行了初步调查,做了一些简单整理。

由于作者是首次在包头市九原区哈业胡同镇发现这种叫作“露八分”的语言,而且对这种语言又缺乏足够的了解和认识,假使还有类似称谓的语言,作者在这里姑且将我所发现的这种语言暂时命名为“哈业胡同‘露八分’”。

一、对哈业胡同“露八分”产生的年代和历史作用的推测

2010 年 3 月,作者在哈业胡同镇实地走访了十多位 70 岁以上的当地人了解“露八分”的情况,结果大失所望,只有一两位听到过,其余相关信息一概不知。于是,作者又对曾在哈业胡同小学时会说“露八分”(小学毕业后几乎没有使用过和听说过)的同学秦瑞林(现包头钢铁集团设备处工作)、李建功(现包头市第六中学执教)、杜二白(现包头市九原区农电局工作)三人进行了走访,结果显示这种叫“露八分”的话是由杜二白传播开的,而杜二白是在 20 世纪 70 年代初和一位叫敖勒鲍的喇嘛学的。敖勒鲍喇嘛已于 20 世纪 70 年代中期过世,他曾是梅力更召庙的一位喇嘛,“文革”后一直隐居在哈业胡同北面的乌兰不浪沟口,是现九原区阿嘎如泰苏木乌兰不浪嘎查大巴图的舅舅,线索仅此而已。那么留给作者的只能是在仅有的线索中进行推测猜想。

作者认为要想探究“露八分”的渊源就得从哈业胡同的历史入手。

哈业胡同是蒙古语,意为“两眼井”,1960 年以前隶属乌拉特前旗(亦称乌拉特西公旗)。建筑是一个地方最具历史性见证的标志之一,“梅力更召庙就是这里唯

一尚存的拥有300多年历史的建筑。梅力更召庙位于哈业胡同火车站北1公里处，建于清康熙十六年(1677年)，是内蒙古自治区西部寺庙中建筑最早、规模较大的寺庙之一。该召庙原为乌拉特西公旗旗庙，康熙四十一年(1702年)御赐广法寺。迄今为止全国乃至全世界唯一用蒙古语诵经的黄教寺院。梅力更召庙共有传世活佛八世，鼎盛时有喇嘛1 200余人。”[1](P888-889)哈业胡同早期居民95%以上是来自山西、陕西的“走西口”移民，靠租种梅力更召庙的土地和侍奉召庙喇嘛为生，这里的原住居民是依山放牧为生的蒙古族牧民和靠香火供奉的寺庙喇嘛。所以哈业胡同的历史与这座寺庙息息相关。

“历史上的‘走西口’活动，大约经历了三个高潮阶段。从明末到清咸丰年间为第一个移民期。这阶段清政府逐渐放松了对蒙古民族的封锁，使一大部分晋陕汉人在包头、土默特川、河套地区得到了土地租种权。从光绪末年到民国二十三年(1934年)为第二个移民潮阶段。从建国初期到1960年为第三个移民高潮期。”[2](P4)又据《乌拉特前旗志》记载：“清乾隆三十年(1765年)，乌拉特三公旗蒙古贵族将乌拉山前沿河牧地私租给汉人耕种。从此旗境即有汉人。但因清廷禁止妇女出关，所以来此地包租土地的汉人，多系春来秋回，谓之出口外、‘走西口’。到光绪二年(1876年)，清政府废除妇女出关的禁令，农民便携带家眷来口外定居。清末民初，来此定居的汉民大量增加，主要来自山西、陕西。”[1](P964)

通过上述史实是否可以得出这样的推断：首先，哈业胡同“露八分”的出现与“走西口”移民有关。其次，它的出现不外乎两种可能：其一，产生于本土，即产生于哈业胡同；其二，由晋、陕流传于本土。

假使它产生于本土，那么，它产生的时间只能在1876年之后，即清政府废除妇女出关的禁令之后。而据当地年长者回忆，当地移民山西人居多，且不少有亲缘关系，举家或拉帮来到此地后主要以租种梅力更召庙的土地和侍奉召庙喇嘛为生，这样，哈业胡同“露八分”产生于本土说就得不到支持。作者的观点更倾向于由晋、陕流传于本土，而且山西的可能性更大，因为山西是中国移民最大的发散地。假使由山西流传于本土，那么，它的产生时间就会早于1876年，把这种语言传播到哈业胡同的人自然来自山西，而且它的流传地域会更广，除山西省，河南、河北、安徽、北京、陕西、内蒙古地区等都曾有过流传，具体到内蒙古地区可能在乌兰察布、鄂尔多斯、土默特川、河套平原以及包头市固阳县等移民区有过流传，只不过现在有些地区已经失传。如果按照上述推断，“露八分”流传如此广泛，具有如此普遍的特性，那么它就更具有历史研究价值和意义了。至于梅力更召庙的喇嘛通晓这种语言也就不足为奇了。

对于哈业胡同“露八分”发明的目的和历史作用，只能做些简单的推测。

“露八分”，本来是根菜类，白萝卜的一种，肉质根有2/3露出地面，故名露八分，适于北京、河北、山西、内蒙古自治区等地种植。这里把它作为语言的名称以及它的由来，作者就不得而知了，但它又很形象地表达了这种语言的特点，露出一部分，就是要隐瞒原话，有隐讳之意，目的是不让局外人听懂，是一种暗语和黑话，或是一种商业行话，更为准确的应该是一种隐语。过去由于交通条件和通信手段的落后，人们在非正常的和非公开的信息传递和交流活动中，想更为保密、更为有效、更为快捷地进行这种活动，就会使用这样一些局外人听不懂的隐语或暗语，俗称黑语或行话。这可能就是哈业胡同“露八分”被发明使用的初衷。例如，山西人、陕西人在做商业交易时，古老而传统的做法是甲乙双方将手伸进袖筒里通过捏指头进行谈判，而“露八分”的发明，会使这种交易走向明处，直接采用局外人听不懂的语言来进行。哈业胡同“露八分”给我们以无限遐想，在近代的历史长河中，在繁华商贸集散地商品交易中双方使用这种语言进行毫无避讳的商洽，在土匪出没的地方使用这种语言联络暗号，战争年代交通员使用这种语言传递情报，等等。

二、哈业胡同“露八分”发音规律的揭示

尽管作者对哈业胡同“露八分”存在种种的疑惑和不解，现在只能去推测猜想，但它毕竟是我们先民智慧的体现之一。这里，作者认为有必要尽本人对哈业胡同“露八分”粗浅的分析和破解，将其相关信息的推测和发音规律揭示于众。作者通过对哈业胡同“露八分”的琢磨和研究，发现了其中的一些规律。首先，它是借助汉语语言在每句话的每个汉字前加前缀音而形成的一种衍生语言。其次，它有着固定的发音规律。

哈业胡同“露八分”是基于汉语产生的一种语言，作者自然要从汉语拼音作为突破口来揭示其发音规律，而我们所使用的汉语拼音也恰恰能够揭示其发音规律。

由于哈业胡同镇及周围居民所使用的语言为北方地方方言，当地方言又有这样一个特点：说话时不用前鼻音，只用后鼻音。作者无法把握方言发音的准确度，所以在哈业胡同“露八分”发音规律揭示中加注的前缀音一律采用平声的汉语拼音后鼻音注音的相应汉字。

在汉语拼音中有23个声母b、p、m、f、d、t、n、l、g、k、h、j、q、x、zh、ch、sh、r、z、c、s、w、y。在每个声母作为汉字注音的所拼汉字前加相应的前缀音，即形成声母部分的“露八分”。具体揭示如下：

以声母b开头作为汉字注音所拼写的汉字，前面一律加前缀音“beng”，相应的汉字设定为“嘣”，例ben——“奔”说成“嘣奔”。

以声母p开头作为汉字注音所拼写的汉字，前面一律加前缀音“peng”，相应的汉字设定为“嘭”，例peng——“朋”说成“嘭朋”。

依次类推，凡是以23个声母开头作为汉字注音的所拼写的汉字，前面所加

的相应的前缀音分别为：b——beng——嘣，p——peng——嘭，m——meng——蒙，f——feng——风，d——deng——噔，t——teng——腾，n——neng——能，l——leng——棱，g ——geng——庚，k——keng——吭，h——heng——哼，j ——jing——京，q——qing——青，x——xing——星，zh、z ——zheng——争，ch、c ——cheng——成，sh、s——sheng——升，r——reng——扔，w——weng——嗡，y——ying——嘤。

在汉语拼音中有35个韵母，分别是i、u、ü、a、ia、ua、o、uo、e、ie、üe、ai、uai、ei、uei、ao、iao、ou、iou、an、ian、uan、üan、en in、uen、ün、ang、iang、uang、eng ing、ueng、ong、iong，其中以韵母拼音开头作为汉字注音的韵母有11个，分别是a、ai、an、ang、ao、e、en、eng、er、o、ou。凡是以11个韵母拼音开头作为汉字注音所拼写的汉字，前面一律加前缀音“eng”，相应的汉字设定为“鞥”，就形成韵母部分的“露八分”。例a：阿——鞥阿，阿拉善盟——鞥阿棱拉升善蒙盟。

这样在汉语语言中在每句话的每个字的前面分别加上以上所标注的(23个声母和11个韵母)相应的前缀音就形成哈业胡同“露八分”。

作者认为哈业胡同“露八分”是一种奇妙的语言，我们使用了几千年的汉语语言居然会有如此的奥妙和规律，居然可以这样说，居然可以这样来表达，这不得不使我们对先民的发明智慧感到震惊。

三、结　语

任何一种事物的存在和消亡都有其必然的规律，哈业胡同“露八分”也不例外。由于在使用过程中，听过的人只要仔细琢磨就会发现它的一些发音规律，尽管不会总结，但是极其容易学会，很快就被流传，所以这种暗语也就失去了它的保密功能和神秘意义。这里我们抛开其他不说，仅这种语言的发音规律，就会给我们带来许多值得研究的东西：我们的汉语为什么可以这样说？我们的汉语为什么会有诸如这样的规律？如此等等。今天，我们假设一下，再过30年、40年、50年，或更短，随着那些曾经听过或曾经会说哈业胡同“露八分”人的渐渐离世，这种语言将彻底消亡。所以，哈业胡同“露八分”的出现，不论其初衷是什么，它毕竟是我们先民的一种发明，是先民智慧结晶的体现，保护我们老祖宗留下的文化遗产是我们每个人义不容辞的责任。

参考文献：

[1]《乌拉特前旗志》编纂委员会. 乌拉特前旗志[M]. 呼和浩特：内蒙古人民出版社，1994.
[2]柳陆. 漫漫西口路[M]. 北京：作家出版社，1998.

（原载于2010年第6期）

固阳民谣文本的审美阐释

张　伟

接地气，是人们谈论比较多的一个话题，也是当今文艺创作的症候所在。大众渴望看到真实地反映他们的生活、表达他们的冀望和各种精神诉求的作品。然而，打开电视，充斥荧屏的，是大量胡编滥造的东西，文学艺术与大众生活越来越远。当此之际，研味、阐释来自劳动者的民间文学作品，学习他们“劳者歌其事，饥者歌其食”的现实主义精神，“感于哀乐，缘事而发”的创作态度，肃清无病呻吟的恶劣文风，不失为一剂良药。

正是带着这样的愿望，我重新阅读固阳民谣，走进这个充满乡土气息的世界，感受那片贫瘠的土地上，淳朴的劳动者朴素的感情。

《诗经》里有魏风，魏风里有一首《园有桃》，其中有这样的诗句：“心之忧矣，我歌且谣。”[1](P144)细言之，歌与谣，是有区别的。上古以合乐与否来分辨歌谣。《毛传》曰：“曲合乐曰歌，徒歌曰谣。”意思是说，有乐器伴奏的叫歌，只演唱而没有乐器伴奏的称谣。最早的民歌皆为“徒歌”，后来才有配器演唱，也就有了不同的称谓。今天凡入乐的，无论有无伴奏，统称民歌。而民谣，大都只说不唱。当然，日常所说的广义的民歌，也包括民谣。

纵观中国文学史，向民间文学学习，是一个优良传统。曹植在《与杨德祖书》中有言：“街谈巷说，必有可采，击辕之歌，有应风雅，匹夫之思，未易轻弃也。”[2](P166)他留存至今的诗作有 74 首，其中拟乐府就达到 51 首之多。诗仙李白也兼收并蓄各种乐府体裁，创作了 200 多首拟乐府诗。放眼世界文学史，许多大诗人如拜伦、雪莱、歌德、海涅、普希金、裴多菲等，都以极大的热情和兴致搜集民歌，学习民歌。

高尔基对民谣等民间文艺创作曾给予高度评价：“最深刻、最鲜明、在艺术上达到完美的英雄典型乃是民谣、劳动人民的口头创作所创造的。”民谣为集体口头创作，口耳相传，通常没有确定的版本。合辙押韵，朗朗上口，宜于吟诵，便于传唱。

毛泽东在给陈毅谈诗的信里早就指出：“从民歌中吸引养料和形式。”比照民间文学，我们不得不认同一句带有偏见的话：“一为文人，便无足观。”我想说的是，文人之病，病在“作”，所谓创作，容易造作。错彩镂金不成，不见彩不见金，反而失掉了清水芙蓉之美。

固阳民谣具有鲜明的地域特征。

有些是从古时候流传下来的传统段子,年代已不可考,反映着当地的民情风俗。比如《十老瘟》,在那个缺医少药的年代,人们的生命常常受到瘟疫的威胁。又没有掌握科学知识,迷信一些准巫术的手段,嘴里念念有词,驱瘟、辟邪、祈福,从而获得心理安慰,简短到只有3句,反复念叨,一首民谣就这样产生了。《吃饺子》反映旧社会媳妇受气的普遍现实。饺子包好了,端上来了,大人孩子都有份,"就是没有嫂子得碗/气得嫂子打烂碗"。

有些民谣,用普通话读不押韵,用固阳方音读才押韵,语音泄露出其出生地。如《过端午》:"端午鸡鸡黄老虎/叫上姐姐过端午/姐姐没来/气得妈妈脱鞋。""鞋"在这里读作"孩",才押韵。《颠倒歌》开头的两句:"哑巴唱戏聋子听,瞎子捡了根绣花针。""听"和"针",在普通话里是不同韵的。但在固阳话里,"针"读作"争",就合韵了。

语音之外,方言词汇也是显明的迹象。《老高》:"一头栽在墙圪珑。""圪珑"是"墙角"的意思,也就是"旮旯"。《红公鸡》:"光知道伸手要馍馍。""馍馍"是普通话里"馒头"的意思。《吹牛》里,"两苗"作"两株""两棵"解,"苗"作量词。《刁板凳》,"刁"是"抢""争夺"的意思。在固阳方言里,显然其义项更丰富一些。此地人把"摘扎蒙"说成"刁扎蒙"。《乞丐》里把马甲叫作"坎肩",并且叠化为"坎肩肩"。《吃饺子》里的"白绫绫""花生生""忒楞楞",这些都是比较典型的方言土语。

我的老家赤峰,童谣里也有《拉锯》,与固阳童谣仅一字之差,我们是"接闺女,叫女婿",固阳童谣则是"搬闺女,叫女婿"。这个"搬"字,在我看来,未免太笨重了,不如东北方言轻巧。但仔细体会,别有意趣,兴师动众,打车傍牛,显得很隆重。《炒豆豆》:"你一碗,我一碗/把谁憋死我不管。"东北话说"撑死",固阳话说"憋死"。我觉得,这两个字都很有表现力,比普通话里"吃得太饱"的说法生动。

固阳盛产土豆,《比豆豆》不啻为一则精彩绝妙的农家广告,以最贵重的金银来反衬,透着自豪,透着丰收的喜悦。固阳土豆外销,外包装上写上这则民谣,比现在那些商业气息十足的蹩脚的广告语要好得多。

《比窝窝》也很耐琢磨,透露出老百姓的心理状态。你可以解读为安土重迁,恋乡爱家,知足常乐,也可以苛责其抱残守缺,不思进取,小农意识,固守着"三十亩地一头牛,老婆孩子热炕头"。

固阳乃农区,生产以农耕为主,虽不富足,但日子过得相对比较安定、平稳。既不像矿工"四块石头夹着一块肉,不死也够受",随时都有生命危险,又不像海边的渔民,大风大浪里闯,风险系数高。其民谣也就没有矿工歌谣那样的深悲大恸,没有渔歌、船歌那般的跌宕起伏。和近处比,也缺少草原上的牧歌、森林里的猎歌那样的传奇色彩。

刘勰在《文心雕龙》里说:“歌谣文理,与世推移。”“文变染乎世情,兴废系乎时序。”[3](P266)这条文学创作的规律,同样可以拿来解释固阳民谣。其中的一部分作品,其时代特征昭然若揭。

《采花》:“日本鬼子到我家/抢了我的鸡,抢了我的鸭,恨恨地打了我两耳光。”《顶针歌》:“枪啥?枪毙小鬼子。”虽未必确定是抗日战争时期的作品,表达的无疑是中国人民对日本侵略者的仇恨。日本军国主义至今贼心不死,反华气焰嚣张,每读这类作品,总能唤起中国人民的抗日情结。

《手表》:“咱俩相好/上街买表/你戴戴/我戴戴/你是地主老太太。”这是毛泽东时代的产物,手表是彼时男女相好的定情物,特别是最后一句,带有明显的阶级斗争的痕迹。“地主老太太”是蔑称,用在这里,含有调戏、调笑义。《地主》也是。那时候,地富反坏右,被改造、被批斗的五类分子中,地主居其首。这首民谣,反映地主酒足饭饱的奢靡生活。在那个语境中,颇有讽刺意味。今天不再提阶级斗争,另外大家都过上了有酒有肉的好光景,重读此作,已视若平常、没什么感觉了。这给文学创作带来的启示是,过于贴近政治,跟得太紧,作品往往是短命的。

《乞丐》:“走三步,退两步/一退退在门市部。”“门市部”是新中国成立后的称谓。《新媳妇》:“飞鸽车子英格表/带上新媳妇满街跑/扭了个弯/炸了个带/可把新媳妇吓了个坏。”20个世纪六七十年代,这是档次比较高的结婚彩礼。字里行间,似有嫉妒意。另外,在农村,有调笑新媳妇的习俗,很微妙,或多或少有性意识在起着触媒的作用,小小的发坏中,获得一点心理上的平衡和满足。《三姐妹》:“猪八戒,十五岁/娶了个老婆叫OK。”出现了英文字母,是改革开放以后的作品了。至少说,是新时期在老作品的基础上改编的。“去欧洲”云云,也只能出现在开放以后,而不可能出现在那之前。

当然,许多作品看不出创作的年代来。这是因为,过去若许年,这里封闭落后,发展缓慢,“碾子是碾子缸是缸”,“爹是爹来娘是娘”,世世代代过着缺少变化、了无生气的日子,重孙重复地做着太爷爷的营生,生产方式、生活方式都呈停滞、凝固状,反映在民谣作品里,自然也就陈陈相因了。

固阳民谣洋溢着喜剧的情调。解闷儿、逗趣儿、找乐儿,从贫寒、苦难中暂时解脱出来,给单调、贫乏、枯寂的生活注入一些生机和活气,是其创作成因,体现出劳动者乐观、豁达、苦中作乐的人生态度。也许,他们制造笑料的手段还不够高明,在当今这个泛喜剧化时代里笑点颇高的人们看来还欠火候,不足以引人发笑,但不可否认,他们是在做着这样的努力的。滑稽、搞怪、搞笑、调皮、发坏、解颐,借以缓释、消解苦难,聊以自慰。喜也歌,忧也歌,丝毫不加掩饰,语言毫无矫饰,自然朴素地表达他们的喜怒哀乐。

《颠倒歌》是各地民谣都有的传统段子，但所用素材各不相同。滑稽、古怪，在悖情悖理中逗人发笑。“哑巴唱戏聋子听/瞎子捡了根绣花针/瘸子跑了个第一名/秃手手拉胡胡/豁唇唇哨枚枚/秃舌舌跑来唱曲曲。”这是故意拧巴着“说没的”，哪壶不开提哪壶。有些颠倒歌是有思想意义的，其所描述的也是事实。如在福建、安徽、辽宁等地以不同版本广泛流传的《不平歌》，就是对不平等的社会现实的血泪控诉。“泥瓦匠，住草房/纺织娘，没衣裳/卖盐的老婆喝淡汤/种田的，吃米糠/磨面的，吃瓜秧/炒菜的，光闻香/卖鞋婆子赤脚走/抬棺材的死在大路旁。”这是“朱门酒肉臭，路有冻死骨”的民谣版，拥有更多的受众。

《老太太》：“要五毛，给一块，你说奇怪不奇怪。”像赵本山的小品一样，装傻充愣，佯装愚钝，是喜剧常用的手法。美学理论对喜剧的解释，有一种观点就认为，以角色之愚垫起观众之智，从而让观众获得一种优越感。

《下饭馆》：“戴礼帽，卡眼镜/到哪里，下饭馆。”这打扮装束，在那个年代的乡下，就是滑稽可笑的。

《耍猴》，先是让小猴转个弯儿、手摸地、敬个礼，这几个动作都是在耍猴，都在情理之中。最后一句，让小猴“滚出去”，坡度大，很陡，也很逗。

《苍蝇》颇富调笑意味。两口子吃饭，苍蝇叼走一粒米，为这一粒米，撵到董岭山。是过日子节俭？此地话叫“仔细”，还是太吝啬？此地话叫“抠门”。从结尾的三句看，是带有小小的嘲讽意味的。“抽了个签/打了个卦/安下破财就舍了哇。”意思是小题大做，不值当。

《大头》取第一人称，拿自己的“大头”取笑，显出自嘲的勇气。赫伯在《幽默的人生》中，把自我嘲弄列入最高层次的幽默。他阐释说，你可以当众调侃自己，通过调侃自己表现你有高人一等的智慧和广阔的胸襟，对自己有一种超然物外的情感。

普通劳动者没条件学习写作技法，但在长期的语言表达实践中，他们也悟出了一些门道，并熟练而巧妙地运用于民谣的创作。

小小说中常常采用的突转，就在多首民谣里被用得很妥帖。《哪个瓜大》：“老虎接着问宝宝/东瓜（疑为‘冬瓜’。——引者注）、西瓜、南瓜、傻瓜/哪颗瓜最大？”从具体实物——“东瓜、西瓜、南瓜”，出人意料地说到人——“傻瓜”，跳跃性很大，突破了听众常规的心理期待，实现突转。《问答歌》结尾也采用突转的手法：“给我吃一点点/给你吃个猪尿泡。”

《采花》从星期一到星期四，依时序次第展开。又哭又笑，富有戏剧性的变化。“日本鬼子到我家”，制造出戏剧的高潮，矛盾冲突激化，达到顶点。红军叔叔解救，矛盾化解，“大团圆”结局。稍作加工，就是一出紧凑、集中的戏剧小品。

《下饭馆》:“喝了杯茶,打烂个碗/掌柜叫我赔茶碗,我给掌柜翻白眼。”矛盾出现了。“掌柜对我不客气,一把拉进劳改队。”矛盾向前发展。接下来是“我”对掌柜的诅咒,但却缺乏必要的交代,让人有不知所云之感。

凡叙事性作品,都讲究结尾的艺术。我欣喜地看到,有些固阳民谣也运用得很好。《小瘪三》里,小瘪三到处告状的一段铺排,不仅是押韵的,每个人所做之事也都符合身份。爸在打电话,妈在插秧,爷在擦皮鞋,奶在挤牛奶,姐在梳小辫,妹在打瞌睡,哥在骑摩托。结尾最为精彩:“小瘪三告我弟/我弟放了个扭丝屁/熏得瘪三滚出去。”发点小坏,十分逗趣,让讨厌的小瘪三得到了应有的下场。

《老母鸡》篇幅不长,只有 10 句,却 3 次转折。先是不给老二娶老婆,后一娶娶了十八个,这是一转。“拣好的都卖了”,这是二转。“留下个秃老婆”,这是三转。三转之后,继续铺排,使作品得以丰满。

《问答歌》属于儿歌中的连锁调,通篇采用顶真的修辞手法。“哪去了?猫吃了/猫哪了?上树了/树哪了?水刮了/水哪了?和泥了/泥哪了?抹墙了/墙哪了?猪拱塌了/猪哪了?杀的吃了。”《捣碓》亦然:“喂鸡鸡,下蛋蛋/下蛋蛋,卖钱钱/卖钱钱,买羊羊/买羊羊,招毛毛。”再看《顶真歌》:“你姓啥?我姓张/张啥?张飞/飞啥?飞机/机啥?机关枪/枪啥?枪毙小鬼子。”随意联想,词语接龙,跳跃性极大,最后不忘表达一个抗日的主题。

叠字,是内蒙古西部方言常见的构词方式,在固阳民谣中使用频率也很高,106 篇作品中,有 54 篇用到叠字,占比 50% 强,而且有的一篇里有多个叠字。如《吃豆豆》:“吃豆豆/长肉肉/不吃肉肉精瘦瘦。”3 句、9 个词,就用到 4 组叠字。叠字具有亲昵、亲热的特点,哄小孩子时,更常用到。

《孩子》全诗 4 句,每一句都是重叠反复的手法。《三姐妹》也是采用反复的修辞手法。穿鞋、生娃、梳头,依次写来,三与一、二形成对比,在变化中产生张力。

《问答歌》是儿歌中常见的一种样式。设为问答,层层递进,兼用顶真。

固阳民谣换韵很灵活。《干羊头》,全诗 7 句,3 次换韵。《老鼠偷油》五句两韵,《软黄米》四句两韵。

夸张,是民间文学惯用的手段,固阳民谣也运用娴熟。如《吹牛》。吹牛一定要夸张,要玄乎一点,才好玩,才会有效果。接近事实的吹牛,会令人生厌。请看德州佬吹牛的故事。德克萨斯州出产石油,一位德州人说:“你们知道吗?我家后院就有 8 口油井。”第二位站出来了:“这算不了什么!我家厨房里还有一口油井——烧饭都是直接在油井上点火烧的。”真够能吹的。且慢,还有吹爆了的,第三位说:“我家汽车的后座上就有一口油井,我的汽车永远不需要加油。”固阳民谣《吹牛》也不逊色。花朵瓣瓣长出葫芦蔓蔓,这已是不可能的;葫芦蔓蔓又结了西瓜蛋蛋,就更稀奇了。小老汉居然只有二寸高,实在令人称奇。他偷吃什么?从上文来看,应该是偷吃西瓜,却偏偏不是,而是葡萄。一句一转,句句都在听众的意料之外。最后进一步夸张,三句里面,我以为第一句最好:“吃了两肚子。”人只有一个肚子,这个二寸高的老汉却吃了两肚子,怎不让人称奇呢?“揣了两袖子,临走还提了两裤子。”反而跌下来了,流于一般化了。就像有一篇文章,写某人某事,先说可歌可泣,后说可圈可点,这不是递进、加强,而是递减、削弱,画蛇添足,适得其反。

童谣是儿童最早接触的文学样式,在他们还不会说话的时候,在摇篮里,在母亲的怀抱里,就接收了这最早的启蒙。有伟大的母爱做动力,童谣形成了丰富多彩的表现形式,如摇篮歌(催眠曲)、游戏歌、数数歌、问答歌、连锁调、绕口令、颠倒歌、字头歌、谜语歌等。童谣与成人歌谣边界是模糊的,有些以孩子的声肖口吻表达出来的,是典型的童谣,有些是大人哄孩子睡觉或哄孩子玩耍的,也不含糊。另有一些就不好判断了。我们拣最典型的数了数,也有 51 首之多,占到将近一半。包头市非物质文化遗产名录已将固阳童谣列为抢救和保护项目。

高尔基说:“儿童文学是快活的文学。”童谣正是这样的文化启蒙的生动教材。儿童之于语言学习,是先听觉而后视觉、先音声而后识字的。韵律之于童谣,甚至是高于语义的。有些童谣,从语义上说,几乎没有什么信息量,而它的明快的节奏感,铿锵的音响效果,优美和谐的韵律,开启童蒙,益智育美,多有裨益。儿童天真烂漫,口齿伶俐,许多童谣是着重音节美的戏谑之作,是语言游戏。周作人说过:“凡儿生半截,听觉发达,能辨别声音,甚感愉快。儿初学语,不成字句,而自有节调,及能言时,恒复述歌词,自能成诵,易于常言。盖儿童学语,先音节而后词意,此童谣所由发生,其在幼稚教育上所以重要,亦正在此。”

汉语诗歌的创作,前人概括出 13 个韵辙来,各有不同的审美特点。怀来、灰堆、遥条、由求、梭波等韵收音柔和;江阳、言前、人辰、中东、发花等韵收音响亮,适宜表现激昂、热情、欢快的情感内容;一七、姑苏、乜斜等韵不响亮,口形张不开。有些韵辙所覆盖的常用字多,构词能力强,相对容易选择韵脚用字,故被称为宽韵。有些则生僻些,属于窄韵。

《数数歌》只有简单的三句,在上口、易记的吟诵中,让孩子轻轻松松地掌握了数字知识。《逛街》是一首合辙押韵的作品,让儿童在快乐的吟诵中掌握了从一到六的数序知识。《嫂子》属于字头歌,每句均以“了”字结尾。

苏联儿童诗作家马尔夏克说:“孩子们要求行动,他们喜欢那种积极行动的诗。”孩子好动,又不懂得注意安全,玩耍中难免碰伤,《柔(应为“揉”。——引者注)疙瘩》就是在给孩子揉按时随口吟出的,是动作伴着童谣,还是童谣伴着动作,谁主谁辅已经说不清了,一边为孩子缓解疼痛,一边给予心理安慰。《拍手歌》的最后一句“瓜瓜这——么——大!”自然是伴随着手势的。《拉锯》是与孩子一起游戏时吟诵的童谣,大人与小孩四手相握,拉来推去,煞是好玩,动作的节奏和语言的节奏自然合拍。

客观地说,固阳民谣也不是篇篇皆佳作。有些还构不成完整的篇章,如《葫芦》:“长葫芦,圆葫芦/蘑菇,豆腐/猫的屁股。”就不相连贯,意脉不通,不知所云。有些不免粗俗,如《马大哈》的最后两句:“车上坐的你大姑/胖得像头老母猪。”让人想起《红楼梦》里的刘姥姥。《小明的爸爸》前后不搭界。前半截说警察爸爸收入低。没有任何交代、过渡和衔接,后半截突然又说“红眼皮,绿眼仁”、“叽里咕噜”的美国俏美人,让人莫名其妙。童谣可以不表现意义,但不讲逻辑,歧义错出,杂糅混乱,就不好了。《特征》,何以名此,让人不知所以。退一步说,即便这个题目是成立的、切题的,《特征》这个词也不适合做民谣的标题,从语体上说就不合适,这样一个很书面化的词,怎么能做口语文学的题目呢?

朴实有余,过于老实,优美的想象、大幅度的夸张略显不足。“撕片云彩擦把汗,凑近太阳抽袋烟。”(《堆稻》,载《红旗歌谣》第218页)多美的句子,充满浪漫主义气息。“大跃进”时期的民歌,是浮夸的产物,总体上否定了,但这两句我特别喜欢。那时的四川民歌有两句:“千万水车辘辘转,车来长江与黄河。”合理想象,大胆夸张,也很好。

最令人遗憾的,是在固阳民谣中见不到情歌。我猜想,不是没有,而是太野性泼辣,有荤段子之嫌,就没收进来。果真如此的话,需要解放思想。民间情歌,是一宗宝贵的文化遗产。你侬我侬,质朴深挚,玲珑剔透,成为青年男女连情的桥梁,或者表达难分难舍的离情别绪,或者抒发如醉如痴的刻骨相思,都是非常美好的。

由于地域相对封闭,题材面也显得窄了些。有些失之于简单、粗糙,须做必要的文人加工,提炼概括。但切记要“修旧如旧”、“以俗还俗”。如我读过的一首东北民谣《喜欢》,其中有两句:“机警的梅花鹿/喜欢高山的林木。”“机警”一词,就有着太过明显的文人加工的痕迹。

现如今,建立在声光电等现代科技基础上的新艺术品类层出不穷,争奇斗艳,民谣备受冷落。还好,针对这种现状,上上下下都重视起来了,从中央文明委到地市级文明办,每年举办一次童谣征文,希望能重新振兴童谣创作。我应约参加过两次童谣征文的评选工作,感觉不尽如人意。孩子说出来的是大人话,缺乏天真烂漫的童真;手法比较老套,从中感受不到时代气息;没有生活经验,违背情理;不押韵、不连贯、不完整,等等,不一而足。我也应主办方之约,给修改过一些。兹录两首在此,供大家切磋。

我给总理写封信(原稿)

一张纸儿白又白 /写上字儿抒胸怀/信儿写给李总理/报告北梁好消息/开头先写李爷爷/敬祝身体康又健/去年您到北梁来/我藏柜中你在外/慈眉善目仍在胸/爽朗笑声永在怀/坐在床头拉家常/百姓冷暖记心上/棚户搬迁信心足/北梁改造绘蓝图/今年我家已搬迁/新居新室新家电/窗明几净小康家/去年今年两重天/全家想念李爷爷/再来做客看新迁/我已长大不害怕/不会躲藏在柜间/我请爷爷看奖状/逐梦中国好少年。

信儿寄给李总理(修改稿)

铺开纸,拿起笔,/写封信来表心意。/信儿寄给李总理,/报告北梁好消息。//去年您到北梁来,/慈眉善目笑眯眯。/坐在炕上拉家常,/百姓冷暖心头记。//棚户拆迁绘蓝图,/北梁改造打地基。/中央地方齐努力,/片片楼房拔地起。//今年我家迁新居,/新厅新室新家具。/窗明几净小康家,/老少欢天又喜地。//全家想念李总理,/盼来做客到新居。/幸福不忘共产党,/人民生活甜如蜜。

我家住在敕勒川(原稿)

草原绿,草原宽,/我家住在敕勒川。/门前滚滚大黄河,/窗外巍巍古阴山。/青山绿水一幅画,/我家住在画里边。/野果香,泉水甜,/我家住在敕勒川。/小鹿跟在我身后,/百灵飞在我头前。/蓝天白云一首歌,/歌唱我家敕勒川。

我家住在敕勒川(修改稿)

草原绿、黄河宽,/我家住在敕勒川。/门前河水浇良田,/屋后背靠古阴山。/绿水青山一幅画,/我家住在画里边。//野果香、泉水甜,/我家住在敕勒川。/小鹿跟在我身后,/百灵飞在我头前。/蓝天白云一首歌,/歌唱我家敕勒川。

参考文献:

[1]刘棣民. 诗经的智慧[M]. 北京:中国社会出版社,2005.

[2]曹植. 与杨德祖书[M]//郭绍虞. 中国历代文论选:一. 上海:上海古籍出版社,1979.

[3]周振甫. 文心雕龙选译[M]. 北京:中华书局,1980.

(原载于 2015 年第 3 期)

民族考古学与阴山岩画研究

麻国庆

阴山岩画是我国古代游牧人文明历程的画卷,它以形象的图画形式记录了阴山地区历史时期游牧人牧业文明的历史作用。富于流动性的游牧民族善于传播文明,为古代各民族的文化交流做出了贡献。而对于这些沉睡了数千年岩画的研究,其可行的方法之一就是民族考古学方法。

民族考古学这一新兴的考古学分支,是考古学和民族学相结合共同研究同一事物的产物。它要求我们研究文化的发展过程,即如何去解释从出土物中所看到的各种差异和变化。一般说来,它是以考古实物为对象通过民族志资料、历史文献去研究考古实物的内涵。[1]阴山岩画研究主要是结合历史文献、民族志材料进行的,即利用了民族考古学方法。

阴山岩画的创作动机绝不是单一的,各种题材可能有不同的创作目的。但归纳起来,不外两个方面,一个是宗教性的,一个是原始记事性的。

本文从以下几个方面来谈阴山岩画研究中民族考古学方法的应用。

一、岩画所反映的习俗与文献有关记载

岩画上所见人物的装饰、用具、信仰、仪式及经济活动,均为北方古代民族历史上确曾存在之事。从这些文献的记载,大致可推知其族属和各种习俗流行的时间,从而也可以从另一个侧面来解决岩画年代问题。在此可举几例来说明。

匈奴人的岩画是已知的阴山早期的岩画,但没有题字,刻痕也较模糊,又是不见记载的默默无闻的猎手或牧民的作品,如何确定这些岩画的归属呢?研究者拿岩画同可断定的鄂尔多斯青铜纹饰进行比较研究,以画面所反映的社会形态与我国古代文献《史记》《汉书·匈奴传》有关记载相对照,以及蒙古和苏联境内出土的匈奴(包括其先人)有关文物做比较,便可以基本上将匈奴的岩画从所有岩画中分离出来。

从匈奴岩画看,古代居住在阴山地区的匈奴人,确实以狩猎和放牧为主,行猎的方式有单人猎、双人猎以及围猎。从岩画出现的比例看,以单人猎最为普遍。《史记·匈奴列传》曰:“其畜之所多则马、牛、羊,其奇畜则馲驼、驴蠃、駃騠、騊駼、驒騱。”这在岩画中得到了证实。

又阴山岩画中出现的类人面形及一簇簇的星星如何解释,如何来证实匈奴人的宗教及其起源问题呢?据《汉书·匈奴传》载:"岁正月,诸长小会单于庭祠。五月大会龙城祭其先、天地、鬼神……"单于每天两拜,朝拜日,晚拜月。举事"常随月"。再从单于的封号看,单于自称是"天地所生,日月所置"。由此就可明白,匈奴崇拜的对象是宇宙。所以,阴山中多次出现的类人面形,有些就系匈奴的先人所崇拜的拟人化的宇宙神的生动形象。在拟人化的宇宙神之上或其间,点缀着一簇簇的星星,以示群神高居于茫茫的太空。

二、岩画中反映的部分习俗与民族志的比较

一位国外岩画专家在一本书的一个标题中这样写道:"逝去的人已经沉默,而岩石还会说话。"[2]因此,运用作为"社会活化石"的民族志资料,有助于阐释岩画的作用。阴山岩画中大量画面及图形均与宗教信仰有关,其中又可分为下列几类(仅举几例)。

1. 模拟巫术的产物

古典人类学家弗雷泽把巫术分为接触巫术和模拟巫术。模拟巫术是建立在象征原则的基础上,即认为事物的形象即是事物的本身,模仿性动作可以达到真的效果。例如,当一位奥吉布威印第安人企图加害于某人时,他就按照那仇人的模样制作一个小木偶,然后将一根针刺入其头部或心部,或把箭头射进去。他相信就在他刺入或射穿偶像的同时,仇人身体上相应部位也立即感到剧痛。如他想马上杀死这个人,便一面念咒语,一面将这个木偶焚烧或埋葬[3]。我国独龙族直至现代在狩猎时还举行这样的巫术仪式[4],即以荞麦、稗子的粉捏成各种动物形象,陈列在大树下,或以石灰在大树下画各种动物图形,先行祭祀,祭毕以弩射之。

阴山岩画许多狩猎画面和战争画面应具有同样性质。见于阴山岩画的狩猎场面是很多的,有一人持弓而猎的独猎,二人通力合作的双人猎,还有多人参加的围猎。再如格斗岩画,有一幅是一执弓武士,箭头对准了一个人,那人作仰卧之状,表示此人已被打倒。另有一骑者,张弓欲射,其前下方有一倒绘的执弓人。在原始社会,倒绘表示死亡。因此,人们相信在岩画上画人们围捉,刺中动物的形象,将使未来的猎取取得成功。在岩画上两人倒地,将在未来的战争中打败敌人。

2. 崇拜神祇的画像

原始民族信仰多神,凡自然现象(大地、天体、山、火、水)、动植物乃至某些具有神力的活人、物件,均被认为具有神灵,可以赐福于人,也可以贻祸于人。为了转祸为福,必须不断地供奉。除了直接对它们本身表示敬意外,还应把它们的形象如实地描绘下来或者加以人格化,然后再描绘下来,进行祭拜。

在阴山岩画中,有许多自然景物,如日、月、云、植物、动物。在动物岩画上面,

动物之旁，经常可以看到双手上举的小人形或作祈祷之状，或作舞蹈之形，显然为献媚于动物，或以动物为乐的举动。这些是当时为崇拜它们而画的。这可从民族志资料中得到证实。

云南西盟的佤族有人认为森林中住着一位司树魂的“腔秃”[5]，砍伐树林时要放块石头作为给“腔秃”的代价，否则硬伐树木者要被树压死。我国的傈僳族[6]，也崇拜大树和龙树。阴山岩画中树木岩画较动物岩画少，这表明游牧民族对树木等植物的崇拜要少得多，但其性质是相同的。

3. 重要仪式的描绘

有些民族在举行一次隆重的宗教仪式后，还要把过程画下来。这不是给人看的，主要是给“鬼”看的，它本身就是仪式的一部分。当时人们相信，这样似乎就可使仪式永远继续下去，使它具有持久性，可以永远讨鬼神喜欢。

因此，阴山岩画中的著尾人岩画和舞蹈岩画（舞蹈中也含著尾人画），就是当时宗教活动的实况。

我国东北通古斯语族各民族巫师萨满上衣后底襟上，一般都垂一个尖形尾饰，象征鸟尾。[7]云南永宁纳西人举行二次葬时，要披挂牦牛尾巴跳舞。小凉山彝族在祭祀祖先宗教仪式中，有的男青年背上吊着牦牛尾巴，模仿牦牛的动作，边歌边舞，名曰牦牛尾巴舞。[8]因此，阴山岩画的连尾舞具有同样的性质。这就从民族学材料阐释了这类岩画。

三、阴山岩画反映的部分习俗和考古学、民族志、文献等材料的综合研究

人类学以整体论为其标志，它一直强调整体综合的观点，坚持把人类社会看作是一个整体，一个具有功能结构的系统。因此，对于变化多端的人类社会文化现象来说，许许多多的课题不是一个学科的知识所能解决的，而是要多种学科通力合作。[9]阴山岩画这一文化现象的研究，就应坚持这一原则。

上文只是把民族志、文献资料单独地与岩画研究结合进行了一些探讨。接下来，我们把考古学、文献、民族志资料结合起来，同时研究岩画中的习俗。

见于阴山的人面（兽）形岩画，是原始宗教的重要内容。对于其年代的断定主要依据考古学其他文化遗物的比较研究及文献资料，而对于其意义的认识主要依据国内外民族志材料。（本节主要是对研究者成果的归纳。）

阴山的人面（兽）形岩画，广泛地分布在我国各地和亚洲、北美等地，其时代一般定在新石器和青铜时代。比如西安半坡、陕西黄县、扶风姜西村、陇县等新石器时代的陶器上，有人面纹图像和雕塑或半浮雕的人面像；甘肃天水县柴家坪、礼县高寺头、秦安大地湾和寺明、河南陕县七里铺、青海柳湾三坪台等地新石器时代出

土有人面玉饰、人面纹陶片、陶塑人面；二里头、殷墟出土早商或商代的残刻人面形陶片、陶塑人面、人面陶毁、人头范和陶人头，湖南宁乡出土商代人面方鼎。以上诸例，均说明见于我国的人面形应在新石器至青铜时代。

似人似兽的奇怪图形岩画为青铜时代的作品。据《皋陶谟》云：“余欲观古人之像，日月星辰，山龙华虫，作绘宗彝。”山龙当即夔龙，华虫当即夔风。见于岩画的奇怪形象，是当时神灵的形象。其时代为新石器时代晚期或青铜时代。

此外，研究者结合民族学材料把人面纹样岩画分为四类，即具有面具、天神、祖先神和头盖骨四种意义。在讨论面具时，研究者引用巴西印第安人的面具来说明。最后引用新中国成立前我国蒙古族、藏族的宗教舞蹈“羌姆”舞，头上仍带这种传统的面具来进一步阐明其意义。

关于天神，除用民族志资料外，还用文献记载来证实。《后汉书·南匈奴传》说匈奴的习俗“岁有三龙祠，常以正月、五月、九月戊日祭天神”。因此，见于阴山的天神群像，大约就是古代游牧人敬祭天神的对象。

此外，对于祖先神和头盖骨的阐释，也用了同样的方法。

经过这样的多方论证，就把人面（兽）纹的问题搞清楚了。

四、阴山岩画研究给我们的启示

从阴山岩画的研究，我们看出，运用民族考古学方法无疑有利于岩画的研究。

历来的（传统的）考古学方法侧重于从静态的角度对遗物遗迹的相互关系进行阐明。而新的方法论是综合各种学科，从动态的角度进行研究，阴山岩画研究就是从这点出发的。据此，我们试图在此勾画出考古学的两种逻辑方法，一为演绎的方法，另一为归纳的方法（见下图）。

演绎的方法：

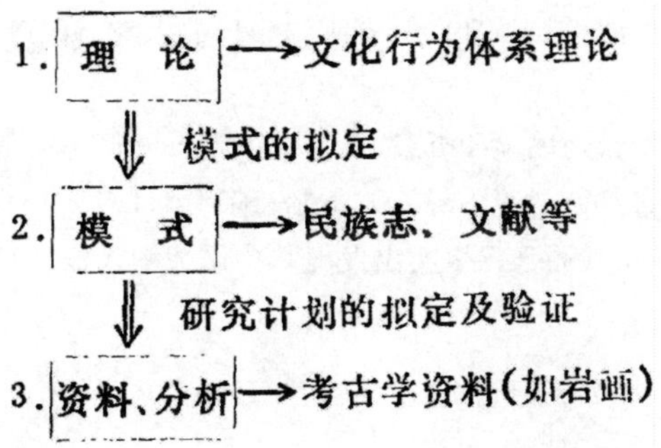

归纳的方法：

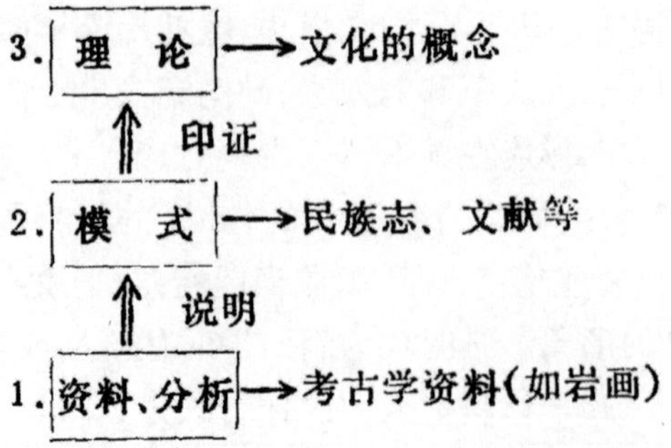

因此,在考古学研究中,上述两种逻辑方法都是需要的,是相辅相成的。(一般来说,归纳法较为常用)。

综上所述,民族考古学方法是阴山岩画研究的一个可行方法,有必要应用、推广到其他岩画的研究中。我想,随着岩画文化的深入研究,民族考古学方法一定会越来越受到人们的重视。

参考文献:

[1]容观琼.值得提倡的民族志类比分析:"法民族考古学"介绍[J].中南民族学院学报,1984(2).

[2]汪宁生.云南沧源崖画的发现与研究[M].北京:文物出版社,1985.

[3]弗雷泽.金枝:上[M].徐育新,等,译.北京:中国民间文艺出版社,1987.

[4]中国民族研究所云南民族调查组.云南省独龙族历史资料汇编[M].昆明:云南省民族研究所民族研究室,1964.

[5]《民族问题五种丛书》云南省编辑委员会.佤族社会历史调查[M].昆明:云南人民出版社,1983.

[6]《民族问题五种丛书》云南省编辑委员会.傈僳族社会历史调查[M].昆明:云南人民出版社,1983.

[7]史禄国.北方通古斯的社会组织[M].吴有刚,赵复兴,孟克,译.呼和浩特:内蒙古人民出版社,1984.

[8]中国科学院民族研究所云南民族调查组,云南省民族历史研究所民族研究室.云南小凉山彝族奴隶制社会历史调查[M].《凉山彝族奴隶制》编写组,1997.

[9]容观琼.科学研究必须从最顽强的事实出发[J].中山大学学报,1987(2).

(原载于1989年第1期)

岩画在中国北方草原原始社会的媒介作用

韩雪岩

岩画产生的具体年代由于历史的悠久已很难准确判断。我们无法考证具有清晰音节的较成熟形态的人类语言，是先于这种幸存下来的、最早视觉艺术标本而存在，还是后于它。但是，有一点可以肯定，即这些图画形成于大约两万至四万年前，比最早的用视觉表现人的语言声音的手迹还要古老，从某种意义上讲，它还是后者的源头。因此，对远古先民而言，它就不仅仅是一种表达的结果，而且在前文字时代，在视觉联系方式领域中保持着垄断地位。它甚至具有更加重要的意义——它是人类媒介历史上的最初形迹和可视化形态。它在原始先民的两个沟通领域起着媒介作用：巫术——超感官领域建立的思想同构媒介；共时性时空的信息传递承载媒介。

首先，从岩画的萨满教性质来看，它是中国北方草原的思想同构媒介。萨满文化是一种世界文化现象，其信仰主要为万物有灵论、祖先崇拜、自然崇拜。“这种宗教的基本特征为：表演似痴若狂的神态，通过附身的鬼神之助，宣扬抗暴制邪、预测未来的能力。”[1](P238)在原始先民的观念中，除了进入视觉的现实世界以外，还存在一个超感官的神灵世界。对他们而言，“看得见的世界和看不见的世界是统一的，在任何时刻里，看得见世界的事件都取决于看不见的力量”[2](P122)。而把信仰中无形的存在转化为有形的实存，除巫舞呐喊之外，还要通过巫师在迷狂状态下，把有魔力的图像刻绘于岩石之上。这样，岩画物像的意义就不仅是单纯的图形本身，而是含有了深刻的思想寓意。

从宁夏贺兰山岩画来看，人面像岩画几乎占全部图形的2/3。画像表情生动，个别的五官齐全，多数只画了眉毛、鼻、嘴，少数仅以圆圈表示。有的人面像刻出插羽毛、束高髻的装饰，应为太阳神形象或祖先崇拜的对象。在阴山岩画系列中磴口县格尔敖包沟，乌拉特中旗、后旗门温格尔及海日呼图格也都有生动神秘的神像崇拜遗存——大多为太阳神，并有向着星星舞蹈的场面以及大量天体形象岩画。虽然人面像及天体崇拜是世界范围内的一种萨满教性质的习见题材，但没有哪个地方像内蒙古、宁夏草原地带那样突出：不仅分布最密，数量最多，其形象也最富于变化。而这种强烈的独特的情感可以看作是北方草原游牧先民祭祀天神的共同思想的源头。

《史记·天官书》记有“胡星”：“昴曰髦头，胡星也。”胡星指匈奴的族星，是匈奴的图腾柱。“匈奴俗，岁有三龙祠，常以正月、五月、九月戊日祭天神。”[3](P238)则明确记载了自匈奴人开始的北方草原民族对天神崇拜的频繁和虔诚。宋孟珙《蒙鞑备录》也谈及：“（蒙古）其俗最敬天地，每事必称天。”清《太祖高皇帝实录·卷七》也说：“为恶者天谴之，其国衰微；为善者天佑之，其国炽昌。总之，主宰在天。”

由此我们可以看出，“天”作为北方草原民族的共同的哲学思想核心，同他们进入文明社会之前所信仰的萨满教“太阳神——天神崇拜”有着很密切的渊源。虽然在两个时期的信仰的一致性有可能由族属、经济、社会、环境等因素所共同铸就，但是由于北方草原游牧民族长期生活在地理范围大致重合的同一空间，所以这种思想同构的来源之一很可能就是在各民族形成初期，对共有的岩画视像所显露出来的巫术——宗教情感的“资源共享”。也就是说，草原生活的迁徙性和流动性使岩画的初期创造者很少长期定居于同一地域，他们留下的岩画作品就成为一种知识、情感的传递媒介，其中包含着他们对客体世界的感性看法、对神灵世界的蒙昧认识、对人神交流沟通的形式创造以及对狂热的宗教情感的表达途径。而这无疑会对后来的岩画创造者起到巨大的启发作用。后来者从社会文明发展程度上讲要落后于先来者，各种思想萌芽都还处于一种襁褓状态，都还有待于发展，还必须向比自身成熟的文明形态学习。而在前文字时代，那些极具创造力的开拓者留下的只能是这种感性的视觉联系方式和启发范本。这就使得后来民族的学习领域得到了界定。例如，在贺兰口岩画、阿拉善的曼德拉山岩画中就有很多在已有岩画的石面上进行再刻画的众多例子（其中以神面像和游牧、射猎场面居多）。后期岩画创造者在早期创造者遗留下来的作品空白处进行新的刻绘，或者对原来的图形进行重新勾描、敲凿，两个时期（或更多时期）的绘刻风格、内容基本一致，年代差异极易判断：早期的较朦胧，色度较暗，后期的则相反。由此可见，后来者正是利用岩画这一媒介，获得了思想上的启发，把自身的萌芽状态的萨满教思想以和前人同质同构的形式予以发展。

其次，从原始思维方式看，岩画是草原远古先民的信息传达媒介。中国北方游牧先民在岩画时代的思维方式同现代人相比有着很不同的特点。他们的逻辑抽象思考能力还比较单薄。北方草原先民对形象的把握能力和他们的抽象思维能力是极不相称的。他们的“原逻辑思维”只是一种“智力反射”，来引出那个借现象表现出来的神秘和看不见的力量。[2](P376)他们对世界万物和主体的认识主要通过表象思维和对具体形象的敏感体察来实现的。“在史前人那里，对形象的感知、把握能力与其逻辑思维能力处于一种不平衡的状态：对形象的感受能力大大超过了抽象思维能力；对具体事物的兴趣胜过了对抽象概念的理解。”[4](P106)

因此,很显然对草原游牧先民而言,岩画除了具有巫术意味以外,它还是他们用来进行思考各类社会生活现象的一种方式。他们在运用表象思维思考问题的同时,还把这种思考的结果以图形的方式记录下来。换言之,他们是以一种形象的方式来思考、记录、评价和盟誓的。每一个被创造的形象都不是孤立的符号个体,而是有着很深的意向性,大量的被刻画于同一空间平面的图形,被远古先民在思想中连缀起来,共同构成了极具社会性的意象符码。从大量的岩画图片可以看出,他们正是以岩画——这种感性视像形式——为媒介进行不同部族或人群之间的信息传递和契约约定的。

我们以宁夏贺兰口岩画的一组图例来进行分析。这组图形凿刻于距离地面约四米的表面比较平滑的岩石之上,它的前面是一块接近平坦的弧形巨大岩石,宛如一个夯台。在这幅图形中,共有九个聚集较密的小的独幅岩刻。最上面是一个太阳神的形象,其下靠右为一个欢呼的人的形状,和这个人紧紧相连的是较小的一个神面像。左右各有两只手。左边的较小,下边为一俯首躬身的人的形状。右边的手较大,下边仅连着一个神灵形象,最下面是一头牛的刻画。整个图形的大意为两个交战的部落在最高最神圣的太阳神下盟誓,战败的群体(左边鞠躬的人)向战胜的部族投降(右边欢呼的人),战胜的部族由于本族的神祇的庇护(欢呼的人身边的神面像),在胜利之后,将具有更大的权力(右边的手大于左边的手①)。并且,战败群体将向胜利者贡献财产(牛的图形②)。

很明显,从两个部族之间的这份契约来看,他们是在朴素的宗教情感的支配下,以可视化的方式,以岩画艺术为媒介立下了誓言的,而且这份契约对签订的双方都具有严格的制约力量。岩画在这里既是表像思维的结果和图像展现,同时又是一种直观的信息传递媒介。它传递的信息因在两个部族之间的广泛传播而得以普泛化。

另外,再从岩画与文字的关系角度考虑。如果回溯到金文或甲骨文,就会看到它们的形态同北方草原岩画的形状有很大的近似性,个别文字和图形的相近更是惊人。的确,在中国的原始文化语境中,两者的关系具有特殊性。中国的象形文字其源头就是绘画,所谓"文字权舆,始于图像",文字的最初形态不过是"随体诘诎,画成其物"。而由于象形字"全如作绘",尽管能够使人"视而可察",但是与文字的本质相矛盾(文字作为符号,应尽量简单划一,便于使用),所以远古先民在历史过程中,逐渐"或改文就质,微具匡廓;或删繁就简,粗写大意;或举偏赅全,略窥一体"[5](P42)。结果,原始图形逐渐发展为较具抽象性的文字符号系统。如"舞"字、"山"字,"车"字等等。而且,中国有历史记载的文字的萌芽恰好始自北方的黄河流域——同北方草原地带在地理位置上极度接近。

又由于文字作为一种意向性符号,其基本功能之一就是信息传递媒介,是所指的视像载体。所以,我们有充分的理由推断,北方草原岩画同最初形态的文字形式可能具有某种极近的亲缘关系。岩画在原始社会中所起的契约传递的媒介作用,同文字在文明社会形态中所起的作用是一样的。"岩画图像和岩画符号,在文字产生之前起着文字的作用,发挥着文字的功能。"[6](P490)两者的差别在于,前者是以感性的形式来发挥作用,而后者则主要通过较理性较抽象的方式来起作用。前者的功能是一个涵盖范围极度宽泛,各种功能尚未分化的混沌系统;而后者的功能已经清晰地细化和专业化了。而对草原游牧先民而言,在前文字时代,岩画同文明社会中的文字一样是信息传递的最重要渠道。

国际岩画委员会主席阿纳迪曾说:"岩画组成世界艺术的最早篇章,它绘在或刻在洞穴或露天的岩石,时间几乎跨越了四万年之久。这些形象或符号是人类有文字之前,文化和智能的主要记录。它们揭示了史前人类的欲望和野心、恐惧和企求以及经济生活、社会活动、宗教信仰、美学观念。"[7](P2)岩画艺术是如此重要,其丰富的文化内涵是现代人探索远古先民的心灵世界的最感性形式。而目前我们对岩画的研究,对岩画作用的认识还远远未达到深入的程度,尤其是岩画在中国北方草原原始社会的媒介作用还未得到广泛的重视。而只有对它在北方草原游牧先民的思想同质同构的形成过程中的作用,在原始社会所起的信息传递媒介作用有充分的认识,我们才会对北方草原岩画艺术建立更立体、全面的认识评价体系,才会以更科学的视角探寻草原游牧先民丰富而神秘的心灵世界。

注　释:

①在原始人的思维中手具有四种含义:权力;占有;自我;引人注意。

②在原始人的思维中牛具有财产的含义。

参考文献:

[1]张志尧. 草原丝绸之路与中亚文明[M]. 乌鲁木齐:新疆美术摄影出版社,1994.

[2]列维·布留尔. 原始思维[M]. 丁由,译. 北京:商务印书馆,1997.

[3]张碧波,董国尧. 中国古代北方民族文化史[M]. 哈尔滨:黑龙江人民出版社,2001.

[4]邓福星. 艺术前的艺术[M]. 济南:山东文艺出版社,1987.

[5]沃兴华. 中国书法史[M]. 上海:上海古籍出版社,2002.

[6]盖山林,盖志浩. 内蒙古岩画的文化解读[M]. 北京:北京图书馆出版社,2002.

[7]周菁葆. 丝绸之路岩画艺术[M]. 乌鲁木齐:新疆人民出版社,1997.

(原载于2004年第5期)

桌子山岩画考

常芳芳

桌子山位于内蒙古乌海市境内,主峰海拔 2 149.4 米,因其峰顶远眺平坦似桌面而得名。公元 1973 年,在桌子山召烧沟发现了震惊世界的史前文明遗迹——桌子山岩画群。当地人称之为“画”。

海勃湾是海若布陶亥的缩略语。海若布陶亥是蒙藏混合用语,翻译成汉语,即“雄狮之湾”。这里,曾是少数民族聚居地。《诗经·采薇》曰:

采薇采薇,薇亦作止;

曰归曰归,岁亦莫止。

靡室靡家,猃狁之故;

不遑启居,猃狁之故。

桌子山地区,正是猃狁的故居。在漫长的历史长河中,獯鬻、鬼方、大荔、义渠、匈奴、柔然、鲜卑、羯、氐、羌、吐蕃、党项、蒙古等北方草原民族,先后在这里生息繁衍,演出了一幕幕威武雄壮的活剧。

天上浮云似白衣,斯须改变如苍狗。随着岁月的流逝,这些相继出现的曾经辉煌的游牧民族大多被历史的尘埃掩埋。所幸的是,考古学家们在这些失落的草原民族曾经的栖息地——桌子山地区,找到了他们刻画在诸多悬崖峭壁上的无数远古遗存,这些岩画昭示的正是曾栖息于此的草原民族的远古文明。

一、桌子山岩画的发现及断代

1879 年夏天,西班牙考古学家索图拉伯爵在阿尔塔米拉洞穴窟顶发现了成群的野牛图案,经认定是两万年前原始先民的作品。这是一次震惊世界的发现,后来一直被考古界公认为是人类对远古岩画的第一次真正发现。

其实,桌子山岩画是人类历史上有记载的发现最早的岩画。公元 5 世纪的北魏,郦道元走遍大江南北为《水经》作注。他到了今天的宁夏回族自治区,沿黄河顺流而下,走到陶乐,又来到了今天的内蒙古自治区境内的磴口。在《水经》中,他做了这样一段注解:

山石之上,自然有文,尽若虎马之状,粲然成著,类似图焉,故亦谓之画石山也。

从陶乐到磴口 100 多公里。桌子山逶迤延绵,纵贯其间 75 公里,我们不由对做这段记载的老人肃然起敬。早在1700年前,中国人不但发现,而且记录了岩画!可惜的是,哲人的慧眼并没有引起后人的重视。就像人类对大漠戈壁、暴风骤雨、宇宙星空从迷惘到理解、由恐惧到审美一样,人类对自己远古的创造,也有类似的过程。只有认识达到一定的历史尺度之后,才能把自己远古的创造当作重要文化遗产进行研究。桌子山岩画真正意义上的发现并引起广泛关注是在当代。

1973年一个月朗星稀的夜晚,牧民秦福喜赶着一群阿尔巴斯白山羊回家,途经桌子山召烧沟口时,突然发现,在清澈如水的石灰岩面上,浮现出一个个形似人面的图像。他诚惶诚恐地向桌子山作揖。第二天,他把自己的发现告诉了当时铅矿学校的教师武怀兴。1979年武怀兴向文物部门汇报此事。随之,海内外的专家纷纭而至。

1990年5月,蜚声世界的文化学者、法国的于赛尔先生考察了桌子山岩画,说:"我到过20多个国家,看了他们的岩画,桌子山岩画是最富想象力的人类史前文化遗存,她的价值在西班牙阿尔塔米拉洞窟和法国的拉斯克洞窟岩画之上。"随后出版的岩画书刊都把桌子山岩画的太阳神图形放在显赫位置。有人说她是阴山岩画,有的说她是贺兰山岩画。宁夏的陶乐对着贺兰山,内蒙古的磴口对着阴山。这两座山脉都发现了岩画。

桌子山岩画群主要分布在6条沟的崖壁或沟口上,即召烧沟、苦菜沟、毛尔沟、苏白音沟、苏白音后沟、雀儿沟。岩画内容丰富,人体、动物、日月星辰、抽象符号都有分布,其中人面像占绝大多数,达岩画总体的80%,集中分布在召烧沟。

岩画的断代问题始终是困扰岩画学研究发展的难题之一。史前考古学、类型学、民族学及自然科学的研究成果都未能提供准确的岩画断代依据。目前我们进行岩画断代仍然主要依靠传统的考古学方法,从岩画的内容题材、制作方法到造型风格等方面,与考古资料、文献资料以及民族学资料进行综合比较分析来进行。从20世纪80年代以来,运用现代科学技术手段的"直接断代"的概念逐渐成为岩画断代的主流,不过从目前情况来看,我国只有极少数几处岩画地点是通过直接断代测年(例如考察大麦地岩画时使用的地衣测年法,测定青海岩画使用了微腐蚀断代法),即使是这几种有限的直接断年法也因为技术的诸多制约而在具体的应用中显示出不可靠性,受到岩画学者的广泛质疑。

桌子山地处偏远,尚不为人熟知。对桌子山岩画的断代还未开展。对桌子山岩画的年代存在着多种说法,有人从乌海市境内出土的大量汉墓推定它形成于汉代,有人说它是近代的产物,而有人则说它是现代无名氏的无聊游戏。这里我暂且用传统的综合断代的方法,对桌子山岩画的形成年代做一初步推定。

首先,桌子山岩画是远古先民的遗存无疑。手印岩画在岩画中最为古老,这一点已成为世界考古界的共识。桌子山岩画中的手印图案说明它本身历史的久远。

其次,人面岩画与人面形器物在文化内涵和符号特征上是一致的,是同一文化的产物，而人面形器物的地层年代又都是确定的，那么人面岩画创作的大致年代也能被框定。人面形器物最初源于距今七八千年的新石器早期，而后在四五千年前的新石器中晚期获较大的发展，至殷商成为青铜器中的一种纹饰，到战国及至春秋逐渐绝迹。人面岩画从出现、发展到终止，大致与人面形器物的创作、流行过程相仿。从其早期采用石器工具磨制，到晚期运用金属利器敲凿，表明它起始于新石器早中期，而终止于青铜时代，大致制作在距今 7 000 年至 3 000 年之际。[1](P207)

再次，桌子山岩画是以研磨和凿刻为主。只有人类社会生产力水平获得极大提高，岩画制作才能更精细，才能精致地凿出耳、目、口、鼻、眉毛等。桌子山岩画图案勾勒简单，缺乏具象的描绘，说明它形成的年代一定在青铜器时代之前，因为只有精细工具出现后才有了精细形象。在桌子山地区经多次调查与发掘，出土了石器和陶器残片，却没有发现过青铜器或与青铜器有直接关系的物品。

1922 年到 1923 年，法国人桑志华和德日在鄂尔多斯高原萨拉乌苏河发掘到一批古人类化石、石器及用火的遗迹，其中一颗 9 岁幼童左上侧门齿化石弥足珍贵。中国考古学家裴文中教授将其命名为“河套人”。据放射性碳同位素和铀系法断代，河套人距今已 5 万年。河套人遗址在桌子山东南的乌审旗，直线距离不到 200 公里。经过考古发掘，考古学家在桌子山找到原始人用过的石器，与萨拉乌素河流域的河套人石器不论从材质，还是从造型都呈现出极大的一致性。可以推测，桌子山岩画的形成应在新石器时代，作者是河套人及其后裔。

二、桌子山岩画与神灵崇拜

当先民们经过生死搏斗，从野兽群中分离的时候，他们的高级属性——想象也就发展起来。对自然现象的迷惑转而为对超自然力量的敬畏，由此，萌生了原始宗教。草原民族大多信奉过萨满教。萨满教主张“万物有灵”，“在原始先民的观念中，除了进入视觉的现实世界外，还存在一个超感官的神灵世界”[2](P85)。

桌子山岩画中，大量出现的是形态各异的人面像，这也是区别于阴山、贺兰山、阿尔泰山岩画的一个显著特征。这些千奇百怪的人面像，也许就代表了原始先民心目中的神灵（图 1）。“桌子山岩画中大量形态各异的人面图形，就是其多神崇拜的象征，是古代先民们将所崇拜的各种神灵形象拟人化，赋予其生命和灵性，以增强原始人群同自然抗争的勇气和信心。”[3]

崇拜太阳神是各民族普遍经历过的习俗。古希腊为太阳神在特尔斐建立了蜚声世界的阿波罗神庙。伏羲是传说中人类的始祖，伏羲又称太昊，“太昊，天也”（《后汉书》）。中国人也认为自己是太阳的子孙。我国草原民族崇拜日神和月神。“单于朝出营，拜日之始生，夕拜月。”（《史记·匈奴列传》）住在北美洲的印第安人，至今仍保留着定期拜日神和月神的习俗。

图1　人面像

图2　太阳神

桌子山岩画反复出现的一种人面像格外引人注目:圆形的人面轮廓上布满毫芒状物,像太阳的光线辐射四方;面部庄严肃穆,给人以神圣不可侵犯之感(图2)。他们刻于山口,迎向太阳,图像间点缀星月天体形象,这种形象在阴山、贺兰山、江苏将军崖、韩国和加拿大的崖画中都曾出现过。因此,我们有把握说,这是头戴光环的太阳神形象。"对太阳神的表现和崇拜是桌子山岩画的重要内容。"[3]

萨满教除敬拜日神外,经常祭祀的还有地神、山神、火神、雨神、树神等。桌子山苦菜沟岩画中两幅人面像形似雨水图形,人面像有芒状装饰物,同太阳神相似,下面形似雨水的图形似乎是神灵给人间施雨(图3)。说他是雨神,仅仅是推测而已,因为在其他岩画中还找不到旁证。

图3　人面像下形似雨水图形

桌子山岩画除太阳神之外,还有一类形似面具的人面像。

原始人类认为万物有灵,想方设法与之沟通,希冀得到神灵庇护,而只有通天地、知鬼神,具有非凡能力的神的使者,才能传达天人之间的信息。这个使者,就是萨满。萨满拜会神灵要穿法衣、戴法帽、执法器,在如醉如狂的舞蹈中与神灵会面。在满·通古斯语系中,"萨满"意为"激动不安的人"。

这种原始巫术礼仪在人类初始阶段普遍存在:

击石拊石，百兽率舞。（《尚书·益稷》）

昔葛天氏之乐，三人操牛尾，投足以歌八……（《吕氏春秋·古乐》）

故圣人假干戚羽以表其容，发扬蹈厉以见其意。（《通典》）

先民化妆成“百兽”，挥舞着“牛尾”，插着羽毛，戴着假面，载歌载舞，如火如荼地进行原始宗教巫术礼仪活动。这种怪诞、神秘而野蛮的巫术礼仪显出了超人的威力。因此，巫术礼仪中佩戴的面具成了先民们心目中的神灵象征，同其他神灵一起，被刻在山崖峭壁之上。

三、桌子山岩画的图腾崇拜与生殖崇拜

图腾是北美印第安语，译为“他的亲族”。原始先民认为每个族群都与某种动物、植物或某种自然物有亲缘关系，并炙热虔诚地加以崇拜。桌子山岩画的人面像，有明显的装饰物。这些装饰物绝非随意刻画，定有其神圣的含义。它们是神灵的载体、萨满的面具、氏族崇拜的图腾，抑或兼而有之，一时很难说清。人类在人兽不分的远古时代，思维本来混沌，创造出来的神也必然混沌，岁月长河中的风风雨雨，又使先民的遗迹漫漶不清，给后人留下无数的疑问。

古代氏族部落的图腾多为动物。内蒙古、宁夏、甘肃、新疆的岩画中，描绘最多的也是动物形象，有家畜如马、牛、羊、鹿，有野生动物如虎、狼、狐狸、盘羊、岩羊等。岩画中还有不少描绘人与动物的关系：与野兽搏斗，骑马放牧。曼德拉山的岩画更让人眼花缭乱：野牲、家畜、畜圈、放牧、狩猎、舞蹈等等在同一画面出现，俨然一幅游牧民族的生活画卷。

桌子山动物岩画中能分辨的有十多种，其中弥足珍贵的是蛇和鸟的变形图。这些图像清楚地讲述了那个遥远的年代，人与动物的密切关系。然而，一个有趣的现象是，所有的岩画描绘的只是动物，而没有植物。何也？刚刚从动物走出的人类，看到动物与人的诸多相似之处：会跑、会叫、会流血、会下崽……在力量与速度上，许多动物都远远超过人类。动物身上一定有某种超自然的能力。于是，在探索氏族的起源时，自然会追溯到某种与他们关系密切的动物，这种动物就成为氏族的图腾。

乞求繁衍某种动物，是图腾崇拜的主要仪式。原始人类还不可能了解男女交合的生殖作用。他们一定看到了分娩孩子和动物下崽的过程，想象着在类似肚腹的昏暗洞窟里，画上密密麻麻的动物，诚惶诚恐地顶礼膜拜后，神灵会保佑子孙后代生生不息，繁荣昌盛。在陡峭山崖上刻画的动物群，绝不是漫不经心的游戏作品，它们凝聚着先民对种族兴旺的虔诚祈求。他们在岩石、洞窟刻画各种动物，也许是希望子孙会像画中的动物一样，瓜瓞绵绵、延续不绝；也可能是一种愿望的表达，他们认为，把动物形象刻画下来，就是一种成功的捕获，冥冥之中有神灵的帮助，实现自己的愿望；也可能是为了祭祀，将动物刻画在岩石山上，供祖先神灵享用。

孟子曾说:“食、色,性也。”一切动物活动目的,不外生存与繁衍后代,循环往复,无穷无尽。原始人正是围绕生存的“食”和繁衍的“色”(性),竭尽全力与自然搏斗才从动物群里分离出来,在生存条件十分恶劣的远古洪荒时代,人类像动物一样,把繁殖当作种族免遭灭绝的重要手段。种的延续毕竟不同于寻找食物,科学家至今仍在焚膏继晷地探索生命的奥秘。可以想见,远古人类对新生命的降临自然认为不可思议,必然与图腾崇拜、神灵崇拜、巫术礼仪交织在一起;生殖崇拜一定呈现多样性。

在狩猎岩画中,一些画面引起人的注意。有的狩猎者样子神秘而怪异;有的人很小而弓很大,不成比例,似乎不在突出人,而在突出人在干什么;有的男性狩猎者阳具勃起,弯弓搭箭的紧张状态与男性特征相呼应,格外引人注目。这是对男性力量的赞美,抑或是通过对性能力的夸大,“交感互渗”,祈望得到更多的猎物。

桌子山岩画中的蛇形、人体、鸟和人面像并列的图形十分耐人寻味。在蛇形、人体图中,左边的为一条蛇与人面蛇身动物的交合图,人面由一阴一阳两个半圆组成;左边为一人体图形,骨盆中间有一小圆;在人体与蛇形的中下部,一不规则大圆套着一不规则小圆(图4)。这幅画不由让人联想到伏羲和女娲——这两位在远古神话中流传最广的英雄。他俩是兄妹,结为夫妇,生育万民,始有人类。伏羲与女娲的原型到底是怎样的?剥去后世人间化的种种面纱,在早期人类的观念中,他们竟是巨大的龙蛇。

图4 人体·蛇

图5 人面像·鸟

女娲,古神女而帝者,人面蛇身。(《山海经·大荒西经》)

伏羲……人首蛇身。(《帝王世纪》)

值得注意的是,撞倒不周山的共工,开天辟地的盘古,远古神话中的许多英雄都是人面蛇身。也许,这两条人面蛇身的岩画,是远古氏族的图腾,他们交合在一起,是生殖崇拜的又一种形式。右边人体骨盆中间的小圆,显示她是女性,不规则大圆套着的小圆,当是女阴。最有意思的是那个半阴半阳的人面,已接近八卦图形。相传八卦为伏羲所创。八卦中最重要的是“乾”“、坤”,亦即阴阳两卦。自然、社会中的一切都由阴阳变化所生。由此,对这幅岩画是否可以这样大胆推断:经过人面蛇身氏族图腾的阴阳交合,女性腹中就怀了孩子,然后由女阴分娩出来。画面只有女性,没有男性,说明当时处在只知其母,不知其父的母系氏族社会。

同样耐人寻味的还有鸟形、人面像。上部两只形似鸵鸟的鸟交合在一起,似乎在交尾,图形较小;下部为一光芒四射的人面像,图形很大(图5)。

鸟是我国东方氏族部落的图腾:

凤,神鸟也……出于东方君子之国。(《说文》)

天命玄鸟,降而生商。(《诗经·商颂》)

东方氏族部落首领名太昊、少昊,从名字可以看出,他们是太阳神的化身。太昊又名伏羲,伏羲是人类始祖,由此,对这幅人面、鸟形图试做如下推断:那个光芒四射的人面像是太阳神,滋育万物生长;两只交尾的鸟图腾在太阳的感召下孕育着新的生命。这也是图腾崇拜和生殖崇拜结合在一起的范例。

新疆呼图壁康家石门子发现大量男女交媾岩画。女性宽胸、细腰、肥臀,男性生殖器多作勃起状。他们载歌载舞,在舞蹈中进行千姿百态的交媾。有的男性生殖器被极度夸张,几乎与人体相当。

桌子山岩画中一幅男性人体与女性分娩图实属罕见。男女两人并排而立。男性头部、身上有饰物,如箭镞般光芒四射,男根(饰物)粗壮,显得怪谲而神秘。女性俊美、柔弱,张开双臂,似在欢呼,下部有一分娩物(图6)。男子装扮古怪,或许,他是女子生育的保护者,告诫人们女性分娩神圣不可侵犯;或者他是神灵,说明是上天的力量让人类获得新的生命。

图6 男性人体与女性分娩图

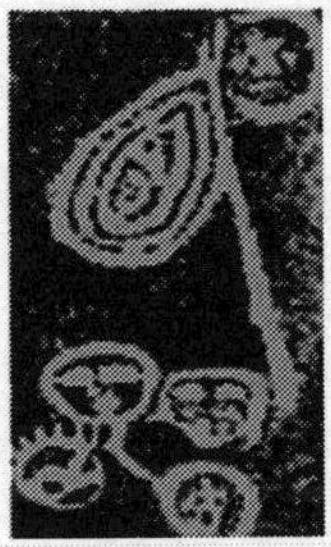

图7 人面像·女性生殖器

对生命奥秘的探求,导致了原始人类对生殖器的崇拜。西藏日土任姆栋的一幅岩画刻着太阳、月亮、男女生殖器官、马、牛、鱼、羊头、圆底罐及巫师,这是一幅将性崇拜、生殖崇拜和天体崇拜等祭祀活动合为一体的岩画。

桌子山地区没有发现把祭祀活动表现得这样充分的岩画,但在一幅女阴、人面图中把对女性性器官的崇拜表现得直截了当。这幅画中心是一个夸大的女性生殖器官,上面有一小人面像,下面有4个,一根竖线将女阴与5个小人头相连(图7)。

它就这样简洁、明快地突出了妇女在种族繁衍中的主体地位。

另有一幅神形兼备的大角鹿。就形象之准确、生动来说,会让今天的画家叹为观止。它是一头公鹿,前腿弯曲,作跪拜状;俊美的头颅微微下垂,配上那对虬螭丫杈的大角,显得虔诚而温顺,似在顶礼膜拜(图8)。画中特意突出了雄鹿勃起的性器官,这在动物岩画中非常少见。也许,这时的原始人将自己的行为(男女)推衍万物,使生殖、性活动有了象征意义。这只鹿如果是氏族的图腾,即承载着保佑人丁兴旺的希冀;如果是神灵崇拜,那就是祈求神鹿繁衍大批小鹿供先民享用。

图8 大角鹿

图9 足印

感生脚印是各民族生育崇拜通常的习俗。学者普遍认为《诗经·生民》是追溯汉民族起源的史诗。根据《诗经·生民》,姜嫄踏神脚印而有孕,生子后稷,是为周朝祖先。司马迁把这段传说郑重写入《史记》。桌子山岩石上,深深磨刻着一个大大的脚印,因此,可以肯定这是先民生殖崇拜留下的印痕(图9)。桌子山岩画的蛇、鸟以及由此引出的女娲、伏羲,"感生手印"的传说都是汉民族探寻自身起源的神话。这些神话,为什么在猃狁、鬼方、匈奴等草原民族生息的故地得以呼应?不论民族间的时空距离有多大,地理环境和生活习俗多么不同,史前时期,它们与自然的关系大体相似,面对的问题、困惑大体相同,自然思维意识也大体相近。在已发现的岩画中,动物、人面像、狩猎、图腾和生殖崇拜是跨民族、跨地区的共同主题。因此他们在追溯自己祖源时,也会产生大体相似的想法。

桌子山岩画是鄂尔多斯高原萨拉乌苏河河套人的作品。萨拉乌苏河发源于陕西西北部的白云山麓,东边是太行山,穿过去就到了山西。山西、陕西是神话传说中英雄们一展身手之地。这些地方都没有发现岩画,而桌子山却清晰地刻画着这些英雄图腾的雏形。中华民族的象征物龙和凤是由蛇和鸟演变来的,这不仅是神话传说,考古学也为之提供了证据。1971年,内蒙古赤峰市翁牛特旗三星他拉乡出土了一件猪首蛇身、长吻修目、蜷曲若钩的玉器。考古学家一致认定其为"中华第一龙",距今6 000年。"天命玄鸟,降而生商。"玄鸟就是凤凰。1923年,甘肃临洮马家窑出土了印有鸟纹的彩陶,当是我们见到先民绘制的最早的鸟。它的形成年代距今只有5 000年。桌子山岩画中的蛇、鸟图像至今已有数万年。它是中华人描绘的最早的龙(蛇)、凤(鸟)的雏形。因此我们有理由说,河套人有可能从这里出发,进入中原大地,谱写了中华文明的篇章。

由此联想到被称为人文初祖的轩辕黄帝,又号有熊氏。从人类学角度看,有熊氏比轩辕氏更接近氏族起源的本真。汉字是象形文字,对照一下钟鼎文,不难看出,黄字显示的图形更像一只动物。匈奴人自称是黄帝的子孙。《史记·匈奴列传》说,匈奴是“夏后氏之苗裔也”。考古学家对这一说法给予佐证。1972 年,杭锦旗阿鲁柴登沙地发现公元前 5 世纪的匈奴王金王冠。可见,位于鄂尔多斯高原的杭锦旗有可能是匈奴的发源地。阿鲁柴登距桌子山 100 多公里。这许多事实告诉我们,轩辕黄帝是大山走出的英雄。

四、桌子山岩画与符号崇拜

桌子山岩画中有许多不以具象的图形图案出现,而是形形色色的符号:一个点、一个圆、一条线、空心三角形、倒三角形,或是手印、蹄印。这些远古先民留下的原始符号,被认为是岩画中最难解读的部分。

1906 年,西班牙加斯特罗洞窟第一次发现印有人类手形的岩画,随后世界各地都有类似的发现。我国新疆罗布卓尔山崖、内蒙古阴山山脉、宁夏贺兰山、云南沧源也都发现了手印岩画。手印岩画是人把手放在崖壁上,用颜料涂绘出来的形状。考古界认为,它们是人类最古老的岩画,产生年代都在数万年前。内蒙古阿拉善右旗雅布赖山的一个山洞中,发现了 39 个颜色不同的手印。任何其他帮助理解其中含义的图形都无从查找。手印这种非常形象的图形,却有着非常抽象的含义,在这里,它们也是作为符号出现的。

桌子山的手印岩画却与众不同。它不是用颜料涂绘,而是用硬物在岩石上磨刻出来的手形(图 10)。专家推测,它至少已经经历了 4 万年的风霜雨雪。原始人类究竟出于什么心理需求,在岩石上刻画出这些手形?仁者见仁,智者见智。学者们大致形成 3 种看法:宗教意识的反映,是希望抓住动物的咒术符号;是召集人们去做某件事的标志;是人类自我意识觉醒后,对人的力量的赞美和炫耀。

图 10 手印

图 11 符号图案

而更简单、抽象的符号则更加令人费解。桌子山岩画中有这样两幅图形:一幅是用直线相连的两个图形;另一幅是一个长方形的框,长边的两条平行边框内,有 9 条等距离大体垂直的线(包括框边),框的两头各有一圆,圆内各有一点,一条直线穿框而过，与两圆相连(图11)。有的专家说，这两幅岩画展示的是“横的对称”，是人类对自己敏锐观察力的赞美。他们根据普列汉诺夫的观点进一步进行了阐释：自然界的动物，比如鹿，它的两只角、两只眼、两个鼻孔、两条前腿、两条后腿……都天然呈现横的对称。狩猎者和这些动物地老天荒地摸爬滚打，逐步发展了人类的感觉器官和艺术感受力；他们制造的狩猎武器和生产工具都呈对称状态；这是对生产力的推动，也是美的创造。原始人类刻画这些“横的对称”的符号，是对美的赞美，也是人类对自身聪明才智的自豪。我以为，面临巨大生存压力的原始人类，把精力单纯地花费在欣赏和审美上，怎样也无法让人欣然接受。他们在岩石和洞窟里艰难地刻画，必然有其功利的目的，必然与生存、繁衍、祭祀等生命攸关的大事相连。

不同国家都发现类似的手印符号，说明不同的人种、民族在自身发展的某个阶段，都有相似的心理需求。他们刻画这些符号，是对某些事物的特殊记载，还是某种朦胧意识的表达；是对未来的希冀、诅咒，还是萨满施展法术时所使用的符号？

“此情可待成追忆，只是当时已惘然。”符号留给我们巨大的联想空间。

五、结　语

原始人创作符号、创造形象是为了解除人类童年期的迷惘、困惑、恐惧，表达朴素的愿望。岩画是迄今为止发现的人类最早的造型艺术，它以简单、质朴的形式，反映着远古人类掌握世界、解释世界、改造世界的努力。原始先民的“艺术创作”没有理论限制，没有统一标准，也没有教条规范，只有心理深处集体无意识的表达欲望、本能的冲动和情感的宣泄。高度自由、率性而为、无拘无束是每一幅岩画的鲜明个性。岩画又是一个难以理解的符号系统，用艺术的抽象化符号删繁就简，概括夸张，显示了远古人类内心世界的信息交流和表达。

20世纪70到90年代，内蒙古阴山、宁夏贺兰山、新疆阿尔泰山和天山相继发现大面积岩画，昭示着中国是世界岩画最丰富的国家。桌子山岩画与其他已发现的岩画群相比，既有共性，又有其鲜明的个性特征，无论在人类学、考古学、历史学，还是在文化学、艺术学等研究领域都有广阔的发掘空间。

注：本文图片均选自梁振华编著《桌子山岩画》。

参考文献：

[1]宋耀良. 中国史前神格人面岩画[M]. 上海：三联书店，1992.
[2]韩雪岩. 岩画在中国北方草原原始社会的媒介作用[J]. 阴山学刊，2004(5).
[3]梁振华. 桌子山岩画[M]. 北京：文物出版社，1998.

（原载于2006年第1期）

美岱召阿勒坦汗家族供养人像壁画探讨

王磊义　李彩霞

美岱召这座城堡式寺院在历史上称为大板升城，曾是成吉思汗第十七世孙土默特部首领阿勒坦汗(俺答)的政治中心，是明代藏传佛教格鲁派传入蒙古所建立的第一座寺院[1](P28-30)，历经400多年的沧桑。美岱召经过多次维修、改建，壁画经历损毁、雨蚀、覆盖、重绘，仍保存了明清时期1 500多平方米的壁画，是自治区保存壁画最多的佛寺。其题材内容十分广泛，既有反映佛教创始人释迦牟尼的佛传图，又有藏传佛教各派祖师、宗教领袖、大德，还有古印度84位大成就者、十八罗汉、诸佛、菩萨、佛母、度母、护法诸神、财神、曼陀罗、佛寺建筑以及世俗的蒙古供养人像等，可以说是藏传佛教尊像的大汇聚，这是内蒙古其他佛寺无法相比的。

20世纪80年代初，笔者参与了美岱召维修工程和之后的一系列工作，对美岱召历史、宗教、建筑、壁画等较为关注。出于保护需要，笔者曾将阿勒坦汗家族供养壁画做了原大临摹(见图1)，之后承担的课题研究都涉及此壁画，愿抛砖引玉共同探讨。

大雄宝殿是一座外部由门廊、经堂、佛殿三座歇山顶式的建筑勾连组合，内部为前经堂后佛殿。佛殿壁画高12米，周长60米，除天顶木版画和南壁中间上方一小部分是原明代壁画外，其他均为清代覆盖泥层后重绘。阿勒坦汗家族的供养人像壁画绘于西壁的墙裙，壁画长16米，高1.6米，画面中央被上方三世达赖喇嘛画像巨大的须弥座分为左右两个部分，壁画人物主次分明、尊卑清晰，内容反映了阿勒坦汗家族的一心供佛，每个人物的手中的法器、背景中佛教图案、供品、净瓶等都表明了其家族对藏传佛教的崇奉。整个画面绘有主要人物9人，陪衬人物53人。这组壁画历来为学者所重视，成为研究阿勒坦汗家族历史、人物的重要资料，也是内蒙古藏传佛教寺院唯一绘有供养人像的壁画。我们所称壁画中供养人像本系世间人物，后世因供奉而绘。此壁画无榜题，又可称为蒙古贵族礼佛图。

画面中的主要9尊人物，按照其身份的等级阶次、大小不同，位置有别。画面右侧的醒目位置绘有一位体态雍容华贵、表情安详的老年妇女像，身高1.2米，趺坐在一木几上，她头戴裘皮圆形帽，身穿黄色对襟皮大袍，左手怀前持小本巴瓶和念珠，右手持摩尼宝珠，身挂项链、串珠，戴大耳环饰，从发辫自双肩下垂一对呈圭形饰物。在木几前侍立着两个形体较小的红袍男子。在老妇人右侧绘一蒙古老年男子,高 80 公分,身姿略侧向左,趺坐于垫上,左手持摩尼宝珠,右手持念珠,头戴棕色裘皮圆帽,穿蓝长袍露皮领,八字胡长髯,表情谦恭。在其下方的红毡垫上是 4 个身形较小的蒙古男子,皆侧身面向老妇人双手合十。蒙古首领与老妇人之间绘一身穿铠甲的武士,蹲坐于木几上,左手持旗,右手拿弓、矢,气势威武地守护其旁。老妇人的左侧是高 80 公分左右的年轻女妇人,穿红袍,肩围巾,左手持珠,右手持摩尼珠。其左侧有 4 位喇嘛,对角而坐,正在吹长号、胫骨号、击钹、敲曲柄鼓。她的下方有 4 个蒙古年轻女子列为一排,坐红垫,手拿乐器正在演奏筝、四胡。另一个在吹奏何种乐器不明。还有一个画面受雨淋不清晰。壁画的最右边,与北壁对角处绘一尊大红勇保护法神像,这尊护法神与本壁画内容无关。

图 1　阿勒坦汗家族壁画线描图(王磊义绘)

从这组壁画右半部看,主要人物老妇人是画面中心人物,两侧的老年蒙古酋长和青年贵妇及陪衬人物均环绕其旁,侧身向她,表明其地位显赫。

在须弥座的左半部壁画绘有另一组人物画像,中心人物为一年轻女子。头戴红缨彩色笠帽,蓝长袍外罩大红比甲,项戴链珠,围黄色巾,左手持摩尼宝珠,右手持念珠,坐于垫上,头部微向右倾,垫前放盛满宝物的器皿。女子身高 1.2 米,是本画面中的核心人物。其左侧是一身形略低于她的红衣僧人,头戴凉帽,身穿红袈裟,双手持摩尼珠坐于垫上,面向盛装妇人。画面的左右还有 7 个主要人物,身高均低于盛装妇人和红衣僧人,身穿服饰样式近似,颜色有别,多手拿摩尼宝珠,面向盛装妇人。在她旁边还绘有佛教八宝图案,画面背景是山峦、绿地、溪水,绿地上绘有36个陪衬的小人物,身高20公分左右,环绕着7个主要人物,手拿宝珠、弓箭、琵琶,盛满琼浆的碗,双手捧献。还有数人拿着长烟袋似在点火吸烟。

对于画面中的主要人物身份,为史学界重视和研究,虽各有见解,但对其中4个主要人物看法趋于一致。其中右部分的黄衣老年贵妇是画面中最突出的人物,她应是阿勒坦汗的宠妃三娘子。三娘子历配4代顺义王,主兵权40多年,是她促进和维系了明朝与土默特部蒙古近半个世纪边境安定,功勋卓著,被明廷封为忠顺夫人,她是土默特部举足轻重的人物。画面中的三娘子正襟危坐,尽管身穿民族服饰,却具有菩萨化身特征。三娘子崇信佛教,1578年与阿勒坦汗在青海仰华寺与索南嘉措相会时,被赐予"阿力雅·塔剌"称号。画工在绘制时将其依佛化人物处理,周边人物服侍左右,标明其尊贵的地位。

左侧长髯蒙古酋长男子,曾有人提出可能是阿勒坦汗,但根据画面所居位置、形象都不可能是他。阿勒坦汗作为土默特部首领,其地位、威望是任何人也不可能取代的,那么画面中为什么没有出现阿勒坦汗形象?许多研究者都避而不谈其缘由。笔者认为,此画绘于其后世,阿勒坦汗的尊贵地位,后人是无法在这里表现的,家族里的任何人都与他不能在同一画面中相提并论,在佛殿内既不能将他画成宗教领袖顶天立地,又不能画在家族供养人像中,故而免去。

这尊人物大多认为应是阿勒坦汗之孙、第三代顺义王扯力克。扯力克与三娘子岁数接近,万历十四年(1586年)三娘子下嫁扯力克后,虽然是夫妻关系,但从辈分来讲,扯力克是孙辈人物,实力、威望均逊于三娘子,所以画面中的他侧向三娘子,表情恭谨。

壁画的左半部分,中心红衣盛装年轻女子应是五兰妣吉。她是顺义王家族中另一个声威显赫的女子,是阿拉坦汗孙子把汉那吉的妻子。五兰妣吉一贯执行与明朝友好政策,明廷于万历四十一年(1613年)封她为忠义夫人。画面中的五兰妣吉年轻貌美,按年龄她略小于三娘子,按辈分她又是晚辈,身穿红比甲,可能画工暗示着她的身份,蒙语"五兰"意为"红色","妣吉"意为"夫人"。将她画成一个盛装的人,这可能是画工处理人物的一种表现手段,由于五兰妣吉与三娘子年龄接近,不可能将两人都处理成老年妇人形象,作为晚辈就绘得年轻些;另一方面绘制年代接近五兰妣吉时期,所以将她绘得年轻貌美,盛装艳服。

五兰妣吉的右侧红衣喇嘛极可能是西藏委派来蒙古传教的麦达里·呼图克图活佛。麦达里活佛来蒙古后受五兰妣吉之请来到灵觉寺(美岱召前称)主持了大雄宝殿佛殿弥勒银佛像的开光仪式,这些都在《蒙古源流》中有记载。城门石匾也记下了五兰妣吉修建泰和门的经过,时间是在万历三十四年(1606年)。[2](P145-150)由于麦达里·呼图克图在这里掌教达20年，是画面不可缺少的重要人物。

画面中麦达里活佛面向五兰妣吉，头戴红色凉僧帽，卷长发，八字胡都具有藏族的形象特征。僧人是不留长发的，但有一点，藏传佛教僧人在修某种密法时是可以留发的。麦达里活佛掌教灵觉寺，年龄只是十几岁，好像与画中人物年龄有差距，我们想古代画工将他处理成一个成年男子既可表明他法理高深，实际上虽有胡须，但是与其他老年形象比较，少了皱纹。何况画工对每个人物年龄、背景等不可能如此了解，其技艺也不可能画出人物实际年龄。对于画面中的另外5个重要陪衬人物，也有学者将其标明身份。以史对照画面，实际很难令人信服，这些人物仅凭外表都相近，没有明显的特征和文字题记是很难对号入座的。试想，阿勒坦汗家族在史书中有名姓者就有几十位，很难与画面中没有特征的人物对号，就这几尊主要人物即可表明他（她）们的身份，所表现的就是阿勒坦汗家族一心供佛的人像，它不是表现家族世系或家谱式的图像。在有限的空间内能表现出几个主要人物，已使画工煞费心机了。

画工在这组壁画的构图处理上，几个主要人物以中间的须弥座一分为二，又将所要突出的两个最主要的女性人物，各居两部分画面的中心位置，右侧以三娘子为主，配以扯力克和另外几个陪衬人物，而且三娘子两侧陪衬人物、铠甲武士、侍立的人物、乐队等都以她为中心。而左侧画面以五兰妣吉为中心，麦达里活佛次之，符合这些人物历史背景。麦达里活佛是五兰妣吉迎请到灵觉寺传法，此时三娘子和扯力克已迁往呼和浩特。若将两个女人放在一个画面中，或将麦达里活佛与扯力克、五兰妣吉放在同一画中，这种人物主次关系就不好处理，也不符合人物历史背景。五兰妣吉既是三娘子的晚辈，又是三娘子儿媳（不他失礼之妻），而且两人有错综复杂的关系，画工巧妙地利用了须弥座图形隔开，使一组壁画分为两个部分，可谓独具匠心。

这组壁画所反映出的有关明清时期土默特蒙古族的服饰、习俗、音乐等都有一定研究价值。人物服饰初看都相似，但仔细观察却各有不同之处。人物头戴的帽子就有七八种之多，有裘皮圆帽，男女有别，男帽顶上有红缨，僧人凉帽与俗人男女凉帽也不尽相同，还有一种带尖耳的帽子和类似包头巾的风帽。女士发式前耷拉下的两片圭状装饰（发袋）很具特点。外罩的大袍有宽袖口、短袖、对襟式的、右衽的、长身的、短身的、带皮毛边的等。男士穿的长袍也有外罩类似马夹式长短不同，男女内衣则多为马蹄袖。又有扎腰带和不扎腰带的区分。画面中的服饰样式，如今在土默特汉化的蒙古族中已不见踪迹，但在鄂尔多斯20世纪五六十年代这种相近似的蒙古族服饰还能看到，像五兰妣吉外罩的开衩，短于内袍的比甲，至今仍是鄂尔多斯蒙古袍的显著特点，在表演歌舞中时常出现。

右半部三娘子左右4对并坐男女头上的发辫,正面看男子露出发辫,女子则是多根发辫。蒙人留辫发在元代史料、绘画中都有出现,而且美岱召太后庙内“文革”中捣毁的塔内即有数绺女式发辫。这4对男女有发辫可能是未婚青年男女的标志,成年男子则未能看到发辫,成年女子发辫前留的两条装饰带是两辫装饰还是束发,从画面中无法看出。婚前婚后是有区别的。旧时蒙古妇女初生时已留发,长则小辫十数,披于前后左右,未婚结为二椎,嫁后方分为二辫垂于两耳[3],如本壁画三娘子像。

4个女子乐队,两种乐器明确,四胡、蒙古筝是典型蒙古乐器。另两个乐器已很难辨认。外侧女子从形态看好似弹口弦琴,内侧的似在呼麦。“呼麦”是蒙古族歌唱表演艺术的一种。在陪衬的小人物中有三人口含长烟袋,另一手似在点烟,这对烟草何时传入蒙古地区的历史有研究价值。

这幅具有特殊历史意义的壁画,绘制的出资人是谁?有人认为极有可能是把汉那吉裔孙剌麻扎布,即乾隆二十一年获封辅国公、长期居住在美岱召的公爷。理由是:(一)该壁画不是僧人的作为。比如绘制佛、菩萨像被视为僧人应作之事,僧人不会出巨资绘此更多反映世俗的壁画。(二)不是清朝官府所为。从官府后来削去剌麻扎布札萨克一职看来,对阿勒坦汗家族功业,官府不会予以宣扬的,且顺义王的直系后裔早已默默无闻。(三)剌麻扎布笃信佛教,当年颇有绘制该项壁画的财力,在血统上与五兰妣吉更近一层,把五兰妣吉放在适当地位合乎情理。由于没有史籍记载此等情况,本文将此说法存录。

本殿壁画从风格看,除天顶、南壁存留的和门板后部明代绘画外,其余均为同一艺术风格,线条勾勒粗犷,设色艳丽,与严密的藏传佛教绘画有很大的区别。在一些色浅的地方,显露出用汉文数字标写的色别代号,这种代号是中国民间画工为绘制时方便,以数字代某种特定的颜色所做的记号,便于徒弟或流水作业中填色。笔者从馆藏的百多幅清代唐卡中,在褪色的颜色中找到多幅以数字为色别的代号,而且数字所代颜色相同。这些唐卡是典型的藏传佛教唐卡,看来藏族画工吸收了汉族的这种方法而加以应用。

此殿壁画高12米,周长60米,如此气势恢宏的大殿不但在内蒙古首屈一指,一些古建专家认为,在全国也较为少见,内不分层一通到顶。这样的高大的壁画在当时绘制也颇费时间和财力,要搭架板,主绘画师要对巨大的壁画通体考虑构图,按比例放大人物,主画师用炭条起稿,分工负责勾线、上色,需要很多画工协调合作方能完成。对古代工匠、画师都是一件非常艰巨的工程,需要画工有高超的技艺,能驾驭技高一筹的本领方能胜任。

对于此佛殿被覆盖后重绘的原因,学者们没有一个令人信服的结论。有人认为壁画陈旧重绘,好像是一般人的解释。笔者认为,此殿建于万历初年或稍后,重绘于清代康熙—乾隆年间,经历 200 年左右。壁画是不会陈旧重绘的,所以这个理由说不通,至今没人另提出重绘原因,或避而不谈。

中国艺术研究院金申先生早年曾同我们一起在美岱召参与维修工程,在其《美岱召及其壁画》文章中认为,明末察哈尔部林丹汗兴起攻入土默特部,顺义王名存实亡。林丹汗曾经驻俺答汗旧地,欲得顺义王印为西可汗,拟俺答汗旧日威仪。[4](P78)崇祯五年(1632 年),后金皇太极再逐林丹汗,清兵烧绝板升,顺义王爵被废。土默特地区发生这一系列变故,美岱召难免遭兵燹之祸,作为宣扬顺义王家族历史的壁画也必然会遭到损坏或被有意遮盖。

笔者认为,此壁画重绘应晚于林丹汗时期,即使绘于那个时期,作为寺院中主要宣传佛教偶像的壁画,林丹汗是藏传佛教信徒,不会对佛教偶像进行损毁的。阿勒坦汗家族壁画只占一小部分,即使这点宣扬顺义王家族的壁画全毁,也没有必要全部抹泥覆盖后再重绘,何况林丹汗来去匆匆,如此大的工程,重绘需要大量的人力、物力、财力和一定时间方能完成。

那么,佛殿为什么被覆盖后重绘呢?最大的可能是旧壁画所绘的尊像是其他教派宗教领袖,尤其是敌对势力噶玛噶举派领袖,作为黄教寺院供奉着他派或敌对派别宗教领袖,这点黄教是不会接受的。但在藏传佛教刚刚进入蒙古地区时,尚处于开始阶段,殿内所绘壁画,只能请求明廷派工匠绘制,那么所绘内容除佛教显密尊像外,宗教领袖也是供奉的偶像,画工属于哪一派,绘制哪些宗教人物,主持修建者未必清楚或还很模糊,毕竟黄教刚刚进入,美岱召当时无长驻僧人,或是出家不久的蒙古僧人,能否明白所绘的内容和佛教尊像还是一个问题。从天顶明代木版画中红帽噶玛噶举派、萨迦派人物和略早于本殿的琉璃殿一楼西藏五大教派的宗教领袖尊像,我们似乎看到了藏传佛教传入蒙古初期的状况。

查阅《明史》和相关资料,在藏传佛教传入蒙古土默特初期,由于蒙藏地域相隔遥远,迅速发展的寺院,无法满足建寺、诵经等宗教需求。《明史》记载,隆庆、万历时期,阿勒坦汗多次请求明朝政府派僧人来传教,明廷深明宗教的巨大作用,更是大力支持,在京的藏僧受朝廷派遣前往蒙古传教。而这些藏僧多为与明廷关系密切的噶玛噶举派僧人或萨迦派僧人。曾对美岱召进行过考察的佛教考古专家宿白先生指出:“明廷与藏传佛教往来密切的是噶举派,萨迦派次之,故此遣往俺答祖孙处的喇嘛番僧亦应是此两派僧人。”[5](P296-300)

到了五世达赖阿旺·罗桑嘉措时期,格鲁派得到了青海蒙古和硕特部首领固始汗的强有力支持,进兵西藏,用武力击败黄教的敌对势力噶玛噶举派和他的支持者藏巴汗,使一些教派改宗格鲁派,五世达赖并和即将取代明朝的清太宗皇太极取得联系。1652 年,五世达赖受入关后清朝第一个皇帝顺治的邀请赴京,曾途经土默特部,之后到京,受到优厚款待,并册封他为“西天大善自在佛所领天下释教普通瓦赤喇怛喇达赖喇嘛”。这样,格鲁派掌握了西藏政教统一大权。

清代康、雍、乾三朝,是内蒙古藏传佛教建寺的第二个高峰时期。随着建寺高潮,美岱召大殿内壁画也做了重绘。重绘的原因极可能是主尊像绘的是噶玛噶举派领袖人物,这样只能抹泥覆盖重绘,主尊像除释迦牟尼佛外,两侧主尊像绘成了黄教祖师宗喀巴和为黄教传入蒙古做出巨大贡献的三世达赖喇嘛索南嘉措。

从阿勒坦汗家族供养人像中所绘的人物用长烟杆吸烟这一细节来看,也证明覆盖重绘于清代,因为烟草是明万历年间由东南沿海和朝鲜两条路线进入中国,到清代中期蒙古人才有了吸烟的习俗。

美岱召壁画对研究藏传佛教传入内蒙古的历史、土默特部的历史、蒙藏文化、建筑、绘画等无疑具有重要的参考价值。

参考文献:

[1]王磊义,姚桂轩,郭建中.藏传佛教寺院美岱召五当召调查与研究[M].北京:中国藏学出版社,2009.

[2]李逸友.土默川上的第一座明代城寺:美岱召[J].内蒙古文物考古,1981(创刊号).

[3]肖大亨.夷俗记 [M].呼和浩特:内蒙古图书馆藏手抄本.

[4]金申.美岱召及其壁画 [M]//包头委员会文史资料研究会.包头文史资料.包头:政协包头市委员会文史资料研究委员会,1983.

[5]宿白.呼和浩特及其附近几座召庙殿堂布局的初步探讨[M]//藏传佛教寺院考古.北京:文物出版社,1996.

(原载于 2012 年第 5 期)

草原文化生态保护区建设与蒙古族长调民歌之保护

苗幼卿

一、引　言

草原是地球生态系统中最积极的生产者因素之一。“草原文化是中华民族文化的重要组成部分，是历经北方各民族的艰辛开拓、传承积蓄和不断创造而形成的特色鲜明、富有活力的地域性文化。”[1](P1)内蒙古自治区是草原文化的主要发祥地和承载地。蒙古族是草原游牧文化之集大成者，是中国北方游牧文化最杰出的代表。“把草原文化作为整体对象开展研究”[1](P1)，推动草原文化发展，是内蒙古自治区党委和人民政府在提出民族文化大区建设战略目标后所做出的又一重大决策。几年来，以内蒙古社科院草原文化研究课题组牵头组织实施的草原文化研究取得了开创性成果，特别是草原文化核心理念“崇尚自然、践行开放、恪守信义”这十二字方针的提出，把草原文化研究推向了一个更高的理论层面。而与草原文化研究密切相关的草原文化生态保护区建设问题，也得到了自治区党委和政府的高度关注。2010 年 1 月，内蒙古政府批准建设内蒙古锡林郭勒盟东乌珠穆沁旗游牧文化生态保护区等 6 个自治区级文化生态保护区。此举，对内蒙古民族文化大区建设以及文化遗产保护等工作，定会起到积极推动作用。

二、建设草原文化生态保护区的原因

在回答这一问题之前，首先要搞清楚什么是文化生态。查《文化学词典》及相关书籍，只能找到文化形态学、文化生态学等解释，而对文化生态一词并无专门的定义。笔者翻阅大量资料，反复咀嚼，粗浅认为，所谓文化生态，应是借用自然生态一词而来。自然生态有两大范畴，一是物种，二是环境。而文化生态简单地讲即是文化存在与延续的状态，它是一个比自然生态更为复杂的系统。文化生态系统是文化与自然环境、生产生活方式、经济形式、语言环境、社会组织、意识形态、价值观念等构成的相互作用的完整体系，具有动态性、开放性、整体性之特点。人类的生存发展离不开良好的自然生态，人类和自然的和谐发展，同样也离不开良好的文化生态。文化生态所蕴含的丰富的历史意义、文化意义和社会意义，对于人性的形成、人的素质和品格的培养，以及不同民族性格与精神的造就具有很重要的影响。

由此可见,文化生态既包括物质文化,又包括非物质文化。文化生态保护区即是针对这两种文化遗产建立的特定区域,并通过采取有效的保护措施来对文化遗产进行专门的修复和保护。

草原是草原文化物质之根。草原文化生态环境是草原文化得以传承、延续的最基本条件。然而近年来,以蒙古族为代表的草原游牧文化的生存和发展正在面临着严重挑战。首先,从草原自然生态状况来看,由于草原牧区不断出现毁草垦殖,采矿业及相关企业等迅猛发展,致使草原生态环境受到严重破坏:草原水资源严重不足,工业污染一天天加重,草原的产草量急剧下降,沙化、荒漠化程度越来越高,沙尘暴日益肆虐,草原正在失去往日的生机。笔者于20世纪70年代中期曾在内蒙古达茂旗实习演出时看到,那里的牧草将近1米高,一望无际、辽阔无比,随便你走到什么地方,都会看到"风吹草低见牛羊" 之景象。而今,再也看不到那么美丽的草原了。那么,造成草原生态环境如此恶劣的诸多因素是什么呢? 有关数字表明,除了来自比例非常小的旱灾、风灾、雪灾等自然灾害外,人为因素占极大比重,尤其表现在对草原资源进行的疯狂掠夺,这是人类对草原不合理利用所造成的最严重的生态恶果。有记者曾考察完内蒙古草原后发出警示,在内蒙古几乎全部草原都存在不同程度的退化,个别牧区由于缺水,草原消失太快,已经让那里的牧民们不知所措。其次,从文化现象来考察,2008年3月,在全国政协会议上,新当选的第十一届全国政协委员、自治区文化厅原厅长高延青同志向大会提交了一份关于《内蒙古草原、森林和荒漠地区分别设立国家级游牧文化保护区和狩猎文化保护区》的议案。在向记者介绍为什么提交此议案时,高厅长非常焦虑地说:"在人类历史上,草原游牧文化、森林狩猎文化与农耕文化共同构成了人类文化的主体。但是,通过我们在内蒙古草原牧区和森林地区的调查发现,随着围封转移和禁牧、禁猎等政策的实施,许多牧民、猎民陆续从牧场和猎场迁入城镇生活,特别是传统游牧、传统的民族语言、骑射、畜牧、狩猎技能正在逐渐被人们遗忘。……随着游牧、狩猎这种古老生产方式逐渐退出历史舞台,草原游牧文化和狩猎文化两支草原奇葩正在逐渐消逝。……如果游牧文化和狩猎文化作为一个文化现象消失了,会像一个物种消失了一样让人遗憾。"为此,高延青提案呼吁:"作为一种文化现象,草原游牧和森林狩猎文化应该迅速加以保护,这是我们这代人一个重要的历史责任"。高延青的焦虑不无道理。改革开放以来,随着时代的迅猛发展,以蒙古族为代表的草原游牧文化也得到了长足的发展,特别是在民族文化大区建设浪潮中,草原文化建设呈现出了前所未有的繁荣局面。但是,也出现了在文化的整体繁荣中原有文化的贫穷化倾向,具体地说主要表现在以往我们在没有搞清楚以蒙古族为代表的草原游牧文化,它既是一种生产性文化,又是一种生活文化,并与游牧的生产方式和生活方式紧密地相连在一起这一突出特点前提下，就盲目地借助了外来的工业文明或农业文明的力量，无知地将这一文化生态系统予以破坏，其结果直接导致了草原生态环境的恶化，草原文化内涵的危机，民间传统文化习俗正在消亡或减少，个别非物质文化遗产项目有的正在变异，有的甚至濒临失传，草原文化生态已受到严重的威胁。因此，建设草原文化生态保护区已刻不容缓、势在必行，它不仅是对草原牧区非物质文化遗产进行整体性保护的重要方式，而且对草原生态环境、草原文化的多样性、文化生态空间的完整性和文化资源的丰富性保护也是最有效的方式之一。

三、建设草原文化生态保护区的措施

文化生态保护是文化遗产保护的重要内容。建设草原文化生态保护区是一项艰巨而长远的工作，需要从以下几点抓起。

（一）能否建设好草原生态环境，是草原文化生态保护区建设的物质保证。如上所述，草原是草原文化物质之根，它既是畜牧业生产的物质基础，是一种生产资料，同时又具有生态安全的屏障作用，可以阻止沙漠前行，为人们的生产和生活提供安全的生态环境。草原生态环境一直受到自然灾害和人为的影响，而人为的影响要远远大于自然。这主要表现在超载放牧、过度开垦、不合理的开发和建设等等。对自然因素造成的破坏，草原还有着较强的适应性和自然恢复能力，而对人为的破坏，一旦与自然灾害交织在一起，草原将以超常的速度加速退化程度，这是一种非常可怕的现象，而这种现象在内蒙古的部分草原正在发生。我们试想一下，如果草原不再有草，牧民不再放牧，都向城市、城镇转移，那么，与之共生的草原文化形态将以什么承载？丰富多彩的非物质文化遗产项目又将如何传承？原有的草原文化品格何以独具特色？因而，保护好草原，建设好草原生态环境，是我们草原文化生态保护区建设的首要任务。为此，我们必须要珍惜草原，科学利用草原，加大草原文化生态保护区草牧场基本建设的力度，努力恢复草原植被，促进草原生态系统多种效能的充分发挥，逐步实现草原生态系统的良性循环。

（二）保护和利用好文化遗产，是建设草原文化生态保护区的根本宗旨。2009年5月，在安徽省黄山市举办的文化生态保护区建设研讨会上，中国文化部副部长周和平曾指出："建设文化生态保护区，不仅保护区域内的非物质文化遗产，如民间文学、传统音乐、曲艺、传统美术、传统技艺、民俗活动等，也保护与非物质文化遗产传承密切相关、作为非物质文化遗产重要载体的有形物质文化遗产，同时保护文化遗产生存、传承的特定自然和文化环境。"[2] 文化遗产包括物质文化遗产和非物质文化遗产。物质文化遗产是有形的，是具有历史、艺术和科学价值的文物；而非物质文化遗产是一种无形的、不可重复的文化现象，是我们民族的血脉。关于二者的保护，国务院已明确提出，物质文化遗产保护要贯彻“保护为主、抢救第一、合理利用、加强管理”的方针；非物质文化遗产保护要贯彻“保护为主、抢救第一、合理利用、传承发展”的方针。这两个十六字方针都涉及保护和利用的问题，所不同的是，前者为加强管理，后者是传承发展，可见保护和利用的重要性。那么，如何保护和利用呢？首先，要树立科学的保护理念。科学的保护理念是文化生态保护区建设的关键要素，是开展保护工作的指导。我们在建设文化生态保护区的过程中必须要按规律办事，不能只单纯地追求对某个项目的具体保护或者片面保护，必须自觉地把所有的保护对象纳入互相联系、互相作用的生态系统当中，科学地探索它们生成、活跃、兴衰、濒危等具体原因和解决办法。其次，保护区在依法受到保护的前提下，允许适度开发利用，努力达到保护和利用相统一，创造双赢的局面，走出一条人与自然和谐发展的道路。第三，还要兼顾好保护和利用这二者之间的关系。这主要表现在以下三方面：一是要处理好眼前利益与长远利益的关系。对于文化遗产资源，任何人对它的占有和利用都不能采取掠夺的、破坏的方式，不能只顾眼前利益，不顾其生存和发展条件，有意或无意地剥夺后人对资源的享用权，一定要采取可持续发展的思路对其进行保护和利用。二是要处理好文化生态保护区内的经济建设与文化遗产保护的关系。在这点上，一定要按照国务院已制定的保护方针对文化遗产进行依法保护，绝不能违背建设文化生态保护区的根本宗旨。三是要处理好社会效益与经济效益的关系。这就要求保护区内不能简单地把文化遗产当作一般的经济资源进行开发和利用，不能把经济效益视为唯一目的，更不能只考虑赚钱而不顾及文化遗产的社会功能、社会效益。要让全民懂得保护文化遗产的重要性，保护和利用好文化遗产是全面深入落实科学发展观，实现草原文化生态保护区的全面、协调、可持续发展，推动民族文化大区建设的重要体现。

（三）突出各保护区特色，全面展示草原文化的多样性特点。文化多样性是人类文化发展、繁荣的基础，是人类文明进步的重要动力。生活在草原上的各民族创造了适应于草原生态的草原文化体系。草原人民一代又一代地以其独特的生产方式和生活方式创造了自身极富个性的特色文化。以蒙古族为代表的中国北方草原游牧文化一方面来源于游牧生活，另一方面还受到了外来文化、移植文化的各种影响，因而，经过长期的文化融合和变迁，早已形成极具自己本民族特色的草原游牧文化的结构、形式和内涵。我们在建设草原文化生态保护区过程中，一定要突出各保护区内的民族特色，特别是要保护好不同区域里的民族节日和传统习俗，因为，民族节日与习俗，蕴含着这一民族生活中的风土人情、宗教信仰和道德伦理等文化因素，是这一民族历史文化的长期积淀和民族情感的集中表达。从这些不同保护区内的民族节日和习俗中，我们能亲切地感受到不同区域里的文化多样性之魅力，从而能达到从根本上展示草原文化多样性特点之目的。我们就以内蒙古自治区人民政府已批准建设的6个自治区级文化生态保护区为例,呼伦贝尔市鄂温克族自治旗锡尼河布里亚特蒙古族文化生态保护区的民族风情肯定和鄂尔多斯市乌审旗蒙古族文化生态保护区的民族风情不一样;而呼伦贝尔市根河市敖鲁古雅鄂温克使鹿文化生态保护区的民族文化特点也同样与锡林郭勒盟东乌珠穆沁旗游牧文化生态保护区民族文化特点大相径庭。因而,突出各保护区特色,全面展示草原文化的多样性特点,也是我们在建设草原文化生态保护区工作中不可忽视的关键所在。

四、关于长调民歌之保护

长调民歌系游牧蒙古人独有的音乐表达形式,系游牧蒙古人与大自然自由完美统一从心灵深处发出的歌咏。它历史悠久、思想深刻,浓缩生活,富于哲理。其音乐文化自成体系、博大精深,主要表现在以下几方面:(1)长调民歌必须以蒙古语来进行演唱,其发声方法与润腔已经形成自己一套完整的歌唱系统,如多种诺古拉的运用,独特的啸鸣法、递进法以及甩腔、换气等技巧,能高度体现曲调与歌词的完美结合。(2)长调民歌所表达出的音乐时空感以及以爱为基本主题的歌词内容,充分展示了自然宇宙的永恒运动和自然法则,而这一自然法则,一直存在于草原牧民的生活中,因而才会出现《劝奶歌》这世界上独一无二的曲调,才能产生“感天地、泣鬼神”的功能效应,达到“天人合一”的音乐美学境界。(3)长调民歌是游牧蒙古人民俗活动中不可分割的一部分。这些民俗活动,一直伴随着草原游牧蒙古人的日常生活,无论是重大礼仪庆典,还是举办那达慕,人们都要演唱长调民歌。在传承草原文明进程中,在协调人与人之间关系,在亲近自然、维系草原生态平衡等诸多方面,长调民歌都起着不可替代的重要作用。

2005年,长调民歌已成功入选联合国第三批人类口头和非物质遗产代表作,同时被列为国家级第一批非物质文化遗产代表作名录进行双重级别的最高端保护,标志着蒙古族音乐文化已向世界迈出了重要一步。在近几年的保护工作中,虽然取得了一定的成效,如多次召开了中蒙两国蒙古族长调民歌联合保护联席会议,由中蒙两国派出的专家分别在蒙古国境内和中国境内进行了蒙古族长调民歌联合田野调查,在自治区首府和锡林郭勒盟东乌珠穆沁旗等地多次举行了长调民歌展演和赛事活动等等。但是,保护工作仍很艰巨,形势不容乐观。首先表现在形成长调民歌的物质基础——草原的面积在不断缩小沙化。有数据显示,我国现有沙漠化土地面积为173.97万平方公里,占国土面积的18.12%。自治区草原面积又占全国草原总面积的22%,接近1/4。可是在全国四大沙地和八大沙漠中,我们内蒙古就有4个,系沙漠化重灾区,自治区的沙漠化面积在持续扩大,草原生态受到了严重威胁。在自治区境内,除了呼伦贝尔大草原的草场状况好一些外,阿拉善、巴彦淖尔、鄂尔多斯、乌兰察布以及科尔沁草原等草地已经大部分沙化，锡林郭勒大草原沙化退化情况亦日益加重。我们就以今年5月份发生在西乌珠穆沁旗、阿巴嘎旗的两起恶性事件来说明，一些在草原上滥挖、滥采、违规开矿等行为时有发生，给草原牧场带来严重危害，造成了草原生态的毁灭性打击，对长调民歌的传承与发展，民俗礼仪等活动沿袭形成了根基上的威胁。因而，一定要加快草原文化生态保护区的建设步伐，用法律武器来制止一切破坏草原生态的不法行为，保护草原，捍卫牧民合法权益，使蒙古族长调民歌得以很好传承。其次，进一步加强长调民歌培训基地的建设，发展实施好长调民歌传承链条，大力培养长调新人，努力形成一个老中青三代长调艺术家相结合的新局面。随着时间推移，那些著名长调艺术大师、教育家已相继谢世，如哈扎布、昭那思图等，而今健在的大师级人物宝音德力格尔、巴德玛等年事已高，优秀传承人愈来愈少，致使长调民歌的普及与提高受到一定影响。鉴于此，我们一方面要把长调民歌普查工作落实到最基层，进行长期有效的田野调查保护，不断向民间艺人学习；另一方面，一定要保护好我们现还健在的长调传承人。这是因为：今天的牧区已今非昔比，牧民的生活观、价值观亦随着现代工业文明和城镇化建设脚步有所改变，热衷于长调民歌演唱的人已不像从前那样踊跃，擅于演唱并会唱多首传统长调民歌的民间艺人也所剩不多。据参加中蒙两国田野调查的有关专家介绍，那些稍微有些名气的老艺人们，他们现在的嗓音条件、记忆力多有偏差。因此，在他们那里所能搜集到的并且是我们未曾知道和掌握的传统长调民歌少而又少，重复的现象比较严重。然而，就在我们身旁一生致力于长调民歌艺术的老教育家，包括他们的学生却似乎成了“被爱情遗忘的角落”。殊不知，这些教育家们在参加工作前，就是那个年代被民间艺人们所公认的最优秀歌手，也正因为如此，才被请到了自治区首府专业学校任教，昭那思图老师就是其中最典型的代表。虽然昭那老师已离我们远去，但他的教学经验、演唱艺术理应得到重视。加强对这些老师们的全方位研究，对他们培养出来的几届长调学生，如达瓦桑布、巴达玛、娜布沁花等进行有效保护，或许也能为完善长调民歌传承链条起到些修补作用。因为，这些学生们的年龄也快接近花甲，他们当时在校学习的长调民歌，正是昭那老师肚子里最精华、最原生态的东西，把他们几届学生所学到的长调民歌集结起来，也能反映出昭那老师所唱的全部长调民歌内涵。同理，其他长调艺术大师及其学生也适合于此方法，走一条专业人士保护与民间艺人保护相结合的道路。第三，笔者还认为要把学校培养长调新人与在牧区实习结合起来。因为长调民歌既是歌唱艺术，也是生活艺术，脱离了牧区生活，就很难体验到牧民劳动生活那种真实感受。现在长调艺术（包括呼麦）在呼和浩特非常火，可以说是家喻户晓，这和长调民歌艺术的高端保护与宣传不无关系。以呼和浩特为中心的主要研究传承基地,来求学和发展者日渐增多,而在牧区演唱长调的年轻人却相对减少,这就形成了长调民歌艺术中心转移的现象。这种现象既让我们兴奋,又让我们担心。兴奋的是长调民歌艺术愈来愈走进人们的视野,特别是首府各族人民的生活中,这为长调民歌今后冲出国门,走向世界奠定了基础。而让人担心的是真正形成长调民歌艺术的大本营——草原牧区却出现了匮乏现象,这就势必会产生一些缺乏真实生活感受的长调民歌,会使个别原生态的长调民歌渐以变为次生态长调民歌或再生态长调民歌。由此可见,长调民歌艺术的传承保护与发展,一定要和草原牧区人民,特别是游牧蒙古人的劳动生活、民俗活动等紧密结合,否则,长调民歌的艺术魅力就会减少。再者,就是希望今后在出版长调类著作和相关的歌曲集时,除了用蒙古语编印外,如果再能配合上汉语翻译那就更好了。比如,在20世纪70年代末由乌·那仁巴图、达·仁沁搜集、整理、编辑,由内蒙古人民出版社出版的《蒙古民歌五百首》(上下册)虽然用的是蒙古文,但书中把序言和目录两部分译成了汉语进行对照,这就让不懂蒙古文的汉族同志读起来也能从中得到帮助。笔者就是通读了这两本歌曲集后进行认真比较,从中寻找出原来流行于内蒙古准格尔旗、达拉特旗等地的《达庆老爷》(又名《天下黄河几十几道弯》)这首民歌,原系乌拉特民歌《宝拉塔嘎尔花》,而鄂尔多斯丝竹乐《宝音贺希格大喇嘛》就是原样演奏的科尔沁蒙古民歌《宝音贺希格大喇嘛》。又如,近些年在内蒙古西部区广为流行的一首漫瀚调《北京喇嘛》。即是东部区科尔沁蒙古民歌《北京喇嘛》。再如爬山调中的一些曲调,只要你认真分析,不难窥探出与蒙古族长调民歌有着非常近的血缘关系。若能如此,蒙古族长调民歌的推广普及就又向前拓展了一步。

五、结　语

草原文化在世界文化体系中具有非常独特和重要的地位,本身具有丰富的生态内涵。建设草原文化生态保护区,其根本宗旨是保护和利用好草原文化遗产。加强文化生态的保护,是文化遗产保护工作的重要组成部分。尊重祖先传下来的精神财富,是时代赋予我们的神圣职责。因而,我们有责任守护和建设好我们的精神家园,使我们的草原文化生态保护区早日成为绿色的草原、富民的草原、开放的草原和多样化的草原,把我们内蒙古的明天建设得更加美好。

参考文献:

[1]马永真,王学俭,钱荣旭.论草原文化:第五辑[G].呼和浩特:内蒙古教育出版社,2009.

[2]乔玉光.跨入新世纪的辉煌:内蒙古自治区艺术研究所成立30周年[M].呼和浩特:内蒙古大学出版社,2009.

(原载于2011年第5期)

内蒙古二人台唱腔音乐的旋律形态

贺　宇　姜晓芳

我国地域辽阔，人口众多，从不同民族，不同地区产生出的不同民歌和戏曲，可以看出一方的山水人情孕育了一个地区的旋律形态。但从总体上看，中华民族有着共同的审美追求，即崇尚优美、含蓄、和谐的旋律美。二人台的唱腔部分是在吸收了爬山调、山曲、晋剧、秦腔、社火音乐、民间秧歌等戏剧和民歌的成分后，在蒙汉音乐文化的交融下发展起来的。二人台唱腔的形式有单曲体（专曲专用）和联曲体之分，内容紧贴人民生活，表现手法简练明了。在二人台现存的一百多个唱腔中，有许多是以四季、十二月、五更巧妙地添加上人物和故事情节来抒发人民的内心世界和情感变化，如《送四门》《十对花》《十样景》《十八年》《惊五更》《叹十声》等；另一些是截取广大劳动人民的生活片断，恰如其分地刻画人物内心复杂的情感世界的，如《打金钱》《打秋千》《栽柳树》《探病》《画扇面》《挑菜》《放风筝》《压糕面》等；还有一小部分是描写历史事件的，以诙谐幽默的语气、简洁明快的形式，再现历史事件歌颂劳动人民的智慧和勇敢，揭露旧社会的黑暗和丑陋，如《种洋烟》《抽大烟》《走西口》《五哥放羊》《打后套》《转山头》等。[1](P23-26)

二人台的唱腔音乐来源于民歌，因此它遵循着民歌旋律形态的一般规律，同时由于它与内蒙古西部方言相结合又产生了一些新的特点和规律，以下笔者从二人台唱腔音乐的旋律形态入手，从节奏形态与音调形态两方面进行研究。

旋律主要包括节奏和音调两方面，节奏是以音点的结合形态存在的，具有音长的功能，同时也可表现旋律的强弱规律；音调是以音线的形态存在的，将五线谱中的符头用线连接起来就形成了高低起伏的旋律曲线，它主要具有音高的功能，同时可以表现出这一地区音乐的旋律风格特点。二人台唱腔有板式变化（分为亮调、慢板、流水板、快板、捏字板），所以其音乐中音点与音线的结合形态也是在不同的板式中有不同的规律。

一、二人台唱腔音乐中音点的结合形态（节奏形态）

1. 平均音点结合形态，即每拍有相等的两个音点（$\underline{XX}$）或者是四个音点（$\underline{\underline{XXXX}}$）。这一组合形态多出现在二人台唱腔的快板和捏字板部分，以$\underline{XX}$形式居多，多采用四分之一拍，速度较快，旋律简化，节奏性强，以简洁明快的语言结束全曲。如：

打金钱——快板

谱例(1)

惊五更——捏字板

谱例(2)

谱例(1)是二人台唱腔中的快板,四分之一拍,多次出现 XX 的平均音点组合形态,便于造成紧张气氛,适于带鞭和舞蹈表演。

谱例(2)是二人台唱腔中的捏字板,多为有板无眼,四分之一拍,但也有我们在这一谱例中看到的四分之二拍的情况,常用于剧目结尾。“捏字”即将唱词简化捏合之意,在句尾常常要休止一拍,其速度和节拍的感觉仍然是统一的。旋律相应简化,增强力度,加快速度,表达炽热欢快的气氛。

2. 切分音点组合形态,即每拍有一长一短的两个音点(X. X)或两头短中间长的三个音点(XXX)组成,还有一些扩大时值的变形,如XXX、XXXX 等,这些组合都打破了正常的强弱律动规律,给人以动感,便于旋律继续发展。[2](P56-57) 这一组合形式在二人台唱腔音乐中十分常见,主要由于二人台唱腔运用内蒙古西部地方方言所至。在内蒙古西部方言中,除普通话四个声调外,还有一个入声调,其发音短促、急起轻收,所以常与其同组成词汇的另一个字紧贴在一起读出,艺人们在演唱时,遇有入声字的词组,尽可能成双成对地吐出,从而要求用附点改变原音符的时值,形成切分效果。如:

打金钱——慢板

谱例(3)

谱例(3)中的“提起”、“老天”,属于入声词组,因此相应的旋律音点也是运用切分节奏来表现这一特点。突出了地方方言特点,给人亲切、诙谐的感觉。

二、二人台唱腔中音线即音调的形态

旋律中的每一个音点都有一定的音高,时而平进,时而级进,时而跳进,形成了一条形状各异的旋律曲线。从局部几个音点的连接轨迹看,音线的形态有许多种,如平线形态、斜线形态(上斜线、下斜线)、弧线形态(上弧线、下弧线)、折线形态(上折线、下折线)等等。在一个旋律音调中,通常是这几种音线形态的有机结合,表现出旋律的多姿多彩。但从每个小节的局部来看,常常表现出以一种线形为主、兼容其他线形的形态。二人台的旋律曲调主要来源于晋陕民歌和蒙古族民歌,这些民歌的旋律起伏较大、大跳较多,因此二人台的旋律曲线多呈现出折线与弧线的结合。

1. 以平线为主的组合形态,常见的是弧线(级进)或折线连接平线或反之。这一组合形态在二人台唱腔中的亮调中较为常见。亮调是将曲调的第一句以散板的形式来唱,在旋律上稍加变化,通常是将基本曲调的一拍延长四拍来演唱,形成一个以平线为主的旋律曲线。如:

打连成——亮调

谱例(4)[3](P34-35)

阿拉奔花——亮调

谱例(5)[3](P34-35)

谱例(4)中的旋律多处表现出平线形特点用于陈述剧情。谱例(5)是平线为主,结合折线来表现剧情的发展。由于平线形态的性格较鲜明,所以同音进行的音线给人以深刻的印象,也表现出晋陕民歌辽阔、高亢的特点。同时也显示出一个二人台演员的唱功。

2. 以斜线为主的组合形态，这一类在二人台唱腔中为数不多。如：

四大对——捏字板

谱例(6)

谱例(6)中多处出现下斜线的组合形态，同时糅合了一些上弧线的组合。

3. 以弧线为主的组合形态，在二人台唱腔中多数是以上下弧线相结合的组合形态。表现出二人台唱腔的优美、抒情、跌宕起伏。

海莲花——慢板

谱例(7)

例中旋律以上下弧线结合为主，将其音符连接起来形成一个上下起伏的旋律线。这首曲调来源于蒙古族民歌《扫帚花日》，所以整个曲调保持了蒙古族民歌舒展、婉转的特点。

4. 以折线为主的组合形态，这在二人台唱腔中十分常见。其一是因为二人台唱腔音乐来源于蒙古族民歌，草原的辽阔决定了蒙古族民歌的旋律起伏大，度数跨度较大。其二是二人台唱腔来源于山、陕地区民歌。这一地区的民歌追求高亢、粗犷的质朴之美，要求宽广的音域、高亢的声调和跌宕起伏的旋律。由于上述两点决定了二人台唱腔的旋律多大跳，多为九度、十度、十一度。演唱者常用真假嗓交替的唱法，给人以高亢、嘹亮的感受。

打秋千——流水板

谱例(8)

例中第一小节中 3 ~5 十一度的大跳，将二人台旋律特点鲜明地表现出来，给人印象深刻，表现出强烈的地方风格。

综上所述,二人台形式简便,剧目短小,语言风趣,唱腔抒情流畅,易学易传,无论炕头院落、村里村外,人们可以随时随地地吟唱,抒发他们的情感,表达他们的欣喜或忧伤。这种根植于劳动人民的艺术,经过历代民间艺人和专业文艺工作者的不断加工与提高,反过来又服务于人民群众,成为弥足珍贵的民族民间艺术瑰宝。

参考文献:

[1]吴晓邦. 中国民间歌舞音乐集成:内蒙古卷[M]. 北京:中国 ISBN 中心,1997.

[2]杨瑞庆. 中国民歌旋律形态[M]. 上海:上海音乐出版社,2002.

[3]李世斌. 二人台音乐[M]. 西安:陕西人民出版社,1983.

(原载于2008年第3期)

“非遗”语境下二人台保护与传承的当代反思

李红梅

二人台是广泛流传于晋、蒙、陕、冀等西部地区的一朵艺术奇葩，以其鲜明独特的地方特色深受人民喜爱。2006 年首批入选国家级非物质文化遗产名录传统戏剧类。二人台的形成与发展经历了不同的时代变迁，不仅具有不同的艺术特征，也具有不同的地域风格，更蕴含着丰富的历史、文化、审美、教育资源，因而也具有了多重功能，故决定了其所具有的多元价值及重要意义。

一、二人台保护与传承的价值与意义

随着世界范围内经济、政治、文化全球化的迅猛发展，原本与草原、农耕文化相适应的自然环境、社会环境、生产方式等发生了巨大的变化，社会文化形态及社会结构亦发生了巨大变革。文化部周和平副部长在 2004 年“非物质文化遗产保护国际学术研讨会”开幕式讲话中强调：“非物质文化遗产是人类伟大文明的结晶和全人类的共同财富，是文化多样性的主动展示，是人类文化整体内涵与意义的重要组成部分。一个民族的非物质文化遗产，往往蕴涵着该民族传统文化的最深根源，保留着形成该民族文化身份的原生状态，以及该民族特有的思维方式、心理结构和审美观念等。”[1](P3)二人台作为西部地区区域间共生的艺术文化形式，与其所处地区的历史、社会环境紧密相连，因此蕴含着不同地域丰富的历史文化等资源，相应地也具有了不同地域艺术表演形式的多样性，表现出不同地域的原生状态及审美风格，也就具有了多重功能和价值。《非物质文化遗产概论》言：“非物质文化遗产既具有基本价值也具有时代价值。基本价值包括历时与共时两种价值，历时性价值包括历史、文化、精神价值，共时性价值包括科学、社会和谐、审美价值。时代价值则是指在当今后工业社会、消费社会的时代背景下，其重要性越来越显著的非物质文化的教育、经济价值。”[2](P81)这些功能决定了二人台所具有的多元价值及其保护的紧迫性与重要意义。

(一)有利于保护区域文化的多样性

由于受“走西口”历史文化的影响，二人台是草原民族与中原地区汉族文化在西口经济贸易繁荣的“西口路”共生空间中碰撞、交融发展衍生出的一株奇葩，广泛流传于晋、蒙、陕、冀等地区，形成草原文化与黄土文化相融相生的区域文化特征。[3](P169)二人台既具有这一区域文化共有的品格、精神和特征，又具有各地域多元并存、风格色彩各异的审美风格，是区域间文化多样性的体现。二人台依附原有的生产方式，具有口耳相传的传承特点，属于不可再生资源，一旦消失就很难再重新恢复。而全球化、城市化速度的加快，使二人台原有的生存空间减少。由于现代商业利益的驱动，20世纪90年代始至今，部分二人台演员逐渐转向汇集于周边城市的烧烤城中，凸显了二人台城市化展演的新形势、新空间的特征。随着普通话的逐步推进，地方方言的使用范围也在逐渐缩小，会用方言演唱二人台的人也渐渐减少。如果不积极采取措施进行有效保护，可以预见其消亡的速度会进一步加剧。

(二)有利于促进区域间实现文化自觉、文化权利的平等

非物质文化遗产不仅具有传承、保护文化的功能，同时还具有解构、建构文化的功能。如果仅将二人台视为一种历史的文化遗存，就不能认识到其在当下音乐文化中的重要性。“非遗”语境下二人台既是自治区现代音乐文化结构中的重要组成部分，又是现代社会重构音乐传统文化的重要组成部分。在这个意义上，“非遗”才能成为一种文化自觉的历程。文化权利主要是指应享有的文化平等权、文化认同权和文化经济权益。二人台是西部区域间共生的文化现象，各省区更应自觉维护区域间文化平等的权利，只有保持二人台的永续发展，保护区域间共生、共有的资源，增进区域间的相互沟通和了解，才能有利于促进实现文化权利的平等。

(三)有利于促进区域间文化事业和文化产业的发展

加强对晋、蒙、陕、冀等不同地区二人台的抢救、整理、记录、保存工作，是保证二人台“基因库”相对完整性的有效措施。应运用多种形式与手段将那些易变、易失的无形“遗产”进行有效的保护。以录音、录像等手段将不同地区二人台老艺人的不同表演版本摄录，形成可以长久保存的原始音像资料；以乐谱形式将其音响予以书面记录，形成音乐乐谱的文本资料；以文字形式将二人台形态客观地记录、梳理、分类，形成整理、研究的文本资料。党的十七大明确提出，要积极发展公益性文化事业，大力发展文化产业，激发全民族文化创造活力，更加自觉、更加主动地推动文化大发展大繁荣。在此宏观背景下，全面提升二人台文化形象和品牌地位，是时代的呼唤，是创新的要求，具有时代性与创新性的意义。如上所列措施会对未来不同区域二人台的传承、发展、研究、开发产生深远的影响。这些措施的实施更有利于挖掘二人台不同地域、风格的丰富资源。打造不同地域各具特色的二人台文化品牌是当前区域文化事业共同面临的一项重要内容。

(四)有利于增强区域文化的凝聚力、促进区域文化生态平衡

二人台当下的表演空间不仅出现在乡民的家中或田间地头，也出现在城市公

园里的广场表演中,还有更多出现在民间婚丧嫁娶场合和城市烧烤城中的午夜场表演空间中。二人台在民间乡俗、礼俗中的表演具有功利性或称功能性,在婚丧嫁娶等礼俗中奏乐是一种职业或半职业状态,这就满足了传承者基本生存需要;只有满足了传承者的生存需要,他们才能够更好地将二人台进行传承。乡俗、礼俗的存在其实也是这一群体生活需要的保障。在民间社会的各种场合离不开二人台的表演,且各区域、各地区的表演形式不同,风格亦各异,均体现出深厚的民间传统。二人台的保护与传承,有利于增强区域文化的合作,增强区域文化的凝聚力,同时更能有利于促进区域间文化生态的平衡。

二、二人台保护与传承在当代变迁中的反思

20 世纪 90 年代以来,随着改革开放、经济结构的调整、学校教育的普及,区域间社会人口结构发生了根本性的变化,社会结构的当代变迁从根本上影响了二人台以往的生存方式,也为二人台的保护与传承带来多重困难,随着"非遗"工作在全国的推进及文化市场发展规律的内在要求,二人台的多重价值与艺术功能被越来越多的人认识并关注。传统社会结构的当代变迁为二人台保护策略的具体实施带来多重困境,也引起了专家学者的积极关注。目前,无论学界、当地政府,还是二人台表演者,所共同面临的艰难抉择是如何顺应当下时代变迁的内在要求,既保护二人台独特性,又保护二人台文化发展的多样性和经济增长的持续性。

(一)二人台保护与传承中的个体性与群体性

保护谁? 这是"非遗"语境中的首要问题。传承人制度是联合国非物质文化遗产保护工作中重要的保障性制度。我国非遗传承人采取层级认定方式,非遗传承人也分为国家级非遗项目代表性传承人和省市等级非遗项目代表性传承人。传承人身份的被认定,是原生的民间音乐、最基层的民间音乐家等有史以来第一次得到官方文化和上层文化的重视,具有划时代的意义。[4](P202) 被指认的传承人成为各项非物质文化遗产得以活态长存的关键。体现出对个体性的保护。随着教育的普及、媒体的发展,新的知识系统和知识传播方式正覆盖二人台流行区域原有的知识体系,传统班社呈现出通过二人台表演来发展地方经济文化、产业文化新的文化功能。从二人台传承体系来看,传承人、班社与乡俗,三者共同构成缺一不可的传承环链。班社群体是在有组织的学习,并经常在婚丧嫁娶等乡俗场合中展演,这是二人台在民间生活中得以实际传递的基本方式,也是产生新一代传承人并确保乡俗活态长存的基础。二人台从根本上来讲是一种在群体性活动中的表演,而其在民间生活中最基本的功能也是维系、建构并复制传统的社群关系这一民间传承的基本特征,这对当代以传承人为中心的保护方式提出挑战:如何保护传承人个体性,既要正视二人台群体性的本质,更应该重视个体性差异,重视并正视班社组织和乡

俗活动的群体性本质。

（二）二人台保护与传承中的原生性与变容性

谈到二人台的保护，迄今为止，讨论最多的问题是如何保护，在局内人的观念中：到底什么人在什么场景中以什么形式唱的什么样的二人台，显然是争论的焦点。笔者认为，如何保护二人台在当下社会变迁中所呈现出来的复杂性远远大于人们的想象，并在根本上决定着保护策略制定的有效性与可行性。就二人台的艺术形态存在的多元化而言，二人台在其形成过程中是借鉴民歌、歌舞、说唱、戏曲等诸多艺术体裁及其艺术表现要素，不仅熔铸成了一个独具美学特质的艺术体裁——二人台地方小戏，而且兼具二人台歌曲、二人台歌舞表演、二人台说唱、二人台牌子曲等多元形态并存的现状。20 世纪 50 年代始，地方学者、文人与音乐家便不断探索并发掘二人台舞台化方式，这个过程历经了半个多世纪。在当下文化产业的经济大潮中竟有愈演愈烈之势，为了迎合当代审美观念，其原生性相对削减，变容性相对增强。笔者认为，在当代的传承变迁中，由于舞台化、学校化、商业化和媒体化同时作用于二人台的传播过程，使之形成了迎合当代社会结构下的不同变体的变容性。这就为我们提出了面对保护与传承中原生性与多元性关系的矛盾的思考。面对区域间二人台变体的多元样态，我们应该注意“非遗”语境下，在二人台保护与传承中既要注重其“原生性”样态的保护，也要以发展的视野寻求变容性样态的发展策略。

（三）二人台保护与传承中的特指性与整体性

“非遗”语境下，以什么手段和策略保护与传承二人台，是实际操作中最为棘手的实质性问题。在非物质文化遗产保护策略中，以特指性个案为中心的整体性保护策略被多次提到议事日程。所谓“二人台整体性文化空间”实则牵涉到三个不同层次的空间维度，分别为二人台表演体系、二人台乡俗体系与二人台文化生态空间。正是得益于上述三种文化空间的有序运转，原生样态的二人台才得以在晋、蒙、陕、冀等西部区域间的民间生活空间中活态传承至今。多数学者与政府部门均认同并意识到整体文化空间的保护是非物质文化遗产特指个案保护的基本必要条件。随着社会的变迁，整体性空间的极度萎缩已从根本上影响到二人台乡俗仪式的完整性和功能性。尽管各级政府试图通过二人台文化生态保护区、二人台文化生态博物馆等方式意欲达成整体保护的理想，但这些现实运作方式稍有不慎，监管不到位，就会落入以保护之名、兴旅游或文化产业之道的俗套中，很难达成设立的初衷。综观其日渐消失或转型的三种文化空间，二人台的保护势必因时因地在特指性和整体性保护的两极之间做出动态性的调适。

三、二人台保护与开发的辩证关系

“非遗”语境下，二人台具有存在价值和经济价值的双重属性，也就具有保护与开发的双重属性。存在价值具有研究、观赏和教育价值，这是其核心价值。存在价值既决定了保护第一的原则，又派生了其经济价值。存在价值越大，潜在的经济价值也就越大，其转化为直接的经济效益也就越大，也就决定了开发利用的必然属性。因此，保护与开发并不矛盾，只有保护好才能合理利用，才有可能继承、发展和开发。笔者认为，二人台的保护与开发必须有一个科学、长远的规划，因此，辩证地处理好保护与开发非常关键。二人台特色保护得越好其价值也就越大、知名度也越高，其开发也就越具有潜力。因此，只有永葆二人台特色，在实践中坚持良性、科学地保护才能更好地发展、弘扬二人台文化。其保护与开发可从如下方面实施。

（一）建立二人台资源库、互联网

二人台保护工作只有在政府部门的高度重视下，才能从真正意义上推动此项工作。应在区域间积极寻求资源库、互联网等资源共建、资源共享的文化建设途径，并将此项工作纳入各级文化部门的重要工作计划中，并逐级实行工作责任制，制订周密的工作方案，使此项工作有组织、有计划、有步骤地实施。

（二）多重传承，适度开发

保护、发展、创新是“非遗”工作的主旨。保护与引进并不矛盾，保护的目的是维护自己的文化权利和特色，引进是为了发展自己的文化，而创新则是一个民族的灵魂。创新需要发挥多重传承的功能。二人台文化蕴藏丰富、其创新的形式也会更为多样。可借鉴其它艺术品种的创新形式，如长调、呼麦、马头琴等艺术形式是蒙古族非常有代表性的音乐类非物质文化遗产，是蒙古族独特的音乐符号，这些音乐在舞台上既有非常古老、传统的表演形式，又有与国际审美风格、时尚元素相融合、创新的表演形式。如2009年，内蒙古自治区与香港联合举办的首届国际马头琴国际大赛，旨在“让世界每一个角落都听到这一天籁之音，感恩一切！”这说明保护民族音乐并不是自我封闭，而是在相互借鉴中保护自身文化特色、在竞争比较中取长补短、在求同存异中共同发展。但是发展的同时也要注意音乐类非物质文化遗产的易复制和可反复利用的资源特性，如果无节制、无计划地商业滥用，同样会耗尽其文化价值。

综上所述，在“非遗”语境下，由于社会结构的变迁，给二人台的保护与传承带来前所未有的挑战。面对二人台保护与传承中所面临的切实问题，笔者进行了深层的认识和思考。通过对二人台保护与传承的多元价值与意义的阐述，通过对群体性与个体性、原生性与多元性、特指性与整体性三对关系的逐层梳理，在把握和处理保护与开发利用的辩证关系中提出一孔之见，呼吁要强化政府文化部门的职能,坚持“保护为主、抢救第一、合理利用、继承发展”的工作方针,坚持“政府引导、社会参与、长期规划、分步实施、明确职责、形成合力”的工作原则,坚持科学、合理的开发与利用才是可持续发展的正确途径。以全国非物质文化遗产保护工作的推动为契机,走出二人台保护与开发的创新道路。

参考文献:

[1]王文章.非物质文化遗产保护国际学术研讨会(2004)论文集[C].北京:文化艺术出版社,2005.

[2]工文章.非物质文化遗产概论[M].北京:文化艺术出版社,2006.

[3]李红梅.草原文化与黄土文化的完美交融:浅谈二人台音乐中蒙汉文化的交融[J].中国音乐,2008(1).

[4]徐富平.非物质文化遗产传承人身份认定及其意义[J].大众文艺,2010(2).

(原载于2012年第6期)

梅力更嘎查乌拉特传统民歌的保护与传承

张晓武

梅力更嘎查隶属于内蒙古包头市九原区阿嘎如泰苏木,居住在这里的蒙古族牧民是蒙古人乌拉特部的后裔,祖辈传承的是乌拉特传统民歌,这里曾是这一传统民歌的重要发源地之一。乌拉特传统民歌既继承了其部落迁出地呼伦贝尔草原古老的原始民歌音乐风格特点,又保留了经本部落人认定的祖辈传唱下来的一种特殊风格("喇嘛歌者"三世梅日更葛根罗桑丹毕坚赞创作的兼容草原文化气息和宗教音乐风格特点的作品)。[1](P66-69)

一、梅力更嘎查蒙古族传统民歌生态状况

笔者在梅力更嘎查开展了田野调查工作,调查获得的第一手资料令人亦喜亦忧。喜的是这里的乌拉特传统民歌资源丰富,不仅有30多首已经收入《蒙汉合璧乌拉特民歌精选》(以下称《精选》)的曲目,而且还有21首未收入《蒙汉合璧乌拉特民歌精选》的曲目。另一个让人感到些许安慰的情况是当地乌拉特传统民歌的传承人——3位年事已高的知名歌手仍然健在。然而,这里蒙古族传统民歌的总体生态状况令人担忧,其处境可以概括为危境和逆境。

传承人乌格优演唱的编入《精选》的歌曲有31首,塔本金有32首,阿拉坦·陶布其有35首。三位歌手齐唱的未编入《精选》的歌曲有21首,它们是《细柳马》《释迦牟尼》《春风》《大青马》《抿耳朵马》《远征的马》《用烟嘴抽烟》《名木桌子》《牧人之歌》《刚布连长》《八种乐器的声音》《二十个骆驼》《拉起胡琴》《献给母亲的歌》《牧羊情歌》《我亲爱的》《我的家乡》《想起家乡》《放马的小伙》《黑白耳朵马》《兔子喝着清清的水》。

之所以说梅力更嘎查乌拉特传统民歌处于危境,主要原因是这里传统民歌仅有的3位活态传承人都是古稀老人。表1列出这3位老人的详细情况。

如果在这3位活态传承人健在的时候没有对她们掌握的蒙古族传统民歌进行抢救(记录歌词和歌谱、保留演唱录音和录像),她们一旦离世,其掌握的传统民歌也会随之而去。那时,人们只能报以叹息。如果在她们健在的时候深入研究她们掌握的蒙古族传统民歌,不仅可以研究活态民歌,还可以向活态传承人提问,与她们互动交流。但是,这三位老人的年龄和健康状况提醒我们:失去这样机会的危险

就在眼前。一旦失去这样的机会,最多只能对静态资料进行单向研究。

表1 梅力更嘎查蒙古族传统民歌传承人基本情况调查表

传承人	性别	出生时间	文化程度	职业	学艺途径	宗教信仰	演唱特点	现居住地
乌格优	女	1936	没上过学	一生以放牧为生	跟父母和其他亲人学艺	喇嘛教	平稳、悠扬	梅力更嘎查
塔本金	女	1938	初中	一生以放牧为生	跟母亲学艺	喇嘛教	抒情、细腻	梅力更嘎查
阿拉坦·陶布其	女	1940	初中	一生以放牧为生	跟母亲学艺	喇嘛教	宽广、嘹亮,富于感染力	梅力更嘎查

之所以说梅力更嘎查蒙古族传统民歌处于逆境,主要是因为今天这里的文化现状、演唱语境、学校教育现状和外来音乐都不利于蒙古族传统民歌的传承和发展。

(一)文化现状

这里的传统文化源于蒙藏文化,经过三百多年的积淀、演化,形成带有明显的喇嘛教印迹的梅力更嘎查蒙古族文化。这里的传统文化孕育了传统民歌,而传统民歌又承载着这里的传统文化。数百年来它们相互依存,彼此促进。

我们把这种当地传统文化有利于梅力更嘎查传统民歌传承和发展的文化环境称为文化顺境。这样的文化顺境一直持续到新中国成立前,而后文化顺境逐渐演变成文化逆境——阻碍传统民歌传承和发展的文化环境。

新中国成立后,内地人口北迁使这里的汉族人口增加,汉族文化影响了这里的蒙古族文化,蒙古族文化吸收了汉族文化。促成当地传统文化转变的另一个原因是教育。随着教育的逐步普及,科学观念越来越深入人心,这里的喇嘛教不断衰落,带有明显喇嘛教印迹的传统文化也日渐式微。

改革开放前这里的传统文化被逐渐蚕食。改革开放后,这里的经济、社会发展不断加速,传统文化被迅速侵蚀,传统文化的生存空间被迅速压缩。

梅力更嘎查的传统经济是牧业经济。人们在辽阔的草原上骑马放牧时,禁不住要唱曲调悠长、节奏自由舒缓的蒙古族长调民歌。现在,许多梅力更嘎查牧民骑摩托车放牧。很显然,发出很大噪音、风驰电掣的摩托车既不能与蒙古族长调民歌和谐,又无法与蒙古族短调民歌匹配。

改革开放后,随着经济、社会的迅速发展,与传统经济、社会相适应的传统文化迅速被与现代生产、生活方式相适应的现代文化取代。现代文化带给梅力更嘎查传统民歌生存、发展的阻力日益增加。

(二)演唱语境

传统祭祀活动和传统民俗活动是梅力更嘎查蒙古族传统民歌重要的演唱语境。近些年举办的各种传统祭祀仪式已经从简,与传统祭祀相伴的民歌演唱活动也随之异化乃至消失。由于人们觉得现代民俗礼仪的形式省时、省力并且新鲜,梅力更嘎查村民越来越多采用现代民俗礼仪,传统礼俗形式已从人们的生活中淡出。传统民俗礼仪的淡出和现代民俗礼仪的盛行使得梅力更嘎查蒙古族传统民歌失去另一个重要的演唱语境,也使传承人失去重要的演唱舞台,还使传统民歌失去重要的观摩、学习和传承平台。

(三)学校教育现状

梅力更嘎查蒙古族子女的学校教育是在城镇和市区的蒙古族学校完成的。幼儿园、小学阶段是在包头市九原区蒙古族小学,初中、高中阶段在包头市蒙古族中学。所有课程采用蒙古语授课,学生们主动学习和运用蒙古语为民歌传承奠定了语言基础。可是传统民歌在学校传承的现状是虽然在包头市九原区蒙古族小学使用的音乐教材中,蒙古族传统音乐教学内容占了25%,课外活动兴趣小组和校内外各级比赛也都是围绕蒙古族传统音乐,但是令人遗憾的是教材中关于地方性传统音乐(主要是乌拉特民歌)的教学要求,因存在着师资困难而无法进行,确实没有教师能教唱乌拉特传统民歌。

另外,还有一部分孩子选择到城镇和市区汉族学校完成学校教育,这些孩子与本民族的语言、乌拉特传统民歌也就更加疏远了。

(四)外来音乐

外来音乐传入梅力更嘎查主要分为两个阶段:第一阶段从新中国建立到改革开放前,第二阶段从改革开放开始到现在。

新中国成立后,外来音乐借力于党的文艺政策传入梅力更嘎查,党的文艺政策成为促使梅力更嘎查音乐生活变迁的最主要的动力因素。蒙古族文艺工作者为建设社会主义新文艺创作和翻译了大量新歌曲,随后这些歌曲就通过文化部门、文艺团体、广播、学校等渠道传入牧区,成为牧民音乐生活的一个重要组成部分。据本村一些年老牧民讲,他们在学校里学会的、广播里听到的,更多的是这些新歌曲,而且当时的年轻人更喜欢唱新歌。新歌的广泛传播使得梅力更嘎查的蒙古族传统民歌失去了其在当地音乐生活中的绝对统治地位。

改革开放后,外来音乐借助人口流动、中蒙两国文化交流和现代传播手段不断侵蚀梅力更嘎查蒙古族传统民歌的生存空间。人口流动使这里的居民对外面的世界和音乐有了亲身体验,中蒙两国文化交流带来的蒙古国音乐使得这里的居民既倍感亲切又耳目一新,现代传播手段缩短了梅力更嘎查与世界的距离并使外面的音乐触手可及。由于这里的居民与蒙古国人民属于同宗同族,梅力更嘎查居民很容易接受来自蒙古国的音乐。在梅力更嘎查当代蒙古族群众音乐生活中,蒙古国音乐也具有十分广泛而深刻的影响。特别是近十年,随着牧区广播、电视、光碟播放机以及互联网的普及,蒙古国音乐(尤其是其流行音乐、通俗歌曲)迅速传播到了牧区各个角落。

多途径传入的外来音乐迅速抢占、压缩梅力更嘎查蒙古族传统民歌的生存空间,加大了当地传统民歌的传承阻力。

二、保护与传承的方法

梅力更嘎查蒙古族传统民歌随时有失传的危险,其生存、传承面临多重阻力。如何使梅力更嘎查蒙古族传统民歌摆脱危境和逆境并且转危为安、化逆为顺呢?

首先,立即组织专业人员,在3个活态传承人健在的时候开始对她们知晓的曲目进行抢救性采录。采录采用笔录与录音、录像相结合的方式。笔录时应全面记录歌词和歌谱,录像时还应记录民歌的演唱语境。因为笔录与录音、录像相结合的方式可以比较完整地保留传统民歌的全貌。

由于时间紧迫,在不影响抢救性采录的前提下应组织人员学习、研究当地蒙古族传统民歌。一旦采录工作结束,应立刻开始全面学习和系统研究。首先应学习当地蒙古族传统民歌的演唱方法和技巧,掌握其演唱风格。系统研究包括对梅力更嘎查蒙古族传统民歌的历史、现状、形态、演唱技法、重要传承人、地方风格、语境、表演、传承、传播等诸方面的深入研究,但应首先研究其演唱方法和演唱技巧,因为传承人可以示范、解释具体的演唱方法和演唱技巧。传承人健在的时候深入研究她们掌握的蒙古族传统民歌,不仅可以研究活态民歌,还可以向“活态”传承人深入问究,获得最直接的心口传承。

在梅力更嘎查乌拉特传统民歌活态传承人健在的时候完成完整采录、全面学习和系统研究则可使这里的蒙古族传统民歌转危为安。学习者和研究者可以担负传承的使命,向其他人教授梅力更嘎查蒙古族传统民歌。

与使梅力更嘎查蒙古族传统民歌转危为安相比,转逆为顺工作的难度更大,因为在造成梅力更嘎查蒙古族传统民歌生存逆境的4个因素中,只有学校教育状况是可以人为改变的。根据包头市九原区蒙古族小学的具体情况,可以采用临时措施与长期措施结合的方式改变学校无法开展当地乌拉特传统民歌教学的局面。临时措施是让健在的活态传承人进入课堂授课,充当临时教师;长期措施是立即指派有天赋的教师向3位传承人学习梅力更嘎查传统民歌,并将其培养成校内传承人,让其担负向学生教授传统民歌的任务。

由于上述工作需要投入相当数量的人力、物力、财力并花比较长的时间,个人或一个社会组织无法很好地完成这些工作。政府部门应承担起保护蒙古族传统音乐文化的责任,制定相应政策,提供专项资金,组织各方面力量参加蒙古族传统民歌的保护、传承。

只要充分发挥政府在梅力更嘎查蒙古族传统民歌保护、传承工作中的主导作用,社会各界积极参与采录、学习、研究、传承当地传统民歌,梅力更嘎查蒙古族传统民歌生存状况必定会大大改善，还将为当地蒙古族民歌传承开辟出新的途径。

保护梅力更嘎查蒙古族传统民歌的第一个重要意义在于这是保护当地最重要的蒙古族音乐资源。正如我国著名蒙古族音乐学家乌兰杰先生所说："民歌是蒙古音乐之根，也是整个草原文化的主流。"[2](P4)梅力更嘎查蒙古族传统民歌也是当地蒙古族传统音乐之根。显而易见，根深才能叶茂，根衰败植物必将凋敝。如果梅力更嘎查蒙古族传统民歌得不到及时保护和有效传承，一旦这支蒙古族音乐之花凋敝，人们将悔之晚矣！

保护、传承梅力更嘎查蒙古族传统民歌的第二个重要意义在于这是保护、传承当地传统文化，因为梅力更嘎查蒙古族传统民歌是当地传统文化的重要载体。梅力更嘎查蒙古族传统民歌反映着当地生产、生活等社会诸多方面的面貌：有用于牧业生产的民歌（如"哄羊调"），有过年、过寿、生子、乔迁新居、婚礼宴会等民俗仪式场合演唱的民歌（如"三福歌"《造福》《缘福》《洪福》），有宗教歌曲（如《释迦牟尼》），有赞美家乡风物、景色的民歌（如《春风》《我的家乡》《兔子喝着清清的水》），有讴歌亲情、友情、爱情的民歌（如《献给母亲的歌》《远征的马》《大青马》《用烟嘴抽烟》《二十个骆驼》），有训道颂德的训谕歌曲（如《宝仁罕的柳条》《珍贵的三宝》），有讲述历史、颂扬当地民族英雄的民歌（如《刚布连长》），有歌颂中国共产党的民歌（如《八种乐器的声音》），还有讲述生活艰辛的歌（如《抿耳朵马》）等。保护、传承梅力更嘎查蒙古族传统民歌有助于当地蒙古族历史与传统文化血脉的传承、延续，也有助于传统民歌的社会功能继续在现代社会中发挥作用。

三、结　语

此次调查的梅力更嘎查乌拉特传统民歌只是蒙古族传统音乐类型中的一"斑"，更是全国各民族民歌中的一"点"，但这里蒙古族传统民歌的生存状态颇具代表性。我们期望有关部门重视这里蒙古族传统民歌的抢救、整理、研究、保护与传承工作，因为这项工作的成功将为具有相同处境的区域蒙古族传统音乐乃至全国各民族传统音乐的抢救、整理、保护与传承提供经验，并起到以点促面的作用。我们期望这里的传统民歌之花在世界音乐花园中常开不败，更希望中国所有民族传统音乐都能够被完整保护、不断传承，并对促进全国各民族传统文化传承和社会和谐发挥积极作用。

参考文献：

[1]博特乐图. 18世纪蒙古族音乐巨擘梅日更葛根[J]. 内蒙古艺术，2003(2).

[2]乌兰杰. 学习蒙古民歌，弘扬草原文化[M]//马玉蕤，乌兰杰. 99首蒙古民歌精选北京：中央民族出版社，1993.

（原载于2014年第2期）

清代土默特地区卡伦的职能及其管理

黄治国

卡伦是清朝政府主要在北疆沿河、要隘、边界地区设立的具有执行巡查、稽捕、监督、防范、传递等各种任务而派兵驻守的军事据点。何秋涛说:“更番候望之所曰台,国语谓之喀伦,亦作卡伦。”[1]作为清代北疆重要的一项军事设施,现代学者研究边疆政策和边疆交通时,对卡伦多所论及。宝音朝克图先生的《清代北部边疆卡伦研究》对东北、漠北等处卡伦做了系统考察。漠南土默特地区的大青山、穆纳山及黄河河口等处,均设有卡伦。而对土默特卡伦的设置经过如何,它的职能有哪些,它是如何管理的,它的作用如何等情况并不十分清晰。因此,对清代土默特地区的卡伦进行研究,有助于更好地理解清代的卡伦制度和清廷对蒙古的封禁政策。

一、土默特卡伦设置的背景及经过

归化城土默特地区是清朝设置卡伦较早的地区之一。在康熙十三年(1674年)时即于归化城至杀虎口之间蒙古汛地“各设卡伦,以资防守”[2](P49)。此时卡伦的设置主要为军事上服务,视形势需要而置废无定。至乾隆朝时,归化城地区社会形势发生了很大的变化,这一地区居于直、晋等省移民的重要地区,也是旅蒙商云集活动的主要区域,随着汉移民和旅蒙商的大量进入,蒙汉交涉增多,社会治安也随之复杂,非法越界、逃窜、抢劫等现象时有发生,这使清朝的封禁政策受到破坏。因此,清朝开始根据形势在必要的地区设立卡伦,派驻官兵,不时巡查,归化城土默特地区的卡伦逐渐设置起来。乾隆九年(1744年)九月,经巡察归化、绥远二城太仆寺员外郎宝全奏,黄河每冬河冻时,鄂尔多斯匪人,每偷渡来窃马匹牲畜,请沿河设卡座,每日会哨,至春融冰解时撤去。清廷同意了沿河添设卡伦的建议,所添设卡伦命绥远城将军,不时派员巡察。[3](P903)此时,保全尚言及大青山东西绵亘三百余里,其大山口共十三处,如乌里雅苏台、哈郎桂等处,未设卡座,请求安设卡座。清廷命交土默特都统相度地势,报部办理。最后未见下文,大概此时大青山地方尚没有安设卡伦的紧迫性和必要性。至乾隆十九年(1754年)时,形势发生了变化,“许多流浪者和小偷,他们啸聚于大青山中,经常抢劫和袭击地方居民及官家车辆”[4](P151)。当地巡检包楚帆呈递了一份奏折,建议在大青山的十一条峡谷中设立卡伦,每所卡伦设五名兵士,从土默特各旗抽调,由领催指挥,每次执勤一月,以维护商民安全。嘉庆十八年(1813 年)时,大青山后地方成为蒙古商民贸易往来必由之路,奸匪乘机为盗,以致盗案繁多,甚至“贼人结队成群,抢劫民人马驼、银物,并有携带鸟枪、器械伤人”之事[5]。绥远城将军果勒丰阿等议派土默特官兵轮往巡查。但因地势辽阔,稽查不能周密,绥远城将军果勒丰阿又奏请添派绥远城满洲佐领等四员、兵六十名,与土默特官兵每月分起会哨六次。嘉庆帝批准并饬绥远城将军等务须督饬弁兵实力巡查,以收戢盗安民之效。[6](P499)《清实录》对此次安设卡伦的详细情况并无记载,而《绥远城驻防志》则有相关记载,嘉庆二十三年(1818 年)四月,将军果勒丰阿、山西巡抚成格会同奏准:“大青山后一带,添设满洲、土默特卡伦九处。每处卡伦派官一员,兵丁十五名、八名不等。”[7](P89)

清政府根据形势需要会适时将卡伦进行了添设和调整。如归化城土默特与四子部落两界之间,有锡呼图呼图克图所属游牧一段,与察哈尔、四子部落、乌拉特等各蒙古交界毗连。该处匪徒盗劫,扰害商民,“满洲蒙古各卡,相距穹远,稽察难周”[8](P836)。绥远城将军禄成奏请于锡呼图呼图克图所属色拉穆楞地方择其冲要,添设卡伦二处。因禄成即将调任黑龙江将军,所以由新任绥远城将军德英阿到任查勘明确后认为该处“地方辽阔,稽察难周,自系实在情形”[8](P905),而于锡呼图呼图克图所属色拉哈达、哈布塔盖二处,派拨格斯贵二名、黑徒二十名,添设卡伦二处,与原设各卡伦官兵,一体按期会哨巡缉。道光十二年(1832 年),绥远城将军彦德等根据大青山后原立卡伦地势与近日窃劫情形,将原设卡伦做一适当调整,因克力沟地方为窝匪之所,将胡雅克图地方卡伦撤出土默特官一员、兵十五名,移驻察罕库图勒及鞥滚特克二处;将城北巴彦布拉克地方撤出土默特官一员、兵十五名,移驻默特尔默土,以适应巡查缉捕需要。咸丰元年(1851 年),为了防止民人及匪人进入封禁的穆纳山砍运木植,经绥远城将军托明阿奏请,于穆纳山“安设卡伦六处,每卡派官一员,兵十名”[9](P610),并制定《安设穆纳山卡伦章程》,以保证卡伦的正常运行。

由上可以看出归化城土默特地区的卡伦主要设置于大青山要隘、黄河沿岸和与蒙古各部落交界的地区,负责稽查逃人、缉捕盗匪,保证商旅交通安全,维持游牧秩序等等。

二、土默特卡伦的职能

土默特地区的卡伦主要是以防止越界游牧,查验票照,稽查盗贼,实施封禁政策,保护往来商旅安全,维护地方社会稳定为目的。由绥远城将军和归化城都统负责管辖,其主要职能有以下几点。

(一)防止越界游牧

清政府在蒙古地区实行封禁政策,严禁各旗穿越自己所分地界肆行游牧,也不得越旗放猎。在一些游牧部落边界设置的卡伦，主要为防止牧民越境放牧，避免发生纠纷，落实清政府的封禁政策，“设立卡伦，驻防官兵，原为划明疆界而查禁侵占也”[6](P419)。在各旗界址处挖立封堆，各卡伦官兵一体按期会哨巡缉，“凡内外札萨克之游牧，各限以界，或以鄂博，或以卡伦”[10](P478)。故大青山后卡伦设置多在各札萨克蒙古游牧毗连交界处，于四子部落郡王界，设添卡伦四处；达尔汗贝勒边界，添设卡伦二处；茂明安札萨克边界，添设卡伦一处；乌拉特三公旗边界，添设卡伦三处，共添设卡伦十处。[11](P302)这些卡伦的设置均在土默特部的大青山与其他札萨克部落的交界地点，便于监视土默特部与其他游牧部落间的越界游牧行为。这些驻卡官兵，都造有花名清册，按季具报绥远城将军衙门，以备查核，保证盟旗制度的实施。

(二)查验执照票据

清朝在蒙古实行严格的票照制度，据《理藩院则例》记载：“凡各旗蒙古及喇嘛等出境，或载货贸易，或拜佛熬茶，与各该管官名下就近给发票据，并移咨交界各旗，按月派员实力巡查。”[2](P406)达尔汗贝勒、四子王旗蒙古来归化城，均令该札萨克给予执照，“以备进卡查验”[11](P303)。商人往来贸易及蒙古出入归化城均须持有相关主管部门给发的票照，方可进出卡伦通行。以致土默特佐领鄂尔吉瑚起意刊刻小票木戳，令来归化城各蒙古及铺户人等请领，图得纸笔之费，后私立小票木戳案发，清廷命山西巡抚派员会同归绥道岳祥等查明，将有关人员交部议处后，又再次强调“嗣后各扎萨克旗下蒙古来城，责成各卡伦员弁严行稽查，照旧给照到城”[8](P450)。此外，民人出口谋生也须凭票进出，卡伦凭票放行，这主要是从稳定地方治安考虑的。所以，卡伦在执行清朝的票照政策方面起着非常重要的作用，扮演着很关键的角色。

(三)稽查贼盗

归化城北大青山后为商旅经行要路，偷盗贼人，结队成群，执持鸟枪器械，抢夺商民，拒伤事主，如王师印在买岱尔村被抢马匹，石黄在巧尔报村被剥衣服，孟学邻在高窑亥地方被抢马匹银两，冯陇伸在什八尔台村被抢驼只等等，使这一带成为“匪徒潜匿，乘间盗窃，扰害商民”的重灾区[12]。归化城聚和源等四家商号均曾在大青山一带的扎拉尔地方被抢劫过[6](P635)。这些大青山后的盗劫案件均有“卡伦各员追缉”[8](P1218)。

(四)特殊地点的封禁

清代土默特地区的穆纳山盛产木植，但久奉封禁，禁止民人入山采木。但随着移民垦殖的迅速崛起，土默特地区人口猛增导致修房造屋、生活燃料需求倍增。[13](P90)《绥远通志稿》记载当时的情形是：“农商毕集，筑城建署，设市受廛，土木纷兴,需材甚广。”[14](P330)木材供不应求,所以结伙进山盗倒运木材现象时有发生,并且在咸丰元年(1851 年)发生了武力抗拒封禁政策的事件。为此,经绥远城将军托明阿奏请,于穆纳山“安设卡伦六处,每卡派官一员,兵十名”[9](P610),以防范偷砍木植现象,如发现进山盗砍偷运木植之人,即上前缉拿,保证清政府对穆纳山封禁政策的实施。

三、土默特卡伦的管理

鉴于卡伦防范的松紧关系到清朝在漠南地区封禁政策的实现及统治秩序的稳定,因此,清朝政府对此极为重视,反复降旨令将军、都统饬所属官兵,不时严查,不可废——而且制定了严格的管理规章制度进行管理。

(一)制定奖罚制度

为激励巡卡官兵,清朝政府制定了奖惩制度,在办理抢劫偷盗等案件中,对官、兵、蒙古官员分不同情况,给予相应的奖惩。如有捕获命犯三次者,官则纪录一次,兵则以罚取牲畜给赏;蒙古官员有捕获成绩卓著者,以罚取牲畜给赏。[3](P102)绥远城将军果勒丰阿曾因归化城所属大青山一带地方缉捕疏懈,屡有蒙古贼盗劫夺之案,受到申饬并处以革职,罚职任俸三年的处分。[2](P625)道光二十九年(1849 年),大青山后哈勒托罗盖坐卡官土默特前锋校乌尔图那逊因疏防导致商民驼只被抢,绥远城将军托明阿等经上奏后,将其革职,罚二九牲畜存公。对驻卡官兵也有严格的要求,《理藩院则例》中规定:“卡伦官兵疏纵逃人追赶不及而回者,佐领革职,罚三九牲畜;骁骑校革职,罚二九牲畜;披甲人等各鞭一百。”[2](P156)这种奖惩制度的实行,对官员兵丁执行公务有激励和督促作用。

(二)订立管理章程

为加强卡伦的防范力度,绥远城将军根据形势需要,不断奏请清廷调整卡伦的设置,或添设或移设,保证卡伦的职能确有成效,在这一过程中不断完善卡伦管理办法,订立详细章程。

嘉庆二十一年(1816 年)十一月,清廷因缉捕懈驰将绥远城将军果勒丰阿革职,命松筠署理绥远城将军,并查办大青山一带劫案。案清之后,松筠提出安设卡伦巡缉章程:其一,缉捕不力蒙古员弁,分别三限惩处。其二,被劫案件,将军须派员责成卡伦各员追缉。其三,山后商旅经行要路,设立卡伦,准商民捐盖房间,以为官兵住所。其四,商民被劫,俱于三五日内呈报,逾期即不为准理。其五,商民捏报,被查出情弊者,即令申报将军严惩。[6](P663)咸丰初年,乌拉特三公旗所属穆纳山,匪人结伙入山,砍木运卖,并有拒捕刃伤台吉等案,影响恶劣。绥远城将军奏请安设卡伦六处后,也制定了《安设穆纳山卡伦章程》加强管理。[9](P610)这些卡伦章程的制定,规范了卡伦的管理,督使卡伦官兵奉公守法、实力稽查,防止了官兵因循怠玩和受贿故纵等弊端。

（三）确立定期巡查汇报制度

清政府为了及时了解卡伦所在地的治安及卡伦官兵的防守情况，要求绥远城将军与归化城副都统轮替前往各卡查核，防止日久疏懈。“归化城土默特地方安设卡伦之处，著令建威将军委派官员、兵丁，不时前往巡查。”[7](P125)每年夏历十一月，绥远城将军须派一些满族官员去视察各卡伦情况。[4](P152)清廷命坐卡官兵员数，由各札萨克开造花名清册，按季报绥远城将军衙门，以备查核。嘉庆二十四年（1819年），规定“大青山后有无盗劫案件行令每届三月奏报一次”[15]。此后，绥远城将军按清廷要求，定期汇报大青山后情况。如嘉庆二十五年（1820年）八月，禄成奏："今已满三月奏报之期，后山一代并无盗劫案件，相应依期奏报。”[16]绥远城将军要求各卡伦随时加意巡防，不可日久疏懈，卡伦员弁轮班值日，于所管地面周历巡查，并将巡查情况报告给绥远城将军，由将军上报清廷。

（四）提供充足的经费保障

土默特地方卡伦运行的日常费用（主要指官兵往来盘费等，不包括驻卡官兵固有饷银）来源主要是生息银两。生息银两是将一定数额的银两放贷给商人，由商人按规定的利率定期交纳利息，称为发商生息，以本求息，以息取用，利用生息得来的银两来解决军政事务中的某些需要，这样于本无亏，于利日增。[17](P209)土默特地方卡伦经费的生息银两本金主要来自以下几个方面。

其一，土默特库存驼价生息银、修理军器银、煤炭税银等项银两。嘉庆十九年（1814年）十一月，归化城旗库存储土默特两翼驼只变价银一万两所生息银并煤窑收获钱文易存银两内拨出两万两，奏交前任归绥道松富发商生息。按月一分生息，每月息银二百两。所收息银内，每月派往山后斯尔登等处巡查贼盗官四员各给银四两五钱；马甲兵六十名，各给银三两。每月共支给盘费银一百九十八两，全年约二千四百两。[18](P209)嘉庆二十四年（1819年）三月，归化城旗库存储土默特两翼驼只变价所收息银并补修军器项内拨出九千两，制定章程，交给前任归绥道博贵按月一分生息，每月息银九十两，所生息银支给派往山后翁衮特克库特依、商民通行大路特日木图、查汗库特力等三处巡查贼盗官三员，每月各给银四两；兵二十六名，每月各给银三两，全年支给盘费银一千零八十两。[19](P215)

其二，藩库存贮耗羡银。嘉庆二十三年（1818年），清朝政府因大青山后盗案繁多，在此添派绥远城满洲佐领等四员、兵六十名，分三季令满洲蒙古官兵每月分起会哨六次，所需马乾等项银两，准其于藩库存贮十九年耗羡银内借拨二万两，交归绥道发商生息，分别动支。[20](P6607)

其三，绥远城粮饷厅库贮地租银。道光三年（1823年）于锡呼图呼图克图所属色拉哈达、哈布塔盖，添设卡伦二处，派拨格斯贵二名、黑徒二十名，与原设各卡伦官兵，一体按期会哨巡缉。所有坐卡格斯贵等，应给盘费，“准其在绥远城粮饷厅库贮余剩厂地租银内，提银一万两，交归绥道生息”[21](P15884)。

无论卡伦经费来源如何，均须登记造册上报清廷，一年各支用若干，均由该将军入于记档银两册内，年终报部。

四、结　语

土默特地区卡伦的设置维护了当地的社会治安。随着漠南移民的增多，旅蒙商的兴起等，使得归化城地区农业、商业和手工业等得到发展。归化城地区地处南北通途，是沟通中原与漠北的交通枢纽，往来客商不断，人员成分复杂，引起了一系列的社会问题。归化城及其附近地区盗马、行窃、违禁等现象不时发生，在档案史料中多有记载，清政府为此在各码头、山口、要道等重要的地点设立卡伦，巡逻稽查，缉拿盗匪，一有违禁，即时拿住法办，大大减少了犯罪的发生，保障了商旅的安全，为牧民、农民、商人创造了较好的社会生活环境。安定和平的社会环境为蒙汉等各族人民提供了休养生息、发展经济的条件，在当时的条件下，无疑起到了积极的作用。卡伦职能的实现，也避免了归化城土默特各旗与各札萨克旗之间为争夺牧场产生的矛盾，达到对各旗分而治之的目的，消除了统治隐患。卡伦巡查制度曾经一度成效卓著，根据嘉庆二十四年（1819 年）至道光三十年（1850 年）间绥远城将军、归化城副都统等奏报，这一时期大青山地区越界、行窃等案件明显减少，保证了清朝对蒙古地区封禁政策的成功。

另一方面，我们也应看到卡伦效能的有限性。清廷反复要求绥远城将军务当严饬卡伦员弁兵丁加意防守，不可稍有疏虞，但仍然不能保证巡查制度的各个环节绝对不发生弊端，甚至有受贿故纵或卡伦兵丁窝盗为匪之事，其他日久疏懈情形也在所难免。历代清帝不断要求绥远城将军严饬卡伦员弁兵丁加意防守，也从另一个侧面说明了各处卡伦巡查不力的现实，并且为此受到惩处的官员和卡伦兵丁也不在少数。

参考文献：

[1]何秋涛. 朔方备乘[M]. 兰州：兰州古籍书店，1990.
[2]理藩院. 理藩院则例[M]. 北京：中国藏学出版社，2006.
[3]清高宗实录[M]. 北京：中华书局，1986.
[4]波兹德涅耶夫. 蒙古及蒙古人[M]. 刘汉明，等，译. 呼和浩特：内蒙古人民出版社，1987.
[5]中国第一历史档案馆藏. 军机处录副奏折：奏请饬归化城副都统额尔起前往大青山防范蒙古贼事[M]. 嘉庆二十三年十月二十五日成格奏.
[6]清仁宗实录[M]. 北京：中华书局，1986.

[7]绥远城驻防志[M].呼和浩特:内蒙古大学出版社,1991.
[8]清宣宗实录[M].北京:中华书局,1986.
[9]清文宗实录[M].北京:中华书局,1986.
[10]魏源.圣武记[M].北京:中华书局,1984.
[11]张荣铮,等.钦定理藩部则例[M].天津:天津古籍出版社,1998.
[12]中国第一历史档案馆藏.宫中朱批:民族事务类[M/MT].胶片21.4-392-1.
[13]黄治国.清乾隆时期对穆纳山木场的管理[J].中央民族大学学报,2009(2).
[14]绥远通志馆.绥远通志稿[M].呼和浩特:内蒙古人民出版社,2007.
[15]中国第一历史档案馆藏.军机处录副奏折:奏明大青山后一代并无盗劫案件事[M].嘉庆二十四年七月二十.
[16]中国第一历史档案馆藏.军机处录副奏折:奏报大青山后并无盗匪事[M].嘉庆二十五年七月二十八日禄成等奏.
[17]韦庆远.清代雍正时期"生息银两"制度的整顿和政策演变[G]//韦庆远.明清史辨析.北京:中国社会科学出版社,1989.
[18]土默特志编纂委员会.土默特史料:第17集[M].呼和浩特:土默特左旗土默特志编纂委员会,1985.
[19]乌仁其其格.18至20世纪初归化城土默特财政研究[M].北京:民族出版社,2008.
[20]赵之恒,等.大清十朝圣训[M].北京:燕山出版社,1998.
[21]昆冈,等.钦定大清会典事例[M].台北:新文丰出版公司,1976.

(原载于2013年第4期)

清代至民国包头三大行业互动关系

韩丽琴　包海青

引　言

清代以来，包头商业发展迅速，蒙古行、牲畜行、皮毛行三大行业逐步形成，成为西北地区商业重镇。在日伪时期，国外学者对包头商业有很多史料记载及调查报告，但目前未见国内外学者对包头三大行业互动关系进行过专门性的研究，国内部分学者对包头经济的研究间接关注过这一问题。如张贵在《包头皮毛集散地的形成和发展》一文中，对包头三大行业的形成过程进行了简单的论述。张淑利在《清末民初晋商由盛转衰原因探讨——以包头地区的旅蒙商为个案》一文中，论及了包头三大行业在这时期的衰落。因此，清代至民国包头三大行业互动关系的研究对挖掘包头商业历史及社会经济有深刻的史学价值。

一、清代至民国包头三大行业的产生及其发展

包头或包克图作为一个地名来说，始于清雍正年间。清中叶以来，包头由于商业的兴起，逐渐由荒原而成村、成镇、成县、成市。新中国成立之前素有“水旱码头”之称，是西北地区交通要道和贸易中心。

（一）包头三大行业的形成

明代后期，包头地区（今东河区）为蒙古族土默特部落的驻牧地，在这里以放牧为生的蒙古族逐渐发展起来。在康熙亲征噶尔丹时，内地的汉族商人、商贩及手工业者随军进入包头，在今东河区西脑包、井尔坪、西水沟附近贸易，春去秋回，包头的工商业开始发展起来。康熙四十三年（1704 年），清政府令户部每年发印票（龙票）数百张，准汉民进入蒙古地区经商。这些执“龙票”的商人搭帐篷而居住，用烟、茶、梭等换取牲畜、皮毛，这是包头出现最早的蒙古行，亦称旅蒙商。[1](P214) 在乾隆年间，这些原来搭帐篷的蒙古行逐渐定居下来，包头逐渐形成村落。而后，在清政府实行优惠的放垦政策下，包头农业逐渐发展，人口不断增加，蒙古行迅速发展，成为各行业中获利最多的行业。为了方便蒙古行出售牲畜和皮毛，出现了专门从事牲畜贸易的牲畜店。经营牲畜买卖的经纪人（称之为牙纪）也应运而生，牲畜行早期是以牙纪集团的形式出现。经营牲畜买卖的牙纪绝大部分是回族和汉族，他们为牲畜买卖双方牵桥搭线，收取一定佣金。清政府为了增加财政收入，在乾隆二

十六年(1761 年),设归化城总税局,派蒙古笔贴式①两名,分赴萨拉齐、包头、昆都仑等口,催促牲畜税。说明当时的牲畜贸易频繁。但这种牙纪集团只是经营小宗买卖,不适应蒙古行及牲畜贸易日益发展的需要,于是一些有资金的行商牲畜业者,变合伙改为坐商,成立字号,如道光年间开设的牲畜店有南、北公义店。牲畜店的出现方便了蒙古行出售牲畜、皮毛以及外地来的买客。

随着蒙古族商品经济的发展,蒙民用自己的畜牧产品来交换生活用品和货币,内地需要用牲畜发展农业,需要皮毛等手工业原料来发展手工业。“蒙古地方马、驼、羊只皮张等货,为内地资用甚广”,这样,产生了专门从事皮毛贸易的皮毛行。从事皮毛行业的商人主要有两种形式:一种是专门充当皮毛交易买卖双方的经纪人,买卖成功后收取一定的佣金,是牙行的一种,称之为皮毛店或绒毛店。为留住客商,皮毛店不仅提供吃饭、住宿、交易的场所,而且还有代客买卖、存放、转运皮毛等业务。另一种是低价购入兽皮,然后再进行贩卖,从中获取差额利润,称之为皮庄。在乾隆、嘉庆年间皮毛行已经成为包头主要行业之一。

(二)包头三大行业的发展

蒙古行的发展不仅带动了牲畜行、皮毛行的产生,而且带动了货店业、粮食业、药材业以及相关手工业的发展。因此,包头商业迅速发展、人口增多,嘉庆十四年(1809 年)包头村改为镇。道光年间,鉴于包头“渐渐兴旺,街市繁荣”,包头镇报清官厅允许成立包头镇公行。[2](P58)公行是由包头商家联合的行政管理衙门,用来管理包头工商各业和附近菜农。公行之下,又按各自经营行业的种类,分设“九行”“十六社”。其九行分别是陆陈行、钱当行、货店行、蒙古行、皮毛行、牲畜行、药材行、杂货行、粮行。[3](P227)自此以后,包头三大行业的发展进入新的阶段。

从事蒙古行的商贩由包头贩运货物,到内、外蒙古同牧民换取皮毛、牲畜、药材等物,然后再返回包头通过皮毛店和牲畜店进行贩卖。大致有 3 条路线:包头—外蒙古,活动于库伦一带,其中大的商号包括广生西、永义德、大德生、复义兴、复义和、通兴公、天巨益、忠厚和、致远昌、大巨德、大义厚、大顺德、德厚义;包头—内蒙古,活动在额济纳旗、阿拉善旗、乌拉特旗以及茂明安旗和达尔罕旗等地,主要有同心西、德春西、恒盛西、广义祥、庸记、成记、如日升、复德厚等;另外一条是到伊盟经商的蒙古行,多为个体,比例不大。[4](P37)全行业每年换取皮毛约 10 万多张,总值约 250 多万元,各种绒毛 600 多万斤,约值 600 多万元,大小商号及行商最多时有一百五六十家,从业人员 1 200 人左右。[5](P55)

蒙古行的发展使得牲畜店的来源逐渐扩大,每年冬、夏季是皮毛、牲畜收购上市的季节,这时蒙古行将从草地带来的牲畜运往包头牲畜店销售。较大的商号是天顺恒、双顺裕、德和隆三家。从光绪十五年至民国十年(1889—1921 年)是桥市

发展阶段,民国十年到民国二十五年(1921—1936 年)是极盛时期,全市有牲畜店 20 多家。[6](P188)

同一时期,包头的皮毛业迅速发展,成为西北地区皮毛集散地。光绪年间,一方面,皮毛的来源不仅有本地的蒙古行提供,而且有从西北方面来的皮毛商以及河西来的皮毛贩子;另一方面,随着国外市场对皮毛需求的扩大,一些外国资本家争先在包头开设洋行、收购皮毛。西北大量皮毛顺黄河直下包头,从包头转运至张家口、天津等地,刺激了包头市场的兴盛。光绪年间,包头集散皮毛达 100 至 180 万斤以上,1900 年至 1905 年包头皮毛店约 42 户,资金达 119 200 元,从业人员 816 人。[7](P85)

二、清代至民国三大行业之间的互动关系

清代至民国包头蒙古行、牲畜行、皮毛行有着密切的经济关系。蒙古行的产生带动了牲畜行、皮毛行的出现与发展,而蒙古行的发展还需要牲畜行、皮毛行为其垫付周转资金,来进购货物去蒙古地区销售。反过来,牲畜行、皮毛行的发展进一步刺激了蒙古行的商人深入蒙古腹地,开拓蒙古市场,来换取皮毛、牲畜。他们之间相互支援、依存、发展。蒙古行、牲畜行、皮毛行三大行业流程如图 1 所示:(1)皮毛行、牲畜行为蒙古行垫付周转资金以及办理税务。(2)蒙古行用皮毛行、牲畜行垫付的周转资金向“九行十六社”的货店行、陆陈行等购置货物,分 3 条路线,深入蒙古地区进行买卖贸易。(3)蒙古行把从蒙古地区收购的皮毛、牲畜分别放到皮毛店、牲畜店来销售。(4)皮毛店、牲畜店为蒙古行寻找买客,说和买卖,从中赚取佣金或者从蒙古行低价购买,高价卖出。

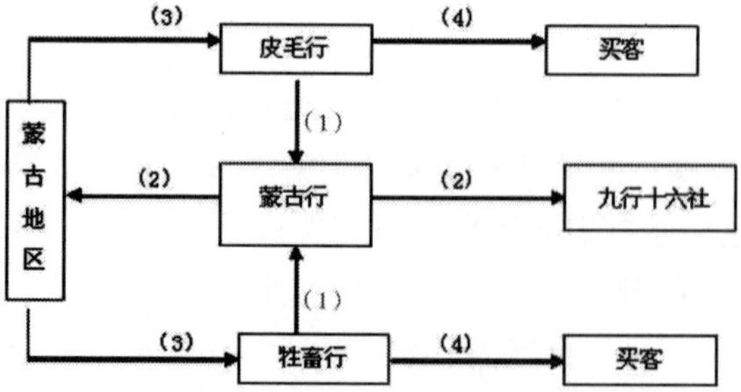

图 1　蒙古行与皮毛行、牲畜行之间的关系

(一)蒙古行进购货物阶段

1. 牲畜行、皮毛行需要为蒙古行垫付周转资金

牲畜行、皮毛行为支援蒙古行去蒙古地区贩运牲畜、皮毛,需要借钱给蒙古行,称之为支垫。走草地的蒙古行商人,用支垫的钱购置货物,源源不断输往蒙古民族居住区。牲畜行、皮毛行为蒙古行支垫周转资金,主要由三个方面决定:首先,蒙古行与蒙古地区牧民做买卖,是靠以货易货来进行贸易的,以信用来维持经营,同蒙民建立相

与和赊欠记账的办法。蒙古行销出的牲畜、皮毛价值大于自有资金的几倍,而牲畜、皮毛的销售要通过牲畜行、皮毛行拉拢买客,这一反复过程造成蒙古行资金回笼相对较慢,蒙古行为维持发展需要向牲畜行、皮毛行贷款。其次,牲畜店、皮毛店是中间行业,为蒙古行垫付周转资金,是获得店佣的先决条件。如牲畜店说合买卖得2分佣金,蒙古行向牲畜店借的钱每月出2分利息,他们住在店内不出房费,饭费也是吃一记二(即饭钱如是1元,店家记2元),代卖了牲畜的钱也存放在店里,到一定时期结算。[6](P188)皮毛店介绍买卖双方进行交易,从中收取4%的店佣金,买卖双方各付2%,如著名的皮毛店广恒西就民国二十六年(1937年)店佣额达54 000元,利息收入达26 000元之多。[6](P50)因此,为了获得更多的店佣,牲畜行、皮毛行为蒙古行提供各种便利,来招揽更多蒙古行的商人,其经营方式决定了他们必须为蒙古行垫付周转资金。最后,蒙古行虽数量多,但中小规模居多,经济力量薄弱,因此需要向牲畜店、皮毛店贷款,他们之间形成很强的依赖性。据皮毛店广恒西覃锡树经理讲:"向本店贷款的卖客,如河西买卖或后山买卖,在从草地贩回皮毛后,通常是不能随意与别的皮毛店进行交易的,如果因为本店待遇差或者卖客的朋友新开皮毛店,卖客离开本店进行交易也是可以的,但必须在离开本店时将账还清。"[8](P194)这里的"河西买卖"或"后山买卖"就是指蒙古行,从中可以看出一些皮毛店与蒙古行长期建立相与关系,皮毛店将有相与关系的蒙古行置于自己的管辖下。双方相互信任,账目也往往不能清算,蒙古行有缺账也有存账,通常以缺账居多。缺账的情况下,皮毛店向蒙古行收取利息,反之则支付利息,账目在下次交易时做结算。在这种经济纽带之下,牲畜行、皮毛行与蒙古行之间更是相互支援、推动。

2. 牲畜行、皮毛行为蒙古行办理各种税务

蒙古行在经营过程中需交纳的税费种类繁多,皮毛店、牲畜店为招揽更多卖商,为蒙古行的商人办理各种税务及进城手续、垫付捐税脚费,就皮毛店的店铺人员组成中就有一个专门报税的人员,主要负责替各路卖商交纳关税及办理其他手续。

蒙古行交纳的税费有以下几种:(1)关税。光绪二十五年(1890年)设置塞北关税,专门征收从西北、后山、河西或从塞外蒙古而来的货物税捐。除了关税之外,皮毛、牲畜还需要按成交价交纳5%的分用费。蒙古行的货物运输是以驼运为主,因此,还需要交纳驼捐,骆驼每峰月征收1元,后增加至2元,放牧期间不征收。(2)杂税。主要有印花税,凡大小各种账簿,都要按规定贴足印花,每销售货物时,凡满1元的货物,必须照章贴足印花;营业税,于民国二十一年(1932年)设立。为各家发营业执照,每百元交手续费1元。[4](P118)(3)保商护路费。民国时期,蒙古行在运输货物过程中经常遭受土匪抢劫,所以各商号联名要求乌、伊两盟王府派军队保护他们这些行商和座场放牧的安全。护送蒙古行的收费标准是护送一个骆驼驮

子，以所运货物价值而定，大驮子每个 5 元，小驮子 3 元；座场放牧则每峰骆驼 1 元，牛马各收 8 角，羊每只 3 角。[9](P273) 此外，地方征收的各项税收名目繁多、数额庞大，有充作学校教育费用的学捐，有专门向省外来的骆驼征收的建设补助费，还有渡船的河利费、进城门给蒙古兵的兵费以及为商会摊派的月费。

由此可见，蒙古行需要交纳的税费种类繁多，如果商人亲自一一去办理，无疑是非常麻烦、耗时，而皮毛行、牲畜行为了招揽卖客，拉拢生意，主动为蒙古行提供各种便利。另外，蒙古行资金回笼较慢，没有充裕的资金支付各种税务，更多依赖于皮毛店、牲畜店等中间行业。

（二）蒙古行输出货物阶段

蒙古行的商人每年春去秋回，每夏末冬初是包头最兴旺繁华的时期。旅蒙商将从草地牧区收购的土特产品转运到包头的皮毛店、牲畜店，而此过程并不意味着货物交易的结束，牲畜店、皮毛店寻找买客，说和买卖，将牲畜、皮毛销售出去才真正完成了货物交易。在此期间，牲畜店、皮毛店的交易市场及销售渠道各有特点。

1. 牲畜店的交易情况

本市牲畜大部分来源于蒙古草原，主要是由活动在乌盟的达尔罕、茂明安、东公、西公、东达公、阿拉善、额济纳、伊盟、后山等地的蒙古行商人带来的。清末民初牲畜交易最为兴旺，年平均成交约 9 万至 10 万头（只），高峰时日成交 2 000 多头（只），在 1912—1923 年，包头蒙古行每年平均输入的牲畜数额较多（见表 1），羊占 50% ~60%，其他占 40% ~50%，年平均交易总额 30 余万两。据《绥远通志稿》记载，牲畜行所取佣费，牛、马每只买主各出 6 钱，驼每只各 1 两 1 钱，羊每只各 8 分。[10](P781) 因此，牲畜行全年所获得的利金，多者七八千两银子，少者亦达二三百两银子，虽然不比直接剥削蒙民的蒙古行得利多，但相对其他行业，也算获利较多的行业之一。

表 1　包头蒙古行年均输入牲畜数额

牲畜名称	数量	单价	合计
骆驼	4 000 峰	20 两	80 000 两
马	4 000 匹	15 两	60 000 两
牛	1 500 头	19 两	15 000 两
绵羊	50 000 只	2 两	100 000 两
山羊	30 000 只	1.5 两	45 000 两

（注：本资料参考刘世纯、任秀《包头的旅蒙商》，《东河文史》第二辑，1985 年版，第 16 页。）

牲畜的销售主要集中在两个地点：一是东桥（亦称为牛桥），是最早的牲畜交易市场；二是西桥，在西桥的两侧还有两处车马店，专供牛、马、羊之用。大宗交易多在西桥，小宗交易多在东桥，牲畜来源不同，销路也不同。详细情况见表 2。

表2　牲畜销售地点

名称	东桥(牛桥)	西桥
货品	牛、马、驼、骡、驴	牛、马、羊、驼
例期	每日9时至12时	每日下午1时至3时
会况	卖主多为乌拉特及后套人,买主多为晋、鲁、豫人。秋末冬初最旺	该地区买卖牲畜者多为大批成群者在城西数十里交易,有牲畜店7家
沿革	两桥的牲畜交易始于道光年间,光绪年间最为兴盛,自外蒙古不通后,贸易数量顿减。与前20年比,相差约5倍以上	
销路	牛多销于本地,用于农耕;羊多销于北京及其附近各县;马多销于河南、山西、陕西;骆驼多销于晋南、陕西、陕北	

(注:本资料来源于绥远通志馆编《绥远通志稿》,内蒙古人民出版社,2007年版,第830页。)

2.皮毛店的交易情况

皮毛的来源广泛,专门接待蒙古行的客商称为北路店。北路店的主要商号包括广恒西、广义恒、广丰裕、永和祥、仁和祥、天成恒、双顺裕、广生裕、复恒西、天顺恒、天义长、德生西、广义丰、同义永、广义永等。[11](P45)因此,蒙古行与北路店的商号各自建立相与关系,从中获取息金。就1912—1923年蒙古行每年平均输入皮毛计有羊毛、驼毛、羊绒约120万,山羊皮、绵羊皮、牛皮、驼皮、马皮、羔子皮等约10万多张,合计总值20多万两银子。[4](P12)皮毛店把大量的绒毛运往津、沪销售,而一些外国洋行也纷纷来包设庄,收购皮毛。如光绪年间的仁记洋行、新泰兴洋行,在《辛丑条约》签订后,在包头又开设隆昌、平和、聚立、慎昌、安利等十多家洋行,收购皮毛。

蒙古行,对于皮毛店和皮庄都是极为重要的卖客,这从皮毛店和皮庄的各自组织、社规中可以看出。一方面,蒙古行与皮毛店的组织绒毛社有过关系的,皮毛店于光绪九年(1883年)加入绒毛社,蒙古行也在光绪二十一年(1895年)加入绒毛社,但在光绪二十三年(1897年),由于会首通心公挪用公款引起纠纷,蒙古行全部退出了绒毛社,说明当时蒙古行在绒毛社地位的举足轻重。另一方面,皮庄组织的生皮社还专门订立过与蒙古行相关的社规。在光绪末年,皮毛店与皮庄发生利益上的纠纷,他们都争相拉拢蒙古行的卖客,民国十三年(1924年)五月,皮庄与皮毛店在协议的基础上制定了又一社规:“蒙古行的兽皮,禁止皮毛店介绍给买客,而是先尽皮庄交易。皮庄无力进行交易时,才任由皮毛店介绍买客。”[8](P211)

三、清代至民国三大行业互动形成的影响

首先,蒙古行作为包头商业的源头,带动了其他行业的发展。皮毛和牲畜原为同行业,因营业发展迅速,皮与毛、皮毛与牲畜开始分业经营,而蒙古行无疑是分业经营的皮毛店、牲畜店最大的货物供给商。因此,蒙古行、牲畜行、皮毛行三者之间相互依存、相互发展,共同成为清代至民国包头经济的支柱行业。

其次,皮毛行、牲畜行为蒙古行支垫周转资金,三者之间形成一个相互依存的经济链,垫付资金的皮毛店、牲畜店与蒙古行建立相与关系,从中获利。而皮毛行、牲畜行支垫的钱也须向钱行贷款,向货行买期口货,蒙古行再去牧区进行物质交易,换回牲畜、皮毛售给洋行,远销国际市场。这种相互支援、相互依存的经济关系造成一旦某个经济链断裂,可能造成整个包头社会经济衰落的后果。民国年间,外蒙古搞独立,开始限制和迫害活动在外蒙古一带的蒙古行,加上反动王公和国民政府的苛捐杂税繁复,许多蒙古行的商号财产损失严重,无利可求,甚至倒闭。蒙古行的衰落直接导致皮毛行、牲畜行的货物来源缩减,进而导致银钱商业渐趋萎缩,一些钱庄纷纷关闭,只剩下几家实力较强的钱庄勉强维持经营。

最后,包头蒙古行、皮毛行、牲畜行三大行业的形成促进了包头商业经济的繁荣及商业城市的形成。清末民初,随着包头三大行业的形成,河北和京、津等地商人也纷纷来包组织分支联号,开设门市。1923年,京包铁路通车以后,包头商业更是急剧发展。商业的繁荣出现了以商号命名的街道,如以蒙古行永和成商号命名的永和成巷、牲畜行交易市场的牛桥街。这充分反映了包头三大行业发展对包头城镇化的推动作用。

注　释:

①蒙古笔贴式:是清代在各军、政机关中设置的低级文职官员,掌翻译、起草或办理蒙古、汉文奏章文书。

参考文献:

[1]张贵.包头史稿[M].呼和浩特:内蒙古大学出版社,2010.
[2]张贵.对清代包头"公行"的初探[J].阴山学刊,1991(1).
[3]包头市档案馆.包头历史文献选编[M].呼和浩特:内蒙古大学出版社,2008.
[4]包头市政协,包头市东河区文史委员会.东河文史:第二辑[G].包头:内部发行,1987.
[5]孙旻.包头工商业的九行、十六社[G]//包头市文史委员会.包头文史资料选编:第四辑.包头:内部发行,1983.
[6]包头市工商业联合会.包头工商史料[M].包头:内部发行,1990.
[7]张贵.包头皮毛集散地的形成和发展[J].阴山学刊,1993(2).
[8]小川久男.包头的皮毛店和皮庄[M].包头:包头市档案馆藏.
[9]云彦章.乌伊两盟各旗驻包办公处概况[M]//包头市民族宗教志编修办公室,包头市东河区文史委员会.包头蒙古族史料.包头:内部发行,1987.
[10]绥远通志馆.绥远通志稿[M].呼和浩特:内蒙古人民出版社,2007.
[11]刘恩锡,张立义.包头的皮毛店[M]//包头市地方志史编修办公室,包头市档案馆.包头史料荟要:第七辑.包头:内部发行,1980.

(原载于2014年第3期)

清前期归化城土默特地区土地所有权状况

——基于清前期蒙垦政策的考察

穆　俊

清代归化城土默特地区[①]位于内蒙古地区中部，处于农牧交错带的前沿，是内蒙古地区农业开发最早、经济最为繁荣的地区之一。因此，在清前期[②]蒙垦政策的影响下，归化城土默特地区的土地首当其冲被开发，其土地所有权也随之改变。从目前学术界的研究成果看，对本论题的研究并不丰富，主要集中在两个方面：一是对清前期归化城土默特地区土地使用分类的研究，如呼格吉勒的《论清朝前期呼和浩特·土默特地区土地的使用状况》(《内蒙古师范大学学报(哲学社会科学版)》，1992年第2期)；二是对清代归化城土默特地区土地开垦所产生问题的研究，如呼格吉勒的《清代呼和浩特·土默特地区的土地问题》(《内蒙古大学学报(哲学社会科学版)》，1992年第3期)、牛敬忠的《清代归化城土默特地区的土地问题——以西老将营村为例》(《内蒙古大学学报(哲学社会科学版)》，2008年第3期)。因此，本文旨在清晰地考察清前期蒙垦政策下，归化城土默特地区的土地所有权状况。

一、清前期的蒙垦政策

清前期，统治者对于蒙垦的态度，可以用“矛盾的政策、宽松的氛围”来概括。满清入关之初，历经战乱的蒙古草原，经济状况残败不堪。统治者为恢复蒙古地区畜牧业经济，对蒙古地区采取“封禁”政策，顺治十二年(1747年)曾下谕“各边口内旷土，听兵耕种，不得往口外开垦牧地”(《大清会典事例》卷166《户部·田赋·开垦一》)。

但至康熙八年(1669年)，“国家承平日久，生齿殷繁”(《绥远通志稿》卷38《垦务》)，统治者为扩大内地新增人口的生存空间，开始筹划开垦蒙地。一方面“谕令宗室官员兵丁，有自愿耕种口外闲地者，由都统资送，按丁拨给”(《绥远通志稿》卷38《垦务》)，另一方面鼓励蒙古人进行适当的耕种，并派“原任内阁学士黄茂等，前往教养蒙古”垦田(《清圣祖实录》卷191，康熙三十七年戊寅十二月丁巳条)。雍正即位后，颁布“借地养民”令，继续奉行康熙时期开垦蒙荒政策。探究雍正时期所面临的社会实情，这一举措具有深刻的现实意义。首先，雍正元年(1723年)，因“河南武陟等处七县，夏被旱灾，入秋又值黄水为害。……又山东泗水等十一县连年旱。……

直隶、山东、河南、连年歉收”(《清世宗实录》卷4,雍正元年二月乙卯条),出现大批流民,朝廷不得不把“直隶、山东、河南流民,有就食京师不能回籍者。著五城清查口数,资送回籍”(《清世宗实录》卷5,雍正元年三月丁酉条),为了缓解流民压力,鼓励出口垦荒。其次,雍正时期准噶尔部屡次反清,战事频繁,康熙时期,就感到“边外积谷,甚属紧要”(《清圣祖实录》卷153,康熙三十年十二月丁亥条),康熙三十四年(1695年)于归化城土默特地区“奏准,归化城添设粮庄十三所,于各庄头子弟及殷实壮丁内选充庄头,各给地十八顷,每庄岁征米二百石,由归化城都统征收,存本处旗仓”(《钦定大清会典事例》卷1196《内务府·屯粮》)。雍正一朝,统治者认为“喀尔喀地方,驻兵年久。每年由京城运送军粮,路途遥远,一时不及,恐兵丁至于乏食”,军粮成为西北用兵的当务之急,“雍正十三年六月,归化城都统丹津协办尚书通智等,奏请将土默特境内闲旷膏腴之地八处作为大粮官地,饬交地方征粮以备军食奉”(《土默特旗志》卷5《赋税》)。军用需求,是清前期归化城土默特地区土地被官方大规模征用的最重要因素。再次,因为“边外地方辽阔,开垦田亩甚多,将京城无产业兵丁,移驻于彼,殊为有益”(《清世宗实录》卷8,雍正元年六月辛酉条),以此来减轻中原人口压力,缓和社会矛盾。

除了以上因素,清前期,统治者为了维护满蒙联盟,赐予下嫁给蒙古王公子弟的满族公主大量土地,“康熙年间效纳公主地亩数约数千顷,数目未详,在归厅界”(《土默特旗志》卷5《赋税》),以示重视与抚恤。然而,蒙垦的益处,并没有动摇统治者对祖制的秉承,而且为了避免出口民人加入蒙籍,“将来俱为蒙古”(《清圣祖实录》卷250,康熙五十一年五月壬寅条),康雍两朝都曾采取限制内地民人出口的措施。如,康熙四十一年(1702年),“关口出入,多砍木烧炭之人,例由兵部给发关票,又造人数年貌清册,发守关官弁点验。近因不行确查,以致匪类混冒于口外地方,任意盗窃。请敕令领票头目将部领小票,并年貌册,俱编列字号。到官时,令该管官弁,照册验票,严查出入”(《清圣祖实录》卷208,康熙四十一年六月己卯条),对出口民人始行“印票制”。雍正时期,“种地民人,……不准带领妻子前往,……俟秋收之后,约令入口,每年种地之时,再行出口耕种”(黄可润《口北三厅志》卷一《地舆》),由此形成历史上著名的“雁行人”。从康熙实行银票制的初衷——“防盗”来看,形式上控制民人出关的数量,实际等于承认蒙垦的合理性。因此,在这种比较宽松的氛围下,内地民人大量出口垦种,仅山东一省“往来口外垦地者多至十万余”(《清圣祖实录》卷250,康熙五十一年五月壬寅条)。

清前期,统治者虽对内地民人出关持有一种矛盾心理,却采取了比较宽松的蒙垦政策。在这种大环境的影响下,归化城土默特地区的牧地被大规模开发。

二、清前期归化城土默特地区的土地开垦及后果

从上面的分析看，清前期，统治者虽然对蒙地的开垦持有一种矛盾心理，但是所采取的蒙垦政策还是比较宽松的。清前期，在军事储备和政治联姻的需要之下，归化城土默特地区土地被陆续开垦。统治者以赏赐、效纳、征用等手段，大量征用归化城土默特地区的土地，招民垦殖。表1列出这一时期归化城土默特地区土地开垦数量及名目。

表1　清前期归化城土默特地区土地开垦概况

土地名目	放垦时间	数量	土地数字来源
户口地	康熙年间	每兵5顷地	（清）贻谷《蒙垦续供》
公主府地	康熙年间	数千顷（民国）	《绥远通志稿》卷38上《垦务》
十三粮庄	康熙三十四年（1695年）	234顷（光绪）	《晋政辑要·杂赋十六》
大粮官地	雍正十三年（1735年）	4万顷	（光绪）《土默特旗志》卷5《赋税》
十家庄头地	雍正年间	600顷	《绥远通志稿》卷38上《垦务》
浑津、黑河二里官地	乾隆二年、七年、九年（1737年、1742年、1744年）	不详	（光绪）《土默特旗志》卷5《赋税》
长、泰、宁、善四里官地	乾隆二年（1737年）	1 903顷74亩	（光绪）《土默特旗志》卷5《赋税》
物、阜、民、安、上、下六里官地	乾隆二年（1737年）	3 254顷37亩	《绥远通志稿》卷38上《垦务》
安、兴、尊三里官地	乾隆二年（1737年）	1 118顷17亩	《绥远通志稿》卷38（上）《垦务》
时、和、年、丰、家、室、盈、宁八里官地	乾隆二年（1737年）	13 426顷1亩	（光绪）《土默特旗志》卷5《赋税》
十三庄头地	乾隆三年（1738年）	2 600余顷	《归化城厅志草稿·田赋，附户口》

清前期，宽松的蒙垦政策在使官垦蓬勃发展的时候，私垦也在归化城土默特地区暗中孕育，如“（乾隆）五年二月闭禁蜈蚣坝后私垦厂地案内，有雍正十三年民垦十七犋牛[③]地一段”（《绥远通志稿》卷38《垦务》）。

因此,在官垦与私垦的共同作用下,归化城土默特地区的土地在清前期被大量开垦,乾隆初年甚至达到“绥远已垦未垦地亩,在乾隆初即无确数”(《清史稿》卷120《食货志一·田制条》)。耕地面积的扩大,使得蒙古人赖以生存的牧地大规模减少,乾隆七年(1742年)就曾对归化城土默特地区的私垦严厉禁止,“今既称土默特两旗蒙古,并各喇嘛沙弼那尔等,牧厂不甚宽裕,且各扎萨克游牧处之民人蒙古及喀尔喀贸易之马驼牲畜,皆赖此牧放,若将草地陆续招垦,必致侵占牧所,于蒙古未便,仍当禁其耕种”(《清高宗实录》卷178,乾隆七年十一月丙辰条)。即使如此,乾隆八年(1743年),为了土默特蒙古的生计,统治者不得不下令清查归化城土默特蒙古地亩,“原有地亩、牧厂即典出田地,共七万五千四十八顷有奇。……除牧场地一万四千二百六十八顷有奇外”(《清高宗实录》卷198,乾隆八年八月上辛亥条),其余都为耕种地。

这一结果令统治者颇感震惊,蒙汉矛盾的升级,迫使统治者颁布严厉的“禁垦令”,乾隆十三年(1748年),“蒙古民人借耕种为由,互相容留,恐滋事端。嗣后蒙古部内所有民人,民人屯中所有蒙古,各将彼此附近地照数换给,令各归其地”(《大清会典事例》卷978《理藩院·户丁》),用以维护蒙古人生计与蒙古地区的稳定。

三、清前期归化城土默特地区的地权状况

清代蒙古地区,“蒙地没有现代意义上的所有权,土地不能买卖,无论蒙民和王公都不是所有权的法人代表,只是占有权的代表”[1](P346)。但是,对于归化城土默特地区,这种情况只适用于对蒙地采取“封禁”政策的顺治时期,随着康雍两朝的大规模开垦,土地所有权与使用权开始分离,归化城土默特地区的地权开始出现新的变化。

有清一朝,归化城土默特地区“尺地一民不能私为我有”(《土默特旗志》卷5《赋税》),统治者对其土地有直接控制权,土地最高所有权归属清统治者。就是在这种观念下,清前期归化城土默特地区的土地,在没有领主阶层干扰的情况下,才能够被大规模官垦。清前期,归化城土默特地区的土地所有权在国有化的前提下,各种名目的土地使用权分属于不同利益集团,土地所有权与使用权的关系也各不相同。由于清前期有关私垦资料的缺乏,在这里主要论述的是官地与公地,对私地暂且不做阐述。

(一)官地指的是国家机关所有地,是被清朝统治者看作国有土地而设立的地亩。自康熙、雍正年间到乾隆初年,朝廷以各种手段从旗公有游牧地内划拨和占用了大量的土地,这些土地成为国家直接利用的土地。清前期,作为国家直接利用开垦的归化城土默特地区的土地有以下几种。

驿站地。这是清政府最先划拨征用的土地。康熙三十二年(1693年),根据大

臣奏议在喜峰口、杀虎口、古北口、独石口、张家口设立五路蒙古台站,“庚辰,理藩院题,先经议政王大臣议奏喜峰口等五路添设驿站。奉上日此五路设站之事,于喜峰口至科尔沁、杀虎口至鄂尔多斯此二路先设,其三路明年再设。作何设立之处,俟来春议奏。今议于古北口至乌朱穆秦设立六站,独石口至蒿齐忒设立六站,张家口至归化城四子部落设立八站,此三路设立驿站悉照从前二路设立驿站之例”(《清圣祖实录》卷158,康熙三十二年二月庚辰条),经过归化城土默特地区的两路驿站是张家口和杀虎口。每一驿站以站为中心,划出周围40里的土地,专门供驿站和驿站官兵牧马及养膳之用,“既无薪饷,均恃地为生”(张穆《蒙古游牧记》卷6《内蒙古伊克昭盟游牧所在·鄂尔多斯》),驿站地使用权归驿站。

十三庄地。康熙十四年(1695年),清朝为了供应对付准噶尔的军用粮饷,用“跑马圈地”的形式在归化城土默特地区黑河流域圈占了大片土地,设立了“十三粮庄”,由清廷招徕汉民耕种,且“每年,土默特都统向每庄征米200石,储本处旗仓,供军需之用”(《晋政辑要》卷10),所以也称作“庄头地”或“旗兵米粮地”。大黑河流域的肥沃之土,给清廷带来丰厚的租赋,于是雍正年间又“奏给十家庄头地六百余顷”(《土默特旗志》卷5《赋税》)。庄头地由清朝交割庄头管理使用,由庄头统一交粮于都统衙门。

大粮地。直属清政府所有,所以亦称“大粮官地”。雍正朝至乾隆初,清廷对准噶尔的战争形势,使得庄头地的租赋远不足以供应军粮需要,于是雍正十三年六月(1735年)授意“归化城都统丹津、协办尚书通智等奏请,将土默特境内间旷膏腴之地八处,作为大粮官地,饬交地方征粮以备军食俸”(《土默特旗志》卷5《赋税》),就这样清廷在归化城土默特地区的善岱、西尔格、补退、什拉乌素、清水河、特穆尔昂力行、浑津、厂木哈克八处,共开垦大粮地“四万顷”(《土默特旗志》卷5《赋税》)。乾隆二年(1737年),又陆续丈放归化城厅、萨拉齐厅、托克托厅、和林格尔厅、清水河厅,“共放粮地二万一百五顷九十八亩”(《土默特旗志》卷5《赋税》)。大粮地由清廷招徕汉民耕种,由各厅代为征收军粮。

八旗马厂地。雍正末年乾隆初年,清朝对准噶尔的战线大大西移,清朝为缩短补给线,便有计划地把八旗军队向新建的绥远城移驻。“雍正年间,奏给右卫八旗马厂一段,在和厅内。”(《土默特旗志》卷5《赋税》)乾隆三年(1738年)又在大青山后的土默特蒙古牧地内设立了比右卫马厂更大的军用牧厂,称作绥远八旗马厂,“乾隆三年效纳绥远城八旗牧厂二万四千一十六顷五十亩”(《土默特旗志》卷5《赋税》)。八旗马厂地的使用权归八旗驻防官兵,此时土默特蒙古仍可在马厂内公共游牧,“其牧厂界内土默特蒙古亦准寄居”(贻谷《垦务奏议》)。

召庙地。是供召庙香火之资及寺僧养膳的土地。其来源一般有三种途径:“一是清朝政府和地方衙门赏赐的;二是蒙旗扎萨克王公和台吉等捐赠的;三是富有的牧民和庙丁捐献的。”[2](P13)由于各召庙大小不一,庙地的多寡也有区别,凡大的召庙都拥有数百至数千顷土地,一般的小庙亦有二三十顷土地。(《土默特旗志》卷6《召庙附记》)召庙地的使用权归寺庙所有,寺庙可招民人开垦,租赋不用交纳给国家。

除上述几种官地外,还有一种为朝廷私有的官地,即公主地。为了笼络蒙古王公和下嫁蒙古王公子弟的满族公主,便从公共游牧地中划出一部分土地“效纳”给公主府,“康熙年间效纳公主地亩约数千亩”(《绥远通志稿》卷38《垦务》)。公主府地的所有权属公主府所有,清政府或旗概不干涉,其地租一直由公主府直接收取,放地权和收租权都在公主府。

从驿站地、十三庄地、大粮地、八旗马厂地、召庙地这五类官地的征用、开垦、生产效益的归属看,作为国家征用的官地,所有权毫无疑问归国家所有,最终获益者也是统治者;实际使用权被分散给住于土地之上的使用者和管理者,但使用者和管理者没有改变土地用途的权力。由此可见,这时归化城土默特地区内的官地所有权,决定其使用权及使用方式。

(二)公地是指札萨克、王公、台吉等在归附清朝以前,除私有土地以外,还有任其属下人等自由放牧的广大土地,其所有主体既不是国家机关也不是私人,而是属于旗民全体组成的共同体。

蒙古地区的“户口地”(也被称为旗公有地)便属于这种类型。由于蒙旗“官兵当差并无奉饷”(《晋政辑要·杂赋九·归化厅大青山后各牧厂地租》),清政府在顺治七年(1650年)将旗地进行重新划分,“兵士五千名,弁兵无俸饷,马皆自备,均给田有差。每兵佚名,种地一顷,官弁递增”(《土默特旗志》卷7《职官考》),自耕代饷以维持生活。这种户口授田的制度,便成为清代蒙古地区最基本的土地占有制形式。这种土地占有制下的土地并非作为受封的封土自由地分配给扎萨克,而是朝廷规定了相应的标准。从“官弁递增”,可知当时的土地分配并不均匀。

最初“户口地”的所有权主体是清朝统治者,蒙古人持有的是一种占有权关系,没有处置权。但蒙古兵丁“且耕且牧,充当各路苦差”(《土默特旗志》卷4《户口》),后来逐渐放弃对“户口地”的耕种,“仍招民垦,收租以自养”(贻谷《蒙垦续供》)。清前期,基于这种情况,统治者实际上默认了这种蒙丁私自招垦的行为和对户口地的处置权,其实也就是默许蒙民对“户口地”的次级所有权,归化城土默特地区土地私有权开始萌芽。

四、结　论

清前期,由于统治者实行了比较宽松的蒙垦政策,归化城土默特地区的土地被大量官垦,其地权关系也开始产生变化,主要体现在归化城土默特地区土地所有权为国有化的前提下，统治者为了自身利益，开始对归化城土默特地区进行官垦，导致该区的土地使用权产生分化。在官地内，国有化的所有权对其使用权起支配作用，使得所有权分属于代表国家利益的不同集团，如驿站地的使用权归驿站官兵，十三庄地的使用权归代表国家行使管理权的庄头，并且这些利益集团在清前期没有随意处理官地使用权的权限。就公地使用权而言，最初只归蒙丁所有，但是窘迫的生活处境加之放宽的蒙垦政策，蒙丁开始把户口地的使用权转租给汉人，用以获利。而这种被蒙丁“转让”的土地使用权，实际是国家默认状态下的蒙丁对户口地的次级所有权，也就是私有权，土地私有制的萌芽开始在蒙古地区出现。

但是，也应该注意到，由于蒙垦政策的制定与实际实施过程中的矛盾，使统治者对蒙地的开垦持有一种保守态度，只是在归化城土默特地区一定范围内进行官垦，虽然私垦也在暗中悄悄进行，但是在清前期还不是很猖獗，这在一定程度上缓和了蒙古人对土地使用权的丧失的速度，保留了一定的牧地作为蒙古人的游牧地，保证清朝统治者对归化城土默特地区土地最高所有权不受侵犯。

注　释：

①清代归化城土默特地区，囊括今天内蒙古自治区的呼和浩特市市区、武川县、和林格尔县、托克托县、清水河县、土默特左旗以及包头市的土默特右旗。清前期归化城土默特地区之内，只设立了归化城厅、清水河厅、托克托城厅、和林格尔厅、萨拉齐厅。

②乾隆十三年(1748 年)，清政府发布了对蒙地的“禁垦令”，成为康、雍两朝宽松蒙垦政策的转折点，因此本文的“清前期”界定为顺治元年(1644 年)至乾隆十二年(1747 年)。

③犋牛：在清代是指土地数量，为晋北地区人计算土地数量的称谓，大约二三百亩土地称为一犋牛。

参考文献：

[1]王建革. 农牧生态与传统蒙古社会[M]. 济南：山东人民出版社，2006.

[2]呼格吉勒. 论清朝前期呼和浩特·土默特地区土地的使用状况[J]. 内蒙古师范大学学报(哲学社会科学版)，1992(2).

(原载于 2009 年第 2 期)

试论北方少数民族生殖崇拜的萨满教根基

色　音

中国少数民族中较常见的生殖崇拜现象往往和萨满教的性神秘观有关。在萨满教神话、仪式以及萨满教巫术操作过程中几乎都有一些与性有关的内容。在萨满教的观念中,性不仅仅是一种生理现象,而性器更不仅仅是一个简单的肉体器官,而是一个富有巫术力量的神秘器官。萨满教给性器赋予了神秘的巫术灵力。所以在萨满教观念中性器被笼罩在巫术的迷雾中。在萨满教看来,所有的生长和繁殖现象,都和性的神秘力量有关。下面我们举几例来谈一谈与萨满教密切相关的一些生殖崇拜习俗。

弗雷泽在谈到原始思维问题时指出:“(原始人)往往将复活植物的戏剧性表演同真正的或戏剧性的两性交配结合在一起进行,用意就在于借助这同一做法同时繁殖果实、牲畜和人。在他们看来,无论动物或植物的生命与繁殖,原理都是一个,并且是可分开的。”[1](P473)人体器官中的两种器官容易被纳入萨满教的生殖器崇拜体系中。一是男女性器,一是女性乳房。乳房作为除女阴之外的第二个女性生理特征早已被纳入了人类性崇拜观念中。如,原始岩画所表现的各种夸大了的乳房形状所表现出来的原初文化内涵就与生殖崇拜意识密切相关。而这种巨乳崇拜是一种古老的习俗。据鲁布鲁克的游记中记载,在13世纪的时候,蒙古人所居住的帐幕中“在男主人的头上,总是挂着一个像洋娃娃一样的用毡做成的偶像,他们称之为男主人的兄弟。另一个同样的偶像挂在女人的头上边,他们称之为女主人的兄弟。这两个偶像是挂在墙上的。这两个偶像之间的上方,挂着一个瘦小的偶像,这是整个帐幕的保护者。女主人在她的右边,在她的床脚一个显眼的地方,放一个塞满羊毛或其他的东西的山羊皮,在它旁边,放一个很小的偶像,面向她的仆役们和妇女们。在妇女这一边的入口处,还挂着另一个偶像,偶像身上有一个母牛的乳房,这是为挤牛奶的妇女们做的,因为这是妇女们的工作。在帐内男人的这一边,挂着另一个偶像,偶像身上有一个马的乳房,是为挤马奶的男人们做的。当他们聚在一起会饮时,他们首先把饮料洒在男主人头上边的偶像身上,然后依次洒在所有其他偶像身上”[2](P114)。

这种对动物乳房的崇拜习俗在部分蒙古地区的民俗活动中仍有遗存。近年有人在黑龙江省杜尔伯特蒙古族地区发现了两座额莫斯因·敖包(即女性敖包),一座在杜尔伯特旗后新屯贝子府南1公里莲花池畔，一座在东巴彦塔拉屯后岗。祭祀妇女敖包参加者必须是女性，用动物乳房做祭品。女萨满领祭，参祭者头向敖包，按圆形仰卧于敖包周围，片刻后，全体坐起，一阵狂笑，然后在萨满率领下围绕敖包跳古老的祭祀舞。[3](P198)很显然，这是一种在母权制文化背景下产生的古老信仰习俗，它不仅和萨满教密切相关，而且是一种以女萨满为首的女性王国之缩影。这类习俗在其他民族中也有。1984年，富育光先生在珲春县征集到一个鹰头女性裸体神偶，高50公分，双乳下垂如带，隆起的腹部及女阴清晰可辨，怀中还抱个女孩，正在哺乳。她原是何姓满族保留下来的生育女神——鹰神格格。平时密藏于神匣中不准拿出来，唯该姓女萨满为本姓妇女求子、求乳时才可请出来拜祭。[4](P73)黑龙江满族萨满哈连部也祭祀乳房神——奇莫尼妈妈。

北方民族萨满教中比较普遍的生殖崇拜习俗就是求拜"乌麦"神习俗。这一习俗在哈萨克、鄂温克、鄂伦春、达斡尔以及蒙古族中都有遗存。历史上突厥人、回纥人等北方民族先民们也都曾求拜过"乌麦"神。追溯这一神秘习俗的原型，其起源可能很早。据考证，在阿尔金湖(Altin - kol)黠戛斯碑铭中曾经出现了oumay一词。[5]此词在巴颜楚图克碑第38行、和硕—柴达木阙特勤碑东侧第3行及乌兰巴托附近出土的一块残碑上都出现过。据《突厥语辞典》的解释，oumay(乌弥)是儿童在母胎时的保护神，并引用了一句格言："谁敬信乌弥，谁就得子。"岑仲勉写作umai，认为古突厥人、回鹘人都曾信奉过，是一种保护儿童的女神。[6](P1107)在鄂尔浑叶尼塞碑铭文里也提到"乌麦"神。"乌麦"神在后世被看作是主司生育的女神和儿童的保护神。研究者认为，"乌麦"女神来自人们对胎盘的崇拜和信仰。又有的说，"乌麦"女神来自印度。"乌麦"女神在哈萨克民间的影响一直延续到相当晚近的时候，而且她的职能似乎也在不断地扩大着。[7](P99)

据鄂·苏日台先生《狩猎民族原始艺术》中所述，居住在呼伦贝尔盟陈巴尔虎旗鄂温克民族乡的鄂温克人，早年有以布或皮子缝制成蛇图腾加以崇拜的旧俗。狩猎鄂温克人的玛鲁神群体中有"乌麦"神(保护儿童的神)。求拜"乌麦"神也是狩猎鄂温克人萨满教中的一个仪式，"乌麦"被视为是儿童灵魂的图腾神。儿童患了病，被认为是儿童灵魂受惊吓飞离而去的结果，须请萨满求"乌麦"神，把儿童的灵魂找回来。请萨满者事先在其住所准备黑、白驯鹿各1只(或用犴)做牺牲。仪式须在夜间"撮罗子"里举行。先杀1只黑色鹿，谓请萨满去另一个世界请回"乌麦"时乘骑。萨满击鼓跳一阵后，将"撮罗子"内的篝火全部熄灭，然后来回跑，意为抓"乌麦"。后把火又重新点燃，叫大家看鼓面，如有小孩子的几根头发，意为"乌麦"已被请回了。患者如是男孩，其父赶快上前把头发抢到手，用洁布包好放在腋下；患者如是女孩，其母上前把头发抢到手，用洁布包好放在臀下，以为这样"乌麦”就再也飞不出去了。第二天要杀白色驯鹿祭拜“乌麦”神。

“乌麦”神偶的造型是先以桦木雕成小鸟的粗形体,以鸟形粗形体做内胎,在外面包缝一层板皮衣。翅膀及尾的制作,先拿一块板皮分别剪出翅膀及尾的大形,后用剪子在翅膀及尾形板皮下部剪出条穗来,分别缝在鸟的身体两侧及尾部上端,即成。再用墨绘出双眼及嘴的形状。到这时候从外观上看,“乌麦神”已经有了立体造型的基本特征了。有人把他们的以木雕做内胎,外包缝皮制神偶的历史时期,称之为北方狩猎民族立体造型艺术的“临盆期”,已经发展到了真正立体造型的艺术诞生的时刻了。[8](P1992)

“奥麦”崇拜,乃是蒙古萨满教中最为古老的崇拜现象之一。从语言学方面来说,蒙古语中的“奥麦”一词,具有洞口、穴、巢等含义。但在蒙古萨满教观念体系内,“奥麦”却并不是单指人体生理意义上的女性生殖器,而是专指具有生殖功能的母性生育器官而言。在蒙古人的观念里,总是把“黄金的奥麦”同母亲的养育之恩联系在一起。有一首古老的蒙古民歌,叫作《母亲的恩情》。在感怀母亲的养育之恩时,歌中如此唱道:

十月怀胎一朝分娩,黄金的奥麦今日开。母亲无奈受罪啊,养育之恩深似海。满身血污落了地,旁人厌恶都躲避。唯有母亲疼孩儿,双手抱起搂怀里。

《母亲的恩情》这首民歌,可以说是很好地表述了“奥麦”的准确含义。诚如歌中所言,所谓“奥麦”,即是专指母性的生殖器官及其生育活动。依据蒙古民间文学的特有手法,大凡对那些美好崇高的事物,往往用“黄金般的”或“金色的”等习惯用语来加以形容,以此表示其格外宝贵。蒙古人热情讴歌“黄金的奥麦”,当然是表达出了对女性生殖器及母性生育活动的真诚崇拜。

随着历史的发展,从蒙古萨满教“奥麦”崇拜中,又衍生出几种不同的变体来。例如,科尔沁地区蒙古人对“阿拉坦·锡尔古勒”的崇拜,便是“奥麦”崇拜的一种独特嬗变形式。所谓“阿拉坦·锡尔古勒”,其实是指多山地区天然形成的细长石洞而言。蒙古人认为,这样的石洞具有祛邪治病、祓除灾殃的神奇魔力。甘珠尔扎布博(萨满)说:“六位特尔斯苏德(叛逆者)将军又建起了九座阿拉坦·西日郭勒——用石头建成的房子,里面有个长洞,能治病。心诚的病人从洞中钻过,病就好利索了。心不诚的病人钻进去就会被夹死。”[9](P92)

有些地方的蒙古人,将“阿拉坦·锡尔古勒”石洞也称之为“阿拉坦·奥麦”,足见其对狭长石洞的特殊崇拜,是源于萨满教女性生殖器“奥麦”崇拜的。我们知道,原始萨满教信奉“万物有灵”。蒙古人认为,那些天然的狭长石洞,同女性生殖器有些相似,必然同“奥麦”一样具有神奇的法力。在前往朝拜嘎亥图村“阿拉坦·锡尔古勒”的信徒中,有相当多的已婚女子是来求育生子的。由此可知,蒙古人对狭长石洞的崇拜,确实是从“奥麦”崇拜中衍生出来的,二者有着内在的联系。

在北方阿尔泰语系民族中,“奥麦”崇拜乃是一种相当普遍的文化现象。在突厥语里，人们将主司生育或保护儿童的女神，称之为“乌麦”，有的民族则称之为“乌米”或“乌米雅”。不过，“乌麦”也好，“乌米”也罢，它们和蒙古语的“奥麦”本是同一个词语，其发音和含义都是基本相同的。

“乌麦”一词的原义是专指女性生殖器官，但随着历史的发展，许多突厥语民族的“乌麦”崇拜产生了很大变化。这就是：由原先的女性生殖器崇拜，逐渐演变为保护儿童与主司生育的女神崇拜。对此，韩儒林先生曾做出了正确的解释：“Umai（乌麦）为萨满教之‘小儿保护神’，阿尔泰山民族至今犹崇拜之。”[10]看来，现今突厥语中的“乌麦”一词，大抵只含有儿童保护神的这层意义，而原先专指女性生殖器的含义则已完全消失了。

在我国鄂温克和达斡尔等民族的萨满教中，也有对“乌麦”女神的崇拜。而且，以上两个民族所信奉的“乌麦”女神，恰恰也是保护儿童和主司生育的。这一点上和突厥语系各民族的“乌麦”女神完全相同。例如，巴图宝音先生在其《达斡尔族风俗志》一书中说：“斡咩巴日肯（保胎神），和汉族的子孙娘娘相似。”[11](P138)富育光先生在其《萨满教与神话》一书中也说：“‘乌麦’崇拜，在鄂温克族中保留比较突出。“乌麦”是保护婴儿生命安全的神，是白桦或落叶松制成的小雀。”[4](P74)然而，蒙古语中的“奥麦”一词，其演变轨迹却同突厥语系民族的达斡尔、鄂温克族不完全一样。在蒙古人那里，“奥麦”一词始终保持着专指女性生殖器官的原始含义，并没有演变成为主司生育和保护幼儿的女神。乌兰杰先生认为，由此可以推断突厥语系民族和达斡尔、鄂温克族的“乌麦”崇拜，原先恐怕也同蒙古族一样，均含有女性生殖器崇拜的意义，只是由于后来的发展演变，才最终失去了初始的这层含义。[12]在蒙古族民间，“奥麦”崇拜这一萨满教习俗已渗透到一般民众的民俗生产中，性崇拜的特征逐渐淡化，从而变成了民间生育习俗的有机组成部分。如，蒙古民间的“额恳奥麦·虚入过乐乎”（过，女阴之意）习俗就是一种表现“再生”的育儿习俗。

与女阴崇拜有关的另一种萨满教习俗就是北方民族中广为流传的崇拜柳树的尚柳习俗。契丹射柳仪、女真人的尚柳习俗以及满族民间的“佛多玛玛”祭和清宫中的柳枝求福仪等都和尚柳习俗有关。关于满族尚柳习俗的文化意义，学术界有两种代表性解释：一种观点认为，满族尚柳习俗是原始图腾制的遗存；另一种观点认为，该习俗是生殖崇拜的产物。近年，黄明在《满族“尚柳”习俗与生殖崇拜》一文中，用大量的证据否定了前一种说法，而肯定了后一种说法。[13]

首先，科研成果显示，被作为满族图腾的动植物有很多，诸如乌鹊、柳枝、野猪、鱼、狼、鹿、鹰、豹、蟒蛇、蛙等。如此繁多的图腾物与一个氏族一般只有一个图腾物是相悖的。其次，从图腾禁忌言，满族没有禁止砍伐柳树的禁忌，相反，“射柳”习俗在满族中也很流行，这又是“图腾说”无法解释的。另外，满族以乌鹊为图腾，接受者颇多，且满族有禁打乌鹊的禁忌。

所有这些都说明,主张满族“尚柳”习俗是一种图腾崇拜,不具有深刻的说服力。

生殖崇拜是人类在成长过程中所经历的一个必然阶段,是人类原始思维的一种表现。生殖崇拜是世界范围内普遍存在的一种现象,不仅外国有,中国也有;不仅汉族有,少数民族也有。它是原始状态下,人类对自然和社会的一种认识。

在原始社会,生产力水平极端低下,人们与自然、与野兽搏斗所依赖的就是人力。那时,人口的增长便意味着人与自然、人与野兽抗争的力量增加。因此,增加人力,提高人自身繁殖便成为原始社会发展的决定性因素。人类出于对生存的关注,遂产生了生殖崇拜。在所有的动、植物中,数人类的繁殖最为缓慢,也最为稀少。相对而言,植物的繁衍能力较强。因而,原始人便幻想自己能够像植物一样具有无限的繁殖力,故把人类自身繁衍不绝的希望寄托于植物身上,满族的“尚柳”便是这种观念的体现。郭沫若在《释祖妣》一文中就曾指出,祭祀植物是古人生殖崇拜的一种表现。

黄明认为满族先民之所以选择柳树作为崇尚物的缘由是柳树是满族先民集居区里较常见的树种,满族先民与柳树接触最多,关系也最密切,且柳树又是最易成活、最易生长的植物,繁衍能力最强,俗话说的“无心插柳柳成荫”便是一种写照。所以满族先民对柳树的旺盛生命力和极强的繁殖力很羡慕、很崇拜,便产生了柳树崇拜,幻想通过对柳树的崇拜把它的顽强的繁殖力转化到人的身上,使自己的生殖能力得以强化,以增加人口,增加人力,于是“尚柳”便与生殖崇拜发生了密切关系。

假如说“柳叶是女阴的象征”这一说法正确的话,我们把古代契丹等北方民族中流传射柳习俗也可以看作是一种男女交媾的象征性演示。因为,在北方民族中弓箭不仅是男子汉的象征,而且在某些宗教活动和民俗仪式中箭是男性阳具的象征物。这一点不仅从阴山岩画以及天山岩画等北方民族的岩画中得到证实,而且还有不少文献史料和活在民间的民俗资料可查。在阴山岩画和天山岩画的大多数表现射箭狩猎场面的岩画中,往往把箭和猎人的生殖器画在一条线上,甚至有些岩画中把二者合二为一。据研究证明,从生殖意义上说“箭是延长了的人的生殖器,阴山岩画中的狩猎者,手执弓背,勃起的生殖器就相当于或认同于弓箭”[14](P129)。这就说明,北方民族的先民们把阳具和箭看作同一种东西。这种混沌模糊的性器观念逐渐发生变化,将弓箭看作阳具的象征,后来使其更加抽象化的基础上出现了把弓箭看作男性之代表的较高层次的含蓄的象征符号。据文献记载,蒙古族在13世纪的时候已经把箭看作男性的象征物,“男性们走进一座帐幕后,绝对不能把他们的箭袋挂在妇女这一边”[2]。如果将箭袋挂在妇女特定位置旁,就意味着一种失礼或蕴含着无理提出性要求的意图。这种习俗的影响至今仍在民间生育习俗和婚姻习俗中有所遗存。如,各地蒙古族生育习俗中较普遍的生男孩门上挂弓箭的习俗可能与古老的生殖崇拜观念有关。这样,在蒙古族的观念中,箭和男性阳具之间的关系已经从画等号的直观认识阶段发展到以隐喻来表示的联想思维阶段。现今蒙古地区的民间情歌中,将男子性交的动作比喻为“像射箭一样”,可见民谣中把箭与阳具间的原始互渗关系描写成一种形象化了的同喻关系。实际上,这种用弓箭来象征男性阳具的文化习俗不只是蒙古族所独有的习俗。据考古学家和人类学家的研究,这一习俗在世界各民族中相当普遍。《天问》言:“浞娶纯狐,眩妻爰谋。何羿之射,而交吞揆之?”《离骚》说:“羿淫游以佚畋兮,又好射夫封狐。固乱流其鲜终兮,浞又贪夫厥家。”这两处记载文字大概本指同一件事情。关键是两处的“射”字,并非指一般的射箭,而是指性行为,所谓“纯狐”、“封狐”、“眩妻”,不是指大狐(动物)而是指可化身为美女的狐狸精。《楚辞·招魂》:“二八侍宿,射递代些!”钱锺书释此句:“几如‘妓围’、‘肉阵’。”[15](P631)这里的“射递代”显然指轮流交媾。弓箭,不仅是一种具有经济意义的狩猎工具,而且也是一个跨文化的性象征物。希罗多德记载:

玛撒该塔伊男子感到有性交需要时在妇女乘坐的车前挂上一个箭袋,他就可以不怕任何人在中间干涉而任所欲为了。[16](P107)

同样,《礼记·月令》也记载了中国上古祭祀生殖女神高禖的礼俗:

天子亲往,后妃帅九嫔御,乃礼天子所御,带以弓韦蜀,授以弓矢于高禖之前。

陈炳良先生指出:“不管天子所御的是他的后妃或是女祭司或圣妓,总之,一个实际的或象征的性爱行为就在神前举行。同时授弓矢这仪式也象征男女交媾。”[17](P95-96)在希腊神话中,爱神厄洛斯的箭百发百中,能唤起人们心中的爱情,连战神和太阳神阿波罗也不得不叹服道:“我的箭百发百中;可是——唉,有一支箭比我的箭更厉害,射中了我的心!我是主管医药的天神,我知道一切药草的性质。唉,可是我患的一种心病,却没有药可以医治!”[18](P124)由这则神话可以看出,在一定意义上,弓箭的射杀或猎食功能反而不如其作为性象征的功能来得重要。

根据原始思维的类比与认同的规律,只要两种事物之间存在着部分的相似性,就可以将它们的整体同化为同类现象。因此,我们可以说,在史前时期,弓箭与性的关系并非象征关系,而是一种直接的认同,这种直接认同的关系在阴山岩画的猎人图中体现得淋漓尽致。伊林·谢加尔说:“人为了造成箭,需要几千年。起初从弓上射出去的并不是箭,而是本来就有的投枪,因此弓在那时必须做得很大,像人那样高。”[19](P142)我们在阴山岩画中所见到的高于猎人的弓箭,显然是弓箭的早期形式,弓弦略去未画,猎人形体硕大,一手执长弓,一手下垂,双腿弯曲,其生殖器向上挺举,显然被大大夸大了,而且似有代替箭或者生殖器就被类比成箭的意味。盖山林先生写道:“在原始猎牧民看来,男子生殖器的大小,不仅是此人壮健与否的指示器,也是健美程度的测试物,持弓男子生殖器格外大,他一定是一位超凡的狩猎能手了。”[20]在阴山岩画中,男性生殖器与箭真正地成为同一件东西。不仅弓箭,投枪以及“刀与剑,也同样成为男性的象征,只有剑鞘才是阴性的象征;刀剑入鞘,就是阴阳结合”[21](P175)。总之,弓箭在远古文化中所具有的经济意义和性象征的含义已经是毋庸置疑的一个事实,而在远古文化的情境中,与弓箭密切相关的另一个性象征物则是太阳。[14]

通过以上的例子可以得知,在大多数民族的文化习俗中,箭往往作为阳具的象征物出现,这是毋庸置疑的历史事实。那么,柳叶是女阴的象征这一说法可靠的话,我们完全可以把契丹人的射柳习俗看作是一种交媾术的象征性演示。

除此之外,在北方民族萨满教中崇拜男性生殖器的习俗也较普遍。以蒙古族为例,在蒙古国古代和林城旧址附近的群山中,傲然矗立着一座相当别致的石雕。乌兰杰先生在《萨满教文化中的生殖崇拜观念》一文中认为那不是别物,恰是一支巨大的男性生殖器。[12]据说,顺着男性生殖器所指方向望去,人们便会发现,原来对面那座云雾缭绕的深山峡谷,竟酷似一个张开双腿仰卧的女人,其高高隆起的乳房、丰腴的肚皮以及夹在双腿之间的阴部,均清晰可辨。当地居民传说,由于这座天然的“女阴谷”,故使这一地区阴气旺盛,导致居民多患一种精神狂躁之症。后来,经过一位高明法师指点,特意在对面山上雕刻了这座男性阳具,才镇伏和舒解了“女阴谷”造成的阴气云云。

藏传佛教传入蒙古地区,同萨满教发生了激烈冲突。但男性生殖器崇拜观念并没有随之消失,只是蒙上了一层佛教色彩罢了;有些地区则出现了萨满教男性生殖器崇拜与佛教合流的现象。例如,在兴安盟科尔沁右翼前旗,滚滚南去的洮儿河畔,有一座宏伟壮观的庙宇建筑群,这便是闻名遐迩的格根庙(“文革”时期已被拆毁)。在该庙大雄宝殿飞檐上的一个装饰物,竟是一具栩栩如生的男性生殖器。令人奇怪的是,在藏传佛教寺院秘宗中,有关“欢喜佛”之类的“性内容”,多半是掩盖在帷幔之后,从不轻易示人的。这里为何却将男性生殖器堂而皇之地搬上了檐顶呢?

据当地老人讲,格根庙始建于清乾隆年间。当这座大雄宝殿落成之后不久,有一天竟轰然坍塌了。由于当时并没有发生强烈地震,其余建筑物均安然无恙,故使得喇嘛们惶惑不解。于是,他们便请来一位善观风水的方士。据这位方士观察,西北方向阴气旺盛而东南方向则阳气壅塞不畅,阴阳失衡导致了庙殿的坍塌。这位方士建议,在大雄宝殿西北方向的飞檐上装饰一具男根,以舒导化解阴气,格根庙的喇嘛们竟然采纳了这个建议。这便是那个男根上了庙宇飞檐的由来。蒙古人长年从事畜牧业生产劳动,人们从切身利益出发,对家畜的生育繁殖极为关心,“水草丰美、五畜兴旺”从来都是蒙古人的美好愿望。因此,他们采取各种办法来促使畜群繁殖成长。蒙古萨满教生育崇拜的一种特殊形式,便是通过表演动物(家畜)的性活动来体现的。例如,在科尔沁草原上流行的萨满教娱神舞中,有一个叫作“伊肯·翁古惕”的有趣舞蹈。萨满巫师为了召唤四处漂泊的公驼精灵,便利用其春季发情期某些特点,加以引诱。所谓“伊肯·翁古惕”就是“美女精灵”。在表演此舞时,美女旁边还要陪坐一位漂亮男性青年,双方对舞中有明显的性挑逗动作。因为,春季发情的公驼,往往怀有极强烈的性嫉妒情绪。据萨满巫师的解释,表演这种性感舞蹈,是为了激发公驼的性嫉妒意识,以便使其尽快前来追逐“美女精灵”。当然,在有些地方的“伊肯·翁古惕”则没有招引公驼之说,只是一个正面表现男女生育崇拜的舞蹈罢了。

我国北方游牧民族的萨满文化中,有着多种多样的生殖器崇拜及生育崇拜、求育生子的祭祀仪式。与此相适应,在萨满教歌舞中也有不少表现生殖器崇拜的舞蹈。再加上前面所介绍过的那些内容,构成一幅绚丽多姿的北方民族萨满文化生殖器的崇拜图。

萨满教观念中生殖崇拜之所以占如此重要的位置,主要有两个方面的原因:一方面,人们因不了解性行为、性器以及生育现象之间的关系以及性器官本身的生理奥秘,所以力图对其进行探索和解释。尽管萨满教对性和生殖现象的解释在现代人看来十分荒唐,但它毕竟是一种认真的思索行为,这说明人类已经开始思考人体自身的生命之谜。如,满族萨满教中关于柳树与生殖现象之间的关系的思考和解释就包含着双重的文化意义。具体而言,柳叶象征女阴,柳树本身则是一种生命树的代表。那么,什么叫生命树呢?据德国人类学家利普斯的《事物的起源》一书:“所谓‘生命树’观念,是类似人身巫术的另一例证。在这种情况下,人的命运是和一棵新栽的或选定的树联系在一起,树发生什么事,皆要落在人的头上。”[22](P332)柳树所具备的强大的生命力,是它与生殖现象间发生互渗关系的主要依据。满族先民通过各种民俗仪式和巫术操作等手段希望得到柳树的生命力和繁殖力能够传递给他们。从某种意义上我们可以说,满族萨满教中的“尚柳”习俗是一种将柳树的生命力和繁殖力传递到人类自身的一整套巫术操作仪式。另一方面,性崇拜和生殖崇拜产生于子孙繁衍和人口增加的迫切需要。就像俗话中所说的“性命交关”的观念已经得到确立,“性”现象和“命”现象开始被联系在一起了。

在萨满教习俗中求子求孙的愿望和人丁兴旺的愿望紧紧地交织在一起构成了一个完整的生殖崇拜文化复合体。在这一神秘的文化复合体中赤裸裸地表现和赞颂了性器的灵力和生殖行为的伟大之处。在萨满教生殖观念来看性不是什么值得羞耻和躲躲闪闪的见不得人的东西,所以根本不需要那些文明的文学字眼点缀。在萨满教观念中性就是一种值得崇拜的力量,是一种具有强大的繁殖能力的神秘力量。随着历史的发展和社会的进步,萨满教的单纯、质朴的性崇拜和生殖器崇拜观念逐渐发生变化,已从赤裸裸的生理现象之崇拜转向了对更高层次的社会力量之崇拜——祖先崇拜。如,在满族民间和清宫的背灯祭中生殖崇拜和祖先崇拜已融为一体。这种结合不仅没有淡化生殖崇拜所固有的神秘性，而且还变得更加诡秘了。生殖崇拜和祖先崇拜相结合之后，生殖器的价值已大大超出它的生理价值，人们更加注重性在子孙延续上的社会价值了。这说明原始自然的性崇拜观念已被纳入正统、高雅的文明体系中，完成了人类性观念的一次本质的飞跃。从此，生殖崇拜和祖先崇拜两种现象紧密地结合在一起，在萨满教的宗教仪式以及民间的祭祖、结婚、生育等民俗仪式中既可以连带出现，又可以分别出现；既可以叠加其功能，又可以交替发挥作用。二者之间不是对立的，而是一种互补的关系。在北方民族萨满教的后期发展中，生殖崇拜和祖先崇拜往往是结伴而行、共同显现的。在生殖崇拜和祖先崇拜这两种文化现象之间性器这一灵力无比的小小的生理器官搭起了一座无形的大桥。

参考文献：

[1]詹·彦·弗雷泽.金枝：上卷[M].北京：中国民间文艺出版社，1987.

[2]道森.出使蒙古记[M].北京：中国社会科学出版社，1983.

[3]波·少布.黑龙江蒙古研究[M].哈尔滨：黑龙江省民族研究所，1990.

[4]富育光.萨满教与神话[M].沈阳：辽宁大学出版社，1990.

[5]杨富学.古代柯尔克孜人的宗教信仰[J].西北民族研究，1997(1).

[6]岑仲勉.突厥集史：下册[M].北京：中华书局，1958.

[7]毕木寻.哈萨克民间文学概论[M].北京：中央民族学院出版社，1992.

[8]鄂·苏日台.狩猎民族原始艺术[M].海拉尔：内蒙古文化出版社，1992.

[9]白翠英，等.科尔沁博艺术初探[M].通辽：哲里木盟文化处，1986.

[10]韩儒林.读阙特勤碑札记[M]//林干.突厥与回纥历史论文选集.北京：中华书局，1987.

[11]巴图宝音.达斡尔族风俗志[M].北京：中央民族学院出版社，1991.

[12]乌兰杰.萨满教文化中的生殖崇拜观念[J].民族文学研究，1995(1).

[13]黄明.满族"尚柳"习俗与生殖崇拜[J].民俗研究，1994(2)..

[14]户晓辉.岩画与生殖巫术[M].乌鲁木齐：新疆美术摄影出版社，1993.

[15]钱锺书.管锥编：第2册[M].北京：中华书局，1979.

[16]希罗多德.历史[M].王嘉隽，译.北京：商务印书馆，1959.

[17]陈炳良.从采苹到社祀[M]//陈炳良.神话·礼仪·文学.台北：台北联经出版公司，1985.

[18]丰华瞻编译.世界神话传说选[M].北京：外国文学出版社，1982.

[19]伊林·谢加尔.人怎样变成巨人[M].北京：三联书店，1950.

[20]盖山林.中国草原岩画与古代猎民的生命意识[J].美术史论，1992(2).

[21]哈里·卡纳.性崇拜[M].方弘智，译.长沙：湖南文艺出版社，1988.

[22]利普斯.事物的起源[M].成都：四川人民出版社，1982.

（原载于1999年第3期）

敕勒族及其建立的高车国的宗法统治

廖　杨

一

敕勒是魏晋南北朝时期活跃在我国北部和西北地区的一个少数民族，属阿尔泰语系突厥语族。敕勒之名最早见于《晋书》。《晋书·北狄传》记晋太康年间（公元280—289年）入居塞内的19种部落中即有“赤勒”。赤、敕同声异形，赤勒当即敕勒。《晋书》谓前燕光寿元年（公元357年）慕容俊曾遣慕容垂等“讨丁零、敕勒于塞北”，其后又云：“塞北七国贺兰、涉勒等皆降。”此“涉勒”亦当为敕勒。《魏书》《北齐书》《周书》及《北史》等史籍对敕勒亦有记载，而且《魏书》还将敕勒之名与古代的赤狄、丁零及北朝出现的高车等名联系起来。《魏书》卷一〇三《高车传》云：“高车，盖古赤狄之余种也。初号为狄历，北方以为敕勒，诸夏以为高车、丁零。其语略与匈奴同，而时有小异，或云其先匈奴甥也。”但《魏书》卷一〇三原缺，后系宋人据《北史》卷九八《高车传》补成。①

虽然有的学者对《魏书·高车传》记载的内容有理解上的不同，但多数学者认为《北史》《魏书》将赤狄、狄历、丁零、敕勒及高车并称，是由于不同时期操不同语言的人对同一名称译音不同所致。[1](P2-7)据研究，狄历、丁零、敕勒、高车及铁勒诸名，是古代各族人民对阿尔泰语系突厥语族的民族的统称或泛称，只是在特定的历史时期和一定的历史条件下，有的名称才是专指或为其中一部分。其中，赤狄是春秋时期汉文史籍对该族的称谓；狄历是该族的自号；丁零是很早以来汉族对他的称谓；敕勒是西晋初年以后塞外各族对他的称谓；高车则是汉化了的鲜卑人及北朝汉人对他的称谓。南北朝时期，北朝人只把十六国之前迁入内地居住的敕勒人称为丁零，其余则称为高车或敕勒；南朝人则不加区分，他们把北朝人所称的高车、敕勒或丁零人统称为丁零。[1](P7-8)这样看来，敕勒、铁勒及高车诸名只是名异而已，其族源及族体与先秦时期的赤狄或狄历有着密切的关系。

敕勒、铁勒及高车既与丁零是异名同族，那么，古代丁零的历史亦当为敕勒、高车的早期历史。丁零之名始见于《史记·匈奴列传》：匈奴冒顿单于“后北服浑庾、屈射、丁零、鬲昆、薪犁之国”。战国以来，居住在中原北部的诸狄逐渐融于华夏族。秦汉时期，只有居住在匈奴之北、贝加尔湖一带的一些部落仍被称为狄，当时或译作丁零。据元人耶律铸《双溪醉隐集》卷五《丁零》诗自注,“丁零”古音读作“颠连”,或其自号为狄历。丁零长期受匈奴统治并为其提供兵力。根据《史记·匈奴列传》之推测,匈奴征服丁零约在公元前3世纪末。[2](P25-54)或可说明此前丁零已居住在匈奴北边。《汉书·苏武传》云:苏武出使匈奴而被匈奴置于北海牧羊,时有“丁令盗武牛羊”。《山海经》卷一八《海内经》亦载:“北海之内有山名幽都之山……有钉灵之国,其民从厀已下有毛,马蹄善走。”此丁零、钉灵或为丁零之异写,北海或即贝加尔湖。这些记载表明,丁零的原始居地可能是在现今贝加尔湖一带。

三国时期,丁零分为北丁零和西丁零,后者已迁居到康居北。《三国志》卷三《魏书》注引《魏略·西戎传》谓西丁零在“康居北”。三国时的康居在乌孙西,位于现今锡尔河流域,其北当在今阿尔泰山山脉西端北部的额尔齐斯河西一带。但是,丁零的主要部分仍在贝加尔湖及其西一带。这在前苏联考古发掘的资料中可以看到一些证明。[3](P86-88)因此,丁零的原始居地应在现今贝加尔湖及其以西,直到今锡尔河北部一带。最早与我国内地发生联系且其关系最为密切的应是游牧于贝加尔湖一带的西丁零。[4](P48-50)十六国时期,高车南迁。部分北丁零人随之逐步南迁到鹿浑海(一般认为即今鄂尔浑河)一带,或有部分进入漠南河套、阴山、陕北、晋北、冀北一带,有部分高车部落还南迁到河西北部。[5](P251-252)

由于高车部落的南迁,人们对高车有了较多的了解。《北史》卷九八《高车传》云:“其迁徙随水草,衣皮食肉,牛羊畜产,尽与蠕蠕同。唯车轮高大,辐数至多。”《魏书》卷一〇三《高车传》记载亦同。这既反映了高车的得名由来,又说明其社会经济与柔然等北方游牧民族一样同为游牧或畜牧业经济。

对于高车社会的内部情况,《北史》及《魏书》中的《高车传》均谓其有“六种”“十二姓”。高车“六种”即狄氏、袁纥氏②、斛律氏、解批氏、护骨氏和异奇斤氏。高车“十二姓”即泣伏利氏、吐卢氏③、乙旃氏、大连氏、窟贺氏、达薄氏④、阿仑氏⑤、莫允氏、俟分氏、副伏罗氏、乞袁氏及右叔沛氏。高车的“六种”及“十二姓”可能仅是当时中原人所能了解到的种姓和部落。实际上,散见于南北朝史籍中的敕勒(高车)种姓、部落还有丁零的翟氏、鲜于氏、路氏以及屋引氏、斛斯氏、豆陈氏(部)、阿铁氏、贺拔氏和阿史那氏(突厥)等等。斛斯氏原名斛粟氏,或即《隋书·铁勒传》之斛薛氏;阿跌氏魏时可能改为跌氏(或蛭氏),亦即《旧唐书》卷一九九下《铁勒传》之阿跌部;贺拔氏又作斛拔氏,《周书》卷一四《贺拔岳传》云:“先是铁勒斛律沙门、斛拔弥俄突等并拥众自守。”此言斛拔为铁勒,当知贺拔氏亦应为敕勒。[1](P34-38)

关于《魏书》及《北史》均将高车“六种”及“十二姓”分开叙述的原因,学者们多有论述,但意见分歧较大。有的学者认为高车原有6种,后又发展了12姓,或谓我国史籍先发现并记载了6种,后又记载了12姓;[6](P111)有的学者认为高车6种"除内附者外,后来多附突厥,所谓敕勒、铁勒,似仅限于此类部落。然此"皆非高车之本族也……是为高车十二姓,与前此所举之诸客部有别"[7](P103-105);还有的学者认为,我国文献中的种和姓的用法似乎没有什么严格的区别。不论是高车"六种"还是高车"十二姓",都是《北史》《魏书》记载当时所知的高车氏族、部落的称谓。这种称谓亦即他们氏族、部落的名称姓氏。[1](P40)[5](P252)魏晋时期敕勒、高车种姓繁多并以高车之名统属,至少说明这一时期的高车各种姓已处于部落联盟阶段。《魏书》及《北史》中的《高车传》均谓高车"无都统大帅,当种各有君长。为性粗猛,党类同心,至于寇难,翕然相依"。高车各种姓的"党类同心",似可说明此时的高车还没组成一个集中统一的政权机构,但其已出现向初期国家过渡的端倪。

二

公元4世纪末,拓跋鲜卑兴起后征服了漠南、阴山一带的高车,漠北的高车部落亦曾为其劫掠。《魏书》卷二《太祖纪》云,登国五年(390年)春三月甲申,"帝西征,次鹿浑海,袭高车袁纥部,大破之,虏获生口、马牛羊二十余万";又云天兴二年(399年)二月丁亥朔,拓跋珪"破高车杂种三十余部,获七万余口,马三十余万匹,牛羊百四十余万"。同时,漠北柔然的兴起,使高车也成为其征服掠夺的对象。北魏太和九年(485年),柔然可汗予成死后,其子豆仑即位。当时的柔然在北魏多次大规模的进攻下,已渐衰弱,故《魏书·高车传》说:"蠕蠕乱离,国部分散。"但《魏书·蠕蠕传》说,豆仑仍于公元485年和486年侵扰北魏边境,并于485年诛杀劝其通和北魏的大臣石洛侯,且夷其三族。公元487年,豆仑再次侵扰北魏边地。敕勒副伏罗酋长阿伏至罗等"固谏不从,怒,率所部之众西叛,至前部西北,自立为王",建立了高车国。值得注意的是,《魏书》卷四上《世祖纪》谓太延二年(436年)八月甲辰,"高车国遣使朝献"。但此时阿伏至罗还没有从柔然中分离出来,此高车国或指高车其他部落,或系高昌国之误。由于该年北魏已遣使六辈出使西域,故高昌遣使不是没有可能。[1](P45)

阿伏至罗及其从弟穷奇在车师前部(今新疆交河故城一带)自立为王时,"国人号之曰'侯娄匐勒',犹魏言大天子也。穷奇号'侯倍',犹魏言储主也。二人和穆,分部而立,阿伏至罗居北,穷奇在南"。《魏书》卷一〇三《高车传》的这一记载基本上反映了高车国的政治组织形式,即其有大天子和储主等主要统治者。此外,《北史·高车传》说它可能还仿柔然官制而设"莫何去汾"诸官。据《魏书》卷六九《袁翻传》记载,高车国内"种类繁多"。有的学者认为高车国事实上不过是处于军事部落联盟向早期国家过渡的阶段而已。[1](P45)但亦有学者认为:"高车政治为部落状态,各部有酋长,然高车部落最多,其大部落固俨然一国度也。""按高车部落之大者至数十万，曰‘自立为王’，可见其部落中当亦有严密与诸多阶层之组织也。”[8](P53-68)史料阙如，使我们难以详知敕勒族所建立的高车国宗法统治的详细情形。但从其与柔然具有相似的游牧或畜牧业经济及其仿柔然官制的政治组织形式来看，其氏族血缘组织与初期国家行政、军事组织相结合的宗法统治当亦存在。根据《魏书》卷一〇三《高车传》记载，高车“十二姓”之十姓副伏罗氏“阿伏至罗与从弟穷奇俱统领高车之众十余万落”，“阿伏至罗又残暴，大失众心，众共杀之，立其宗人跋利延为主。岁余，哌哒伐高车，将纳弥俄突（指穷奇之子），国人杀跋利延，迎弥俄突而立之”；“阿伏至罗长子蒸阿伏至罗余妻，谋害阿伏至罗，阿伏至罗杀之”。说明其家族意识较为明显。

事实上，敕勒族建立的高车国不仅可能具有氏族血缘组织与初期国家行政、军事组织“三位一体”的宗法统治形式，而且还可能接受汉文化并向封建化过渡。《魏书》卷一〇三《高车传》称，早在北魏太祖拓跋珪统治时期，“高车侄利曷莫弗敕力犍率其九百余落内附，拜敕力犍为扬威将军，置司马、参军，赐谷二万斛。后高车解批莫弗幡豆建复率其部三十余落内附，亦拜为威远将军，置司马、参军，赐衣服，岁给禀食”。该书同传还载：“经数年，哌哒听弥俄突弟伊匐还国。伊匐既复国，遣使奉表，于是诏遣使者谷楷等拜为镇西将军、西海郡国公、高车王。……越居子去宾子蠕蠕来奔，齐献武王欲招纳远人，上言封去宾为高车王，拜安北将军、肆州刺史。既而病死。”《北史》卷九八《高车传》云，拓跋焘统治时期，“高车诸望军而降者数十万落，获马牛羊亦百余万，皆徙置漠南千里之地。乘高车，逐水草，畜牧蕃息，数年之后，渐知粒食，岁致献贡”。《资治通鉴》卷一二一《宋纪三》“宋元帝元嘉六年十月条”补充说：“魏主还平城。徙柔然、高车降附之民于漠南，……使之耕牧而收其贡赋……”高车建国前的这些部落的汉化与其内附有关。无论是《魏书·高车传》中所说的伊匐之弟杀兄还是其子杀叔式的自立继位，都未超出同一家族或宗族内的父死子继或兄终弟及的父系权力传递和宗法血缘继承范围。

高车国建立后的汉化，基本上是通过这种降服内附的方式。根据《北史》卷九八《高车传》的记载，北魏太和十二年（498年），北魏高祖拓跋宏“召高车之众随车驾南讨，高车不愿南行”，拓跋宏“诏平北将军、江阳王继为都督讨之，继先遣人慰劳树者。树者入蠕蠕，寻悔，相率而降”。公元533年，高车国率十余万户降附于高欢。《北史》卷六《齐本纪》及据《北史》卷六《齐本纪》所补成的《北齐书》卷一《神武纪》中所说的“阿至罗虏”即高车国。《魏书》卷一二《孝静帝纪》云“阿至罗国主副伏罗越居子去宾来降”，或可为证。这种降服内附多与北朝对其封赐有关。《魏书·高车传》和《北史·高车传》中不乏记载。《北史·高车传》谓高车斛律部帅倍侯利被蠕蠕社仑召集亡部击溃后，“倍侯利遂奔魏，赐爵孟都公。……（倍侯利）善用五十蓍筮吉凶,每中,故得亲幸,赏赐丰厚,命其少子曷堂内侍。及倍侯利卒,道武惜之,葬以魏礼,谥曰忠壮王”。东魏兴和三年(公元541年),高车国为柔然所灭。亡国后的高车余部似乎仍居于原处。公元546年,居于金山南面与高车近邻的突厥强盛起来,击破高车余部,降其众五万余落。这些内附或降附的高车人或入内地汉化,或为突厥统治,其结果可能均由宗法奴隶制向宗法封建制过渡或转化。

三

亡国后的敕勒族的宗法统治情况,因文献阙如已难详考。但从与之同源的突厥族的宗法统治状况来看,古代北方游牧民族宗法奴隶制向宗法封建制的过渡或转化情形,在突厥汗国统治下的敕勒族或铁勒族社会中当亦存在。突厥族本是铁勒或敕勒之一支,或谓突厥即铁勒。[9](P291-293)突厥族的宗法统治如同匈奴族的宗法统治一样,亦建立在流动和分散的游牧经济基础之上。“因辖境辽阔,故将统治地区划分为三个部分,除可汗汗庭是政权的首脑部,是政治中心外,还将其他地区划分为东西二部,每部置一‘设’(Sad,典兵武官)领兵驻扎,以进行统治。”“东西二部之间,今鄂尔浑河一带,即可汗的汗庭所在(通常设在于都斤山)。可汗有自己直属的部众,并亲临战阵,‘设’所领的部众归可汗管辖。”[10](P153)有关突厥族的宗法统治状况,《旧唐书》和《新唐书》中的《突厥传》有所记载,限于篇幅,此不引述。

突厥汗国实行宗法分封,可汗“分封的不仅是牧场,而且连同牧场的牧民,这样,突厥可汗与子弟们就能协力来统治这个汗国”[11](P149)。因此,牧民便成了突厥汗国的主要社会生产者。这个汗国的牧民包括突厥族的牧民和突厥汗国国内铁勒族各个部落的牧民,但主要是铁勒族各部的牧民。《旧唐书·突厥传》谓:“至则天时,突厥强盛,铁勒诸部在漠北渐为所并。”牧民与牧主通过牧场发生关系:牧民由于使用牧场而依附于牧主,牧主则对牧民进行封建剥削。但是,此时的游牧民族宗法封建制还带有宗法奴隶制的特点。“突厥汗国的社会制度是封建性的,但是,在游牧封建社会中仍存在着奴隶,这是突厥汗国的封建社会的一个特征。这些奴隶处于社会的最下层,受到的剥削最重。奴隶主要来自战俘以及伯克的妾和妾生的子女。他们从事家务劳动以及突厥人不屑为的农耕和手工业。”[11](P152)此外,突厥社会中还盛行贵族(伯克)庇荫女婿和同族贫苦牧民的荫客制度(Clientele)。“这种庇荫关系对伯克有利。被庇荫的佃客替伯克做工,除食住外,甚至有权分得伯克的财产,而被庇荫的女婿则可以得全部嫁妆。这些佃客绝大部分来自黑民。”[11](P152)说明突厥汗国的政权统治带有游牧民族宗法奴隶制向宗法封建制过渡和转化的文化特征。

综前所述,敕勒族及其建立的高车国的政权统治,具有北方游牧民族宗法文化的特征,其氏族血缘组织与初期国家行政、军事组织相结合的宗法统治当亦存在,而且还可能接受汉文化并向封建化过渡。亡国后的敕勒族又被纳入到与之同源的突厥族的宗法统治之中。

注 释:

①《北史》卷九八《高车传》载:"高车,盖古赤狄之余种也。初号为狄历,北方以为[敕勒,诸夏以为高车、丁零。]"诸本《北史·高车传》此句中的"北方以为"后脱"敕勒,诸夏以为"六字,中华书局标点本据《通典》卷一九七及《通志》卷二〇〇《高车传》补此六字。

②诸本及《北史》卷九八《高车传》中的"袁纥氏"作"表纥氏",但《北史》卷一《太祖纪》《魏书》卷一《太祖纪》及《魏书》卷二《太祖纪》中的"登国五年三月"见有"袁纥部",《太平御览》卷八〇第一三五五五页亦作"袁",故中华书局标点本据《太平御览》改"表纥氏"为"袁纥氏"。"袁纥"即(隋书)卷八四《铁勒传》之"韦纥"及唐代之"回纥"。

③《通典》卷一九七及《通卷》卷二〇〇《高车传》中的"吐"作"叱",但《册府元龟》卷九五六第一一二五三页及《太平御览》卷八〇第一三五五五页均作"吐",而《魏书》卷一一三《官氏志》有"叱卢氏",故中华书局标点本疑"吐"为非而作校勘记。

④《魏书》《通志》中的"达薄"下有"干"字,但《魏书》卷一一三《官氏志》有"达勃氏,后改为褒氏",而《北史》卷五八《齐炀王宪传》谓"宪所生达步干氏,蠕蠕人也",故据《北史》所补的《魏书》卷一〇三《高车传》记为"达薄干氏"。

⑤《魏书》卷一〇三《高车传》记作"阿崘氏"。

参考文献:

[1]周伟洲. 敕勒与柔然[M]. 上海:上海人民出版社,1983.

[2]林幹. 突厥与回纥历史论文选集(1919—1981):上册[G]. 北京:中华书局,1987.

[3]蒙盖特. 苏联考古学[M]. 北京:中国科学院考古研究所,1963.

[4]吕光天,古清尧. 贝加尔湖地区和黑龙江流域各族与中原的关系史[M]. 哈尔滨:黑龙江教育出版社,1998.

[5]杨建新. 中国西北少数民族史[M]. 银川:宁夏人民出版社,1988.

[6]内蒙古大学古史研究室. 中国古代北方各族简史[M]. 呼和浩特:内蒙古人民出版社,1979.

[7]冯承钧. 高车之西徙与车师鄯善国人之分布[G]//林幹. 突厥与回纥历史论文选集:1919-1981:上. 北京:中华书局,1987.

[8]王日蔚. 丁零民族考[J]. 史学集刊,1936(2).

[9]杨圣敏. 突厥即铁勒考[G]//王宗维,周伟洲. 马长寿纪念文集:纪念马长寿教授诞辰85周年逝世20周年. 西安:西北大学出版社,1993.

[10]林幹. 中国古代北方民族通论[M]. 呼和浩特:内蒙古人民出版社,1998.

[11]项英杰,等. 中亚:马背上的文化[M]. 杭州:浙江人民出版社,1993.

(原载于2003年第6期)

五当召及其在内蒙古历史上的地位

姚桂轩　翟　文

出包头市区向东北方向行约五十公里，在连绵起伏的阴山深处，有一座规模宏大的全藏式喇嘛庙宇，这就是五当召。它名播海内外，是内蒙古西部最大的喇嘛寺，与西藏的布达拉宫、青海的塔尔寺并称喇嘛教三大名寺。五当召庞大的古建筑群坐落在优美的自然环境之中，“层峦耸翠，溪涧传声，背阴向阳，川达西东，地常湿润，草木茵蕴，麋鹿逐水草而悠然，牛羊随山川而得所，入其中者，恍若世外桃源”。历来受徒众朝拜而香火旺盛。蒙古族群众对五当召的信仰程度不亚于藏族群众对布达拉宫的虔诚。

在宗教派别上，内蒙古与西藏的喇嘛教一脉相承，从明朝永乐以后，尊以宗喀巴为首改革创建的格鲁派（即黄教）为正统，五当召亦属于格鲁派寺院。寺内供奉宗喀巴圣像，与西藏始终保持着密切的联系，故而五当召有蒙古、藏、汉三个名字。“五当召”是它的蒙古名，“五当”蒙古语是柳树的意思，“召”就是寺庙。据说当年五当召所处之地柳树繁茂，名叫柳树沟，庙因地而得名；“巴达格尔”是它的藏名，意为白莲花，除了有一个美好的传说①外，还因庙宇附近曾有许多野生的芍药花，由此得名；“广觉寺”是它的汉名，系清乾隆二十一年（1756 年）由乾隆皇帝亲赐。

五当召的大小殿宇、经堂、僧舍约有两千五百余间，占地约三百亩，分布在三华里长的山坡上。它的建筑布局没有采用通常围墙院落式的寺院组合，而是以主要建筑物为核心组成比较大的建筑群，其余房舍则不规则地错落在山坡和山脚下，各自又形成单独系统，均为清一色的藏式结构。这种独特的组合方式，为内蒙古所仅有。它的落成先后大约用了四十年。（王纪平、孙振远《塞外名寺五当召》）新中国成立前，由于五当召相对集中了内蒙古功底较深的喇嘛，设有类似神学院的佛学机构，在政治上曾得到历代统治阶级的重视和支持。此外，在内蒙古，喇嘛教有一个比较完整的体系，它对于蒙古族的影响不仅表现在宗教上，还涉及到教育、思想、民俗、医学等方面。蒙古族喇嘛作为知识阶层的组成部分，新中国成立前对蒙古族俗民一直居于指导地位。所以自它建庙之日，就在内蒙古地方史上占有一定的地位，并以其特别的地位对内蒙古西部的宗教、文化、艺术、政治、经济，产生过相当程度的影响。

一、五当召是清朝政治的产物

在清兵入关以前，清太宗皇太极为征服蒙古左翼察哈尔林丹汗，于天聪六年（1632年）进驻归化城（今呼和浩特市）。并利用早已与之建立联系的蒙古上层喇嘛，劝说驻守归化城的蒙古右翼土默特部首领“俄木布与其头目托博克、古禄格、杭高等率众降，诏居守之”（祁韵士《皇朝藩都要略》卷一《内蒙古要略一》）。皇太极为保存实力，以期实现其入主中原之目的，决定采取拥护喇嘛教的政策。这样做，一方面表明，清朝统治者承认信奉黄教的土默特部贵族的利益；另一方面，又可以使土默特部贵族以正统的身份出现，替自己消灭察哈尔林丹汗的残余力量。皇太极的这项政策取得了极大的成功，由此确定了清政府在内蒙古的统治，并使这些蒙古王公在日后夺取全国政权的斗争中，成为自己得力的助手。为了表示清朝统治阶级与喇嘛教的亲密关系，皇太极于崇德十三年（1640年）命令扩建归绥城内的大召（初建于明代蒙古土默特部阿拉坦汗时期），赐名无量寺，同时还赐予“万寿无疆”金牌一块，由大召供奉，表明皇权与教权正式结合。清顺治八年（1651年），西藏达赖五世罗桑嘉措汗佛接受顺治皇帝的邀请，从西藏赴京途中，到归绥大召和席力图召（初建于明代阿拉坦汗之子黄台吉时期）进香取经。由于这两座寺庙的宗教地位得到政界和宗教界最高统治者的承认，后来人们对寺庙建设就逐步重视起来，掀起顺治年间第一次建庙高潮。到了康熙年间又有过第二次，雍正、乾隆年间又有过第三次建庙高潮。五当召就是第三次建庙高潮的产物。在清朝初期建筑的基础上，于乾隆十四年（1749年）大规模扩建，乾隆二十一年（1756年）清廷赐名广觉寺。

修建寺庙在当时是与政治形势密切相关的。18世纪初，游牧于天山北路的蒙古准噶尔部强大起来，其首领噶尔丹勾结沙皇俄国发动叛乱，在漠北一带疯狂袭击清廷治下的蒙古喀尔喀部，烧杀抢掠，无恶不作，成为清政府的边陲大患。康熙二十九年（1690年）、三十四年（1695年）、三十六年（1697年），清兵先后在乌兰布通、昭莫多等地与噶尔丹激战，获大胜，噶尔丹兵败被困，服毒自杀。但是战乱并未因此而止息，数十年后，直到乾隆二十二年（1757年）叛乱才被彻底平定。清政府为此十分恼火，报复性地大肆屠杀失去抵抗能力的准噶尔部人民。此种残暴之举，激起了蒙古民族的普遍愤怒，时值清政府与蒙古族群众关系紧张之际，奖励兴修庙宇无疑是一剂缓和关系的良药。清朝统治者对“兴黄教即所以安众蒙古，所系非小”早有体会，此时对修寺建庙自然倍加提倡，同时也出现了庙靠人修、人以庙贵的现象。

最后一股建庙浪潮席卷到各盟旗，蒙古上层人物也感到修建庙宇对自己有利，嗣后封建王公贵族对于五当召曾给过很多资助。例如，鄂尔多斯部准格尔台吉之妻资助建造德格希德殿，乌拉特东公旗协理热西朋斯克出资建造阿会殿，呼盟佛徒捐资兴建本召最大的却伊拉殿内高达十米的弥勒佛铜像，察哈尔某王公献造高九米的宗喀巴大铜像……(《阴山古刹——五当召》)就这样,五当召在清初苏波尔盖陵(东科尔活佛一世圆寂处)狭小局促的基础上迅速发展起来。经过乾隆、嘉庆、道光、光绪年间的多次扩建,成为一座规模宏大的寺院。五当召鼎盛时期曾拥有八座主要佛殿(现存六座)、三座活佛府、一座骨灰堂、两座砖舍利塔(已毁)、九十多栋藏式喇嘛居住房舍(现存六十多栋),山后还有一座活佛避暑修行的庚毗召(已坍塌),山头路边还有不少灯幢、砖塔之类的小建筑,成为内蒙古西部地区第一大召。当时五当召的活动直接受绥远城将军监理,本召活佛多次应诏进京朝觐皇帝,政治地位远高于一般召庙。清帝逊位后,民国政府承袭清政府利用宗教笼络地方的政策,保持了与五当召的联系,客观上使这一文化古迹较好地保存下来。

二、在内蒙古西部位居第一的建筑规模和宗教艺术

在世界已经进入电子时代的今天,人们要想了解历史,要想了解祖先们用血汗和智慧所创造的灿烂文化,虽然可以借助于书本或电教技术,但参观文物古迹毕竟有着不可替代的真实性、鲜明性和生动性。五当召就像一座佛学博物馆,以它杰出的建筑规模和格局、生动的壁画和雕塑及突出的佛学影响向人们展示了喇嘛教的特点和所取得的各种成就。

五当召的主要建筑,是依照西藏扎什伦布寺的式样修建,连依山而建、殿宇呈阶梯式向上延伸的格局都没有变,是地道的藏式喇嘛庙。而内蒙古的其他召庙,则大多为汉藏合璧式,像这样纯藏式的很少见。这也是五当召建筑的显著特点。

五当召的主要殿宇是这样分布的:苏古沁独贡(大经堂。独贡,殿堂之意),位于山脚下,三层楼,是寺内最壮观的建筑,为喇嘛们举行大型集会的地方。它的西侧,是宏伟庄严的却伊拉独贡(显教学部),也是寺内最新的建筑,为寺内神学院的宗教哲学部。苏古沁独贡后面的山坡上,是洞阔尔独贡(时轮学部),它是五当召最古老的建筑,处于全寺中心位置,规模虽不大,然而很有气派,挂"广觉寺"匾额,喇嘛们在这里学习数学、天文、地理、占卜和历法,并在这里参加升学考试的口试。并列排于洞阔尔独贡西侧的是德格希德独贡,挂藏文匾额"措贡桑根"(护法金刚殿),又称"驯服殿",在诸殿中规模最小,也是惩戒喇嘛的地方。在洞阔尔、德格希德两独贡的上方,矗立着壮观的日木仑独贡(日木仑学部),是喇嘛们学习黄教教义和戒律的地方。日木仑独贡的东北方,是阿会独贡(密咒学部)。过去喇嘛们在这里研究密教学和医学。最后面是苏波尔盖(即蒙古语"塔"之意),为一小佛殿,内中安置着历代活佛的舍利塔七尊,实际上是骨灰堂。五当召的佛殿均为无脊式平顶,白墙,屋檐下饰有一条暗红的色带。外墙表面,有一层相当厚的石灰层,很坚固,洁白典雅,别具一格。这是由于当地盛产石灰,喇嘛们总用浓稠的石灰浆喷刷墙壁,任其自然凝结而成的。屋顶正中及四角,装饰着铜制的大法轮、金鹿、宝幢

等。整座佛殿远看色调鲜明、金光夺目、气势恢宏,令人叹为观止。

活佛府的建筑则较为精巧:藏式花门,正厅前有白石台阶,石栏板上有望柱,前廊藻井正中绘有八宝吉祥图案,门罩上雕镂着二龙戏珠,裙板上有狮、虎、象等浮雕;屋内的装饰精洁高雅,使人赏心悦目。所有这些建筑都是我国各族工匠智慧和技艺的结晶。在长达数十年的建寺过程中,来自当地和内地的蒙汉工匠,虽然分属不同的行会组织,但他们团结协作,互相配合,不但造出了一流的庙宇,同时也培训出一大批出色的建筑人才,为内蒙古的建筑业做出了贡献。

五当召的每件文物都是艺术品,具有重要研究价值的主要有雕塑、壁画、帛画和工艺品。

据统计,五当召内有金、铜、木、泥各种质料的佛像一万五千余尊,最大的有三层楼那么高,最小的仅盈寸。这些佛像仪态万千,其中不乏稀世珍品。佛像个个与所处殿堂的功能和性质契合配套,表现了寺庙设计者的匠心。如,苏古沁独贡正中,是释迦牟尼和三十一尊菩萨的塑像,一个个神态安祥,面对着几十排摆放整齐的坐榻,使大经堂笼罩在一片庄严静谧的气氛之中;却伊拉独贡是高僧向众喇嘛讲授黄教哲学的场所,里面安放着高达十米的弥勒佛铜像和数以千计的小佛,面容严肃而又沉静,表现了佛法无边、深妙莫测的力量;而德格希德独贡内的金刚则没有那么仁慈,个个怒目圆睁、虬髯倒竖,勇武慓悍,表现了护法的威严。

五当召内铜质的佛像有不少,大型的除了上面提到的弥勒佛大铜像外,日木仑独贡内的宗喀巴成佛像也是用纯铜铸成,有九米高。这些几十吨重的庞然大物,据说是分部位铸造的,运到山上再把各部组合起来,然而从外表看却是浑然一体,没有一点拼装的痕迹,不能不叫人拊掌称绝。小铜佛则以精细著称。活佛府收藏的一尊千手千眼佛,虽然不很大,但线条优美,铜质油润,是佛像中的精品。这些铜佛像造型复杂、神态生动、工艺精湛,为研究清代的铸造技术提供了宝贵的资料。

值得一提的是,汉族寺庙中的佛像一般都有较固定的脸谱。作为喇嘛庙的五当召,其佛像的脸谱与汉族寺庙中佛像的脸谱在形象上是完全不同的,从气质和塑造形态上讲,也有着极大的差异,一定程度上保留着印度宗教的痕迹。这对于研究公元七世纪佛教传入西藏后,在与地方宗教苯教的斗争中逐步演变成藏传佛教的历史,以及内蒙古喇嘛教的形成和发展,是有重要参考价值的。

佛教寺院里的壁画大多是描绘佛经里的故事,五当召亦不例外。各殿中都有与殿堂使命一致的壁画。艺术大师们用高超的技法,精细逼真地展现了历史人物、风俗装饰、佛教故事和山水花草等。壁画均用工笔重彩,构图丰满,富于想象力。壁画的风格因年代而异。洞阔尔独贡后殿、苏古沁独贡和德格希德独贡的壁画属于早中期绘画,技法熟练,画风古朴,造型优美,色调沉稳。尤其是苏古沁独贡内表现释迦牟尼一生的佛传故事壁画，构图复杂，造型准确，极富人间情趣。画中所绘的大量城镇、村落、毡包帐房，均依清代早期现实绘制，可作为我们今天研究清代少数民族建筑、风俗、服饰的宝贵史料。

帛画在藏语中被称为“唐喀”，历史上可能是随佛教一起传入西藏的，也可能是文成公主、金城公主与吐蕃赞普和亲时传入的。“唐喀”细腻鲜艳，布局纷繁。画师分别来自西藏、青海、北京、山西等地，画卷中也不乏两百年前的古品，国内外都有人专门研究这种艺术。这些画可以说是一笔宝贵的美术遗产。

五当召内的工艺品很多，除金、银器皿外，还有碗、钵、鼻烟壶等生活用具及香炉、摆件等各种器物，大多非常精致。如苏古沁独贡内的两座铜城——曼陀罗，雕镂精细，小巧玲珑，城上部有汉式宫殿，下部雕有须弥山、四大部洲，体现了喇嘛教的宇宙观。这些巧夺天工的工艺品，不愧为东方文化的瑰宝。

三、在内蒙古位居第一的宗教学问成就

前面提到了五当召内神学院的四个大部，庙内开设神学院，这正是黄教喇嘛寺的一大特点。

五当召是“西藏以东首屈一指的大学问寺”，它在学术上的影响和成就，在内蒙古是居第一位的。“其僧徒虽不超过四百名，但他们在学术钻研上的一丝不苟，不仅体现在外貌和态度上，与之进行教理方面的实际交谈，你也会觉得他们确有真才实学。在纯粹西藏式的设备和环境中钻研学术，这一特点在其他寺庙是难以见到的。例如通过问答来进行学习这一形式，在贝子庙是蒙古语和藏语混合使用进行的，而五当召则几乎只使用藏语。”由于五当召注重佛教理论方面的研究，因此它“在佛教理论方面的威望则直接影响到喇嘛教界的全体人心，其影响范围是相当广大的”。如果“从文化方面考察喇嘛教，作为考察对象，此寺当是内蒙古最重要的庙宇。”（长尾雅人《五当召广觉寺》）

在五当召的四座学问寺中，以学习喇嘛教哲学的却伊拉独贡哲学部最为著名。因为哲学是喇嘛的必修基础课，每个学徒入召前都要入此部学习，所以学习者人数最多，活动的规模也最大，毕业期长达二十一年。在第一学段的头十年结束后，进行毕业考试，合格者获不同等级的“格西”学位，即可到其他寺庙的僧学院讲学。不合格者则被派到各殿充当一般喇嘛。

哲学部第一学段毕业生到其他学部或自学七八年后，再到哲学部第二学段学六年，学业期满后可考“阿兰吉巴”学位。“这是内蒙古和五当召的喇嘛之最高学位，每年只取三人。考取者可以申请资助，到西藏去考‘哈仑巴’。五当召在近代有两三人曾考取西藏的‘哈仑巴’，有的还当了班禅或达赖的师傅。”（《阴山古刹——五当召》）

洞阔尔独贡的时轮学部是专门研究数学、天文、历法、占卜的，含有一定的自然

科学成分。由于佛教从印度传入我国后,汉族和藏族受各自伦理观念的制约,吸收改造的结果也不同。例如本部供奉的时轮金刚,是个男女交合的形象:八面、二体、三十二臂。这并非淫邪,而是阴阳、天文、时辰等意思的象征。本部每年三月也举行考试,多为论辩。

阿会独贡内设“纠德巴”(秘宗)和“门巴”(医学)。其秘宗学说繁杂玄奥,没有被列为五当召的治学重点,虽每年十二月也举行升级考试,但能毕业者很少。医学毕竟有其实用性,五当召的医学教育虽然未能称著于内蒙古,也还是为内蒙古特别是内蒙古西部区,培养了一大批济世救人的蒙医。

日木仑独贡内的日木仑学部,主要研究宗喀巴的著作《日木仑》。《日木仑》是一部以中立态度阐述显教内容的著作。在五当召内,却伊拉和日木仑都是研究显教的,所不同的是,却伊拉进行的是广泛的佛学研究,而日木仑则以教义和戒律为主。这种研究形式在内蒙古众多的召庙中只有五当召一家,因而研究工作开展得深入细致,这也是五当召的显教水平能居内蒙古第一的原因之一。

五当召的宗教学术水平高,除了有严格的学习、考核制度外,喇嘛们自律谨慎也是重要因素。在五当召内,喇嘛们只能做与佛事有关的工作,刻苦攻读经卷,时间抓得很紧。这里的出家人,并非像人们想象的那样逍遥自在,就连一般寺院每逢庙会都要隆重举行的“跳鬼”活动,在这里也往往只奏奏乐,就轻描淡写地应付过去了。寺里的喇嘛认为,花很多精力“跳鬼”,无非是为了吸引俗人来寺上香,实在不值得,要干,谁也能干,可要在学术研究上取得成就,则不是人人都能办到的。他们颇为自己在显教研究上获得的成就而自豪。经书研习无涯,喇嘛年华有期,伴着青灯黄卷,五当召的喇嘛虽不能个个都成为佛学家,但学有所成的也不乏其人:热格·拉布占巴等人著书立说,在佛教界颇有地位;头世活佛罗布森·丹巴·加日森在北京翻译《丹珠尔经》中的历法部分亦素享盛名;至于学成后到各大寺院出任高级神职人员的就更多了。本召积存的大量天文历法、数学资料,对于研究各学科的发展史也具有较高的研究价值。

总之,五当召在佛学研究上,以其雄厚的实力和丰硕的成果,堪称内蒙古第一流学问寺。

四、雄厚的寺院经济体系

五当召不仅在学问方面有成就,它在经济方面也相当富有。但它的财政收支情况对外保密,很难了解到确切数字,外界只能根据观察而进行概略估算。新中国成立前,五当召拥有土地六千七百顷,民国十三年(1924 年)放地后,按四六成或三七成收地租;有广大的牧场,喂有一千六百多头牛、马、骆驼等大牲畜和两万多只羊;有方圆六十里的山林、五个煤矿及商店、作坊等等;还有五百九十八户佃农,人口达三千一百零八名(据1949年统计)。每年总收入可达六十万银圆和一百七十万石左右的粮食。此外,王公、贵族、牧主、佛徒布施的钱财和皇帝的赏赐也很可观。五当召就是靠着这巨大的经济实力支持着寺院浩繁的开支。

五当召的喇嘛并不从事生产劳动,成百上千的喇嘛都是纯消费者,加上外来求学的喇嘛也很多,所以除了上层喇嘛和高级神职人员外,一般喇嘛的生活仍是比较清苦的。五当召的辖域面积多达三千平方公里,就像一个小社会,甚至还拥有一支不大的寺庙武装,除看家护院外,还充当着镇压属民反抗的工具。对内,他们剥削着寺庙的属民和域内其他民众,强迫他们交租、纳捐、服劳役,养活着全寺喇嘛;对外,他们也要向当局纳税,并遭受不法奸商和兵匪的侵害,政治上具有双重色彩。由于喇嘛们不善经济管理,加之受国民党反动政府经济崩溃的冲击,到新中国成立前夕,五当召的经济实力已是江河日下、气息奄奄了。

过去,内蒙古有很多的喇嘛庙,五当召仅是它们的一个代表。这些寺庙有共性也有个性,曾经在内蒙古的历史上起过不容忽视的作用,从清朝到民国都有着特殊的政治地位。然而这种地位和作用也要看怎么理解。从建筑、文化、艺术的角度看,确实起了积极作用,尽管受到“文革”这场国难的洗劫,多少还保存下来一批文物,为子孙后代研究历史提供了宝贵的资料。但是由于往日蒙古族同胞对喇嘛教信仰最为笃诚,受欺骗和麻醉也最重,民族的思想文化发展受到严重束缚,加之大量青壮年出家当喇嘛,造成人口锐减。当初清政府“建一寺胜十万兵”的目的,在很大程度上是达到了。

新中国成立后,随着社会的发展进步,五当召原来具有的职能改变了许多。在党的民族政策和宗教政策的照耀下,人民政府多次拨出巨资对五当召进行修葺,使这古老的寺院重又流光溢彩。物换星移,如今20世纪80年代的中国公民,绝大多数人对科学的崇拜早已超过了对神佛的崇拜,真正以拜佛求神为目的去五当召的已十分罕见。今天,富丽堂皇的五当召正以旅游胜地的身份被载入史册,吸引着国内外的游客前来参观,为我国和内蒙古的“四化”建设做着新的贡献。

注 释:

①传说土默特部的传奇人物阿拉坦曲力木从西藏学佛深造归来,发宏愿要在阴山中造一座召庙,但苦于找不到合适的庙址而在山中到处奔波。一天,一只老鹰突然抓走了他的帽子,向远处飞去,他急忙策马追赶,最后发现自己的帽子挂在一棵树上,而树周围的环境美极了。他认为这是神的意旨,决定在此建庙。这时他感到饿了,就支锅熬奶茶喝,不巧把奶锅碰翻。突然,奇迹出现了:地上的奶变成了朵朵盛开的白莲花。他就用藏语为庙宇起了个藏名。

(原载于1988年第1期)

后　记

《阴山文化研究》是《阴山学刊》的特色专栏，蝉联三届“全国社科学报名栏”的美誉，经过20多年的努力，已打造成品牌。20多年里，我们共推出《阴山文化研究》专栏70期，文章134篇。所载文章曾获包头首届社会科学优秀成果政府奖三等奖、内蒙古自治区社会科学优秀成果政府奖二等奖、第二届国际草原文化研讨会论文一等奖等。丰硕的阴山文化研究成果不仅为本书的整理出版提供了可行性的文献资源，学术视野多元化的深度研究亦使文章具备流传后世的史料价值，中国南京大学著名中国戏曲史研究专家吴新雷先生，以及美国等国外的一些订户，专门着眼于收集我刊有关阴山考辨的文章资料。

基于此，我们从以往刊发的文章中遴选出40篇（包括1篇序），约36万字，辑录成《阴山文化研究》，集中展示阴山文化研究成果，打造阴山文化精品，推动地域文化研究向纵深发展。全书按学科编排设计，分为文化，历史，语言、文学、艺术，政治、经济、宗教四个部分。

在编选过程中我们遵循了如下原则：1. 聚焦阴山文化研究的难点、热点问题。2. 侧重考辨类文章。3. 关注为可持续性研究提供丰富学术成果的论文。4. 注重编校，力求确保出版质量。所有论文既保留原文发表时的全部内容，又尽可能做到编排格式统一。

由于辑录的文章发表时间跨度大，几篇难于联系到作者的早期论文存在着参考文献著录项不全的情况，敬请读者理解。

本书得到了内蒙古自治区高等学校学术期刊“名栏建设”项目的资助，同时得到了学校领导的积极关注与支持。作为包头师范学院“阴山文化研究中心书系”的第一种，《阴山文化研究》亦得到了该中心的资助，分管学报编辑部的副院长、教授双山博士为书系撰写了总序。在这里，谨代表全体编撰人员表示最衷心的感谢！

王　宇

2015年11月20日